中南大学社区民生保障研究书系

谷中原　主编

社区
服务保障

COMMUNITY
SERVICE SECURITY

刘春湘　著

社会科学文献出版社
SOCIAL SCIENCES ACADEMIC PRESS (CHINA)

中南大学社区民生保障研究书系
编 委 会

编委会主任

    许源源

编委会副主任

    谷中原

主编

    谷中原

编委会成员

    许源源　谷中原　刘春湘　丁瑞莲　刘　媛　严惠麒

    何　雷　伍如昕

总　序

　　生活保障，随人而来，与时俱进，是人类永恒的追求。自 2000 年以来，党和国家越发关心百姓生活。随之，民生保障成为我国学界特别关注的话题。深入全面地研究民生保障问题，是回应新时代民生要求的学术选择。

　　在解决国民生活保障责任主体问题上，学界一直存在两种学术研究思维。一种是政府与家庭的二分思维，即一些学者主张百姓生活应由政府承担保障责任，而另一些学者则认为百姓生活应由家庭来尽保障责任。这种国民生活保障责任思维，由于责任边界比较模糊，容易造成家庭与政府在实际操作过程中相互推诿，可能最终导致国民生活保障责任的落空。另一种是政府与市场的二分思维，即一些学者主张通过政府干预解决百姓面临的生活问题，而另一些学者主张利用市场机制解决百姓面临的生活问题。这种国民生活保障责任思维，在解决国民生活保障问题过程中，政府和市场都存在失灵现象。正如吉登斯所说，政府与市场同样也是问题产生的根源。为了克服这两种国民生活保障责任主体二分思维之缺陷，社会学家在政府与家庭之外寻找能弥补政府与家庭之不足的第三种力量；社会政策学家在政府与市场之外寻找能弥补政府与市场之不足的第三种力量。

　　20 世纪 90 年代以来，主张社区承担更多的社会责任和分担政府的一些社会压力，成为西方社会学和社会保障学的学术研究思潮。1990 年，美国社会学家埃米泰·埃兹奥尼发起社区主义运动，强调真正的社区应具有回应其居民需求的能力，而且呼吁社区提高这种回应能力，尽可能满足其居民和社会的需要。1996 年，德国社会政策学家伊瓦斯发表《福利多元主义：从社会福利到国家福利》，提出社会福利应来源于市场、国家、社区和民间社会，福利开支不应完全由政府来买单。埃兹奥尼和伊瓦斯的主张引导了社区承担国民生活保障责任的学术潮流，为社区开展生活保障事业指明了发展方向。

事实上，政府的国民生活保障供给能力的有限性和国民生活保障需求的无限性之间的矛盾，越来越证明社区承担其居民生活保障的一些责任是十分必要的。我国人口多、国家财力有限的现实情况，以及西方的福利国家制度转变为福利多元制度，都说明一个国家发展生活保障事业，的确需要社会力量参与。社区作为特定地域的生活共同体、国家的最基层单元和草根社会、老百姓的生活家园，也说明发展国民生活保障事业是社区分内之事，不宜置身事外。

综合国内外社区发展生活保障事业的实践来看，作为一种社会化的国民生活保障机制，社区保障与家庭保障、单位保障、民间互助保障等非正式制度保障形式共同发挥着弥补政府基本社会保障制度之不足的作用。不仅增加政府保障没有涉及的但对于社区居民而言又是十分需要的生活保障项目，而且在政府保障水平基础上根据自身能力不断提高其居民生活保障水平。社区利用自身资源开展生活保障事业，反映社区具有特殊的生活保障品质，说明社区自觉承担了保障居民生活的社会责任，有力地回应了居民的生活需求，帮助居民应对生活的不幸、获得更多生活机会和发展机会。社区开展生活保障事业主要体现在力所能及地利用拥有的自然资源和社会资源，帮助居民提高谋生能力、为居民提供更多优质生态产品、开展社区服务业和社区教育、保障居民的生活安全、营造良好的精神生活环境等。

为了促进社区生活保障事业的健康发展，使城乡社区在我国民生保障事业中更好地发挥作用，中南大学公共管理学科以广义社区居民基本生活需要结构为依据，以满足社区居民基本生活需要为出发点，对社区开展生活保障事业的实践进行理论总结和理论反思，与社会科学文献出版社合作出版由《社区生计保障》《社区生态保障》《社区服务保障》《社区教育保障》《社区生活安全保障》《社区精神生活保障》等书目构成的社区民生保障研究书系。分析每类社区生活保障的必要性、探索其理论渊源、阐释其结构与功能、总结其发展范型、提出发展策略，以期对社区民生保障事业的进一步发展产生启发作用和应用价值。

成中原

2019 年 7 月 30 日

前　言

　　社区服务保障作为社会保障体系的重要组成部分，既是社会保障的重要载体，也是社会良性发展必不可少的因素。社区服务保障立足于基层，服务于基层，在教育、医疗、就业、治安、养老等民生方面发挥着极为重要的作用。更好地发挥社区作用，加快社区服务保障的建设，对我国实现治理体系和治理能力现代化有重要意义。

　　社区作为居住在一定区域范围内群众组成的集合体，是社会最基本的单元，是构成社会有机体的"活力细胞"，是国家经济发展的基础平台，是构建社会主义和谐社会的"桥头堡"、前沿阵地。在社会主要矛盾转化之际发展社区服务，对推动精神文明建设、提高居民生活质量以及稳定基层社会发展具有重要的意义。

　　本书在福利多元主义和社区自治理论的基础上，结合马斯洛需求理论，运用案例分析法和比较研究法，对当前我国社区服务保障的实践进行分析与总结。通过理论构建与实践分析，对社区服务保障的进一步发展提出建设性建议，为社区居民构建一个更加丰富、更加多元、更高品质的社区服务保障体系，推动社区服务保障更加贴近我国当前的社会发展趋势，从而营造和谐幸福的社区环境。

　　本书在阐述社区服务保障基本理论的基础上，分析了社区服务保障的历史演进，对比西方社区服务保障发展的"慈善组织与社区救济"、"社区睦邻运动与社区服务"、"福利国家与社区发展运动"和"多元主体参与的社区服务供给"四个时期，论述了我国社区服务保障发展的阶段，即萌动期、推进期和发展期。本书重点论述社区公益服务、社区福利服务以及社区商业服务，从三大服务的特点、类型、主体出发，结合现实案例提出了不同类型的社区服务保障的发展策略，提炼了社区服务保障发展的原则、模式等。本书的最后章节阐述了国际国内社区服务保障的经验与模式，并分析总结了我国对社区服务保障发展的支持策略。

社区服务保障研究的理论意义在于抛砖引玉，通过构建较为完整的社区服务保障知识体系，丰富社区服务保障的理论内涵，为社区服务保障的发展搭建了良好的理论框架，为未来更多专业学者和各界人士对这一主题进行更为全面、深刻、多样的研究提供借鉴与思考。社区服务保障研究的实践意义在于提供社区服务保障发展的建议，在当前基层社会结构发生深刻变化的情况下推动政府不断优化社区服务保障发展的制度环境，促进社区服务资源的统筹规划和利用，加大社区服务主体和服务供给，推进社区服务的创新发展和高质量发展。不断满足人民对美好生活的向往，提升群众的幸福感、获得感与归属感。

目　录

第一章　导论

第一节　问题的提出

作为社会的稳定器，西方社会保障制度最早可追溯到 1601 年英国颁布的《济贫法》。《济贫法》首次从法律上规定由政府负责就业培训和对孤寡病患老年人实施救济。德国在 1881 年颁布了《社会保障法》，自此，西方各国纷纷仿效德国建立社会保障体系。尽管各国社会保障制度的发展彰显国别特色，但基本上均经历了从以帮扶特殊弱势群体为核心的社会保障体系向社会保障系统全面发展的转变。在社会保障的早期阶段——济贫阶段，西方各国政府社会保障的目标是帮助低收入群体摆脱生存危机，以维护社会的稳定，促进经济和社会的发展。19 世纪末到 20 世纪 30 年代中期，是社会保障制度发展的承上启下的过渡阶段——社会保险阶段。在这个阶段，西方国家大多提高了对社会保障制度的认识，开始纷纷出台以社会保险为核心的社会保障法律法规。在所有出台的政策中，社会保险政策的数量占到 74.32%，这充分说明了各国在这一时期对社会保险制度建设的重视。1942 年《贝弗里奇报告》发表后，西方社会保障制度逐步进入系统全面发展的鼎盛阶段，福利国家体制、现代社会福利制度、社会服务与社会政策体系应运而生，社会福利国家形成。而作为社会保障重要组成部分的社区服务保障也是伴随着经济发展和工业革命而产生的。18 世纪中叶英国工业革命后，社区服务作为早期资本主义社会福利的一种形式开始出现，当时为了解决贫民阶层的贫困与温饱问题，英国按教区设立了贫民习艺所、救贫所等服务场所。1930 年以后美国开始出现一些社区服务组织，如纽约的邻舍辅导处和芝加哥的邻舍会馆等。

随着近年社会保障的进一步发展，由政府提供的高度集中的社会福利与社会服务，转变为由政府和社会共同承担，分散于各个社区，建立起小型的群众自治的多样化社区服务体系，这种多元供给的社区服务保障逐渐成为制度化社会保障形式①。

20 世纪 80 年代以来，西方社会的社会保障制度经历了鼎盛阶段后，开始转入调整改革阶段。20 世纪 70 年代，欧美国家的经济发展速度开始放慢，在 70 年代以前建立起来的全覆盖、全面的社会保障制度需要大量的财政开支，经济的发展难以承受社会保障开支，社会保障制度已经成为经济发展的沉重负担。同时，人口结构也发生了根本性变化，低出生率、低死亡率、低增长率的"三低模式"使老龄化趋势从发达国家向发展中国家延伸，这就对现收现付的社会保障基金筹集方式提出了挑战。因此，英国从撒切尔夫人到布莱尔政府均致力于社会福利领域的改革；瑞典社会民主党自 1982 年重新执政后以"保卫福利，重建经济"为口号，对社会保障制度实施温和型调整；美国亦从 20 世纪 70 年代开始从"大政府、小社会、高税收和高福利"社会保障模式向"小政府、大社会、低税收和有限福利"模式转变。在这一阶段，社会保障政策的改革主要集中在社会保障基金的筹集、分担、支付等方面。在西方社会保障制度调整的大背景下，社会经济与社会保障协调发展、个人责任与国家责任平衡的思想得到广泛认同，促进和发展社区福利成为西方社会保障改革的重要措施，从而迎来了社区服务保障的春天。社区服务保障制度涉及社会保障制度的许多方面，特别是老年服务、社会救济、儿童福利、劳动就业以及一部分保健服务等。澳大利亚的老年社区服务制度可谓一个成功例子。澳大利亚政府建立"社区服务委员会"等社区老年服务管理和监督机构，还通过许多法令和条例，依法合理规范社区老年服务的健康发展。这些法令和规定主要包括1985 年颁布实施的《家庭和社区护理服务法案》对家庭和社区护理有关问题做出法律规定；1991 年制定实施的《家庭和社区护理服务标准》为家庭和社区护理服务标准做出统一规定；1995 年制定的《家庭与社区护理服务收费标准》为家庭和社区护理服务收费规定了统一标准。澳大利亚老年居家社区照顾主要包括两种类型：第一种类型是开始于 1984 年的社区服务，这种社区服务主要提供老年服务与居家相关的日常服务：个人护理、膳食服务、健康服务。第二种类型是开始于 1992 年的社区综合护理服务，主要

---

① 欢佩君：《社区服务——新型的社会保障模式》，《求实》2004 年第 6 期，第 56～58 页。

针对有比较复杂的护理需求者提供，到 1998 年，澳大利亚 70 岁以上的老人中，有 11% 接受不同形式的老年居家社区护理服务。

中国的现代社会保障体系建设起步较晚。新中国成立以后，中国社会保障 70 年的历程可大致分成两个时期，[①] 即前 30 年高度集中的计划经济的国家—单位保障时期和后 40 年改革开放的现代社会保障时期。前 30 年建立的苏联式国家—单位保障与高度集中的计划经济体制相适应，呈现出国家负责、单位（集体）包办、板块结构、封闭运行等特征，基本上是城镇居民的专利，乡村人口只有极为有限的国家救济，更多地依靠农村集体组织内部成员之间的互助共济。后 40 年实行的国家、企业和个人三方分责制的"现代社会保险"与市场经济相适应，[②] 呈现出政府主导、多元主体责任分担、社会化、多层次特征。党和政府在全国范围内推行社会救济、抚恤优待等政策，在城市实行劳动保障、公费医疗、安置残疾人就业等制度，同时政府依靠基层组织和社会力量，发动群众开展扶贫济困、敬老助残、拥军优属和便民服务等活动，社会基层兴建了一批社区服务组织。[③] 随着中国社会保障改革与制度建设的推进，中国的现代社会保障体系逐渐完整，形成了社会保险、社会救助、社会福利三大基本部分，以及社区服务保障、慈善事业、互助保障、单位福利、家庭保障等补充体系。遵循公平、正义、共享原则，社会保障构成了一个整体。在这个整体中，资金保障与服务保障是相辅相成的，社会保险与社会救助是相辅相成的，养老、失业、医疗三大保障之间也是环环相扣的。

现代社会保障体系的整合性主要体现在以下两方面，一是体现在保障体系中资金保障与服务保障的综合。社会保障制度的设计要以保障基本民生为出发点，而民生的需求是多方面的，有些需求以直接提供服务的方式更为适当。以保障民生为目标的社会保障体系，在设计方案及组织时，在提供保障的方法上，必须注意到现金援助制度与社会服务制度的相互协调和配合。将现金发放和服务供应有机地结合，甚至以部分服务替代资金保障的功能，可

---

① 郑功成：《中国社会保障 70 年发展（1949—2019）：回顾与展望》，《中国人民大学学报》2019 年第 5 期，第 1～16 页。
② 郑秉文：《中国社会保障制度 60 年：成就与教训》，《中国人口科学》2009 年第 5 期，第 2～18 页；徐进：《中国社会保障 70 年：制度演进、理念变迁、中国经验》，《哈尔滨商业大学学报》（社会科学版）2019 年第 6 期，第 112～128 页。
③ 欢佩君：《社区服务——新型的社会保障模式》，《求实》2004 年第 6 期，第 56～58 页。

以走出一条将这两类资源互补，提高社会保障资源利用效率的有效途径。二是整合性体现在以群体需求为核心目标的各种保障制度的整合上。只要以人为本，从不同人群的需求出发考虑提供保障的内容和方法，就会产生出新的社会保障制度的整合。社会最需要保障的困难人群和脆弱群体有老年人、残疾人、贫困者、失业者等。例如，以老年人的需求为中心，可以将属于基础层次的基本养老金、社区全科医生、社区健康服务、社区福利服务、社区公益服务等制度，属于发展层次的养老储蓄、职业年金、互助养老保险、住院医疗服务、商业保险和社区商业服务等制度整合为一个整体——老年人保障制度。以失业者为中心可以将基础层次的社区全科医生、社区健康服务、最低生活保障、廉租房、失业补偿、就业辅导、社区就业服务、社区福利服务，属于发展层次的住院医疗服务、商业保险和社区综合服务等制度整合为就业保障制度体系。不同的社会保障制度可以互为资源，互相依存，经过整合治理，可以形成制度与制度之间的跨制度融合。由此，社区服务保障已经成为政府提供的社会保障体系的重要组成部分。

党的十九大对新时代我国社会主要矛盾做出了新的阐释："我国社会主要矛盾已经转化为人民日益增长的美好生活需要和不平衡不充分的发展之间的矛盾。"随着我国经济成分日益多样化，就业结构日益多元化，产业结构日益完整，社会组织日益增多，公民逐渐从"单位人"向"社会人"转变，大量的离退休人员、社会流动人口流入社区。由此，社区居民对物质、精神以及文化等方面呈现出多层次、多样性的需求。这也给社区服务带来了全方位的挑战，对社区提供全面的、精细的社区服务提出了更高的要求。党的十九大报告中提出的"幼有所育、学有所教、劳有所得、病有所医、老有所养、住有所居、弱有所扶"等"民生七有"，构成了人民群众的基本民生诉求，也构成了社会保障体系建设的基本方向；而党的十九大报告中提出的城乡居民在就业、教育、医疗、居住、养老等方面遭遇的"民生五难"，则是政府必须妥善应对的现实挑战，也是社会保障体系建设的重要着力点。"加强社区治理体系建设，推动社会治理重心向基层下移，发挥社会组织作用，实现政府治理和社会调节、居民自治良性互动。"[1] 社区服务保障作为社会

---

[1] 习近平：《决胜全面建成小康社会　夺取新时代中国特色社会主义伟大胜利》，2017年10月18日。

保障体系的一大重要补充保障，它的价值得到国内学者的普遍肯定。陈喜强认为，城市社区服务强化了现代家庭功能，弥补了社会保障的不足，打破了社会化服务的局限，实现了政府职能在基层的结合。① 阎革指出，社区服务承接了城市经济体制改革、社会体制转轨过程中转移出的部分社会责任和义务，加速了改革的进程，便利了社区居民的日常生活，缓解了家庭服务功能弱化和人口老龄化的矛盾，促进了社会福利事业的迅速发展，有力地推动了民政工作社会化和城市民政工作重点的转移。② 徐道稳强调，社区服务对保障民政对象的基本生活、改善居民的生活质量、促进社会稳定和发展所起的积极作用是不容置疑的。③ 当前，世界处于百年未有之大变局，社会所面临的挑战和机遇是前所未有的。而社区作为居住在一定区域范围内群众组成的集合体，是社会最基本的单元，是构成社会有机体的"活力细胞"，是国家经济发展的基础平台，是构建社会主义和谐社会的"桥头堡"、前沿阵地。

我国社区服务保障是伴随着社会转型、经济体制改革而发展起来的。自 20 世纪 80 年代开始发展的社区服务，至今已经走过三十多年的历程。经过多年的探索与发展，我国的社区服务保障体系已经逐步成型，社区服务已经深深嵌入居民的日常生活之中，成为密不可分的一部分。截至 2020 年底，全国共有社区综合服务机构和设施 51.1 万个，社区养老服务机构和设施 29.1 万个。城市社区综合服务设施覆盖率达 100%，农村社区综合服务设施覆盖率达 65.7%。④ 习近平总书记指出，城市治理的"最后一公里"就在社区，同时，党的十九大报告明确提出要建立"共建共治共享"的社会治理新格局。而城乡社区正是联系服务群众的"最后一公里"，通过社区平台，推动多层次的服务供给直接对接居民的服务需求，是满足人民日益增长的美好生活需要的有效途径。⑤

① 陈喜强：《城市社区服务范畴新论》，《广西社会科学》1993 年第 3 期，第 70~75 页。
② 阎革：《我国城市社区服务的起因、性质和发展趋势》，《广西大学学报》（哲学社会科学版）1993 年第 2 期，第 56~60 页。
③ 徐道稳：《城市社区服务反思》，《城市问题》2001 年第 4 期，第 50~53 页。
④ 民政部：《2020 年民政事业发展统计公报》。
⑤ 李晓琳、刘轩：《加快完善社区服务体系的思路与举措》，《宏观经济管理》2020 年第 8 期，第 36~41 页。

第二节　社区服务保障的内在机理

一　社区服务保障形成的内在逻辑

自社区的概念出现以来，其与"共同体"就有着无法切断的联系，事实上，英语中的"Community"既可以翻译成社区，也可以翻译成"共同体"。"共同体"的概念自滕尼斯于1887年提出后，经过无数学者长期的探讨与研究，其定义不断丰富，已经成为一种包含了地缘、血缘、互动，甚至社会网络等各种特征的更为广泛的概念。虽然不同学者对于"共同体"的定义都有自己独特的理解，但从社会历史发展过程来看，大多认定社会存在两种基础的"共同体"类型。迪尔凯姆（Emile Durkheim）在《社会分工论》（1893）中首次将两种"共同体"形式称为"机械团结"和"有机团结"，前者与共同情感、信仰连接，后者与专业、功能连接。[1]前者代表了传统以血缘为纽带形成的宗族"共同体"，后者代表着大工业时代生产力发展后以情感为基础的"共同体"破裂，以新的社会分工为基础的现代化"共同体"，也就是社区。

除了对于"共同体"定义的完善外，各种研究多聚焦于人类建设"共同体"的意义，以及当前我们建设社区"共同体"的现代价值。从人类历史发展过程来考量，我们大致经历了之前所述的血缘地缘"共同体"时代与正在经历的现代化"共同体"时代。当然除了这两种基础的"共同体"之外，还包括许多各有特色，具有很强借鉴意义的特殊共同体，如奥森布洛姆的《公共事务的治理之道》中基于公共池塘资源的利用而结成的"共同体组织"。它们在各自活动的环境下有其存在的意义并值得我们去思考其形成的始末，不过它们由于其特殊性不在本书的考量范围之内。我们可以确定的是，上述中最为基础的血缘型"共同体"与社区"共同体"在其存在的时期都有其存在的意义，而通过建成"共同体"积蓄力量并为"共同体"成员提供"服务与保障"是所有上述"共同体"存在的重要意义之一。在接下

---

[1]　李慧凤、蔡旭昶：《"共同体"概念的演变、应用与公民社会》，《学术月刊》2010年第6期，第19～25页。

来的内容中，我们将从我国历史上各种典型"共同体"以及社区产生的共同原因中寻找建设社区服务保障的意义，并从社区服务保障建设的理论依据与现实需要出发，发掘社区服务保障形成的内在逻辑。

（一）社区服务保障形成的历史源流

我国历史发展进程中出现过三种极具代表性的"共同体"，一是以血缘、地域为基础的宗族"共同体"，二是基于计划经济建立的单位"共同体"，三是已经建立并在不断完善的社区"共同体"。

1. 历史上的宗族"共同体"

要真正追寻"社区"服务保障出现的源头非常困难，因为广义上"共同体"概念出现得非常之早，很多在当时的"共同体"里还未制度化的政府的或是民间的公益性、福利性行为都类似于现在的社区服务保障，可以说是社区服务保障的前身。社区的出现本质上是为了方便管理，社区的划分其实只是遵循了人们在日常生活中自然而然形成的空间与地域联系，并通过行政化手段将其合法化。而不论是西方社会还是东方社会，从社会学角度来看，通过一定的规则如血缘、地域划分形成的"共同体"的概念在人类早期生产生活中就已自然地出现了。人们发现，面对生活中突如其来的困境，个人与家庭常常难以凭借一己之力来应对，而旧时的政府也没有能力对每个确定的个体给予支持。在此前提下，为了有效地规避风险，人们会选择以"抱团"的方式形成一定的"共同体"。在东方国家，同姓的亲属之间会形成"宗族"，同宗族的成员们会在灾难来临之际互相扶持，以便于撑过难熬的时期。通过宗族中成员们努力创造的安全环境可以有效保证正常的生产生活，为生产生活提供便利。"传统乡村社会中的宗族既是一个家族意识形态共同体，又是执行族规、族法的政治共同体，还是举办公共事宜和提供家庭救济的经济共同体，宗法乡村与儒家传统的国家治理形成了同构效应，共同促成了中国社会的稳定形态。在传统乡村治理中，宗族发挥着多方位的自我调控功能，是国家扶持和利用的主要社会力量。"[①] 中世纪西方国家的宗族观念相较于东方国家更弱，更多地存在于王

---

① 王阳、刘炳辉：《宗族的现代国家改造与村庄治理——以南部 G 市郊区"横村"社区治理经验为例》，《南京农业大学学报》（社会科学版）2017 年第 3 期，第 41~52 页。

公贵族之间，与等级制相关。① 但这并不代表公民之间没有联系。在西方，人们更多地通过教会聚集力量，利用宗教信仰等筹措资源，对弱势群体进行救济。事实上，近代以来我国慈善救助以及社会服务就来自西方基督教青年会。从以上例子可以看出，通过建立"共同体"积蓄力量，很早以前就已经出现了，且效果拔群，在生产力较低的时期，可以有效地将个人遇到的困难与风险分摊到集体中。

2. 我国历史上的单位"共同体"

单位制是新中国成立后为了方便社会管理而产生的，单位是为适应计划经济体制而设立的一种特殊的组织形式，具有政治、经济与社会三位一体的功能，以行政性、封闭性、单一性为特征。中国共产党在实现"从农村包围城市"夺取全国政权之后，工作重点转移到城市，但是我们党没有城市社会管理的经验。面对如何将广大的人民群众组织起来进行社会主义建设的问题，我们党只能从自己过去的军事组织经验中去寻找答案。在战争年代，我们党形成了一套特殊的管理体制，即"公家人"管理，对以中共党员为核心的公职人员，包括党群团体、军队、政治机构和公营企事业中的成员，一律实行供给制，范围扩展到衣、食、住、行、学、生、老、病、死、伤残等各方面，依照个人职务和资历定出不同等级的供给。在单位制时期，绝大多数的资源都由国家掌控，单位组织的运行资金来自国家，必然要依附于国家而存在，国家通过单位将资源分配至个人，致使个人依附于单位，单位职工所需的绝大多数的社会公共服务都由单位来提供，以此建立起了一条国家－单位－个人的依附链条。从某种意义上说，单位制是为了应对新中国成立后的严峻形势，为了解决"总体性危机"而选择的一套制度体系。对于当时高度集权的政治体制的运行、高度集中的计划经济体制的实施、整个社会秩序的整合，单位制从组织上提供了有效的保证，发挥了重要的功能，其历史意义不容否定。② 从总体上来看，单位制很好地解决了单位成员绝大部分的生活问题，"有问题找单位"是当时单位成员的共同认识。虽然单位制背景下供给的服务与保障是较低水平的，但当

---

① 吴祖鲲、王慧姝：《文化视域下宗族社会功能的反思》，《中国人民大学学报》2014 年第 3 期，第 132 ~ 139 页。

② 何海兵：《我国城市基层社会管理体制的变迁：从单位制、街居制到社区制》，《管理世界》2003 年第 6 期，第 52 ~ 62 页。

时庞大而全面的单位服务保障体系还是增加了职工的安全感。

3. 社区"共同体"的建立

现代化社区概念的提出起始于二战后，20 世纪 50 年代中期前后。由于第二次世界大战对全世界的消耗是空前的，在战火的灰烬中重建家园，为今后的生活做出谋划，是战后绝大多数国家，尤其是本就不富裕的众多发展中国家的主要工作之一。在此前提下，为了解决发展中国家普遍存在的贫穷、失业、疾病、经济发展缓慢等问题，联合国提出一种运用社区组织，将民间力量组织起来，缓解政府压力的方法。[①] 1955 年发布的《通过社区发展促进社会进步》报告，明确指出"社区发展的目的是动员和教育社区内居民积极参与社区和国家建设，充分发挥创造性，与政府一起大力改变贫穷落后状况，以促进经济的增长和社会的全面进步"。通过联合国的大力推动，社区运动开始在广大发展中国家如火如荼地进行，为这些贫穷的国家带来一种新的、高效的社会管理方式。由于发展社区来承担社会各项工作的确有着显著的成效，不久之后，由社区进行管理与服务从而推动社会发展的方式不再仅限于发展中国家，而是推广到各发达国家，各国政府想借由社区发展这个在发展中国家成效显著的社会管理方式，解决发达国家出现的种种现代化问题。

不同国家有着各自的发展道路以及路径依赖，但都将社区化作为其未来城市发展的基础，因为社区能够有效积蓄社会力量，为政府公共服务分担压力。从各国学者对于社区服务的研究可以看到，虽然他们更加专注于社区服务建设中对于社区居民一般能力、社区共同体意识的提高，但解决社会问题、满足社区居民福利需求依然是社区服务的重要基础内容。[②]

纵观上述"共同体"的出现与发展可以发现，所有的"共同体"都有大致相同的重要功能：强化其成员之间的联系、解决"共同体"成员日常生活中的问题、降低成员生活中的风险。尤其是宗族"共同体"、单位"共同体"，它们将一部分个体标签化，通过成员对自己身上标签的认同，凝聚属于"共同体"的力量，再通过这种力量反哺于全体成员。从效果上

---

① 文军：《社区发展论略》，《中国社会工作》1997 年第 5 期，第 25 ~ 27 页。
② 陈雅丽：《国外社区服务相关研究综述》，《云南行政学院学报》2007 年第 4 期，第 173 ~ 176 页。

看，这两种"共同体"都很好地发挥了自己的作用：宗族会为自己的族人谋取利益，为家族中弱势群体提供帮助。单位制度中单位不只会为自己管理的所有员工提供基本工资（粮票邮票），还要提供最基本的服务与社会保障、社会福利。单位中的同事之间在长期的互动中往往建立起深厚的感情，在工作和生活方面都会互相帮助。

随着改革开放的推进和单位制的解体，后单位制时代存在一个无法否认的事实，那就是随着生产力的发展，传统的"服务保障"（即上述宗族对家族成员、单位对单位成员提供的保障）形式已经无法满足现实的需要。自工业化社会以及信息化社会形成以来，个体开始追求自由、平等的价值观念，一个基于个人权利、契约与义务对等观念的现代化社会逐渐建立。同时，工业化与信息化使得各国人口的横向流动不断增强。在我国，社会主义市场经济体制的建立，使人口流动的水平逐年上升，人们对家族、单位的依赖逐渐减少。以上种种因素的共同效应，使得以宗族为形式的传统自然社区关系以及以国家强制力建成的类单位体系逐渐衰退，不再能适应现代化的发展。现阶段，我们急需一种新型的共同体形式，来承接过去由宗族、单位提供的服务、保障功能。随着 20 世纪 90 年代社区建设以及 20 世纪 90 年代末社区管理体制建设的启动，现代化社区，逐步成为现今我国群众日常生活与服务保障集合的新型"共同体"。

前文已经提到过，建立社区解决社会问题在一段时间内的确成效显著，但自 20 世纪 70 年代以来，西方发达国家的社会参与程度不断下滑。以美国为例，从 1973 年到 1994 年，参加市镇或学校事务的公共会议的人数与服务地方社团或组织的公务人员或委员的人数减少了 40%，关注建设更好社团的成员减少了约 33%。① 美国的社区帮扶、社区志愿等社会服务项目十分倚仗人们对于社会事务的参与和认同，这种社区的衰落对于其社会发展无疑是极具威胁性的。

我国的社区体系建立虽然明显落后于欧美发达国家，却也开始出现与其相同的社区衰退问题，有的学者称其为"社区碎片化"困境，其中包括

---

① 李见顺：《社会资本视域下美国社区公民参与的衰落及其对中国的启示——以帕特南〈独自打保龄球：美国社区的衰落与复兴〉为中心的分析》，《武汉理工大学学报》（社会科学版）2015 年第 3 期，第 505 ~ 511 页。

社区类型过多、难以统筹以及社区居民倾向于个体化生活的问题,[①] 这些问题与欧美社区发展所经历的困境并无区别。我们必须承认,在生产力发达的今天,经济发展良好的国家中的个人,通过参与工作通常已经可以不需要倚仗群体就能满足自己的日常生活。所以人们将自己的精力更多地花费到利益的创造过程中,人与人之间的联系由亲密的社会关系逐渐转化为冰冷的利益关系。但事实上,个体所面临的风险并没有随着现代化的发展而减少,并且人类依然属于社会性动物,渴望沟通。随着经济发展,公民的社会服务需求不断升级,而传统的自然关系社区提供的保障以及国家统一社会服务保障已无法满足公民升级的需要。在这种情况下,如何通过改变社区现状,有效建立更加高效高质量的社会服务保障体系呢?将部分社会服务保障内容划入社区,通过社区志愿、社会组织等方式提供服务与保障的社区服务保障就是一个更好的选择。

(二)社区服务保障形成的理论源流

自威尔逊提出建立公共行政学起,时至今日,学界对于公共管理学发展阶段的划分虽然意见颇多,但总体来说,可以将其分为传统公共行政时期、新公共管理时期以及公共治理时期。从公共行政到新公共管理,再到公共治理,最大的改变之一,就是从传统行政的政府全权提供公共服务到新公共管理时期的市场参与公共服务的提供,直至现阶段公共治理理论所倡导的多元共治理念下公共服务供给的多主体化。

在近代传统公共行政时期中,政府被认为是社会公共服务供给的唯一主体。随着社会的发展,欧美国家为了有效缓和社会矛盾,普遍开始了福利国家的建设,即为公民提供"从摇篮到坟墓"的一系列服务与保障,在传统公共行政视角下,这些服务与保障的提供自然统一由政府供应。但随着时间的推移,公众不断提升的福利需求使得政府压力不断增大,公众的需求远远超出了政府所能提供的资源。同时,政府作为公共服务的唯一提供者,缺乏相应的竞争,再加上其重结果、轻效率的管理倾向,更加剧了公共服务供给的困境。上述问题的出现,引发了政府与学界对于公共服务

---

① 杨君、徐选国、徐永祥:《迈向服务型社区治理:整体性治理与社会再组织化》,《中国农业大学学报》(社会科学版)2015 年第 3 期,第 95～105 页。

资源不足困境的关注，新公共管理改革因此而起。新公共管理学说所倡导的市场导向、竞争导向是传统行政学说的一次重大突破。它强调将商业管理中的绩效、效率、灵活等特性植入公共部门，并将某些公共事务外包给私人企业和社会组织。诚然，新公共管理改革有效地缓解了政府压力，提高了管理效率，由此，社会公共服务以及社区公共服务中的私人参与随之不断增多，公共服务的提供主体也逐渐丰富起来。然而，由于新公共管理学说自身难以克服的理论缺陷，事实上，从新公共管理学说刚开始兴起，学界对其的质疑之声就从未停止。不同学者从不同的视角对新公共管理理论展开了批判，总体认为新公共管理背离了公平与正义等公共价值；政府部门的公共性问题被严重忽视；顾客导向在公共部门中的应用值得商榷；政府放松管制后，市场秩序混乱等。[①] 对新公共管理理论的尖锐批判并没有阻止让更多主体参与公共管理的历史趋势，反而催生了倡导公共服务提供多元化的"福利多元主义"，再加上同时期兴起的"社群主义"风潮，使得"社区""公共服务""私人资本""社会组织"等概念成为社会与学界中的热门词语，治理理论也由此出现。

相较于前两个阶段，治理理论的出现将公共行政理论提升到一个新的高度。新公共治理提出者奥斯本认为，现代国家面临的政策问题以及公共服务需求日益呈现出复杂化、多元化、碎片化的趋势，这些变化趋势不可避免地推动了多元主体参与治理的网络化、合作化。在社会公共事务的管理上，适应全球化、市场化和民主化发展趋势的要求，越来越趋向于借助多方力量共同承担责任，其特别之处在于用一种新的眼光思考什么样的管理方式可以实现公共利益的最大化。所以，在奥斯本看来，"新公共治理即是21世纪日益增长的复杂性、多元性和碎片化的产物，公共政策执行和公共服务提供是对复杂性和不确定性的回应。公共治理已超越'行政－管理'两分法，共同生产是服务提供过程的一个核心要素"。[②] 也就是说，由于现代社会中公民的社会需求变得更加多样，同时出现的问题变得更为复杂，以政府或者市场为主的单一主体已经难以提供多样化的服务，并解决

---

① 王佃利、展振华：《范式之争：新公共管理理论再思考》，《行政论坛》2016 年第 5 期，第 38 ~ 42 页。

② 竺乾威：《新公共治理：新的治理模式?》，《中国行政管理》2016 年第 7 期，第 132 ~ 139 页。

社区多样化的问题。基于此，多主体参与、多中心治理的治理理论就成为解决社会问题多样化的一剂良药。

就我国而言，现阶段"社区"已经成为国家治理理论本土化多元参与主体中的一个重要部分。我国社区服务的概念第一次出现于1987年举办的"全国社区服务工作座谈会"上。经过"摸着石头过河"的试验，2000年前后我国社区建设风风火火地开展了起来。在以解决现代公共服务复杂性为目的、以建立公共服务供给伙伴关系为主导的治理理论指导下，通过社区提供公共服务是公共治理理论在社区服务保障中的实际运用，也是我国今后公共服务供给的主要方向之一。

二 社区服务保障形成的现实需要

（一）社会服务保障与社区服务保障

在近百年的发展中，社会服务与保障体系已经成为世界各国极为重要的社会制度之一，两者的融合成为必然的发展趋势。党的十八大以来，建立健全社会服务与社会保障体系成为我国重点努力的方向之一。党的十九大提出"完善社会救助、社会福利、慈善事业、优抚安置等制度，健全农村留守儿童和妇女、老年人关爱服务体系。发展残疾人事业，加强残疾康复服务"，"加强社会保障体系建设。按照兜底线、织密网、建机制的要求，全面建成覆盖全民、城乡统筹、权责清晰、保障适度、可持续的多层次社会保障体系。全面实施全民参保计划。完善城镇职工基本养老保险和城乡居民基本养老保险制度，尽快实现养老保险全国统筹。完善统一的城乡居民基本医疗保险制度和大病保险制度。完善就业、工伤保险制度。建立全国统一的社会保险公共服务平台。统筹城乡社会救助体系，完善最低生活保障制度"[①]。要将我国社会服务与保障体系建设提高到一个新的高度。

社会服务保障由社会公共服务、社会保障体系两个部分结合而来。社会公共服务构成社会保障的基础和补充。社会保障体系，本质上是社会公共服务的一个重要部分。显然，社会保障体系和社会公共服务体系二者之

[①] 习近平：《决胜全面建成小康社会 夺取新时代中国特色社会主义伟大胜利——在中国共产党第十九次全国代表大会上的报告》，人民出版社，2017。

间相互交织、相互融合，经过长期的发展二者互嵌形成社会服务保障体系。由于我国社会经济的不断发展，居民对于社会公共服务的要求越来越高，据此，国家也不断重新定位社会公共服务。从《国家基本公共服务体系"十二五"规划》到《"十三五"基本公共服务均等化规划》，再到最新出台的"十四五"规划，明显可以看到社会公共服务内涵与外延的丰富与社会保障地位的攀升。在很大程度上，规划中"公共教育、劳动就业创业、社会保险、医疗卫生、社会服务、住房保障、公共文化体育、残疾人服务"的大部分属于社会保障的范畴，且为了贯彻网络化管理、精细化服务，社会公共服务与社会保障的内容也更加细化，所以近年来，可以看到在各种研究成果和媒体报道中，社会服务与社会保障往往结合在一起被统称为社会服务保障。

　　社区服务保障，是社会服务保障体系中的重要内容之一。长期以来，由于国家将更多力量放在经济的增长上，且由于经济实力不足，在改革开放前期，我国社会保障发展缓慢，直至21世纪初，才在城市建立起一个包含着养老保险、医疗保险、失业保险、工伤保险和生育保险在内的社会保险体系，适用于农村的"新农合"，更是在2010年才实现对农村居民的基本覆盖。所以至今在很多人眼中，社会服务保障被狭义地认为只是为社会弱势群体，如老年人、残疾人、孤儿等提供的服务与保障。很明显，我们要建立的现代化社会服务保障体系，应该是完善的、丰富的、全面的。最重要的是，能够有效覆盖全体国民，是对应国民需求的。我国早期的社会服务保障提供方式，则完全无法满足居民的需求。在社会保障体系刚刚建立起来的很长一段时间里，我国社会保障的提供方式以经济保障为主，也就是通过转移支付的方式对国民，尤其是弱势群体提供经济补偿与基本生活资金。在国家整体实力不足的情况下，简单明了、易于操作的直接提供经济支持，对于政府部门来说的确是一种较为方便的社会保障供给方式，所以重经济保障、轻服务保障的社会保障提供方式就成为一种主要的社会保障手段。[①] 但是随着经济不断发展，人们对于社会保障的要求也不断提高，呈现出精准化趋势，简单来说，就是服务与个体的对接，以满足居民

---

① 白维军、童星：《论我国社会保障服务的理念更新与体系构建》，《中州学刊》2014年第5期，第77~81页。

个性化、差异化的服务保障需求。① 显而易见，单一的经济保障通过单纯地提高补助金额，事实上是无法满足人民对于社会服务保障在服务提供方面的更高需求的。于是，如何建立一个满足以上需求的社会服务保障提供方式就显得尤为重要了。此外，还有一个需要考虑的重要问题是，当社会服务保障服务性的重要程度不断提升之后，需要寻找最合适的服务提供载体，在经过一段时间的实践、探索之后发现，社区是社会服务保障的重要承接主体。

（二）社区服务保障的独特功能

时至今日，社区化已经在全球绝大多数国家推广开来，社区已经在全球绝大多数国家建立，虽然不同国家的社区形式各样，但总体来说都是希望将社会的力量积蓄起来以促进社会发展，同时将部分权力下放至基层，构建一个"小政府，大社会"的社会治理体系。社区化的优势有许多，从社区服务保障的角度看来，不论是社区服务还是社会保障，个人的需求都存在显著的差异。但总体来说，仍然可以将社区服务保障需求分为公益性服务、福利性服务、商业性服务等种类。不同的社区存在地域差异、居民年龄差异，因此，民众对于以上服务的需求大小也不尽相同，这就使得不同社区可以按需求分配资源构建社区服务保障，如老年人较多的社区可以建立更多的老年人服务平台，将资源倾斜至最需要的地方。社区化还能更好地积蓄罗伯特·普特南一直推崇的社会资本。社会资本理论最先是法国社会学家布尔迪厄（P. Bourdieu）在 1980 年提出的，后经美国社会学家科尔曼（J. S. Coleman）、罗伯特·普特南（Robert. D. Putnam）、林南、福山（Francis Fukuyama）等学者的发展，成为多学科交叉研究的交汇点和纽带，社会资本对于创立健康和谐社会的重要性也被一致认可。社会资本被视为继物质资本、人力资本之后的第三种资本形态。所谓社会资本，依据世界银行社会资本协会的界定，指的是"政府和市民社会为了一个组织的相互利益而采取的集体行动，该组织小至一个家庭，大至一个国家"②。从本质

---

① 徐增阳、张磊：《公共服务精准化：城市社区治理机制创新》，《华中师范大学学报》（人文社会科学版）2019 年第 4 期，第 19～27 页。

② https：//wiki. mbalib. com/wiki/% E7% A4% BE% E4% BC% 9A% E8% B5% 84% E6% 9C% AC.

来说，社会网络是一种关系网络，这种稳定的关系网络能给行动者带来可供转移的资源。① 当一个社会的社会资本足够强大，有些问题就可以借由社会资本来解决，从而节省国家、社会资源的支出。而根据罗伯特·普特南在《使民主运转起来》里得到的结论，社会成员之间的信任会形成一个良性循环，呈缓慢增长态势，同时使得社会资本也随其慢慢增长。在此基础上，社区化能将同一社区中的居民联系起来，形成新的社会资本，进而必将大大推动社区服务保障所要应对的老年人服务、志愿者招募、社区居民参与问题的有效解决。社会资本的构成分为三个维度：第一，结构层面的社会资本。在布尔迪厄看来，社会资本是"实际的或潜在的资源的集合体，那些资源是同对某种持久性的网络的占有密不可分的，这一网络是大家共同熟悉的、得到公认的，而且是一种体制化关系的网络，或换句话说，这一网络是同某个团体的会员制相联系的，它从集体性拥有的资本角度为每个会员提供支持，提供为他们赢得声望的'凭证'"。② 结构维度的社会资本展示社会网络中各个成员之间的连接情况，以及由这些连接所形成的网络整体结构形态。这一维度说明网络节点间联系存在与否以及连接方式，通过密度、连通性、层次性等测度变量描述网络形态或结构的特征。第二，认知维度的社会资本。认知层面的社会资本涉及互动网络中成员共同理解的表达、解释和意义系统的资源。具体包括：共同的编码和语言、共同的叙事方式，网络成员之间共同的价值观、共同的愿景、一致的思维方式和认知水平，认知维度的社会资本在频繁的交互行动中产生，并进而促进成员之间的沟通与合作。第三，关系层面的社会资本。它描述人们在互动过程中建立起来的关系，并聚焦在包括尊重和友谊在内的影响人们行为的关系上。关系维度的主要方面有信任与可信任性、规范与认可、责任与期望等。社会资本的三个维度并不是相互独立的，相反，它们三个之间呈现出由抽象到具体的层级关系。就我国社区所拥有的作为居民聚集体的功能而言，其所能产生的社会资本也同样遵循这个层级关系，从最上层的社区公共管理体制建设到具体的社区居民之间交流的加深、共同价值观的形成再

① 边燕杰：《城市居民社会资本的来源及作用：网络观点与调查发现》，《中国社会科学》2004年第3期，第136~146页。
② 《文化资本与社会炼金术：布尔迪厄访谈录》，包亚明译，上海人民出版社，1997，第189~211页。

到具体的居民关系，缺一不可。而事实上，社区作为现代社会人们日常生活的基本领域，对于我国居民社会资本的形成有着巨大的意义。

从世界范围看，许多国家的社区已经发展到一个很高的水平，并开始呈现衰弱的趋势。以美国为例，罗伯特·普特南在《独自打保龄：美国社区的衰落与复兴》中表达了自己对于美国社区参与率下降的担忧，1970～1990 年的 21 年间成年人融入社会结构率趋于下降，亲友间的非正式社交减少了 10%，社团会员数下降了 16%。① 在社区中建立并参与各种各样的社团，公民的参与程度高，是美国人对自己社会发展最引以为傲的部分。他们从中受益，所以也极度担忧社区化的衰落。对于我们国家而言，社区化建设才刚刚开始，欧美的社区服务发展给我们提供了许多可借鉴的经验，让我们认识到通过社区发展服务保障是未来的发展趋势，社区中的社会资本建立对于公共服务、社会治理具有正向影响，而正是这些独特的功能，推动了各国对于社区服务保障的探索与实践。

基于以上的内容我们可以看出，建立以社区为基础的社会治理体系，是构建社会"共同体"的一种现代化形式。在城市生活中，宗族主义与亲属关系不再像从前那般紧密，要发挥"共同体"的优势，则需要一种新的形式，也就是通过构建社区将社会中的人力、物力整合起来，以此为公民提供更好的服务、更好的社会保障。通过社区建立社会服务保障体系既方便管理，又能通过在社区中发展社区居民之间的"社会资本"辅助社区服务与保障的发展，这就是我们要通过社区来发展各种服务项目与提供社会保障的内在逻辑。

第三节　社区服务保障的重要性

我国自改革开放以来，社会主义市场经济的建设不断深入，城镇化进程也随之不断加速，城镇化率逐年升高。国家统计局第七次人口普查数据显示：2020 年，我国常住人口城镇化率达到 63.89%，比 1949 年末提高

---

① 〔美〕罗伯特·普特南：《独自打保龄：美国社区的衰落与复兴》，刘波等译，北京大学出版社，2006，第 57 页。

53.23 个百分点，与 2010 年第六次全国人口普查相比，上升 14.21 个百分点。① 城镇化率的提高使得城镇人口也不断增加，大部分人口分布在各个城市社区内，导致各类社会问题日益增多，社区矛盾不断凸显，社区的有序管理问题也逐渐被提升到重要位置。未来一段时间内我国社会将面临人口老龄化加剧，青少年事务复杂化，居民需求多样化等社会治理的新挑战、新难题。这种"百年未有之大变局"给我国社会既带来了巨大挑战，也带来了前所未有的发展机遇。基层作为面临社会转型引发问题与矛盾的交汇之处，社区服务保障的发展受到政府与社会的广泛关注。以社区为平台和载体，将各类服务资源下沉，实现供需有效对接，对满足广大人民群众对于美好生活的向往、推动经济社会的高质量发展、形成新的消费市场具有重要意义。社区内的服务保障在解决各类城市社区问题中发挥了重要作用，是解决基层问题的"前沿阵地"，尤其是在民生保障问题上不断受到社会的关注以及政府部门的重视。城乡社区是联系服务群众的"最后一公里"，通过社区平台，推动多层次的服务供给直接对接居民的服务需求，是满足人民日益增长的美好生活需要的有效途径。②

值得注意的是，随着我国经济发展和社会转型，人们生产生活方式和社会组织形式都发生了重大变化，越来越多的"单位人"转变为"社会人"。传统的"单位办社会"已开始走向消解，现有社会服务形式已不能满足人们日趋多样化和多层次的物质、文化和生活需求。③ 事实上，我国的社区服务保障是从 20 世纪 80 年代的社区建设发展而来的，作为社会保障体系的重要组成部分，作为稳定社会的保障机制，社区服务保障的发展面临着复杂的社会背景和社会环境，面临着诸多的社会问题和社会挑战。

一　社区服务保障发展的现实背景

（一）社会化程度提高，不稳定因素增加

随着城市人口所占比例不断提高，城市治理的重要性和复杂性进一步

---

① 国家统计局：《第七次全国人口普查公报》（第七号）。

② 李晓琳、刘轩：《加快完善社区服务体系的思路与举措》，《宏观经济管理》2020 年第 8 期，第 36 ~ 41 页。

③ 田毅鹏、董家臣：《找回社区服务的"社会性"》，《探索与争鸣》2015 年第 11 期，第 70 ~ 74 页。

凸显。城市不仅是政治、经济和文化活动的中心区域，同时还是"优质公共服务资源高度集聚的地理空间，城市的本质在于提供优质公共服务"。[①]随着我国市场经济体制改革的开展，原有的"单位制"承担的大部分社会服务保障职能转移到社区，"单位人"转变为"社区人"。"单位制"的衰落，标志着现代城市的属性增强，社会的控制力随着流动人口的增多而逐渐减弱。城市的社会整合力如何提升，社区在此之中应该发挥何种作用？"单位制"作为社会整合机制消解之后，需要一个新的社会机制来整合社会资源，以此承接整合社会的压力，维持社会的繁荣发展与稳定。城市现代化进程的加速从另一角度来看是给社区带来了巨大的压力，但社会职能突然大量地转移至社区，给社区的生存发展制造了一个新环境。然而，从我国社区服务保障发展的历史来看，我国城市社会功能尚不健全。经济体制深刻变革，社会结构深刻变动，利益格局深刻调整，收入分配差距持续扩大，社会财富配置极不均衡，社会不公平和不合理现象越来越突出，社会成员的思想观念出现了明显的裂痕，许多新型社会矛盾也随之显现。[②] 群众对物质利益的追求远远压倒了对理想价值的追求，不同社会群体之间的利益博弈和竞争也愈演愈烈，这一倾向反过来又助长了利益诉求的不一致，进而激化社会矛盾甚至引发社会冲突。

现实情况表明，新的社会问题不断涌现。市场转型的过程中释放了大量不稳定因素，社会的控制力被削弱，城市的社会病态越发严重。比如，城市环境恶化、交通拥堵、城区无限度扩张、人口过载、城市犯罪等问题非常突出。与此同时，基层社区成为社会问题和社会矛盾的聚集区。随着社会矛盾的下沉，社区处在了一个相对敏感的位置。例如，社区治安问题，不同以往单位制下的社会人际关系，社区邻里关系弱化，居民之间相对封闭，这给犯罪防控增加了一定难度。此外，民生问题在社区层面也集中体现，上学难、就业难、就医难、拆迁安置、诉讼维权等问题层出不穷，给社会稳定带来严重的隐患。

---

① 杨宏山：《转型中的城市治理》，中国人民大学出版社，2017，第17页。
② 杨敏、杨玉宏：《"服务—治理—管理"新型关系与社区治理新探索》，《思想战线》2013年第3期，第1~7页。

（二）社区服务缺口大，人民需求多样化

当前，我国社会主要矛盾已转化为人民日益增长的美好生活需要和不平衡不充分的发展之间的矛盾。随着经济社会的迅速发展和生活水平的逐步提高，人们对公共服务的需求不断增加，期望和要求也越来越高，呈现个性化、差异化和多样化的趋势。[1] 随着城市体制的改革和社会主义市场经济的发展，原有的"单位制"逐渐消失，个体户、自由职业者等流动人员以及游离在单位之外的人员越来越多，这些人员的服务需求无论是从精神上还是物质上来说都十分旺盛。"单位人"转变为"社区人"之后，居民越来越依靠社区，而不再仅仅依靠单位来解决生活问题。一些新的问题，如人口就业压力、老年人口如何赡养、家庭互助功能削弱、企业原有的福利职能如何向外剥离等问题不断涌现。[2] 一方面，社会对社区服务需求的总量大幅增加。从整体上来看，社区居民所需要的养老、婴幼儿照护、医疗卫生、家政等服务供给不足等问题突出。目前，能够提供托育服务的社区还很少，即使有也存在质量低下、安全性不高等问题。我国中度和重度失能老年人对家政服务的供求缺口率高达55%。社区助医、日托和助餐等城市老年人日常服务缺口率在60%～70%，农村老年人缺口率则高达90%。[3] 另一方面，我国社会基本公共服务均等化存在一定差距。不同地区、城乡之间、社区之间服务水平参差不齐。据国家统计局2021年发布的统计数据，2020年末中国大陆城镇人口占总人口比重（城镇化率）为63.89%，比上年末提高3.29个百分点。在取得这一系列成果的同时，环境污染、交通拥堵、用水紧张等问题层出不穷，这些问题从侧面反映了在城镇化进程中，我国的基本公共服务供给严重不足，这一问题严重影响到我国城镇化的进程，并在一定程度上影响了人们的日常生活。从侧面反映出了我国现有社会服务体系缺口大，无法满足居民的多样化、高质量的需

[1] 徐增阳、张磊：《公共服务精准化：城市社区治理机制创新》，《华中师范大学学报》（人文社会科学版）2019年第4期，第19～27页。

[2] 杨君、徐选国、徐永祥：《迈向服务型社区治理：整体性治理与社会再组织化》，《中国农业大学学报》（社会科学版）2015年第3期，第95～105页。

[3] 顾严：《"十四五"中度老龄化社会的挑战与对策》，《中国国情国力》2019年第2期，第4～7页。

求，需要新的社区服务保障体系来弥补服务缺口。

（三）人口问题呈现复杂化

其一，人口老龄化加剧。民政部《2020 年社会服务发展统计公报》显示：截至 2020 年底，全国 60 周岁以上老年人口 26402 万人，占总人口的 18.7%，其中 65 周岁以上老年人口 19064 万人，占总人口的 13.5%。[①] 在国际上一般认为，60 岁以上老年人口占总人口的比例大于 10% 即表示进入老龄化社会。可见，我国已经步入老龄化社会，且呈现加快的趋势，老龄化社会正向深度发展。伴随着劳动人口密集流动，受"计划生育政策"以及产业结构分布的影响，家庭结构日趋小型化。老龄化随之带来的是空巢化，小型家庭的传统家庭保障功能也无法充分实现其效能，家庭养老功能逐渐减弱，老年人居家无法得到有效的照顾。因而，社区服务保障成为解决社区养老问题的重要途径。社区服务保障不仅能为老龄人口提供良好的养老场所，还能整合社会资源全方位地提供养老设施。在传统养老观念尚未淡化、子女数量少的情况下，社区服务保障所发挥的民生作用是不可忽视的。

其二，人口流动性加大。改革开放以后，随着我国现代化产业的飞速发展，我国境内也经历着一场大规模的人口流动。在 20 世纪 80 年代，随着乡镇企业的兴起，大量农村人口涌入城镇以及小型县城，不仅推动着城市化的进程，也加剧改变了城市的人口结构。到 20 世纪 90 年代，随着沿海城市开放力度加大，大量人口逐渐由城镇涌入大型城市，务工经商是人口流动的主要原因。人口大范围的流动，暂时性的居住会给社会带来极大的不稳定性，这给当地政府的基层治理能力带来巨大的考验。当大量人口涌入城市以后，棘手问题接踵而至，基层社区不可避免地成为这些流动人口的直接"监督者"、"服务者"与"问题解决者"。社区参与着流动人口的生活，在治安、就业、教育、医疗等社会生活各方面为其提供着服务保障以确保基层的稳定。可见，社区服务保障不仅满足了流动人口对基本生活服务的需求，还为其个人与家庭的发展以及快速融入城市提供了极大的便利。社区提供的各类服务保障是无差别的，无论是常住人口还是流动人

---

① 民政部：《2020 年社会服务发展统计公报》，2021 年 9 月 10 日。

口，都能享受到同样的服务。流动人口在共享社区服务的过程中强化了融入社区，积极参与社区服务的积极性与主动性，增强了社区归属感和幸福感，增强了遵守社区道德的责任感和义务感。因而，社区服务保障是社会的稳定之锚。

其三，人口构成复杂化。随着人口流动加大，社区人员构成逐渐复杂，人口素质层次逐渐多样化，这也使得社区人口对社区服务保障需求日益加强并存在多样化趋势。各类人群聚集在基层社区，包括不同职业、不同收入水平、不同年龄层次的人群，如失业待业人群、特殊困难群体甚至是社区矫正人员等，这加剧了社区作为一个小范围社会的复杂性。社区人群逐渐阶层化，不同群体的利益需求差异逐渐凸显。同时，社区也存在趋同化，社会地位、收入水平相近的人群趋于聚集在同一社区，这也使得社区之间的利益需求差异越来越大。由此社区服务保障所要提供的保障也要多样化，以满足不同层次人口的需求，适应社区人口构成复杂化的趋势。社区服务保障是基于基层社区的，基于社区邻里的，这一体系能将矛盾化解在基层，能解决许多基层政府无法满足、商业无法办好的问题。社区服务保障作为社会保障的组成部分，它既为社区无收入群体提供生活和服务保障，也为有收入但无服务保障的群体提供服务。社区服务保障的积极作用就进一步得到凸显与强化。总之，社区服务保障是以整个基层社区为空间，面向全体社会成员提供的服务保障，不会针对特定群体，不会排斥任何人群。

由此可见，社区服务保障作为社会保障体系的重要组成部分，既是社会保障的重要载体，也是社会良性发展必不可少的因素。社区服务保障是立足基层、服务基层、保障基层群体生活的，它在教育、医疗、就业、治安、养老等民生方面发挥着极为重要的作用。更好地发挥社区作用，加快社区服务保障建设，对我国治理体系和治理能力现代化有重要意义。

对于社区服务保障，国内外大多数学者是持积极态度的。在国外，部分学者认为社区服务保障能够承担起政府部分公共性职能，将政府部门从沉重的福利性财政中解放出来。专业化的社区服务能高效、精准地解决居民生活问题，也能更好地作为政府与居民之间的沟通桥梁。比如，瓦思认为社区服务组织或机构经常处于政府和居民的中间位置，为居民争取福利。① 海科认为，社区服务保障能让社会弱势群体团结在一起，在社会改革中合力消除在社会上存在的结构性障碍。② 在国内，社区服务保障的意义也得到广泛认可。陈喜强认为社区服务保障强化了现代家庭和社区的功能，弥补了社会保障体系的不足，突破了社会化服务的局限，实现了政府职能在基层社区的有效整合。③ 陈德君认为，社区服务既作为社会福利的重要组成部分而存在，同时也较多地体现着社会互助的精神，是我国社会保障体系中的重要一环，发挥着不可替代的作用。④

二 社区服务保障的意义

（一）推动精神文明建设，满足人民日益增长的美好生活需求

党的十九大明确提出，当前我国社会的主要矛盾转化为"人民日益增长的美好生活需求和不平衡不充分的发展之间的矛盾"，社区服务保障对整个社会的精神文明建设也有很大的推动作用。随着社会经济的发展，我国中等收入群体规模不断扩大，城镇化、城乡融合进程不断加快，人民对提高生活水平和改善生活质量的意愿更加强烈，居民消费需求更加多样化。社区作为直接面对人民群众的服务平台、基层组织，能够最直接、最有效地推动多层次的服务保障供给。在精神文明层面，社区服务在政府的倡导下，通过发扬邻里互助、尊老爱幼、志愿服务精神，推进社会主义精神文明建设。特别是社区服务保障中的"文化服务"方面，此类服务保障为低收入者、无收入者提供一定程度的文化帮扶。从硬件设施投入上来看，主要有社区书屋报亭、社区运动场、社区文化站、社区科普墙等。从软件条件投入上来看，主要是不定时开展的各类文化讲坛，举办各类文艺活动等，以此来丰富社区居民的文化生活。同时，作为社会保障体系的重要组成部分，社区服务保障互助共济、分担风险的原则在实践中必然会鼓励和培养

① 代明、袁沙沙：《国内外城市社区服务研究综述》，《城市问题》2010年第11期，第25~33页。
② 代明、袁沙沙：《国内外城市社区服务研究综述》，《城市问题》2010年第11期，第25~33页。
③ 陈喜强：《城市社区服务范畴新论》，《广西社会科学》1993年第3期，第70~75页。
④ 陈德君、罗元文：《社区服务社会保障体系的重要载体》，《中国社会保障》2001年第2期，第24~25页。

团结友爱精神，促进邻里和谐，树立良好的社会风尚，由此推动社区乃至整个社会的文化发展和社会主义精神文明建设。①

（二）提高居民生活质量，推进基本公共服务均等化

从整个社会来看，人民群众对于社会公平正义的愿望愈加强烈，推进基本公共服务均等化是我国进入新时期后重大的民生和社会目标。在我国特色的政治体制和经济体制下，社区作为构成社会的基本单元，也是城乡基层社会管理的基本单元。社区接触居民人数众多，面对户数最广，直接面对群众的各类问题和需求，成为政府部门的"代言人"和"服务站"，为居民生活的各个方面钩织了一张保障网。它能解决政府需要解决的问题，也能整合社会力量弥补政府的缺陷，还能补齐社会组织提供服务的短板，服务着广大群众的生老病死、衣食住行，从"摇篮"到"坟墓"，从学校到社会，从生存到生活。原有的社区保障体制更多地体现在经济物质方面的保障。随着经济社会的发展，人民生活水平的提高，社区居民不再仅仅要求单一的经济物质保障，对于服务保障也提出了更多的需求。将基本公共服务，从顶层设计到基层执行，再落实到每一位居民身上，是未来推进基本公共服务均等化的有效路径。社区服务保障的直接目的是服务社区群众，它通过社区救济、社区服务、社区福利等方式为居民提供生活保障，使社区居民在失业、养老、生病、伤残意外时基本生活有保证，尽可能地减少天灾人祸所带来的负面影响。尤其是让低收入人群，甚至无收入人群无后顾之忧，摆脱生存困扰。如对老幼病残人群提供特殊的照顾和日常护理，对下岗失业人群进行再就业培训，为经济困难群体提供免费法律咨询等。社区服务保障的兴起与发展，完善了社会保障体系，进一步弥补了社会服务的不足，为政府分忧、为民众解难，为居民生活提供了更多的便利。通过在社区范围内建立服务保障网点，提供公益性、福利性以及各类商业性的服务，满足居民生活、学习和工作的需求。这一系列的制度措施为居民织起了一张生活的保障网，架起了一道生活的防护线，提高了居民生活的品质，加速了城市社区现代化的进程。

---

① 孙光德、董克用主编《社会保障概论》（第五版），中国人民大学出版社，2016。

（三）稳定基层社会发展，应对经济社会发展的挑战

可以预见的是，在将来的一段时期内我国将面临人口老龄化加剧、城乡融合加速、社会结构不断调整、养老托幼教育事业不断复杂化等严峻挑战。伴随而来的是医疗卫生、教育、养老托幼、就业创业的供需矛盾日益凸显。社区作为基层发展的稳定剂，通过布局相应的社区服务保障资源，将有利于我国在应对经济社会发展过程中的矛盾与挑战时占据主动地位。

社区服务保障为各户居民提供了各类服务，能够确保满足基层居民的基本生活需求。居民遇到生存问题、生活困难，都能够通过社区服务保障的各类措施得到有效解决。为社区困难群体诸如低保人群、孤寡老人提供经济帮助；为失业下岗人群提供就业培训、信息咨询等服务；为社区矫正人员提供再教育。同时，社区服务保障作为社会第三产业的重要组成部分，能够提供更多的就业岗位，吸纳社会闲散人员，扩大居民的就业渠道。通过这一系列措施缓和各个阶层、各个群体之间的矛盾。避免因生活困难、贫富差距致使心理失衡而导致的社会冲突，造成社会的不稳定。社区服务保障正是通过满足不同层次群体的精神、物质生活需求，调动居民参与社区生活的积极性，搭建起社区的共同利益平台，增强社区居民对本社区的归属感和凝聚力。依靠社区成员自己的力量解决社区问题，促进社区良性协调发展，[①] 从而将社会危机化解在基层，将矛盾调解在社区。马克思的社会保障思想认为"社会保障的实质就是国民收入的分配和再分配"，它通过调节国民收入来完成基本生活保障。在我国，由于资金不足以及社会制度的不完善，诸多从政府职能中分离出来的社会保障大多由基层社区承担。因而社区服务保障的稳定功能就极为重要，它在运行过程中努力维持社会公平、提高社会整合程度、增进居民团结、化解社会矛盾，在维护社会安定和应对发展中的挑战上发挥着积极作用。

（四）培育国内消费市场，促进社会服务产业化发展

在商品经济条件下，社会化服务必然是以商品经济关系为纽带，并通过商品等价交换这一形式表现出来。与此相关联的社区服务保障，不可否

---

① 李若青：《发展社区服务促进社会保障制度完善》，《学术探索》2003 年第 3 期，第 91～93 页。

认地也应该具备商品性。目前，社区居民既要面临极大的工作压力，又要面临繁杂的家庭事务，这种社会角色和家庭角色的矛盾，让社区服务的需求快速增加。在这种条件下，社区服务肩负着提供服务保障的功能，通过搭建社区服务网点，开展便民利民的服务活动。社区平台为广大居民提供着多层次、多样化、多模式的社区服务，为托幼、养老、社区医疗、家政、早教等行业挖掘和培育新的消费群体，激发消费潜力。承担和弥补社会服务因自身条件和其他社会因素限制而无力承担和涉及的社会职能。在经济尚不完全发达、政府资金注入不足的情况下，大力推进社会服务产业化对促进社会和谐、完善社会保障体系具有重要意义，而社区服务保障的开展能够推动社会服务产业化发展。早在 1992 年中共中央和国务院就下发了《关于加快发展第三产业的决定》，要求社区服务向产业化和行业化发展。社区服务把那些本应由社会承担的福利与服务返还到社会中去，把国家、单位或企业多余的负担转移给社会，改变"企业办社会""单位办福利"的状况，借助于社区的各类服务设施，使"孤有所托、老有所养、残有所扶、贫有所济、难有所帮"，实现公共福利事业的社会化。改变传统的管理方式和运行方式，注入市场化的运行方式，在注重社会效益的同时兼顾经济效益。这样使得社会服务机构、社会组织在提供服务保障时不仅能够生存下去，更能得到长久的发展。

（五）推动政府职能整合，延伸与补充社会保障内涵

社区服务保障作为社会保障体系的重要补充，它的兴起也是社会治理的兴起，其根源还是政府失灵和市场失灵，基层社区能够做政府和市场做不到的事，能够为基层群众解决"政府管不了""市场不愿管"的问题。研究社区问题的著名学者萨缪尔·伯勒斯和赫尔伯特·基提斯在《社会资本与社区治理》中曾经指出，[①]"与国家和市场相比，社区能更有效地培育和利用人们传统上形成的规范自己共同行为的激励机制：信任、团结、互惠、名誉、傲慢、尊敬、复仇和报应，等等"。[②] 政府应该由"划桨"转为

---

① 夏建中：《治理理论的特点与社区治理研究》，《黑龙江社会科学》2010 年第 2 期，第 125 ~ 130 页。
② 〔美〕萨缪尔·伯勒斯、赫尔伯特·基提斯：《社会资本与社区治理》，曹荣湘选编《走出囚徒困境：社会资本与制度分析》，上海三联书店，2003，第 135 页。

"掌舵"，改变过去传统治理模式中的重管制轻服务，推动治理体系的创新。

传统理论认为政府应该是行使国家公共服务权力的唯一权威组织，不仅掌握着所有公共事务的资源，而且直接提供着公共产品和公共服务。治理理论认为政府处在绝对权威的地位，特别是在运用国家暴力机关、维护公民合法权利、合理分配社会资源等方面发挥着其他组织无法替代的作用。但是，政府不应该再是管理社会、提供公共服务的唯一主体，政府职能的臃肿极易导致某一职能方面管理的混乱。不加强政府社会职能的管理，不厘清政府公共服务的职能，社会问题将增多，这也必然会影响到居民生活质量和居民幸福感的提升。应推动社会组织、公民自治组织等第三部门的介入，由基层分担政府公共事务管理这一职能，充分发展社会化服务。采取适合当地社区情况的具有群众自我服务特征的社区服务，通过社区服务保障解决社区的社会问题，促成社区的有效整合。由此，政府职能就能通过社区融入基层，通过基层组织、基层群众的自我管理和自我服务，最终实现政府职能的精简与整合。社区服务保障的开展也符合当前我国社会治理的重要思路，即"党委领导、政府负责、社会协同、公众参与、法制保障"的"五位一体"思路。

新型的治理格局不仅在于整合了政府职能，更是突破了政府、社会和市场的传统合作模式，各个责任主体之间权责明晰。从目前的国家财政支出情况来看，政府近年来投入的社会福利资金已经大幅上升，随着人口老龄化加剧、城乡融合加速，这项支出给国家财政带来巨大压力，给国家社会保障体系也带来较大的挑战。政府既要保障群众的基本权利，又要面临巨额的财政开支，客观上也要求基层群众自我管理、自我服务，发动群众、依靠基层，将社会矛盾化解在基层。因而，社区服务保障顺应而生，为群众解决急事、难事、琐事，开展便民利民的公益性、福利性以及商业性等方面的服务。正是在这一意义上，社区服务保障填补了社会保障体系的空缺，延伸了社会保障的内涵。社区服务保障是社会保障在基层社会的延伸，是社会保障发展的新形式。

第四节 社区服务保障的特殊优势

社区服务保障的兴起与发展顺应时代的变化，既为无收入人群提供生活保障和服务保障，也为有收入保障、无服务保障的人群提供服务保障，进而强化了社会保障的服务功能，为社会保障注入了活力，为国家经济的发展、社会的稳定提供了新的保障条件。社区服务保障凭借其独特的保障优势，通过多样化的形式、范围广泛的服务活动，将政府的民生保障工程延伸到基层社区的群众当中，促进了政府与群众的密切联系，也推动了人民群众积极参与到社会发展与建设的浪潮中来。社区服务保障作为基层的民生保障，相比于政府、市场和社会主体提供的其他类型保障有其特殊的优势。

1. 资源整合优势

在市场经济条件下，社会利益主体呈现多元化的发展趋势，政府部门很难依靠单一力量完全满足群众的多样化社会需求，市场主体也很难完全做到无偿服务，使群众满意。因此就需要基层社区的介入来弥补政府和市场在提供公共服务保障方面的不足。社区"多元共治"是国家治理体系与治理能力现代化在基层的重要体现，是社区多元力量的有机整合而非机械限定与简单叠加，其本质是多元治理主体间互动有序、合作充分的集体行动网络的构建。[①] 社区服务保障的提供主体和承载者是基层社区，它相对于政府部门以及其他市场主体来说更具有资源整合优势，因为社区既可以获得政府的扶持，也能得到其他社会组织的资助，进而能够整合社会多方力量的资源，将辖区内的资源进行合理配置，为群众提供更优质、更完善的服务保障。社区的资源优势能为社区提供多样化的服务保障，为社区服务保障的发展提供源源不断的外在动力。首先，社区在政府的信任下能够获得极高的社会公信力，能够获得社会的认可、群众的支持，因而具备获取并整合社会资源的合法性，为社区服务保障提供了很好的政策支持。其次，具备社会责任感的企业能够和社区建立相对稳定的沟通渠道，政府为其提供有利的行业政策，企业也愿意向基层社区提供必要的经济和物资援助，为社区服务保障提供了很好的经济支持。企业通过参与公益服务和社区服务保障，履行社会责任，在社区中树立更好的企业形象，提高企业在社区中的品牌影响力，提高社区居民对企业产品的接受程度。最后，其他

---

① 刘波、方奕华、彭瑾：《"多元共治"社区治理中的网络结构、关系质量与治理效果——以深圳市龙岗区为例》，《管理评论》2019 年第 9 期，第 278～290 页。

社会组织或个人，愿意参与到社会治理、社会服务当中来。社区能够为此类群体或个人提供一个更好的施展平台，这些群体或个人也能将自身的资源投入社区服务保障中来，为社区服务保障提供更多的补充资源，这是一个双向的互补渠道。综上所述，社区服务保障能够获得来自政府、企业以及其他社会组织或个人的资源投入，社区将资源进行整合并合理配置，相对于政府或者市场提供的单一社会保障类型，社区服务保障更具备资源优势。

2. 专业服务优势

社区服务保障的专业性主要表现在两个方面。其一，社区服务大部分是满足基础性、一般性的综合性需求，少量的、特殊的专业性需求需要社区专业服务部门利用其资源优势对其进行整合与链接，引进其他的专业部门及其机构直接提供，如律师、医生、心理咨询师等。因此，在某种程度上来说，社区服务既是一种普遍基础服务，也是一种筛选机制，把那些需要专业服务的对象筛选出来，[1] 安排对象接受专业的服务指导。其二，社区引进了大量专业性人才参与社区服务保障，在困难救助、矛盾调解、权益维护、心理疏导、行为矫治等方面有专业的介入方法，[2] 提供服务的人员都是具有社会服务或社会工作专业资质的；提供的服务也是带有公共性和公益性的，是面向社区各类居民的基础性公共服务或便民利民服务。[3] 党的十九大报告指出要"提高社会治理社会化、法治化、智能化、专业化水平"。因此社区服务保障的专业化将得到进一步的发展。

3. 贴近社区居民的优势

社区服务保障的第一责任主体——社区，是直接面向社区居民提供服务的基层机构，政府通过管理职能转移和权力下移，进行了迈向社会本位的权力回归和资源回落，社区逐渐成为社会管理和公共服务的主要承接平台。[4] 相比于基层政府以及其他社会保障机构，社区作为服务保障的提供

---

① 陈友华、庞飞：《专业社区服务：何以可能又如何可能?》，《山东社会科学》2017 年第 8 期，第 82 ~ 89 页。

② 彭惠青、仝斌：《社会工作在基层治理专业化中的角色与功能》，《中国行政管理》2018 年第 1 期，第 46 ~ 50 页。

③ 徐宇珊：《服务型治理：社区服务中心参与社区治理的角色与路径》，《社会科学》2016 年第 10 期，第 99 ~ 106 页。

④ 王欢：《"三社联动"：社区治理创新的路径》，《中国社会科学报》2019 年 3 月 20 日。

主体更为熟悉社区的情况。首先，能深入了解居民需求。在基本需求方面，包括人口、家庭基本情况、财力、服务需求等，社区长期为社区居民提供服务保障，对社区内的弱势群体也更为了解。在文化娱乐需求方面，社区更能清楚地了解居民各种各样的文化需求，从而更好地组织开展文娱活动，丰富群众生活、活跃社区氛围。能更好地将群众的自发组织引导转变为有组织、有规模的集体活动，激发群众参与公共生活的热情。其次，能得到居民高度认可。社区能够接触到最广泛的社区群众，与辖区居民保持着密切联系，服务保障对象包含了从儿童到老人等各个层次，是解决群众日常问题、回应居民日常关切的第一部门，因而往往能得到群众的信任。最后，能获得广泛群众基础。社区服务的基础在社区，它的服务对象是社会的细胞组织，即每个家庭，以至于每个社区居民。社区服务的内容丰富多彩，服务方式灵活多样，充分体现了社会服务社会办的思想。与此同时，社区服务又以社区居民为依托开展广泛的服务保障，在服务中能发现并培养一批群众的骨干、中坚力量，使其参与到社区的服务保障中来，为社区的服务保障内容提供新的视野，提升居民的自我管理和自我服务能力。

4. 综合保障优势

在21世纪初期，社区服务保障以最基本的生活保障为主要目标，加上社区服务保障主体单一以及资金、物资、人才的短缺，使得整体服务保障水平偏低，服务保障内容过于单一。随着社会经济的发展，社区居民的需求也更加多元化，社区服务保障也朝着全面性、多样化方向发展。相比于其他主体提供的社会保障具有综合服务保障的优势，社区服务保障弥补了传统社会保障覆盖面窄且以经济保障为主的不足。第一，物质产品服务保障。这一类服务保障既包括实物形态也包括非实物形态。实物形态包括社区、街道向居民、困难群体提供的经济扶持、物资帮助，进行养老机构、医疗机构、教育机构的建设等。非实物形态则包含便民利民服务、家政服务、社会治安建设、社区救助等形式。第二，精神产品服务保障。社区在精神文化层面也为居民提供着多元化的服务保障。例如，在社区建立图书室、娱乐室、文化站、科普教育基地、心理辅导室等硬件设施。社区也组织诸如舞蹈、棋牌、健身等各类文化活动以丰富居民文化生活，在满足社区居民精神层面需求的同时，增强居民的社区认同感、责任感，构建和谐社区。第三，信息产品服务保障。此类服务保障主要是向居民提供咨询类服务，包括法律信息：提供法律宣传、咨询、代书、诉讼等法律法规方面的信息，满足居民对法律方面的需求；中介信息：向居民提供房产、住房、就业等方面的便捷信息，方便群众生活。总之，社区服务保障是一个全方位、多元化、多层次的服务保障体系。在不同的地区，社区服务保障应该因地制宜地提供符合当地居民利益的服务。

第二章　社区服务保障概述

第一节　社区服务保障的界定

1887 年德国社会学家滕尼斯在其出版的《社区与社会》一书中提出了"社区"一词,即"Gemein – schaft"(德文,一般译为共同体、社区、集体等),他认为"社区"是指由同质人口组成的,关系密切、守望相助、疾病相抚、富有人情味的社会团体。① 第二次世界大战之后,西方国家的社区服务进入新的阶段。美国行政学家戴维·奥斯本在其名著——《改革政府:企业精神如何改革着公营部门》中提出:赋予社区以公共管理权,从注重社区服务工作转向做好社区授权工作。社区服务是公共服务的一个缩影,是社会提供公共服务在具体的每一个小"社会"——社区中的具体体现。社区服务也叫作"社区照顾""社区工作",是作为西方国家社会福利的一种形式出现的,主要解决贫困和温饱问题。② 阎革认为,西方国家社区服务是国家财政不堪战后迅速膨胀起来的社会保障事业的重负,把一部分社会保障项目向基层社区"下放",以减轻经济负担而发展起来的,是国家社会保障项目向社区转移的结果。③

随着社会的不断进步,联合国提出"社区发展运动","社区"由此开始备受关注。社区服务保障在社会发展以及社会治理中扮演着越来越重要的角色,社区服务研究也进入一个高速发展时期。社会学、管理学、犯罪

---

① 童星、赵夕荣:《"社区"及其相关概念辨析》,《南京大学学报》(哲学·人文科学·社会科学版) 2006 年第 2 期, 第 67 ~ 74 页。

② 代明、袁沙沙:《国内外城市社区服务研究综述》,《城市问题》2010 年第 11 期, 第 25 ~ 33 页。

③ 阎革:《我国城市社区服务的起因、性质和发展趋势》,《广西大学学报》(哲学社会科学版) 1993 年第 2 期, 第 56 ~ 60 页。

学、心理学、政治学、医学等学科领域也加入研究之中，形成跨学科交叉的理论成果，使得社区服务研究的理论呈现多元化趋势，社区服务保障的实践也被进一步推动。但总体上来看，这一领域的研究还有待进一步的发展与升华。一是现有的学术定义层出不穷，存在争议。例如，关于社区服务保障是否应该具有商业性（经营性）存在相左的看法，对于社区服务保障是否应该推行产业化发展也有较大争议。二是理论与实务存在一些差距，例如，如何来测评社区服务保障的有效性，如何兼顾社区服务保障的效率与公平。这些问题都是该研究领域亟待解决的前沿问题。

早在 20 世纪 50～60 年代的中国，社区服务就在基层的社会组织中开始萌发，比如在街道以及居委会兴办了托老所、幼儿园，成立了洗衣、缝纫等服务小组，只是当时并没有冠以"社区服务"的名称。"社区"一词在我国广泛开始使用是在 1986 年，随着经济改革工作的重点由农村向城市转移，民政部及时提出了开展以社区各类弱势群体和优抚对象以及普通居民为服务对象的城市社区服务的工作要求，同年，时任民政部部长崔乃夫首次提出在城市开展社区服务工作的构想。① 国家民政部将争取社会力量参与兴办社会福利事业称为"社区服务"，在这之中居委会和街道办事处是主要力量。随后，民政部在 1987 年大连、武汉座谈会上提出了"社区服务"的概念。1989 年，全国人大通过了《中华人民共和国居民委员会组织法》，第一次将"社区服务"列入了法律条文。1992 年，中共中央、国务院在《关于加快发展第三产业的决定》中将社区服务列入"第三产业"的范畴，要求社区服务向产业化和行业化方向发展。1993 年中央 14 个部门联合颁发《关于加快发展社区服务业的意见》，这是关于社区服务发展的第一个政策性文件。② 进入新时代，随着社会主要矛盾的变化，创新社会（社区）治理体制，推进国家治理体系和治理能力现代化成为当前主要工作。党的十八大报告指出"在城乡社区治理、基层公共事务和公益事业中实行群众自我管理、自我服务、自我教育、自我监督，是人民依法直接行使民主权利的重要方式"。为全面提升城乡社区治理法治化、科学化、精细化

---

① 夏建中：《从社区服务到社区建设、再到社区治理——我国社区发展的三个阶段》，《甘肃社会科学》2019 年第 6 期，第 24～32 页。
② 徐永祥：《社区发展论》，华东理工大学出版社，2000。

水平和组织化程度，促进城乡社区治理体系和治理能力现代化，2017 年 6 月，中共中央、国务院颁布了《关于加强和完善城乡社区治理的意见》。[①] 同年 10 月，党的十九大召开，报告指出："加强社区治理体系建设，推动社会治理重心向基层下移，发挥社会组织作用，实现政府治理和社会调节、居民自治良性互动。"党的十九大报告明确要求，要提高社会治理的社会化、法治化、智能化和专业化的水平。[②] 由此，社区服务保障被纳入国家治理体系，成为国家重要战略。

如何定义社区服务保障？为了对"社区服务保障"做出合理的概括性定义，有必要分析梳理学界已有的定义、研究动态和发展趋势，以期在集成现有成果的基础上寻求创新和发展。关于"社区服务保障"这一概念的界定，学者们已有广泛的研究。部分学者认为，社区服务保障涉及从社区福利服务到商业服务的全部内涵。陈喜强指出，在我国的社会主义初级阶段，由单一的计划经济向社会主义市场经济的转变过程中，随着社会化、城市化和商品化的加快，家庭自我服务功能逐渐弱化，社会化服务远未充分发展，社会管理和传统的社会保障在力所不及的条件下，政府应引导在城市基层社区（街道、居委会）提供城市社区服务。社区服务是以社区居民自我服务为主要特征，以老年人服务、残疾人服务、优抚对象服务和便民利民服务为主要内容，通过邻里互助服务、福利性服务及社区性社会化服务所表现出来的社区福利体系。[③] 阎革认为城市社区服务是城市居民在基层社区范围内的、群众自助性的、以提供服务保障为宗旨的社会福利事业。[④] 刘伟能认为，社区服务是在社区内动员社区资源为社区居民提供的福利服务和便民利民服务，它包含福利性服务和商业化服务两部分。[⑤] 部分学者持不同观点，坚持认为社区服务只应该是在政府支持下通过调动社

---

① 中共中央：《国务院关于加强和完善城乡社区治理的意见》，2017 年 6 月 12 日，http：//www. gov. cn/zhengce/2017 – 06/12/content_5201910. htm，最后访问日期：2019 年 1 月 24 日。

② 习近平：《在中国共产党第十九次全国代表大会上的报告》，2017 年 10 月 27 日，http：//www. china. com. cn/19da/2017 – 10/27/content_41805113_5. htm，最后访问日期：2019 年 1 月 24 日。

③ 陈喜强：《城市社区服务范畴新论》，《广西社会科学》1993 年第 3 期，第 70 ~ 75 页。

④ 阎革：《我国城市社区服务的起因、性质和发展趋势》，《广西大学学报》（哲学社会科学版）1993 年第 2 期，第 56 ~ 60 页。

⑤ 刘伟能：《社区服务的理念、功能和特色——为社区服务发展十年而作》，《中国社会工作》1997 年第 2 期，第 7 ~ 9 页。

区内外的各种资源而进行的福利性服务，不包含商业化服务。① 郭伟和指出，社区服务是指社区内由政府倡导和支持，社区成员积极参与，动员社区内外资源为社区居民提供的增加社区的社会共同体属性的福利性、公益性、互助性、义务性服务。② 徐永祥认为社区服务是"社区社会服务"的简称，是指在政府的资助和扶持下，根据居民的不同需要，由政府、社区内的各种法人团体、机构、志愿者所提供的具有社会福利性和公益性的社会服务以及居民之间的互助性服务。③ 徐道稳认为社区服务是在政府倡导和支持下，由社区居民广泛参与的、由专业性服务机构提供的社会福利服务。其主要内容是向老人、儿童、残疾人、问题少年、精神疾病患者和优抚对象等特殊群体提供专业社会福利服务。同时也向社区全体居民提供便民利民服务，以满足他们的物质文化需要。④

部分研究彰显社区服务独特的志愿性和主体多元性特征。时任民政部部长李学举指出，我国的社区服务是指地方政府、社区居委会和其他各方面力量直接为社区成员提供的公共服务以及其他物质、文化、生活等方面的服务⑤。赵夕荣认为社区服务是在政府倡导和支持下，为满足社区成员多层次需要，依托街道办事处和居委会，发动社区内的各种力量（包括法人社团、机构、志愿者）开展的具有福利性和经营性双重属性的社区福利服务和社区社会化服务。童星等从社区服务的性质出发给出如下定义：社区服务是有别于"国家"和"市场"的"第三部门"即社会领域的活动，是"国家无力"直接满足居民公共社会需求、"市场又不愿"以非营利的途径去满足这些需求的社会领域的服务。⑥ 欢佩君提出社区服务是"社区型社会保障服务"的简称。它是指在党和政府的统一规划领导下，在民政部门的倡导组织下，以社区组织为依托，以社区居民的自助互助为基础，突出重点对象，面向社区全体居民，以提高社区居民生活质量为最终目标

① 关信平、张丹：《论我国社区服务的福利性及其资源调动途径》，《中国社会工作》1997 年第 6 期，第 38～39 页。
② 郭伟和：《社区服务的性质功能和目标之我见》，《中国社会工作》1998 年第 1 期，第 3～5 页。
③ 徐永祥：《社区发展论》，华东理工大学出版社，2000。
④ 徐道稳：《城市社区服务反思》，《城市问题》2001 年第 4 期，第 50～53 页。
⑤ 李学举：《一篇指导社区服务的重要文献》，《中国民政》2006 年第 6 期。
⑥ 童星、赵夕荣：《"社区"及其相关概念辨析》，《南京大学学报》（哲学·人文科学·社会科学版）2006 年第 2 期，第 67～74 页。

的社会性服务。在当今世界性的社区服务和社区发展事业中，社区工作为各国社会保障体制增加了新的成分和内容。① 具有代表性的表述有："社区服务是在政府倡导和支持下，为满足社区成员多层次需要，依托街道办事处和居委会，发动社区内的各种力量（包括法人社团、机构、志愿者）开展的具有福利性和经营性双重属性的社区福利服务和社区社会化商业性服务。"持这种观点的学者认为，应该对社区服务进行区分，为不同的服务对象提供性质不同的服务。② 陈雅丽将社区服务定义为由政府、社区组织、志愿者等提供的具有社会福利性和公益性的社区社会服务，以及社区居民之间的互助性服务。③《中华人民共和国国民经济和社会发展第十四个五年规划和 2035 年远景目标纲要》指出要进一步推动城乡社区服务发展，提高社区精准化精细化服务管理能力。李建伟等人认为，社区服务业指以满足城乡社区居民美好生活需要为目标，由政府、市场与社会组织在社区内部或周边提供的，包括政务服务、公共服务、便民利民服务与志愿服务在内的服务业的总称。④

综合已有研究成果，本书将社区服务保障界定为：政府、社区、企业以及社会组织等多元主体力量直接面向社区居民提供物质、精神、文化等方面的服务保障，以满足其日益增长的美好生活需要。它以社区居民参与为基础，是一套有组织、有指导、有系统的服务保障体系。社区服务保障依托街道、居委会，动员社区力量，充分整合和利用社区资源，为社区居民提供福利性服务、公益性服务和社会化商业性服务，以不断满足社区居民日益增长的物质文化需要，不断提高社区居民生活水平和生活质量。

社区服务保障如何分类？按照不同的分类标准，学界对社区服务保障具体内容的划分不尽相同。例如，国外学者莫罗尼（Moroney）把社区服务划分成工具性服务（instrumental services）和情感或认知服务（emotional or cognitive services），工具性服务包括传统的照顾服务，譬如身体行动上的帮

---

① 欢佩君：《社区服务——新型的社会保障模式》，《求实》2004 年第 6 期，第 56～58 页。
② 陈雅丽：《社区服务研究：理论争辩与经验探讨》，《理论与改革》2006 年第 6 期，第 37～41 页。
③ 陈雅丽：《国外社区服务相关研究综述》，《云南行政学院学报》2007 年第 4 期，第 173～176 页。
④ 李建伟、王伟进、黄金：《我国社区服务业的发展成效、问题与建议》，《经济纵横》2021 年第 5 期，第 48～60 页。

助，日常生活帮助（做饭、购物、家务），提供药物、注射和换药等；情感或认知服务包括社会支持小组、辅导和心理治疗等。① 国内对社区服务保障的分类是随着社区服务保障的实践推进而发生变化的，1987 年，民政部在大连召开民政工作座谈会，会议指出社区服务是"社区内成员开展互助性的社会服务活动"。随后，在武汉召开的会议上，民政部又将"社会福利与社会服务"并入社区服务的内容之中。1999 年，民政部将城市社区服务分为三类：对残疾人、老年人、优抚对象和社会困难群体的福利性服务；面向全体社区成员的便民利民服务；面向属地单位的社会化服务。② 2000 年，民政部出台《关于在全国推进城市社区建设的意见》，将社区服务分为四项：面向老年人、儿童、残疾人、社会贫困户、优抚对象的社会救助和福利服务；面向社区居民的便民利民服务；面向社区单位的社会化服务；面向下岗职工的再就业服务和社会保障社会化服务。③ 杨宏山提出将社区服务分为三类：公共服务（政府提供，针对全民）、公益服务（福利服务，针对弱者）和商业服务（市场运作，便民利民）。李迎生提出，社区服务包含公共服务、福利服务（狭义）、公益服务、商业服务、互助（志愿）服务等不同类型。可从广义、中观及狭义三个层次来理解。广义的社区服务涵盖一切社区服务；中观层次的社区服务是除商业服务之外的各种社区服务，属于广义的社区福利服务；狭义的社区服务仅指面向弱势群体的无偿或低偿福利服务。④ 2006 年国务院颁布《关于加强和改进社区服务工作的意见》，指出社区服务保障外延不仅包含政府提供的公共服务，还包含了无偿、低偿、有偿提供的社区福利性服务、社区公益性服务以及社区便民利民服务，并强调"充分发挥行政机制、互助机制、志愿机制、市场机制在社区服务中的作用"。为契合社区服务保障的中国实践，本书将社区服务保障类型分为：公益服务保障、福利服务保障和商业服务保障。

---

① 陈雅丽：《国外社区服务相关研究综述》，《云南行政学院学报》2007 年第 4 期，第 173 ～ 176 页。
② 王毅平：《城市社区服务发展研究》，学苑出版社，1999。
③ 代明、袁沙沙：《国内外城市社区服务研究综述》，《城市问题》2010 年第 11 期，第 25 ～ 33 页。
④ 李迎生：《对中国城市社区服务发展方向的思考》，《河北学刊》2009 年第 1 期，第 134 ～ 138 页。

第二节　社区服务保障的内涵

一　社区服务保障的主体

在我国很长一段历史时期，政府被认为是公共服务供给的唯一主体，这种认识受制于当时的社会经济文化发展水平，具有明显的片面性。正是这种错误的认识，导致了我国公共服务在提供、建设与治理方面等都发展得不够完善，公共服务供给不均和公共服务供给缺口同时存在。我国城市社区服务是以政府为主体，社会组织、营利机构以及社区共同参与的供给模式。政府在社区服务中是公共服务生产供给主体，直接提供社区服务，同时也引导社会组织、营利机构、社区为公民共同提供多元化的社区服务，以满足公民对社区服务日益提高的需求。在本书中，将社区服务保障的主体分为四类：政府、社区、社会组织和营利机构。

1. 政府

在社区服务过程中，政府起着主导作用。社区服务的发展与完善是一个漫长过程，从社区服务发展的总体趋势来看，通过不断壮大社区自治组织和社会组织的力量，提高社区居民的自治能力，社区服务的体系不断完善，社区服务质量不断提高。但这并不与政府在社区服务保障中所发挥的作用相违背。政府在社区服务保障日益完备的过程中，担任的不仅仅是主导和推动的角色。一方面，由于社区服务是一项极其复杂的系统工程，涉及了社区居民的所有利益。因此，政府作为权威组织，需要建立健全相关法律法规、制定科学的运行机制来推动社区服务保障的发展。政府可有效利用其行政、经济、法律等管理手段和工具，完善社区服务的运营体系和机制，协调社会组织、营利机构和市场之间的关系，集聚它们的力量，为社区居民提供更优质的社区服务，为社区居民提供社区服务保障。另一方面，政府拥有着庞大的财政力量，是公共财政和公共资源最大的支配主体，也是社区服务资金和社区服务资源最大的提供者。因此，政府在社区服务保障的供给中，占据着举足轻重的地位。

然而，强调政府主导地位，并不是否认社会组织、营利机构和市场的作用，没有它们基础性角色的辅助作用，政府主导地位亦失去了应有的意义。当然，随着社区服务渐进发展，政府作用会被逐渐削弱，甚至会从前台走向幕后，也就意味着政府的主导地位会受到一定的威胁，这也是社区服务发展趋势所在。到目前为止，我国政府在社区服务保障方面的主导地位依旧是其他社会组织、营利机构和市场所不能代替的。

2. 社会组织

社会组织，亦可称为非营利组织、非政府组织或者第三部门。马庆钰认为社会组织是指那些依法建立的、相对独立于政府系统和执政党系统，以社会成员的自愿参与、自我组织、自我管理为基础，以社会公益活动或者互益活动为主旨的非营利性、非政治性的一类组织。[①] 而本文是从狭义上来理解，社会组织是指专门从事社会活动、为公民提供社会服务的社会组织。

在现代社会中，政府不是万能的。政府组织规模庞大、组织结构复杂以及政府所提供的商品和服务成本过高，使得政府缺乏效率和效能。从现有的社区服务提供模式来看，政府主导下的社区服务，并不能有效满足社区居民日益增长的物质文化需求。政府作为社区服务资源的主要提供者，其单一的供给方式以及低效率的服务供给，无法支撑多样化社区服务项目的开展，容易导致社区服务项目空有形式、服务内容单调乏味、服务面窄以及社区服务资源浪费等问题。再加上市场机制并不都是处于一个十分稳定的状态，因此我国积极寻求社会组织参与社区服务的现实路径。[②]

从国际经验来看，一个国家或地区社区服务的供给效果与水平，与社会组织的发展程度密切相关。随着近年来我国社会组织的蓬勃发展，参与社区服务发展的社会组织数量和类型日益增多，除社区居委会之外，还出现了志愿者组织、社区居民协会组织等积极参与社区服务的社会组织。社会组织的出现在很大程度上改变了城市社区的面貌，其在社区服务发展中所扮演的角色也愈益重要。

一方面，社会组织的主要特点是公益性，其在公共物品的供给方面有着天然的优越性。在社区服务供给的过程中，社会组织展现出比政府更有

---

① 马庆钰：《中国非政府组织发展与管理》，国家行政学院出版社，2007。
② 陈雅丽：《城市社区服务供给体系及问题解析——以福利多元主义理论为视角》，《理论导刊》2010 年第 2 期，第 13～15 页。

效率、更有针对性的一面，这在一定程度上可以降低社区服务成本的费用，为国家财政节约支出。另一方面，随着政府行政体制改革和简政放权的推进，社会组织因政府的缓慢放权而日渐发展壮大，所提供的社区服务比重也越来越大，占据的地位也越来越重要。社会组织为城市社区的社区居民提供了广泛的社区服务，保证了社区居民日常的生活基本质量。

因此，当经济和社会运营不济时，当政府机制失灵和市场失灵时，社会组织凭借其非政府性、植根基层的优势成为沟通政府和市场的桥梁和纽带，具有政府和市场所无法具有的独特优势，在政府部门和市场部门之间进行沟通和运作，成为政府职能转变的承接者。

3. 营利机构①

福利多元主义理论认为，福利的来源不仅是人道关怀与非营利的宗旨，营利性的商业部门本身也可能是福利提供者之一。在计划经济时期，企业等营利性组织承受着"办社会"的重大压力，计划经济体制改革后，企事业单位与社区的关系有了改变，逐步转变为对社区建设的深度参与和大力支持，特别是社区范围内的公共服务。企业通过参与社区服务既在社区中树立了企业社会责任形象，又扩大了企业的社会影响力，为企业的可持续发展营造了良好的社区环境。

企业参与社区服务拓展了社区服务保障的空间，其重要性主要体现在：（1）企业具有完备的人才队伍、成套的设施和充足的技术资金等资源，因此社区服务与企业合作必将迎来社区服务快速发展。（2）营利机构的参与，不仅分担了政府在福利服务提供上的负担，对于民众而言，也能得到更有效率及更有品质的服务。（3）在我国城市社区服务发展中，营利机构对于社区服务效率的提升也发挥了不可忽视的作用。比如，某些营利机构为社区服务引入了市场竞争机制，提高了社区服务效率。一些私营企业参与到社区青少年教育、儿童托管、老年人照顾等项目中来，为社区居民提供了价优质高的服务。这些组织为社区居民提供一部分营利性社区服务，如社区文化、教育、休闲等服务，增加了社区服务的多样性，拓展了社区居民的选择范围，满足了人民日益增长的物质文化需要。（4）营利机构还

---

① 陈雅丽：《城市社区服务供给体系及问题解析——以福利多元主义理论为视角》，《理论导刊》2010 年第 2 期，第 13～15 页。

能为社区服务筹集大量资源，例如，一些商业组织对社区老年人服务、医疗服务、残疾人服务等项目进行了资助，促进了社区服务项目多样化的发展，满足了社区居民的多样化需求。因此，要大力鼓励支持营利机构在市场机制下提供部分营利性社区服务，坚持营利机构在我国社区服务供给中的辅助地位，以此灵活地满足居民个性化需求，提高社区服务的效率和品质。

4. 社区

本书所提到的公共服务供给主体——"社区"是一个集合概念，它包含社区党组织、社区居委会、社区公共服务中心等组织概念。一是社区党组织。社区党组织是社区治理的中枢，担负宣传落实党的方针政策、落实上级机构决议决定的职责，同时引导、支持和监督社区自治组织开展工作，协调各方利益矛盾，与群众保持密切联系，反馈居民的想法和需求，保护居民正当权益，提供社区服务等。二是社区居委会。相较于政府，社区居委会更容易动员民众，也更了解社区居民日常生活中的真实需要。社区居委会作为社区服务保障的依托与载体，其在政府与社区居民之间充当联系的纽带，上承国家颁布的法律政策，将其因地制宜地落到实处，为社区居民提供更有效、更高质量的社区服务保障。往下体恤民情，因事制宜地把人民的意见与需求搜集整理反映给上级政府，从而更有效地解决社区居民的问题。作为政府在基层社会的末端与延伸，社区居委会可以被视为政府的代言人，它为社区服务保障的高质量、全方位发展供给提供了良好的运行条件与行动支持，为社区服务保障目标的实现起到行政化的推动作用。三是社区公共服务中心。公共服务中心的职能主要是在社区党组织和社区居委会的领导下通过购买服务的方式为居民提供自助互助、信息咨询、文化娱乐等服务项目。目前，为了更好地整合社区各类组织，提供更优质的社区服务保障，在实践中，社区党组织书记、社区居委会主任以及社区公共服务中心主任往往由党组织书记一人担任。这一制度安排不仅能够使党的意志方针能够更好地落实到社区服务保障中，更能够加强社区政府组织与自治组织的联系。

二 社区服务保障的类型

按照社区服务的可偿性，可将社区服务分为无偿服务、低偿服务和商业服务三类。无偿服务主要是针对特殊群体和弱势群体提供的公益性、福利性服务，主要由民政部门和其他部门提供。低偿服务是针对小区居民提供的与日常生活密切相关的便民利民服务，主要由社区服务机构提供。商业服务是面向社区所有居民及组织提供的社会化服务，服务提供者是各类企业。

按照服务对象的不同，社区服务可以分为对困难群体的服务、社区居民之间的互助服务和社区公共服务三类。对困难群体的服务是指相关部门针对弱势群体，为他们提供相应的救助和生活补助，以解决他们的燃眉之急，保障他们的基本生活。社区居民之间的互助服务是指社区居民之间自发开展的，为了解决社区居民的基本需求而提供更为及时、方便的服务。社区公共服务指的是相关服务供给主体，为满足社区居民日益增长的物质文化需求而提供的公共服务。

按照服务内容不同，社区服务又可以分为以下几种服务：面向特殊群体的福利和优抚保障服务；面向普通居民群众的便民利民生活服务；面向企事业单位和机关团体的社会化服务；面向下岗失业人员的再就业服务和社会保障服务。这些服务内容既包括社区福利性、公益性服务，也包括具备商业性质的有偿服务，其内容和类型是在我国经济转轨和社会转型的背景下产生的，具有明显的转型期中国特色。本书将按照社区服务的不同性质，将社区服务分为社区公益服务、社区商业服务和社区福利服务。

三 社区服务保障的特性

1. 责任主体多元性

在社区服务保障体系中，政府不再是社会（社区）福利的唯一提供者，社会福利可以由公共部门、营利组织、社会组织和社区共同负担，政府角色转变为福利服务的规范者、福利服务的购买者、物品管理的仲裁者以及促进其他部门从事服务供给的角色。社区作为社会构成的基础单位，有力地承担了政府一部分社会保障的职能，与其他类型的社会保障不同，社区服务保障是由当地社区直接面向社区居民提供的区域性多样化的服务保障，社区俨然已经成为提供服务保障的责任主体。社区在居民生活的方方面面提供着便利与服务，服务保障的组织、发动、落实、反馈都要通过社区来实现。在推动社区组织转变职能、提升服务品质的同时，也要强化基层的自治意识，提高自治水平，在社区的统一协调布局下满足人民日益增长的美好生活需要，推动社区治理能力和治理体系的现代化。

2. 公益性

公益服务源于慈善事业，但又有别于传统意义上的慈善事业。英文"慈善"一词来源于拉丁语"caritas"，意即"以自己仁慈的心和力量去帮助需要帮助的人"，但更与另一拉丁语"philanthropy"的含义更为接近，因为它蕴含"对人的爱"。当慈善针对的是不确定的人群时，就演变成为公益。公益性是针对社区的所有成员，使社区居民都有平等地享有公共服务的机会和权利，而不管居民的收入状况和社会地位的高低。① 社区服务除了维护社区弱势群体、优抚对象以外，还要有针对非弱势群体及社区一般居民的公益性服务活动，因而具有公共产品的公益性特点。社区服务保障的公益性具体表现在三个方面：一是指它的服务对象具有公共性。社区服务保障的对象是全体社区居民，并以实现社区共同利益为目标。它主要是满足本社区范围内带有公共性的居民需求。二是指它的提供主体具有多元性。提供主体无论是政府、社区、社会组织，抑或是驻社区的其他单位，包括私人领域的组织，其所提供的服务保障具有公益性以及政府的指导性。市场主体提供社区服务保障时也要接受政府的监督与指导，为社区居民的公共利益服务。三是社区服务保障的价值具有公益性。区别于市场条件下提供的服务产品，社区服务保障的价值观更多的是体现"公平、正义、平等、民主、责任"等，它主张要满足社区各个层次的居民需求，以及社区居民各个方面的需求。社区服务保障所追求的是社区居民的高度参与，使整个社会趋于公平。

3. 公共性

公共性与个体性相对。一般来说，在价值取向方面，公共性指的是在一定范围内人们所拥有的共同利益，从参与方面来看，公共性指的是公民从各自的私人领域中走出来，对共同相关的事务与问题进行讨论，也指的是人们更加注重参与过程中的公平、公正。从精神方面来看，当人们充满公共精神，则代表着他们对于公共事务兴趣的增加，以及对于公共利益的

① 郭安：《关于社区服务的涵义、功能和现有问题及对策》，《中国劳动关系学院学报》2011年第2期，第92~97页。

追求。① 综合来看，我们所要理解的公共性以及我们所要实现的公共价值在于如何更好地维护全社会共同的利益以及促进全体公民对于利益的追求。

社区服务保障的公共性，指的是社区服务保障的目的在于承担社会公共责任，实现社会公共利益。在社区服务的建设、发展过程中，一定要坚持为人民服务的方针，坚持以实现公共利益为核心。社区服务所提供的项目，一定要以实现本社区居民的需求为目标；社区服务一定要公平、公正地提供给本社区有资格的居民。最重要的是，社区服务是面向全体社区居民提供的、具有普适性的公共产品，是实现我国社会公共服务的重要手段与方式。

4. 福利性

福利性是社区服务保障最基本、最本质的特征。福利性是指以社区内弱势群体为第一服务对象，如孤寡贫困老人、残疾人和失业贫困人员。② 社区服务保障作为政府为居民提供的一项基本服务保障，已经成为社会保障体系不可或缺的一部分。它是由政府与社区提供，因而相对于商业保险的经营性而言，社区服务保障具有社会福利性。它不以营利为目的，将社会效益放在首位，追求的是公平与正义。社区服务把社会效益摆在第一位，但并不是不可以有营利，也并非说所有服务项目都应该是无偿的。由于国家和地方财力有限，为了使社区服务正常提供，保持社区服务发展的后劲，社区服务项目可以实行有偿服务，但应以低偿为主。一方面，社区服务保障的福利性使得社区居民能够和其他社会成员一样共享社会经济发展的成果，平等地享有各项福利保障，获得相同的社会机遇。此种福利性服务保障不仅包括国家在宏观层面给予基层社区的资金、政策的倾斜，也包括当地社区以及其他社会组织在微观层面提供的各类专业性服务援助。另一方面，在具体的服务方式上，社区服务保障并不是完全无偿地提供给社区居民，而是根据不同的服务保障对象，提供不同类型的服务，实施有偿服务保障和无偿服务保障相结合的方式，把社会效益与经济效益相结合。需要明确的是，社区提供服务保障所获得的收入也不能用于其他用途，而是将服务保障的经营收入继续投入服务保障中。从而使得社区服务保障能够自

---

① 李友梅、肖瑛、黄晓春：《当代中国社会建设的公共性困境及其超越》，《中国社会科学》2012 年第 4 期，第 125～139 页。

② 徐其龙、陈涛：《发展性社会工作视角下社区服务、社区营造和社区发展的整合研究》，《华东理工大学学报》（社会科学版）2020 年第 3 期，第 76～86 页。

我生存、自我运维、自我发展，不断获得内生的动力。

5. 区域性

社区是人们社会活动的场所，是地域性社会的载体。社区服务保障是由多元主体向本社区居民提供的满足其物质、精神、文化等方面的服务保障。在中国，城市社区服务保障以街道、居委会、小区为单元展开，农村地区的社区服务保障以村、组为单元展开，具有明显的区域性特征。因而社区服务保障具有很强的区域性，这也是它区别于其他公共产品的重要特性之一。社区服务保障的对象就是当地的社区居民，它与居民对社区的认同感、归属感紧密相连。社区服务保障的一大目的就是利用当地社区的物力、人力、资金等资源，为本社区居民就地开展养老、就业、优抚等方面服务，并提供各类生活保障，为社区居民创造美好的生活。这种特性表现为，一是服务主体主要是社区内的单位、组织和群体，根据本社区的实际情况提供个性化、多层次的服务；二是服务的客体是社区内的居民；三是社区服务的活动范围局限于社区的辖区之内；四是社区服务会受到当地社区人口、地理环境以及人文历史等因素影响，带上自身独特的印记。社区服务保障的地域性要求服务因地制宜，立足社区的客观实际，形成具有本社区特色的服务保障体系。

6. 互助性

社区服务保障是顺应社会发展而逐渐建立起来的一套服务保障体系，它不仅是国家的社会保障体系在城市、城镇的进一步延伸，也构成了社会保障的重要内容。社区服务从本质上来说就是一种群众间的互助服务，一方面，社区建设的直接任务就是强化社区的管理、服务功能，让社区成员实现自我管理、自我教育、自我服务、自我监督。社区的每一个单位和个人既是参与者，又是受益者，社区的每一项工作都体现着主体和客体、权利与义务的统一。它既充分利用了社区资源，又增强了社区成员的情感交流，培养了居民的社区意识。① 另一方面，社区服务保障的互助性还体现在其发展途径上，社区服务保障取之于民、用之于民，其发展不单单依靠政府的资金、政策扶持，更需要的是社会群众、社会组织的认可与支持，社区服务工作计划的制订，服务项目的实施，人力、物力、财力的组织，

---

① 欢佩君：《社区服务——新型的社会保障模式》，《求实》2004 年第 6 期，第 56~58 页。

服务活动的协调和管理，都要符合大多数居民的意愿和需要，是一种政府与社会力量的协同形式。因此，社区服务本身既是一种政府主导行为，又是社会参与的结果。社区服务保障立足于基层社区，离不开社区居民，依靠社区群众的力量来办群众的事，解决了一大批市场办不好、政府无力办好，而群众亟须解决的问题，填补了政府和市场的缺位，解决了群众日常生活中的诸多难题。

第三节　社区服务保障的理论基础

一　福利多元主义

西方经济大萧条后，凯恩斯主义占据重要地位，提出为了实现充分就业必须实施国家干预的建议，这一时期被保障人群范围逐渐扩大，同时福利水平也大大提高，国家是社会福利的主要提供者。[①] 第二次世界大战之后，西方社会涌现大量的贫困、失业人员，社会不公、人口老龄化、医疗短缺等问题成为影响社会稳定的重要因素。为了解决此类问题，化解社会矛盾，西方社会开始出现福利主义思潮，有学者、政客提出应该由国家提供全面的社会福利，积极承担范围更广的社会责任，施行增加社会福利的积极政策。典型代表是 1942 年的《贝弗里奇报告》，该报告提出构建一个"社会服务国家"。在社会福利发展的进程中，政府逐渐取代了家庭以及社会在福利供给体系中的重要地位，政府成为社会福利的唯一供给主体，由此形成了典型的西方福利国家。

然而，随着福利体系的日渐庞大，加上随之而来的经济危机，福利国家经济压力剧增，国家财政不堪重负。福利国家的紧缩阶段从 20 世纪 70 年代中后期开始。石油危机标志着战后经济发展的黄金时代已经终结，经济出现滞胀的同时，社会对福利需求增加。人口老龄化，失业问题日趋严重，收入和财富分配不均状况不断扩大，阶级之间冲突扩大，税收和开支不相平衡。社会和经济上的失败给福利国家带来严重的政治后果，几乎所有福利国家都成了被批评的对象。以英美为代表的收缩派开始放弃充分就

---

① 同春芬、张越：《福利多元主义理论研究综述》，《社会福利》2018 年第 5 期，第 8～13 页。

业的承诺，尽管他们不敢公然放弃普及性社会服务承诺，但在行动上已明显开始缩小政府福利开支。福利国家在几十年的发展过程中，社会权利的理念已深入人心。政治压力等因素使收缩派不能将社会政策全面向右转。以瑞典和奥地利为代表的维持派尽管仍然主张维持战后福利国家的开支水平，实施充分就业的承诺，但在行动上福利开支也有所缩减。[①] 政府部门通过福利开支缩减的手段来减少国家福利的规模，将福利责任下放到地方或其他部门，从国家保障的单一主体发展成多元责任主体。[②] 面对社会的批判和福利国家危机，福利国家开始寻找新的福利模式。福利多元主义就是在这样的背景下提出的一种新的理论范式。学者们纷纷主张引入社会其他力量作为政府提供福利服务的补充，来弥补政府部门的缺陷。同时，反对过分地强调政府在福利体系中的重要地位，主张提升其他部门的地位。

福利多元主义的理念最早由英国社会政策之父蒂特马斯在《福利的社会分工》中阐述，他认为国家的整个福利体系应该是由社会福利、财税福利以及职业福利三者共同组成与维持。"福利多元主义"一词出现在1978年英国沃尔芬登委员会的报告《志愿组织的未来》之中，该报告提出福利供给的主体应该多元化，不仅是由政府提供，还应包含志愿组织等。与之相似的观点出现在1984年欧洲中心举办的"社会工作培训与研究"会议上。该会议建议新生力量进行大规模社会福利参与。新生力量包括自助组织、互助组织、自愿组织和社区中有社会工作者介入的正式或非正式助人组织等。这反映了学者与决策界对混合福利体系的共同预期与展望。[③] 这一时期，对于"福利多元主义"这一理论范式还存在一定程度上的认知模糊，学界并未对其做出明确的定义，常常以"混合福利经济"的概念出现。

罗斯进一步丰富并完善了福利多元主义理论，首先，他对福利国家概念予以澄清，认为福利国家是一个大家熟知但容易引起歧义的概念，特别容易误认为福利完全是政府的行为。国家在提供福利上的确扮演着重要角色，但绝不是提供福利的垄断者。其次，他主张福利是全社会的产物，市场、雇员、

---

① 〔加〕R. 米什拉：《资本主义社会的福利国家》，郑秉文译，法律出版社，2003。
② 彭华民、黄叶青：《福利多元主义：福利提供从国家到多元部门的转型》，《南开学报》2006年第6期，第40～48页。
③ 韩央迪：《从福利多元主义到福利治理：福利改革的路径演化》，《国外社会科学》2012年第2期，第42～49页。

家庭和国家都要提供福利，放弃市场和家庭，让国家承担完全责任是错误的。① 他在1986年出版的《相同的目标、不同的角色———国家对福利多元组合的贡献》一书中提出了福利三分法，即福利应该由家庭、市场以及国家三个部门共同提供。他认为如果单纯依靠国家会出现"政府失灵"的局面，单纯依靠市场则会出现"市场失灵"的局面，而单纯依靠家庭往往会导致福利数量不足，因而必须是三者共同构成福利供给的有机整体，互为补充，缺一不可。伊瓦斯继承并进一步完善了罗斯的福利三分法，他认为罗斯的主张虽然打破了传统的"国家—市场"二分法的福利供给概念，但其对于福利多元主义的定义过于简单，应把福利三角分析框架放在文化、经济和政治的背景中，并将福利三角中的三方具体化为对应的组织、价值和社会成员关系。②

伊瓦斯在1996年将福利三角进一步扩充为福利四元，即福利的来源应该包含市场、国家、社区和民间社会，尤其强调民间社会在社会福利中的重要作用。福利多元主义的另一主要流派是约翰逊的"四分法"，他在《转变中的社会福利：福利多元主义的理论与实践》一书中指出福利供给主体应该包含公共部门、非正式部门、志愿部门和商业部门，他将自己的观点称为混合福利经济，强调福利供给的非垄断性，认为不同类型的福利应该由不同的部门来提供，有时以政府为主体来提供，有时以市场为主体来提供，有时应由其他主体来提供。可以说，伊瓦斯的研究使福利三角的研究进路延伸至经验领域，为西方国家解构自身的福利体系和制度架构提供了一个视野开阔的理论框架。将家庭上升为与国家、市场三足鼎立的福利供给制度是有失偏颇的，尤其是在国家—社会分界相对鲜明的西方国家，这也是后续学者进行拓展的出发点所在。③

约翰逊（Johnson）也主张采用四分法，他在福利三角国家、市场和家庭的基础上加入了志愿组织。④ 吉尔伯特（Gilbert）继续发展了福利多元

---

① 彭华民、黄叶青：《福利多元主义：福利提供从国家到多元部门的转型》，《南开学报》2006年第6期，第40~48页。

② 丁学娜、李凤琴：《福利多元主义的发展研究——基于理论范式视角》，《中南大学学报》（社会科学版）2013年第6期，第158~164页。

③ 韩央迪：《从福利多元主义到福利治理：福利改革的路径演化》，《国外社会科学》2012年第2期，第42~49页。

④ 张笑会：《福利多元主义视角下的社会服务供给主体探析》《理论月刊》2013年第5期，第146~149页。

主义分析框架，认为福利多元结构有两个层面的含义：一方面，它可被视为由政府、志愿组织、非正式组织和商业组织四部门组成，社会福利通过这四个部门传送到需要帮助的公民；另一方面，这四个部门嵌入福利国家市场的公共和私人领域。[①] 国内也有学者在福利多元主义理论基础上建构了四维分析框架，认为理想状态下社会福利由国家、市场、民间社会和社区四大主体共同提供。

需要明确的是，福利多元主义倡导的多元供给主体并不是主张"小政府"，其核心思想是希望更多的社会主体与多元力量介入。虽然政府在福利供给方面的作用降低，但其在福利供给体系中仍扮演着重要角色，处于核心地位，特别是在供给框架的搭建、主体间的协作、资源的公正配给以及资金、资源的统筹协调等方面发挥着积极作用。在福利多元主义理论影响下，目前西方各国社会福利制度发展的方向，是福利服务供给从政府转移到民间、从一元变为多元、从单一的供给方式变为组合式的供给方式。在此趋势下，作为社会福利服务体系的重要组成部分，社区服务成为广受关注的研究议题。[②] 福利多元主义也为我国分析社区服务问题提供了理论框架，陈雅丽以福利多元主义理论为视角，对城市社区服务供给体系进行了分析，她认为目前虽然建立了多元主体参与的供给体系，但存在各部门之间缺乏沟通、社会组织参与度较低的问题。[③] 而岳经纶、郭英慧借助福利多元主义理论，共同研究了社会服务购买中政府与非政府组织之间的关系，他们认为政府、市场与社会之间应该进行合理分工。[④] 本书将福利多元主义倡导的政府、社会、家庭、商业组织等主体力量统筹结合起来，主要表现在三个方面：一是以社会组织为主体，在政府倡导、购买下为社区居民提供的社区公益服务；二是以基层政府为主要主体，特别是社区党组织、居委会为社区居民提供的社区福利服务；三是以社会其他商业性组织

---

① 〔美〕尼尔·吉尔伯特、保罗·特雷尔：《社会福利政策导论》，黄晨熹等译，华东理工大学出版社，2003，第 79 页。

② 陈雅丽：《城市社区服务供给体系及问题解析——以福利多元主义理论为视角》，《理论导刊》2010 年第 2 期，第 13～15 页。

③ 陈雅丽：《城市社区服务供给体系及问题解析——以福利多元主义理论为视角》，《理论导刊》2010 年第 2 期，第 13～15 页。

④ 岳经纶、郭英慧：《社会服务购买中政府与 NGO 关系研究——福利多元主义视角》，《东岳论丛》2013 年第 7 期，第 5～14 页。

为主体，为社区居民提供的多样性社区商业服务。

二 社区自治理论

不论是在国内还是在国外，社会的发展过程中都离不开对公民社会的探讨与实践。能够确定的是，当一个成熟的公民社会建立起来，其将对整个国家的基层管理、社会的健康发展起到至关重要的正向作用。在公与私之间分离出来的公共领域，是公民社会的重要组成部分之一。

纵观整个人类历史，最早的民主自治体制起源于古希腊的城邦自治制度。公元前 8 世纪到公元前 4 世纪的古希腊，是由数百个独立城邦组成的，不同的城邦由于环境、历史、人文等各方面因素的共同影响，形成了各具特色的城邦发展模式，而在雅典城邦中，则发展出了可以说是人类最早的民主自治制度。雅典民主制的确立始于公元前 508 年的克里斯丁尼改革，改革划分了 10 个地区部落取代过去的 4 个氏族部落，以五百人会议代替梭伦创立的四百人会议，同时创立了十将军委员会，启用了陶片放逐法。改革之后，雅典的整个权力下沉，贵族与平民得到相对对等的权力，公民的政治参与增加，社会矛盾不断缓和。在公元前 446 年至前 429 年，伯利克里统治时期，雅典的民主制度到达了顶峰，也同时走向疯狂与衰落，就如后世对雅典城邦民主制度的批评者所说的那样，雅典的民主制度依然是在小国寡民，并由精英贵族主导的基础上建立的，在辐射到全体公民后，必然导致"广场式的民主"，另外，雅典的民主是建立在奴隶制度之上的，民主只是在少数成年男性之间进行，仍然是存在极大局限性的民主。总体而言，雅典的民主自治制度只能说是人类文明史中短暂的一颗明珠，尽管它具有很大的局限性，但不可否认它对西方民主的巨大影响，毕竟它为后世民主制度的发展奠定了基础。① 事实上，西方资本主义的第一部民法典《拿破仑法典》中的许多内容就深受其影响。西方现代民主制度则起源于英格兰，早在 12 世纪，在国王与贵族的博弈之下，《大宪章》应运而生。《大宪章》依旧是基于封建统治出现的文件，但其中蕴含着一项重要原则："国王也必须服从法律或是契约的规定，不可违反。"这在很大程度上就代表了资产阶级民主的精神。在此基础上，英国的庄园乡绅自治制度中的很

---

① 房宁、冯钺：《西方民主的起源及相关问题》，《政治学研究》2006 年第 4 期，第 11～17 页。

多内容，例如地方官员选举、村警选举、庄园法庭等制度都有着很强的民主自治意味。①

中国公民社会的发展相比于欧美国家来说，有着独特的历史文化背景。我国自古以来就只有国家系统、私人领域的二级分化，而缺少公共领域的相关内容，虽然也曾存在乡绅自治的传统，但我国的乡绅自治并不具备现代意义自治权的含义，乡绅不是由村民选举而来，更多是由其自身特权地位被接纳为管理者。② 这种基于封建制度的自治，是因为封建统治者难以监管到县级以下地区，只能通过儒家三纲五常、伦理教义并由地区德高望重的乡绅进行管理。③ 这与前述的英格兰庄园制度中基于庄园居民意愿选出庄园警察的自治选举制度有很大的差别。这种公共领域的缺失，从传统的乡绅制、宗族制，到新中国成立后的单位制一脉相承，都是由国家抑或是血缘强制造成的人与人之间的联系与羁绊，而不是来自个人意愿。这种根深蒂固的文化基础与思想观念，使得改革开放之前，绝大多数公民都缺少关于社会参与的概念。

改革开放之后，受到市场经济以及单位制瓦解的影响，我国需要建立一个新的共同体形式来取代长期存在的单位制度，以便更好地对基层进行管理，社区制便在此背景下应运而生。现今，社区已经发展成我国国家治理体系中不可或缺的重要部分，在经历过多次的规划、分解、合并之后，现阶段，我国各级城市的社区区划已经趋于成熟与稳定，在此背景下，社区也开始承担更多的职能，发挥更大的作用。在社区中发展出适宜我国社会的公民自治体系，不断增强基层治理中的"公共性"，是现阶段我国社区的一大重要功能以及重要任务，这种通过社区自治等方式实现的"公共性"，对于现代社会以及市场经济有着极为重要的正向作用，能够有效增进社会公共产品提供的质量和规模。

就我国而言，所谓社区自治，指的是在社区中通过民主手段让社区中的居民与组织对本社区中的相关事务进行管理。通过自治的形式对社区进行管理的出发点在于能在社区事务的管理中尽可能多地展现社区居民自身

---

① 陈日华：《中古英格兰地方自治研究》，天津师范大学博士学位论文，2005，第67～68页。
② 周庆智：《基层社会自治与社会治理现代转型》，《政治学研究》2016年第4期，第70～80页。
③ 郁建兴、任杰：《中国基层社会治理中的自治、法治与德治》，《学术月刊》2018年第12期，第64～74页。

的意愿，其落脚点在于维护社区秩序，促进社区居民对于社区事务的参与热情，并向社区居民提供更加符合其需求的、更加丰富的社区服务。我国的社区自治与社区建设几乎同时开始于 20 世纪 90 年代。1999 年，中央提出要"加强城市社区建设，充分发挥街道办事处、居委会的作用"。虽然在长期的发展中出现了许多困难，但对于社区治理体系的探索一直在不断进行。在经过一段时间的实践后，形成了各具特色的基层管理模式。有撤销街道，更好地发挥社区居委会、社区社会组织作用的"撤街强社"模式，也有精简街道，强化其关键作用，并将社区去行政化的模式。[①] 无论是基于撤销街道的发展模式，还是强化、精简街道与社区功能的发展模式，都强调发挥不同主体在社区建设中的作用。作为社区居民自治制度重要主体的社区居民委员会，其在任何模式中都在基层管理组织、居民自治组织中发挥关键作用。

在基于社区自治的公民社会形成之后，社区服务将更多地体现出本社区居民的意愿与需求，这本就是我国推行由社区作为媒介进行公共服务的重要原因之一。再者，社区自治的主体不仅包括社区中的广大居民，还包括很多根植于社区活动的社会组织，通过社区自治的形式吸引更多的社会组织，能为社区居民提供更加丰富的服务，也能更多地节省国家、社会的资源。我国现阶段要建立一个共建共治共享的新型社会治理格局，综合来看，在社区治理中，就是要达到社区居民共同治理本社区、建设本社区，以最终获得更加丰富的社区服务的效果。

当然，必须承认，我国社区自治仍然处于一个较低的水平，社区自治的参与程度不高，社区自治的参与者多为中老年人等弱势群体。首先，这是由于我国社区中存在极强的行政化与自治化冲突，难以在自治化与行政化中寻找到一个平衡点。[②] 其次，我国社区中很少存在分配性利益，更多的只有维持性利益。所谓分配性利益与维持性利益，分别是指对新开发的利益进行分配，以及对既有利益的维持，一般来说，在城市生活中，居民生产资料通常来自其所在的工作单位而不是社区，也就是说，分配性利益

---

① 高乐：《当前我国街居体制改革实践中的两种路径及评析》，《中国行政管理》2016 年第 7 期，第 30 ~ 34 页。

② 田毅鹏、苗延义：《城市公共服务"一门式"改革对社区基层治理的影响》，《人口与社会》2017 年第 1 期，第 24 ~ 32 页。

通常来自工作单位而不是社区，社区只有维护居民现有利益不受侵害的责任，而没有提供资源、利益的能力，这种利益分配结构使得社区居民没有参与社区生活的动力与动机，使得参与社区事务者多为老人、家庭主妇、低收入者等。最后，现阶段不论是在实践上，还是在理论上，对于社区自治的讨论更多地停留在民主选举等低层次的民主议题上，对于真正可以有效提高社区居民生活水平以及了解社区居民服务需求的民主决策、民主议事等内容在我国社区治理过程中十分少见。因此，如何进一步发展适合我国国情的社区自治制度，形成属于我们自己的社区自治理论，以更好地为社区居民提供社区公共服务，是我们今后依然需要努力的方向。

三 马斯洛需求理论

20世纪40年代，人们开始逐渐注意工人在工作中有关动机、情感、心理等方面的影响因素，对人的假设不再是基于"经济人"，而是"社会人"，所谓的"经济人"假设，指的是把人看作一切行动都是追求自身最大利益的"经济动物"，而"社会人"假设则把人看作对某一群体有归属感，行动会考虑自身社会关系的"社会中一员"。在"社会人假设"出现之后，以此为基础的人类行为学研究层出不穷，行为科学理论开始出现并逐步兴起，马斯洛需求层次理论则是行为科学管理理论中的重要理论。

1943年，心理学家马斯洛的《人类激励理论》问世，标志着马斯洛需求层次理论的形成。马斯洛认为，人们的需求不是固定的、一成不变的，人们的内在都潜藏着两类、五个层次的需求，一种是人类作为生物所拥有的基于生物本能的冲动，分别是生理需要、安全需要，另一种是人类随着生物进化，作为高等生物所产生的潜在需要，包括社会需要、尊重需要以及自我实现需要。这五个层次的需要属于不同的层级，在不同时期对于不同需求所表现出的迫切程度是不同的，高级需要，在低级需要满足之后才会逐渐出现。在此基础上，马斯洛提出了三个假设：一是人要生存，他的需要能够影响他的行为。只有未满足的需要能够影响行为，满足了的需要不能充当激励工具。二是人的需要按重要性和层次性排成一定的次序，从基本的（如食物和住房）到复杂的（如自我实现）。三是只有当人的某一级的需要得到最低限度满足后，才会追求更高一级的需要，如此逐级上升，新出现的需求将成为推动其继续努力的内在动力。在马斯洛需求理论出现之后，人类对于自己的各种需求以及行为动力有了一个更加深刻的理解。马斯洛需求理论在各领域得到广泛运用，对于现代心理学、管理学等学科的发展产生了极为重要的影响。

任何理论都不可避免地有其自身的局限性，马斯洛需求理论也不例外。学界对马斯洛需求理论的局限性一直有着激烈的讨论，许多学者批判马斯洛需求理论所探讨的人类需求是基于抽象"自然人"的，缺失了关于人类所处的社会、历史条件所造成的影响。另有学者认为人类的需求不应该通过如此清晰的界限来划分，不同时代、不同国家、不同种族，以及不同文化背景下的人们的需要千变万化，并不总是遵守以上的假设。继马斯洛需求层次论，X理论、Y理论、Z理论从管理学的角度重新建构了需要层次的结构，将包含超越型自我实现需要在内的需要层次划分在三个彼此连续的系统中。X理论包括生理需要和安全需要，认为满足低层次需要的目的在于保证工人完成工作任务；Y理论包括爱与归属的需要、尊重的需要和自我实现的需要，强调调动员工工作的积极性和主动性；Z理论是超越型自我实现的需要，应激发员工的创造性和奉献精神。为了给组织行为和管理激励寻求更为有效且持久的方法，我国学者贾小明、赵曙明尝试将人类需要行为归纳为自我稳定（个体）、两性稳定（家庭）、团体稳定（企业）、精神稳定（社会）等需要。这种分类使得人类需求更倾向于追求"幸福"，更加契合现代人的需要。①

党的十九大报告中曾经提出过，我国现阶段的主要矛盾已经发生了变化。中国特色社会主义进入新时代，我国社会主要矛盾已经转化为人民日益增长的美好生活需要和不平衡不充分的发展之间的矛盾。现阶段，我国已经稳定解决了十几亿人的温饱问题，总体上已实现全面小康，人民美好生活需要日益广泛，不仅对物质文化生活提出了更高要求，而且在民主、法治、公平、正义、安全、环境等方面的要求日益增长。从马斯洛需求层次理论来看，通过我们国家近几十年的努力，现阶段绝大多数公民已经跑赢了温饱线，其需求不再简单地追求物质需求，而是升级成为多种需要综合形成的美好生活需要。

---

① 贾小明、赵曙明：《对马斯洛需求理论的科学再反思》，《现代管理科学》2004年第6期，第3~5页。

近年来，社区居民对社区生活的关心逐年提升，对本社区所提供的各项公共服务的质量也越发重视，居民要求和期望的提升对于今后社区服务该如何发展提出了严峻的考验。基于马斯洛需求理论，我们需要第一时间肯定近些年来国家、社会在社区服务工作中所做出的贡献以及取得的成果。事实上，在社区规划中应用马斯洛需求理论在美国等发达国家中早已开始流行，以美国华盛顿特区西雅图市的高点社区为例，高点社区规划中的各种不同的便民项目分别体现了不同层次的居民需求：如生理需求方面，为低收入群体设计小面积廉租房，减少其开支；在安全需求方面，针对美国人常见的糖尿病、肥胖等高发疾病问题，高点社区在社区中建设了更多的步行环境；为了增加对幼儿的保护，在社区步道的设计中将人车分流；在对人的尊重需求方面，社区建设采用绿色材料，增加社区绿化带面积；等等。

这种以社区居民需求为目标的社区规划建设也同样是我国今后社区发展的主要方向，在今后的社区服务建设中，我们也应该更多地考虑社区居民基于社会需求、自我实现需求的参与需要，对于不断加深的老龄化程度来说，社区服务需要更多满足他们的生理需要、安全需要，如在社区中提供有着丰富选项的养老机构，在社区中建设更多的老年扶手、轮椅坡道。只有知晓不同社区居民在现阶段最迫切的需求，并以此为基础提供相应的服务，才能更好地为本社区居民提供精准的社区服务。而事实上，以社区为载体提供基本公共服务，本身就是为了更因地制宜地提供服务，这同样也是对马斯洛需求理论的实践。

第三章　社区服务保障的实践

第一节　西方社区服务的历史演进

历史是不能割断的，也是无法割断的，一部人类社会的发展史不仅有时间的连贯性，还有着人类文明成果的持续积累。[①] 在当代社区服务保障遭遇现实与发展的风险、各国都在求变的背景下，如果没有对历史长度的观察和检验，将无以厘清社区服务保障发展的脉络与客观规律，既不能吸取历史的经验与教训，也很难把握制度发展的未来能否可持续。[②] 因此，要推进我国社区服务保障的发展，不仅要立足于现状，还需要回顾世界历史，从历史源头中汲取智慧，在历史长河中合理定位当代并走向未来，这对于提高我国社区服务保障的水平，具有十分重要的意义。

"社区服务"是一个颇具中国特色的词语，[③] 是在中国政治体制、社会文化环境中诞生、发展的政策制度。许多西方发达国家很早就开展了有关社区服务的理论研究与实践推广，但"社区服务"这一称谓较少被使用。

国外大多数学者用"社区照顾""社会服务""社会福利服务""社区工作""社区福利"等词语来代替"社区服务"。

由此可以看出，"社区照顾""社会福利服务""社区工作"等词语同"社区服务"含义大体相同，这些观点所包含的基本要素为：社区是开展工作的地域范围；目的是发现和满足社区居民的各种需求；提高社区居民

---

① 郑功成：《中国社会保障演进的历史逻辑》，《中国人民大学学报》2014 年第 1 期，第 2～12 页。

② 郑功成：《当代社会保障发展的历史观与全球视野》，《经济学动态》2011 年第 12 期，第 71～74 页。

③ 陈雅丽：《国外社区服务相关研究综述》，《云南行政学院学报》2007 年第 4 期，第 173～176 页。

的生活质量；需要通过充分动员社区居民参与、其他社会力量的介入和开发社区资源来达成目标。本书将西方话语体系下的社区服务视为在社区空间内由不同福利主体所提供的福利总和。

作为资本主义早期社会福利的一种形式，社区服务主要为解决温饱和贫困问题而被提出，先后被纳入一些国家和地区政府的公共福利政策范畴，① 并伴以相关的法律保障，是社会福利服务在社区的基点与传送终端，其在不同时期的发展是随着社会福利的发展路径演变的。② 本书以西方社会福利的历史发展脉络为基点，将西方社区服务的历史发展分为以下四个阶段。

一　慈善组织会社与社区救济（19 世纪 70 年代以前）

西方国家在社区服务方面的历史悠久，起源很早，西方资本主义国家很早就出现了与社区服务相关的理论与实践，因此有着更为成熟和丰富的研究成果。③ 在西方社会，一般认为社区服务是肇始于 19 世纪末在英国发起而后传遍欧美大陆的社区睦邻运动。但从广义的社区服务视野来看，社区服务活动最早起源于西方中世纪时期的宗教慈善思想，19 世纪 70 年代以前的慈善组织会社是社区服务的初始显现。西方社区服务的产生和发展与经济发展阶段（工业化、市场化）、社会发展状况（大量社会问题产生，政府和社会致力于增进社会福利，化解社会矛盾）紧密相关。社会福利制度的建立和完善又为其进一步的发展提供了前提、基础和条件。

中世纪晚期，英国社会开始发生重要的变化，尤其是"黑死病"以及圈地运动的出现对英国社会产生了重要影响。在这种社会背景下，英国的贫富差距加剧，流民和贫困成为当时英国最头痛的社会问题。④ 在没有国家介入扶贫济困工作之前，英国的济贫救困一直以来多由教会负责，但教会和国家在扶贫济困的理念上存在矛盾——教会在救济时不会对救济对象有所区分，而英国政府则主张把有工作能力的人排除在救济范围之外。到16 世纪，随着难民和贫困问题的加剧以及宗教改革带来的教会征税权力的

① 代明、袁沙沙：《国内外城市社区服务研究综述》，《城市问题》2010 年第 11 期，第 25～33 页。
② 代明、袁沙沙：《国内外城市社区服务研究综述》，《城市问题》2010 年第 11 期，第 25～33 页。
③ 肖方仁：《国外社区服务经验简介》，《合作经济与科技》2007 年第 14 期，第 66～67 页。
④ 丁建定：《中世纪晚期英国的济贫法制度》，《南都学坛》2010 年第 5 期，第 28～33 页。

收缩，英国政府在扶贫济困的问题上选择了更为制度化的手段，如实施强制性缴纳济贫税，建立流民机构，发放乞食证等。再后来，为了更有效地解决流民与贫困问题，英国政府颁布严惩身体健全的乞丐乞讨的法令。这些制度化的济贫措施，推动了《济贫法》的颁布与实施。

1601 年，伊丽莎白颁布《济贫法》，规定了济贫的三种对象，即（1）有劳动能力的贫民；①（2）无劳动能力的贫民；（3）无依靠的孤儿。要求在全英国范围内普遍设立收容贫民的济贫院，强调对贫民实施救济扶助是每个济贫区的责任。每个济贫区设立教区济贫管理者，从而在全国范围内建立起一整套地方济贫体系。明确由征税机构筹集济贫资金，并建立了从富裕地区征税补贴贫困地区的转移支付方式。济贫法下的救济主要包括院内救济和院外救济两种形式。院内救济是最主要的救济形式。进入济贫院的贫民必须经过严格的财产审查，证明其真的处于贫困状态时，才被允许进入济贫院。大多数济贫院是混合性济贫院，儿童与老人、男人与女人、健康者与身患疾病者、品行端正者与行为不轨者混杂在一起，生活条件恶劣，面包与谷物等食品仅能满足劳动力维持和社会稳定的需要。但毕竟这是人类历史上第一部对社会保障相关事项作明确强制规定的法律，它明确规定了面向贫困者救济制度的合法性，确定了社区在扶贫救济中的作用与责任。在当时有效地解决了英国流民问题，维护了英国当时社会的稳定，对后来社区服务的推进与发展，具有十分重要的意义。

19 世纪的工业革命使西方国家城市得到快速发展，为西方资本主义国家积累了大量的社会财富，但大量的社会财富并没有相应提高人民的社会福利。相反，资本主义的初次分配带来了许多诸如失业人口剧增、城市贫困等社会问题。济贫法制度虽有助于社会问题的解决和社会矛盾的缓和，但其根本缺陷在于它以提供低水平的救贫为主，而不是着眼于预防贫困的发生。19 世纪晚期至 20 世纪初期，英国的社会问题无论从数量上还是在程度上都超过以往任何一个历史时期，贫困问题只是其中的一种社会问题，失业问题、健康问题、老年问题、住房问题、教育问题、妇女问题、儿童保护问题、劳动保护问题等都在不同程度地加剧，尽管这些社会问题相互

---

① 李凤琴：《国外城市社区公共服务研究综述》，《广东青年干部学院学报》2011 年第 3 期，第 37~42 页。

影响、互为因果，但是每一种社会问题的独立性影响都越发明显，需要区别对待，针对不同原因所导致的不同性质的社会问题采取不同的解决措施。这种综合性救济措施的济贫法制度根本不可能有效地对所有社会问题加以解决。19 世纪 90 年代以来，针对济贫法制度所面临的挑战，新济贫法出台，济贫院的条件得到比较明显的改善，济贫院中的各项规定逐渐宽松，对失业者的院外救济也逐步扩大。20 世纪初，济贫法制度进一步改革，这主要体现在 1911 年的《救济条例》和 1913 年的《济贫法机构条例》，前者放宽了对院外救济的限制，要求济贫管理者对院外贫民提供较之以前更加充分的救济，后者要求各地济贫机构进一步改善济贫院的生活环境，特别是对济贫院中的儿童提供医疗保健服务，加强对院内贫民的管理，建立院内贫民的档案制度以及所有患病者的健康档案制度，允许济贫管理者在一些方面具有更多的行动自由，可以自行决定院内贫民的划分标准，自行规定作息时间等。

英国工业革命之后，为适应时代的需要，社区服务开始作为早期社会福利的一种形式出现，但彼时的社区服务核心主题是"扶贫济困"，旨在解决人民贫困和温饱问题，服务内容和形式还较为单一。受到英国的影响，以社区为单位解决贫困的制度在世界各国迅速掀起了一股热潮。在这种社会背景的影响下，德国形成了汉堡制（1788 年）和爱尔伯福制（1858 年）两种颇具代表性的地方性社会救助和社会服务体制，对早期社区公共服务的产生和形成、促进政府履行相应的职能具有十分重要的意义。[1]

汉堡制是由德国布什教授提出的以社区为单位解决济贫事务的制度，其实际涉及的就是今天我们称之为社区服务中社会救助性质的内容。[2] 工业革命之后，汉堡市的人口骤增，贫富差距增大，失业问题加剧等导致贫民人数不断上升。更严重的是，到后来，成群结队的乞丐与贫民在街市上沿门乞讨，造成了极严重的社会影响，广大人民群众对此发出了强烈的呼吁，希望政府能做出积极的回应。祸不单行，一年后德国遭遇了大饥荒，民不聊生，政府迫切需要对贫民实施社会救济。各地政府都在绞尽脑汁寻求破解之策，纷纷通过各种渠道和手段筹集物资，先后组织了"公爱

---

① 耿云：《治理理论视角下的中国城市社区公共服务研究》，中国政法大学博士学位论文，2008。
② 贾先文：《国外公共服务社区化研究综述》，《江苏农业科学》2011 年第 6 期，第 647～649 页。

协会""强迫工作所"等机构，收容乞丐和贫民，但收效甚微。为从根本上解决这一问题，根据布什教授草拟的方案，1788 年汉堡市为使议会推选出的志愿委员会能顺利开展工作，对个别贫民进行调查和救济，遂采用了分区域管理济贫事务的制度，将全市划分为多个区，每区设监督员，并设一中央办事机构，总理全市的济贫业务。这个制度，在后世被称为"汉堡制"。

汉堡制的宗旨是设法为贫民提供能够帮助其自力更生的相关服务。具体内容包括为失业者介绍工作、给贫困者提供救济、将贫苦儿童送往工艺学校学习就业技能及语文、把患病者送往医院诊治、规定对沿门乞讨者不准任意施舍等并联络各社会救济机关协同工作。汉堡制共实行了 13 年，收效很大，汉堡市的社会状况为之改观。后因济贫事务增多且日趋复杂，这一制度因无法适应社会变迁而被暂停实施。尽管如此，汉堡制的精神和做法为许多国家所仿效，堪称公共救助与社会工作史上的里程碑。

1858 年实施的爱尔伯福制是德国另一座小城市爱尔伯福市仿效汉堡制并加以改良而实行过的一种社区救济制度。该制度主要内容是将爱尔伯福市按约 300 名居民为一段（其中贫民不得超过 4 人），一共划分为 564 段。每 14 段为一个赈济区，各区联合组成有 9 名委员的中央委员会，形成三级管理体制。"段"为基层组织，每段设一名赈济员，统管全段的济贫工作。需要救助的人必须先找赈济员，由他到家中做实地调查，确认需要后再予以救济，此后每两星期还要进行一次追踪调查。为杜绝受助者养成依赖心理，发给的救济款是法律所规定的最低限度。赈济员还负责办理有关预防贫穷的工作。赈济员是志愿工作者，由政府委派地方热心人士担任。"区"为中层组织，每区设一名监察员，领导区内各段赈济员，并由区内段联合组成赈济委员会，定期开会，由监察员任会议主席，讨论全区济贫工作，并形成报告提交给上级组织。中央委员会是全市济贫工作的最高管理机构，管理全市的济贫所、医院及院外救济事项，也定期开会。

爱尔伯福制在济贫事务管理方面为后来的政府开展社区服务工作积累了宝贵的经验。首先，它通过建立有效的三级工作组织，由上至下对济贫事项进行管理，形成统一有序、高速有效的运行模式。而作为基层组织的"段"，则扮演着中央委员会的"针"的角色，"上面千条线，下面一根针"，"段"能细致入微地了解基层民众的需求，将上级的政策有序落实到每个贫民，定期反馈现实情况，为制定出更加切实的济贫方案提供动力，上下配合使济贫服务工作既深入细致又灵活有效。其次，它通过定期召开会议，使上下得以沟通，能及时解决问题，及时计划、检讨与改善工作的赈济员由本地区志愿者义务担任，其不仅更为熟悉当地情况，且负责区域较小，易于开展工作，还可倡导服务精神，事半而功倍。但爱尔伯福制后因城市人口增加，赈济员无法处理太多的案件而渐渐不再适用。1892 年，德国汉堡在原有救济制度的基础上提出了新汉堡制。新汉堡制替代了汉堡制和爱尔伯福制，废除了以前的分段制度，发放长期的赈济款，并将受救济人员加以分类。

在当时，类似于汉堡制和爱尔伯福制这样的济贫制度在西方资本主义国家有很多，这些在西方国家兴起的扶贫济困制度，开创了以社区为单位的社区福利服务供给模式，为西方社区服务日后的发展打下了基础。

伴随着 19 世纪复兴思想和激进主义思想的互相碰撞，不同的思潮对贫困根源有着不同的认知和行动模式。① 在这一时期，以莫尔、拉蒙德、托马斯·比康为代表的学者注重探讨道德和贫穷之间的关系，主张用大规模的教育体系扩张来提升穷人的道德，完善济贫法令，旨在把身体健全但不愿寻找工作者和那些确实没有工作能力但品行端正者加以区别对待。托马斯·查墨斯进一步从道德层面分析受助人的个人品质，提出对于贫困者的救助应以对个人道德弱点的教育和扶助为主，在适当情况下才给予物质救济。这种思想继承了农业社会家长制保护传统的同时，也吸收了自由主义者的济贫主张，并糅合了福音派的宗教关怀理论。其关于提高贫困者的个人素质、在有限条件下才给予物质救济的思想对慈善组织会社的形成产生了重大的影响。②

诚然，深受贫困、失业等社会问题困扰的英国，新旧济贫法对于当时的社会现状而言，实属杯水车薪，能够发挥的作用十分有限，广大人民群众迫切地希望寻找一条新出路，救自身于水深火热之中。在这种情况下，虽然社会上已出现各类慈善组织与救济机构向贫民伸出援手，但这些慈善

---

① 吴限红：《英国的宗教社会服务发展脉络及启示》，《北京理工大学学报》（社会科学版）2016 年第 2 期，第 150～158 页。
② 丁建定：《中世纪晚期英国的济贫法制度》，《南都学坛》2010 年第 5 期，第 28～33 页。

组织与救济机构服务重复，效率低下，造成了社会救济资源的二次浪费。为了更好地整合利用社会救济资源、协调慈善组织与济贫机构的工作、提高济贫效率，1869 年，英国的索里牧师在伦敦成立了第一个慈善组织会社，这是以济贫为主要功能的社区服务组织。

从组织架构上看，慈善组织会社参考了德国汉堡制和爱尔伯福制"三级行政组织"的做法。首先，慈善组织会社设立了中央管理与联系机构，用来负责统筹人员的工作分配和救济资源的整合，解决了先前慈善组织与救济机构人员分工不明确、职能不清晰的问题；其次，会社将伦敦市划分为若干个区，在每个区成立一个分支机构和志愿委员会，负责主持本区的济贫工作，保证每个区的贫困个体或家庭都能获取社区服务；最后，设立问询部，由各区受理求助者申请及其信息登记，将求助者信息整理归档，形成类似于现今的"信息网络"，为济贫法委员会、其他慈善组织及个体慈善家提供求助者信息的查询路径，有效避免了重复救济，节约了社会资源。

从服务内容上看，慈善组织会社接受了托马斯·查墨斯的思想，认为个人应对其贫穷负责，强调以道德力量的影响来改变贫民的生活方式，鼓励私人慈善会社的建立以及私人对贫民的救济行为。首先，会社通过系统化、效率化的组织动员将宗教生活与给予帮助者的救助联系在一起。慈善组织会社最初采取的是邻里互助原则，通过挖掘区域内的家庭、朋友、邻里、教区富人资源，在教会的协助下，力图建构广泛的人际关系网络从而分担社会责任，以此作为解决贫困的方法。其次，救助系统在教区内实施，将教区分割为若干个单元，大量招募不给薪资的教会执事，有目的、有组织地对这些执事进行培训。每个单元由一名教会执事负责，执事的工作是了解每个家庭和个体的需求与苦难，为每个贫困家庭和个体制定有针对性的济贫方案。此外，执事院扮演着分配者的角色，将各种不同需要的人士转介到合适的支援系统里，为求助者提供更为专业和细致的社区服务。慈善组织会社的出现，揭示了西方国家通过社区来治理贫困的路径，"社区服务"在这一时期开始显现。

总的来说，这一时期的"社区服务"呈现以下几个特点。从服务目的来看，主要以解决人民的贫困与温饱问题为目标，具有明显的"扶贫救困"色彩；从服务对象来看，当时的社会福利服务并未大范围普及，仅是为贫困对象提供帮助，属于狭义的"社区服务"，是一种托底性的社会救济与排他性的少数人特权；从服务供给模式来看，宗教改革之后，教会权力被削弱，国家与教会共同承担起为居民提供社区服务的重担，开启了国家与教会协同供给的服务供给模式。

从微观的角度观察，社区服务在这段时期也发生了以下渐进的转变：首先是社区服务内容的转变。起初服务内容较为单一，以向求助对象提供资金和物质帮助为主，来维持贫困个体和家庭的基本生活需求。到后来，服务内容超越了传统意义上的物质救济，转变为向救助对象提供如教育、医疗救济、就业培训等更为多样化、专业化的社区服务，从深层次上解决贫困问题。其次是服务实践模式的转变。起初，社区服务的实践模式仅为贫困对象提供庇护场所，鲜少涉足关于贫困的研究。后来，随着社会思潮的涌起，学者们着力于研究贫困的根本原因，将贫困与道德联系在一起，实行以教育的方式解决贫困的服务实践模式。最后是社区服务供给主导地位的转变。总体上看，这一时期呈现的是"国家与教会协同供给"的服务供给模式，但在"国家与教会协同供给"的大格局下，不同时间段的主导地位有所不同。在宗教改革至英国工业革命之前，是以政府为主导的一种自上而下的供给模式。在这一时间段，政府发挥了至关重要的主导与监督作用，除了为救助对象提供资源与资金、鼓励居民参与到社区服务的实践中来之外，政府的主导与监督作用还体现在其积极地推动了社区服务进入政策的核心议程，为社区服务后续的持续健康发展提供了有力的法制化保障。英国工业革命之后，由于当时的西方国家深受亚当·斯密市场经济理论的影响，政府在当时一直奉行扮演"守夜人"的管理模式。他们认为管得最少的政府是最好的政府，政府的职能就是为企业的发展提供最大限度的自由，政府应限制社会福利项目的发展，以维护社会进步赖以存在的"适者生存"机制。在这个理论的指导下，西方国家的政府逐渐减弱在社会服务与社会福利领域方面的功能，教会与民间机构承担起了为弱势群体提供福利与服务的职责，占据着社区服务供给的主导地位。慈善组织会社的出现在一定程度上促进了西方国家社会组织的产生，并为社会组织参与社区服务提供了有价值的参考，这无疑有力地推动了社区服务的发展。

二 社区睦邻运动与社区服务（19 世纪 70 年代至 20 世纪 30 年代）

由于英国贫困、失业等不良社会问题越发恶化，贫富差距持续加大，贫民区生活环境恶劣，严重影响到英国社会秩序的稳定以及社会制度的维持。[①]教会与民间机构为贫民提供的有限庇护所，已无法满足日益增长的社区服务需求。

在这种社会背景下，社区睦邻运动拉开了帷幕，虽然同样是以"扶贫救济"为主题，但社区睦邻运动与慈善组织会社存在较大的区别。首先是对于贫困的研究。慈善组织会社时期将贫困归咎于人的道德低下，认为懒惰、赌博、酗酒等恶习是导致贫困的根本原因；而睦邻运动则强调对贫困的社会归因，倡导工作者"入驻"社区、走入穷人的"生活世界"，以社会变革的路径应对贫困。其次是将服务机构与实验室相嵌合。为了能更好地解决众多的社会问题，睦邻运动中建立的服务机构与实验室相结合，把理论与实际相联系，探究这些社会问题的根本性原因，寻求更有效的解决途径。最后是邻里互助精神的培育。相比较于慈善组织会社，睦邻运动更强调邻里互助精神的凸显。除了有专业的社工为弱势群体提供社区服务外，睦邻运动还着力于提高邻里互相帮助的能力与居民的自助能力，组织和教育社区居民，改善社区生活环境，为居民自治的发展提供强大的动力。

睦邻运动的兴起揭示了以社区为路径介入社会福利治理的模式，即通过社区服务的构建来满足社区居民的公共需要，尤其是弱势群体的需要。在睦邻运动兴起期间，受到运动的号召，众多知识分子、政治家、慈善人士等纷纷响应，成为这场运动的主力军。这场运动的影响深远而巨大，以英国为中心，向四周资本主义国家辐射，如美国纽约的"社邻辅导处"与"胡尔馆"、芝加哥的"邻舍会馆"与"赫尔大厦"等社会服务机构都是受到英国社区睦邻运动的影响而成立的。其中，作为早期社区服务形态之一的"汤恩比馆"与有着"社会学研究室"之称的"赫尔大厦"在众多的社会睦邻中心中脱颖而出，极具代表性。

---

① 苏霞、李静、吴毓祺：《西方"睦邻运动"对我国社区建设的启示》，《技术与市场》2012年第 6 期，第 393 页。

1884 年，英国牧师巴涅特和一群有志之士在伦敦东区建立了一个大学社区睦邻服务中心——汤恩比馆，成为社区睦邻运动的开端。这所社会服务机构之所以被命名为汤恩比馆，是牧师巴涅特为了纪念曾经与他并肩作战、致力于慈善济贫事业但又不幸染病英年早逝的战友汤恩比。汤恩比馆的建立旨在团结有志之士，致力于解决工业社会变革所带来的新的社会问题，特别是贫困问题。汤恩比馆让大学生与受助者共同生活，拉近受过高等教育的知识分子与现实生活的距离，使其加深对贫困的了解，进而促进贫困问题的解决。此外，汤恩比馆的工作人员对居民有着相当深刻的贡献：他们为受助者提供较为专业的教育服务，如为劳工提供夜间延伸学习、思辨和讨论的空间和课程；为居民提供医疗服务与就业培训服务等社区服务，改善居民的生活环境，提升他们的生活质量。汤恩比馆的建立，一定程度上缓解了社会的阶层矛盾，实现了政治上的民主平等，为贫困人群提供了受教育及享受文化生活的机会。

继"汤恩比馆"之后，许多相似的睦邻服务中心如雨后春笋般出现，这些服务中心有如下共同特点。第一，设在贫民区，工作人员住在区内，与贫民共同生活；第二，工作无既定计划，只因居民的现时需要而定；第三，尽量利用本社区内的资源，培养居民的自助与互助精神；第四，睦邻中心既是社区服务中心，也是当地的文化中心。众多睦邻中心林立而起，意味着由知识分子、政治家、工会活动家、社会活动家成立的影响公共政策的各种公益性的游说组织形成了独立的运作体系，逐渐使英国的慈善事业走上了组织建制的道路。

"社区睦邻运动"在英国如火如荼地开展着，引起了其他资本主义国家的注意与效仿，"赫尔大厦"便是最典型的例子。在与朋友参观完英国"汤恩比馆"之后，受到其工作理念和实际成效启发的简·亚当斯女士，于 1889 年在美国芝加哥创立了"赫尔大厦"，致力于发展贫民福利与社会教育。

"赫尔大厦"建成初期，便吸引了众多志愿者的到来，他们有着共同的目标与价值追求，全心全意投入帮助邻里解决问题及为他们提供社区服务中。与其他睦邻中心相比，"赫尔大厦"更具有进步性，具体体现在以下几个方面。首先是服务目的，"赫尔大厦"关注的并不是单个的服务项目，而是邻里的生活福利，其服务目的并不局限于满足弱势群体的基本生活需求，更多的是希望为弱势群体提供多样的、专业的福利服务，改善弱势群体的生活环境与生活水平。其次是服务主体，在"赫尔大厦"，作为社区服务主体的志愿者往往扮演着"非正式顾问"的角色，他们对弱势群体进行家庭访问，还举办友谊俱乐部、学习班、运动队以及各种业余爱好小组。最后是服务的专业化程度，当需要专业知识来解决问题时，他们还雇用个案工作者、心理学家、精神病医生、家政学家和职业顾问，为弱势群体提供更为专业化、个性化的社区服务。除此之外，"赫尔大厦"还研究一些引起争议的社会问题，诸如贫困、劳动、教育、政治、立法、选举权、公民权以及战争与和平等，力图从根源上解决贫困与社会不公等问题。可以说，"赫尔大厦"是一座用来收集社会事实的研究所。美国可谓是受睦邻运动影响最大的国家，截至 1939 年，全美社区睦邻服务中心已达 500 多家，这一数据已远远超出睦邻运动的发源地英国。

　　社区睦邻运动是一种全新的社区公共服务方式，它以建立社区公共服务机构为标志，以满足社区居民的公共需要尤其是贫民的需要为宗旨，以调动各种社会资源为社区居民服务为特色，以整个社区为工作对象，着力于培养社区居民自动自发、互助合作的精神，造就社区发展的内在动力。睦邻运动在推动社区公共服务的普及方面发挥了重要作用，取得了不错的成效。

　　首先，改变以往单纯为社区弱势群体提供简单物质救济，扩展为对受助人精神的关怀和对社区环境的改造与提升，极大凸显公共精神与助人精神。其次，改变以往统一化、单一化的社区服务供给模式，它运用社会工作的专业方法，由专业助人者深入社区，发现社区需要，并立足于社区内发动的力量来开展具体的社区服务，为社区弱势群体提供更为专业化和多样化的服务，改善他们的生存现状，提高他们的生活质量，为他们提供更多享受社区公共服务的机会，有助于提高社区的凝聚力，增强社区居民的归属感，促进社会公平。最后，改变以往对贫困的认知。传统的慈善组织机构大多数通过向弱势群体提供物质、资金的方式来达到济贫的目的，认为贫困的根本原因来源于道德低下，忽略了社会原因、结构性条件和背景等致贫因素。睦邻运动强调挖掘社会问题出现的深层次原因，主张通过"社会变革"，从根源上解决贫困，从而使贫困群体达到真正意义上的"脱贫"。

三　福利国家与社区发展运动（20 世纪 40 年代至 70 年代末）

二战后，西方资本主义国家开始大举介入社会福利的供给，这也意味着早期活跃于社会的民间慈善救助活动走向衰败。1942 年发布的《贝弗里奇报告》标志着福利国家的形成，这与国家的社会经济发展有着密不可分的关系，也是当时贫困、失业等社会问题复杂化的体现。福利国家的出现是历史发展的产物。

从理论基础的角度来看，福利国家形成的理论基础包括庇古的"边际效用递减"理论、凯恩斯的"国家干预"理论以及马歇尔的"公民资格"理论等。这些理论强调国家干预的必要性，主张国家采取积极的干预措施，实现公平的财富分配和充分就业，缩小贫富差距，保障下层群众基本的生活条件，为全社会提供福利服务。此外，《贝弗里奇报告》进一步奠定了福利国家的理论及实践基础。① 报告从英国现实出发，指出贫困、疾病、愚昧、肮脏和懒惰是影响英国社会进步、经济发展和人民生活的五大障碍，并据此提出政府要将统一管理社会保障的理论基础与贝弗里奇的社会政策相结合的建议。

从经济基础的角度来看，资本主义福利国家的形成需要有巨量的财富积累作为坚实后盾，这样才能确保由国家承担全社会普遍高福利体系的有效运转。资本主义国家的资本积累主要来自两方面：在资本原始积累时期对殖民地进行经济掠夺而积累的大量财富，为其采取社会普遍高福利政策奠定了物质基础；② 资本主义国家在发展和繁荣时期，先通过工业革命形成巨大的生产力，推动社会生产，从而积累大量资本，然后再凭借竞争优势从落后国家攫取高额利润以维持其国内社会高福利体系的有效运转。

从社会需求基础的角度来看，在二战期间，资本主义国家的社会经济遭到重创，人民流离失所、食不果腹，阶级矛盾尖锐，福利国家这张美好的蓝图有助于激起国民的斗志与希望。社会个体迫切想让政府重建稳定的

---

① 勾兆强：《积极时代？消极时代？——贝弗里奇社会福利思想再解读》，《社会福利》（理论版）2015 年第 6 期，第 29～33 页。

② 舒建华：《资本主义福利国家的必然性、局限性与面临的挑战——基于经济全球化视阈的历史唯物主义诠释和启示》，《西部论坛》2020 年第 3 期，第 15～26 页。

社会秩序，期待有保障的美好生活，因此建立系统的集中化的国家社会福利机制回应社会需求势在必行。综上可以看出，由于资本主义发展阶段、发展条件的变化，福利国家的形成是历史必然趋势，是资本主义发展的必然的、现实的需要。

西方资本主义国家纷纷从过去侧重于贫困救济的"补缺型"福利制度向追求普遍性、多项目、高标准的"制度型"福利转变，在社会服务保障体系中发挥了积极有效的作用。[①] 依据《贝弗里奇报告》的内容，设计了一整套"从摇篮到坟墓"的社会福利制度，提出国家将为每个公民提供9种社会保险待遇，还提供全方位的医疗和康复服务，并根据本人经济状况提供国民救助。

社区服务作为社会福利体系的重要组成部分，在福利国家的推动下，许多西方发达国家在原有社区服务的基础上，建立了一套与资本主义市场经济相适应的社会福利制度，促进了社会服务的扩大与发展，进而促进了社区服务迈向新的阶段。西方各发达国家的福利国家制度虽有所不同，但有着很强的共性。这里以英国的国家福利制度分析为例。作为老牌资本主义强国，英国是世界上最早建成福利国家制度的国家。从1946年工党执政开始，英国就建立了包括医疗保健制度、项目丰富的补助金制度、抑制食品价格上涨的补贴制度以及社会救济制度等项目繁多、范围广泛的福利制度体系，处处体现着"全民保障、全面保障"的特点。

福利国家的兴起在很大程度上缓解了社会阶层的矛盾、稳定了社会秩序，同时也满足了人民对社区服务的需求。然而，长期巨额的福利支出使得众多西方发达国家不堪重负，人们日益增长的物质文化需求也使原有的社会福利体系捉襟见肘。西方发达国家开始意识到仅仅仰仗于政府的社会福利体系难以解决所有的社会问题，也无法真正满足人民的需求，于是它们又开始尝试逐步将肩上的社会福利和社会服务重担转向社区及其他社会组织，希冀利用多种力量共同解决这些问题。这意味着，由政府包揽一切的社会福利，逐渐由"行政化"向"多元化"过渡，因此本书将20世纪50～70年代的社区发展运动视为"社区服务"从行政化转向多元化的过渡

---

① 〔英〕威廉·贝弗里奇：《贝弗里奇报告》，社会保障研究所译，《社会福利》（理论版）2015年第3期，第2页。

阶段。

20世纪50年代，随着联合国倡导的"社区发展运动"的普及，众多学科介入社区发展研究中心。1951年，联合国经济社会理事会通过了"390D号议案"，决定建立社区福利中心，推动全球经济和社会的发展。不久之后又将"社区福利中心计划"改为更加行之有效的"社区发展计划"，并于1952年正式成立联合国社区组织与发展小组，其目的在于以乡村为单位，由政府有关机构协同社区内的民间团体、合作组织、互助组织等合力协作，发动全体社区居民积极参与社区建设事业，共同改善社区环境，营造和谐美好生活。1954年联合国改造社区组织与发展小组，建立联合国社会事务局社区发展组，在世界许多国家和地区积极推进社区发展计划，取得了许多国家和地区政府部门的重视和支持。1955年，联合国出版了《经由社区发展推动社会进步》一书，提出了社区发展的10条基本原则，分别是：①社区各种活动必须符合社区基本需求，并以居民的愿望为根据制定首要的工作方案；②社区各个方面的活动可局部地改进社区，全面的社区发展则需建立多目标的行动计划和各方面的协调行动；③推进社区发展之初，改变居民的态度与改善物质环境同等重要；④社区发展要促使居民积极参与社区事务，提高地方行政的效能；⑤选拔、鼓励和训练地方领导人才，是社区发展中的主要工作；⑥社区发展工作特别要重视妇女和青年的参与，扩大参与基础，求得社区的长期发展；⑦社区自助计划的有效发展，有赖于政府积极地、广泛地协助实施全国性的社区发展计划，须有完整的政策；⑧建立专门的行政机构，选拔与训练工作人员，运用地方和国家资源，并进行研究、实验和评估；⑨在社区发展计划中应注意充分运用地方、全国和国际民间组织的资源；⑩地方的社会经济进步，须与国家全面的进步相互配合，表示"希望通过社区发展来解决社会公共服务的供给问题"。这本书的出版，为后来社区服务及社区组织的建设与发展指明了方向，同时也彰显出联合国对社区服务发展与社区建设的高度重视。1957年，联合国开始研究社区发展计划在发达国家的应用，试图通过社区发展来解决工业化与城市化所带来的社会问题。由于联合国的大力倡导，社区服务在西方发达国家取得了积极的成效，如英国在福利国家制度的影响下，建立了一套完备的社区服务体系——社区照顾，成为西方国家社区服务的范例。社区照顾作为一种运动起始于20世纪50年代，最初是针对住院式照顾提出来的，当地政府通过积极的政策施予，大力动员社区资源，为社区的老人、儿童、残疾人等弱势群体提供专业化的社区服务。在社区发展运动的催化下，社区照顾的服务范围逐渐扩大，服务内容也日趋丰富完善，具体包括儿童家庭服务、日常照顾服务、家庭护理服务、咨询服务、感化服务等社区服务。直至20世纪70年代，社区照顾已在英国各地相当普及。

到20世纪60年代，以"反贫困"为主题的"新社会运动"、"反贫困战争"以及其他形式多样的发展任务在英美等西方发达国家如火如荼地开展。如英国内政部以反贫困为目标，于1969年通过出台相关法规制度实施了社区发展工程，旨在解决以贫困为主的系列社会问题。政府首先在国内选出12个贫困社区，每一个社区有3000～15000名社区成员，以5年为一个周期，每个实验区的建立，都会相应设立一个主要由社区行动主任负责的行动小组和一个以研究主任领衔的研究小组，深入调查贫困的根本原因。中央政府负担75%的行动经费和全部的研究经费，剩余25%的行动经费由地方政府提供。随着发展工程的推进，以社区为基础、以反贫困与社会排斥为目标的各类组织和社区行动得以激活。社区服务的领域也随之扩展至社区的方方面面，涵盖了医疗健康、教育、居住、公共安全，以及社会弱势群体的照顾等内容。

从内容上看，城市社区发展项目涵盖了社会福利、医疗卫生、预防犯罪、大众教育、廉价住宅建设、就业保障等领域，这场运动满足了人民对价值观多样化的追求，社区发展的理念也如星火燎原之势在世界传播开来，社区服务实践得到积极有效的发展。然而，这场运动虽然强调多元主体参与社区服务的重要性，在实践过程中也支持多元主体的参与，但政府在当中依然占据着主导地位。自上而下的社区发展推行模式造成社区服务的提供较少考虑到社区居民的真正需求，几乎所有的社区服务项目都由政府设计，社区居民寻求不到参与的渠道，参与和选择的权利受到限制，导致无论社区居民是否真的需要这项社区服务，都只能选择被动地接受。

四　多元主体参与的社区服务供给时期（20世纪70年代以来）

作为社区服务的承载者，社区是社会福利的缩影。社区是现代社会正常运转的单位细胞，就社区所构成的福利网络而言，充分的组织力量是实现社区服务有效传递的核心因素。[1] 自 20 世纪 70 年代以来，国家一肩挑的社区服务供给模式转变成多元主体共同参与的社区服务供给模式，政府在社区服务中发挥的掌舵功能逐渐被弱化，突出表现是社区服务的市场化、分散化和多元化。面对社区服务供给利益主体的多元化，社区服务的讨论范围也更为复杂，包括了除政府之外的市场、社会组织、社区及社区居民的参与。其中，社会组织嵌入社区服务是加速社区服务发展、提高社区服务质量与效果的首要途径。

那么社会组织嵌入社区服务何以可能呢？从理论层面看，西方国家先后兴起的福利多元主义、新自由主义理论、政府/市场失灵理论、替代理论与互补理论等为社会组织参与社区服务提供了理论基础，在理论层面证实了多元主体参与社区服务的必要性。从现实层面看，美英等西方发达国家社区服务的现实呈现社会组织与政府在社区服务中良性互动、共生发展的规律性特点。[2] 发达国家社会组织在社区服务中发挥着越来越大的作用，已成为社区服务的主体力量。从合法性层面看，随着福利国家的危机不断凸显，针对"要么增税，要么节支"的传统行政改革思想，奥斯本和盖布勒站在比较经济学的角度精辟地指出，解决福利国家财政危机的根本出路在于突破政府官僚体制在公共物品和服务供给上的垄断地位，[3] 强调探索公共物品和服务供给的可抉择新体制，这为第三部门嵌入社区服务奠定了合法性基础。

1978 年"沃芬顿报告"之"志愿组织的未来"第一次提出，社会组织在提供公共服务方面比政府更为有效，这成为英国社会组织长期以来不受政府重视的转折点。紧接着，私有化浪潮为社会组织的再生提供了政策基调，而新工党执政后出台的一系列政策更是成为社会组织加速发展的推进器。自 20 世纪 90 年代后半期以来，英国社会组织的发展速度极其迅猛，达到了世界其他大多数国家都难以企及的高度，这在很大程度上得益于中

---

① 韩央迪：《英美社区服务的发展模式及对我国的启示》，《理论与改革》2010 年第 3 期，第 24～29 页。

② 高红、杨秀勇：《西方国家非营利组织参与社区治理的理论与实践逻辑》，《天津行政学院学报》2018 年第 3 期，第 87～95 页。

③ 韩央迪：《从福利多元主义到福利治理：福利改革的路径演化》，《国外社会科学》2012 年第 2 期，第 42～49 页。

央和地方政府在税收和资金方面的系列优惠政策。1995年，英国全国志愿组织联合会发起了一项研究计划，名为"有关展望英国社会组织在21世纪的前景"，并提交了《志愿部门的未来》报告，强调把多样性的社区志愿组织视为一种重要的国家资源，重点表明其独立性应该得到充分的保障，并建议在政府和志愿组织及社区组织之间建立基于正式协议的合作伙伴关系。1998年英国政府和志愿组织的代表共同签署了一份《政府与志愿组织及社区组织合作框架协议》，首次提出了双方合作的八条原则，可概括成以下三方面的内容：一是充分肯定了社会组织在民主社会与社会福利中的价值与地位，提出它们是民主社会至关重要的组成部分与社会福利的基础，为政府与社会组织的合作提供了前提条件；二是对政府与社会组织在合作关系中的性质、角色及职责进行了界定与分析，提出双方是建立在平等与充分协商基础上的合作关系，在双方的合作中，社会组织的角色十分重要，除提供公共服务外，还应积极参与公共政策的制定与完善；三是提出双方合作的共同价值基础就是促进公民机会平等，做到正直、客观、尽责、开放、诚实和有领导力。这份协议有效促进了政府与社会组织的合作关系与社区的和谐发展，增进了社会融合，提升了公共生活质量。协议确立了双方的共同愿景、合作原则和各方责任，为社会组织在保持独立的基础上与政府开展积极的互动提供了基本框架。

这份协议为往后十几年非营利组织与政府之间密切而又良好的合作关系发挥了稳定作用。它彰显着英国政府对非营利组织的重视，同时也反映出非营利组织在社区服务中地位的逐渐上升。

2010年，《构建大社会》提出要将权力下沉到公民、社区、社会组织以及地方政府，保证它们拥有所需的权力及信息，这意味着社区服务多元化得到进一步的推进，权力的分解及下沉有助于社区服务质量的提升，也更能满足社区居民多样化的需求。[①] 2011年，英国政府颁布《开放公共服务改革》白皮书，在英国公共服务的改革框架中，社区服务与个人服务、委托服务一起构成了英国开放公共服务的三种不同类型，进一步强化了社区居民与社会组织在社区服务中的自主权。2012年，《公共服务社会价值》

---

① 阎耀军、李佳佳：《英国政府社区治理政策与实践及对我国的启示》，《北京工业大学学报》
（社会科学版）2014年第4期，第8～11页。

提案终审通过，意味着英国正式以法律规范政府采购公共服务的行为，以帮助社会组织和社会企业赢得公共服务合同。

从西方社区服务发展史来看，社会组织在西方社会保障领域经历了"涨—消—涨"这三个过程，但最终还是成为社区服务供给的主体力量，在社区服务的发展中发挥着越来越重要的作用，这证明了社会组织在社区服务中有着不可磨灭的生命力并占据着无可代替的位置。一言以蔽之，社会组织的崛起是顺应社会发展规律的体现，是历史发展的必然。社区问题的多样性与社区居民服务需求的多样化，决定了社区服务的供给者不可能是单一的，因此，引入社会多元力量，形成以政府为主导者、以社会组织为支撑点的社区服务供给模式，是社区服务持续发展的必然选择。

第二节　中国社区服务的历史发展

我国社区服务事业发展了 30 余年，实现了从无到有的突破：社区服务设施由小范围试点到 2021 年城市社区综合服务设施覆盖率达 100%；服务主体由一元、封闭的国家包办变成了多元、开放的社会多种力量协同供给；服务对象由传统民政对象扩展到如今面向社区全体居民；服务理念从福利救济向赋权增能转变；服务方式从碎片化与行政化向整体化与社会化转变；[①] 服务内容从局限性向多样性转变；服务目的由扶贫救济转向提高人民的生活水平，增加人民的幸福感、获得感及满足感。社区服务已经成为我国公共服务体系不可或缺的一部分。但总的说来，我国城市社区服务仍处于初级阶段，与人民向往的美好生活目标相比还有一定差距。一直以来，政府致力于社区服务事业的发展，为社区服务的发展提供了资金、制度、政策等方面资源。本书将从历史脉络和线索出发，探讨新中国成立以来的城市社区服务实践，聚焦于中国社区服务的政策文本演化与服务实践，探讨中国社区服务的未来走向，建构社区共同体。

一　社区服务的萌动期（新中国成立初期至 1980 年代）

"社区服务"一词由时任民政部部长崔乃夫在 1987 年的大连市社区服

---

① 万正艺：《城市社区公共服务的发展历程与变迁逻辑》，《城市问题》2020 年第 4 期，第 33 ~ 39 页。

务工作座谈会上首次明确提出。在 1987 年推广城市社区服务之前，我国城市已有类似的社区服务实践。① 当时，为了配合计划经济体制，巩固基层政权，整合资源聚焦发展，国家采取了"以单位制为主、街居制为辅"的方式对城市基层进行管理和控制。单位制、街居制使当时的社会生活政治化、行政化、社会化色彩浓厚。根据具体的历史特点，本书将社区服务的萌动期划分为计划经济时期和改革开放初期的过渡阶段。

（一）计划经济时期（新中国成立初期至 1978 年）

新中国成立初期，由于长时间的战乱，国家经济遭到重创，民不聊生，基于当时的历史条件和背景，我国建立了计划经济体制。国家通过这种体制几乎垄断了所有资源，单位制与街居制的出现更是实现了国家对社会的全面控制，国家将所有资源以计划的形式借助单位系统，投入经济生产、社会生活的各项事务中，形成了费孝通所言的国家通过单位组织对"物质产品的计划生产，也是对人和人的生活的计划安排"的局面。

那么何为单位制，何为街居制呢？单位制是新中国成立后的产物，"单位"是适应计划经济体制而设立的一种特殊的组织形式，具有社会、政治、经济三位一体的功能，以行政性、封闭性、单一性为特征，在当时起到重要的社会整合作用。② 当时的"单位"既是职工就业和领取工资的场所，也是职工享受劳保和退休福利、住房、医疗、子女入学与就业等服务的地方，还是职工办理结婚等证明、购买车船票证之地。单位职工的衣食住行、生老病死完全由单位包揽。政府通过单位为单位成员提供全方位的社会福利，实现了整个社会生活的高度组织化。③ 既然"单位人"有"单位"为其提供社会福利，对其进行管理，那么对于"非单位人群"，国家又是如何管理的呢？所谓"非单位人群"，主要由两部分构成，一部分是无工作的老人、孩子和通过单位组织兴办的集体企业仍无法完全安置的职工家属，另一部分是被界定为不适合在单位工作或单位不愿意接收的人

---

① 何海兵：《我国城市基层社会管理体制的变迁：从单位制、街居制到社区制》，《管理世界》2003 年第 6 期，第 52~62 页。

② 何海兵：《我国城市基层社会管理体制的变迁：从单位制、街居制到社区制》，《管理世界》2003 年第 6 期，第 52~62 页。

③ 卜万红：《论我国社区服务的转型》，《学术交流》2004 年第 1 期，第 114~119 页。

群，如阶级斗争的对象、劳改释放人员。

1954 年全国人大一届四次会议审议通过了《城市街道办事处组织条例》和《城市居委会组织条例》，标志着街居制的确立。[①] 这两个条例指明街道办事处与居民委员会的性质、职能、关系。条例规定：街道办事处是城市政府部门的派出机构，由 3～7 人构成，主要的工作任务包括：办理上级人民委员会交办的居民工作相关事务，指导居民委员会的工作，反映居民的意见和要求。而居委会则由 2～4 人构成，属于群众自治性居民组织。街居制的建立，实际上为"非单位人"提供了单位化管理，纯化了单位社会的总体建构，建立了高度整合的纵向一体化格局，为单位组织的有效运行提供了保障，很好地解决了"非单位人"的管理及社会福利提供问题。街居制是指把单位体系吸纳范围之外的社会成员，通过街居组织聚集起来以实现"准单位化"管理，"把很多不属于工厂、企业、机关、学校的无组织的街道居民组织起来，为了减轻区政府和公安派出所的负担"。换句话说，就是"以居住场所为基点，把非单位人口纳入统一的街道组织内部。借助这一体制，非单位人口也实现了单位化的管理，从而使整个城市形成了高度同一化的单一社会"。除了当时的"单位"受命于政府，街道办事处也扮演着政府的"脚"的角色，它们听从上级传达的命令，被动地执行上级下达的任务，行政色彩极为浓厚。

可以看出，计划经济时期的社区服务属于典型的政府包办的服务供给模式，由政府统一管理，是一种从上至下的垂直管理模式，具有鲜明的行政化特征。在当时生产力水平很低的状态下，单位制与街居制对全国人民的集权管制有利于社会秩序的稳定与有限社会资源的整合，对于当时高度集权的政治体制的运作，以及高度集中的计划经济体制的实施，提供了十分有效的保障，发挥着非常重要的作用。

（二）改革开放初的过渡时期（1979～1987 年）

"文化大革命"时期，街居体系遭到严重破坏，城市街道管理工作也遭到全面的破坏。直到 1979 年 2 月，全国人大重新公布了 1954 年颁发的

[①]　吕方：《从街居制到社区制：变革过程及其深层意涵》，《福建论坛》（人文社会科学版）2010 年第 11 期，第 185～188 页。

《城市街道办事处组织条例》和《城市居民委员会组织条例》，城市街居体制开始全面恢复。然而，"文化大革命"使国民经济走到崩溃的边缘，再加上我国的所有制结构出现变化，社会流动越来越频繁，既有的单位制和街居制包袱沉重、机制僵硬，并不具有自我更新的能力，尤其在发挥政治动员、经济发展以及社会控制作用的时候产生了一系列不可避免的后果，从社会层面来看，形成了"总体性社会"，国家对社会实现了全面的控制，对资源实行了全面的垄断；从个体来看，单位成员形成了"依赖性人格"，对单位高度依赖，缺乏自由流动空间。在这样的情况下，单位制逐渐走向消解与变异，在社会管理体制上，逐步发展出"双轨制"形态，建立了一种"分割制"的社会结构，在保持单位制相对完整的前提下，对市场空间进行了开拓与培育。但"双轨制"让社会福利的分配在满足单位福利的同时，也带来了巨大的社会不平等，国家开始寻找一条新路以解决单位制与街居制带来的困境，"社区服务"的发展成为必需。

民政系统对"社区服务"的探索起源于福利事业的社会化。1983 年，民政部首次提出要改革兴办社会福利事业的形式，集合国家和社会力量兴办社会福利事业。1984 年，民政部提出要实现社会福利的"三个转变"，指出社会福利事业要改变单一的、封闭的国家包办局面，转向国家、集体、个人一起办的体制。1985 年，"社区服务"一词就在期刊和报纸上出现，显示出人们开始从新的角度和层面认识包括传统社会福利在内的"社区服务"这一类事物。[1] 1986 年，民政部为推进城市社会福利事业改革，开始争取社会力量兴办社会福利事业，为了与民政部门代表国家办的社会福利区别开来，后者被另称为"社区服务"。[2] 同年，在民政部的指导下，"社区"概念被引进，各城市，在街道办事处和居民委员会等基层组织的基础上开始营造社区，并在区、街道和居委会等不同层次建立起社区服务中心。[3] 1987 年，在大连社区服务工作座谈会上，我国社区服务的首倡者、

---

① 李春：《我国城市社区公共服务模式的发展历程与启示》，《理论导刊》2013 年第 2 期，第 26～28 页。
② 李春：《我国城市社区公共服务模式的发展历程与启示》，《理论导刊》2013 年第 2 期，第 26～28 页。
③ 姜芃：《社区在西方：历史、理论与现状》，《史学理论研究》2000 年第 1 期，第 105～118 页。

民政部原部长崔乃夫，正式提出并阐述了社区服务的概念。① 同年 9 月，民政部又在杭州召开全国城市社区服务工作会议，总结交流试点经验，要求在全国普遍开展社区服务工作，这标志着我国社区服务的正式开展与实践。

从表面上看，这一阶段的"社区服务"开始了"产业化"路径，国家意识到社会力量的重要性，并开始大力提倡社会力量参与到社会福利事业的建设中。然而，从以下两点便可知该阶段的"社区服务"依然处于"行政化"阶段。首先是政府依然是经费来源的绝对主体，社会福利事业开展的经费依然由国家财政拨出。其次是该阶段的社会福利事业之所以鼓励社会力量的参与，原因是单位制与街居制的弊端随着社会结构与经济体制的改变而越发显现，迫切需要一条新的出路解决当时出现的各种社会问题。此外，1987 年 9 月在武汉召开的座谈会上，张德江根据我国的实际情况，指出城镇的社区服务是指在政府的指导下，在街道有组织地发动社会各方面力量，提倡居民间的互助精神，以灵活多样的社会化服务形式，为社区居民特别是有困难的人提供各类社会福利与社会服务。② 同时认为"社区服务是社会保障的重要内容，是民政部门承担社会保障任务的一项重要工作，也是城市社会福利事业的延伸和扩展"。就政策的内容而言，这一时期的社区服务依然体现出鲜明的行政化特征。因此将这一段时期视为社区服务从"行政化"转向"产业化"的过渡阶段。

二 社区服务的推进期（1980 年代末至 1999 年）

随着改革开放事业的进一步推进，"市场"在我国经济社会中占据着越来越重要的地位。在高度集权的管理体制下，政府包办一切的社会福利让社区居民丧失了选择的权利，只能被动接受政府给予的安排，这种社会福利的供给方式既难以满足居民的需求，使居民产生极大的依赖，也让政府承受着巨大的财政压力。加之经济体制和政府职能的转型，都使得单位制失去生存的土壤，趋向崩溃瓦解。社区服务步入了"产业化"阶段。

---

① 王时浩：《不忘初心 服务民生 社区服务发展 30 年述评》，《中国民政》2017 年第 18 期，第 40～43 页。

② 刘杰：《从行政主导到福利治理：社区服务的范式演变及其未来走向》，《新视野》2016 年第 5 期，第 92～97 页。

1989年，民政部在杭州召开的全国城市社区服务工作座谈会上总结了武汉会议后社区服务开展的经验，明确了"坚持社会福利社会办"的工作方针，提出了全面推广社区服务的主要任务。同年12月颁布的《居委会组织法》规定"居委会应当开展便民利民的社区服务活动，可以兴办有关的服务事业"，这为社区服务的产业化提供了法律依据。1992年6月，中共中央、国务院下发《关于加快发展第三产业的决定》首次提出了"社区服务业"这一概念，并明确了社区服务的产业属性，社区服务在经济建设方面的功能开始凸显。1993年，国家多部委联合发布《关于加快发展社区服务业的意见》提出多方筹集发展资金、有偿使用、滚动增值的意见；提出建立社区服务业价格体系，指出社区服务业项目应当分为无偿、低偿和有偿，引领了社区服务产业化发展方向。[1] 1995年，民政部出台了《全国社区服务示范城区标准》，规定坚持国家、集体、个人一起兴办社区服务业，积极鼓励港澳同胞、海外侨胞以及国外友好团体与个人在国内投资兴办社区服务业；规定在区政府的统一领导和民政部门的直接管理下，依托街道办事处、居民委员会等组织，建立起与当地经济、社会发展相适应，社会互助广泛开展、群众参与率较高、服务设施和项目齐全、服务质量和管理水平较高、服务效益较好的城市社会福利服务网络，满足社区居民的多种服务需求。这一政策为社区服务业的规范化、标准化提供了重要保障，为社区服务产业化的转变提供了强大动力。

不可否认的是，这一阶段的社区服务在迎合中国经济体制转型的同时，给国民经济带来了巨大的收益，给中国社会的发展带来了深刻的影响，但它仍然存在诸多问题。首先，当时政府背负着沉重的"社会福利包袱"，单位体制改革的推进，将大量原本属于自己的职能推向社会，使许多"单位人"失去了原属单位的庇护，沦为社会的弱势群体，这使得社区服务的需求大量上升。但由于政府财政资金紧张、对社区服务的认识不足等，政府试图通过"社区服务产业化"将原本属于自己的大量职责推给街道和居委会，推给社会。这样一来，原来的"社会福利服务"就变成了"社区有偿服务"，责任主体也从政府转移到社会。其次，社区服务在产业化的道

---

① 万正艺、陈辉、李文娟：《政策工具视角下我国城市社区服务政策变迁分析》，《城市发展研究》2020年第8期。

路上，虽然许多政策提出要兼顾经济效益和社会效益，但在实际操作的过程中，许多地方政府和街道办事处仍然把经济建设摆在第一位，给每个社区的居委会下达了许多创收指标。在这种背景下，许多社区把心思都放在了如何使"社区服务产业化"上，社区服务的"福利性"受到忽视。由于社区区域限制、能力不足，社区服务业经营不善的现象十分常见。这种做法不仅不能使社会福利事业得到有效的发展，还引起了人们对"社区服务"本质认识的混乱，更伤害到社区服务的"福利"本质。

三　社区服务的发展期（2000 年以来）

1990 年代末，经济的快速发展让民众的生活质量得到极大的提高，人们已不满足现有的社区服务，转而追求更为精细化、专业化、多样化的服务。这样的服务需求转变让社区服务产业面临着以下困境：一是服务内容方面，当时由政府提供的公共服务，以扶贫救济为主，而社区居委会提供的便民利民服务难以满足社区居民的需求；二是服务质量方面，因人才、能力、资金、区域等因素限制，社区居委会兴办的社区服务业提供的服务质量难以匹及人们对高品质生活的追求。种种困境使社区服务业难以为继，而逐渐退出历史舞台。

基于此，21 世纪之后，国家对社区服务进行了重大的调整，使社区服务的"福利性"得到回归。国家不再强调社区服务的经济效益，转而将重点放到社区服务的公共性上，并突出发展与弱势群体相关的服务内容，强调服务参与主体的多元化，强调以居民的需求为导向提供服务。社区服务走上了多元共治的"社会化"阶段。

2000 年，《关于在全国推进城市社区建设的意见》的通知指出"社区服务主要是开展面向老年人、儿童、残疾人、社会贫困户、优抚对象的社会救助和福利服务，面向社区居民的便民利民服务，面向社区单位的社会化服务，面向下岗职工的再就业服务和社会保障社会化服务"，其中更明确规定社区建设的基本原则是"资源共享、共驻共建"，此文件体现出我国社区服务强调多元参与主体，强调社区服务的社会化。2004 年中共中央办公厅转发的《中共中央组织部关于进一步加强和改进街道社区党的建设工作的意见》以及 2005 年民政部下发的《关于进一步做好新形势下社区志愿服务工作的意见》，大力鼓励社会组织参与社区服务。2006 年，国务院颁布《国务院关于加强和改进社区服务工作的意见》，该政策重点论及社区居委会和社区服务民间组织的作用，明确提出要充分发挥社区居委会在了解社区居民需求、提供便民服务方面的独特优势和重要作用。社区居委会定期听取居民对社区公共服务的意见并及时向政府反映，促进了社区公共服务质量的不断提高，强调了社会组织的作用和"以民为本"的服务导向。2007 年，国家发改委和民政部颁布了《"十一五"社区服务体系发展规划》，首次提出了"社区服务体系"这一概念，该政策文件将社区公共服务体系界定为：以各类社区服务设施为基础，以社区居民、驻区单位为服务对象，以满足社区居民公共服务和多样性生活服务需求为主要内容，政府引导支持，多方共同参与的服务网络及运行机制，强调了服务参与主体的多样性。2009 年民政部发布《关于进一步推进和谐社区建设工作的意见》，明确规定要"充分发挥行政机制、互助机制、志愿机制、市场机制的作用，进一步完善覆盖城乡社区居民的社区服务体系，满足居民群众多样化、多层次、多方面的服务需求"。2013 年颁布的《民政部关于加强全国社区管理和服务创新实验区工作的意见》中明确指出，要"完善社区治理结构，形成社区党组织领导，社区居委会主导，社区公共服务机构、社区社会组织、业主组织、驻区单位和社区居民多元参与、共同治理的格局"。我国社区服务形成了多元治理的格局。2016 年民政部下发的《城乡社区服务体系建设规划（2016 - 2020 年）》指出："坚持人民主体，多元参与。引导社区居民参与政策制定、项目设计、服务供给和绩效评估，促进社区服务与居民需求精准对接，拓宽各类主体特别是社会力量参与渠道，最大限度集合服务资源、形成推进合力。"[1] 该政策标志着"社区多元主体广泛参与，以社区为平台、社会组织为载体、社工专业人才为支撑的三社联动社区服务机制"雏形的形成。同年，《慈善法》出台并专设"慈善服务"一章，慈善组织作为社会力量参与社区服务正逐步成为福利供给的发展方向，大的政策环境趋向良好。[2] 未来在强调政府是社会保障制度建设第一责任主体的基础上，要以政府性福利资金撬动民间慈善资源进入社会

---

① 刘继同、韦丽明：《中国特色现代社区福利制度框架与幸福和谐社区建设》，《浙江工商大学学报》2019 年第 2 期，第 102～109 页。

② 高静华：《福利多元主义中的慈善部门研究》，《社会福利》（理论版）2017 年第 10 期，第 40～45 页。

福利服务领域，同时培育、赋权、增能于民间社会和慈善部门，赋予慈善力量在福利资金筹集和服务供给中的重要地位，适时以政策形式确定慈善事业与社会福利的伙伴关系，使慈善组织成为社会保障从"物化"走向"服务"的重要载体。至此，中国社区服务的多元治理范式得到初步的确立，服务主体的多元化也使服务内容日益丰富，服务质量日益提高，社区服务作为社区建设、社区治理的重要内容，在多方力量的推动下，走上了发展壮大的道路。

第三节　社区服务保障的运行机制

自 20 世纪 80 年代以来，随着我国社会转型、企业转制和政府职能转变，"单位制"解体，大量的政府社会管理和公共服务职能开始向社区转移，社区成为连接国家和社会之间断层的枢纽，是社会保障与社会服务的传送终端和基点。社区服务保障作为提高人民生活品质、改善人民生活环境的重要手段，发挥着越来越重要的作用。目前，我国对原有的社区服务保障制度进行了一系列重大改革，但还不能完全适应社会转型、体制转轨的客观需要。因此，除了需要有刚性的制度来营造社区服务的发展环境之外，还需要建立健全社区服务保障的运行机制来提高城市社区服务的质量、水平，以更好发挥社区服务保障为人民谋福利的积极作用。

（一）服务供给机制

随着社会管理体制的改革，社区服务不再由国家唱独角戏，多元主体参与社区服务已成为当今社区服务供给的主题。多元化的组织形式——居民委员会、社会组织、企业等都成为建设社区服务事业的重要推力。改革传统社区服务供给机制，在实现社区服务供给力量多元化的同时充分发挥社区服务各供给主体的供给功能以及强化各供给主体的服务职能，是当前社区服务体系建设面临的重要任务。

第一，明确政府在供给机制中的主导作用。首先，政府要明确自身在社区服务供给中的责任与职能，政府作为社会的管理者、资源的整合者以及税收的征缴者，切实肩负起主导者的角色，弥补和充实在社区服务供给中的功能，在培育与促进社区服务发展中具备着其他社会组织、团体与个人所不具备的独特优势和雄厚资源；其次，政府要发挥对其他社会力量的协调与监督作用，将社会组织、企业等其他社会力量看作合作者，不要给予过多的行政任务，避免它们沦为政府的"执行机器"；最后，政府对社会组织、社区自治组织要积极扶持，为其创造良好的发展空间，逐步增强其社区服务的能力。政府适当引入企业参与到社区服务中，丰富社区服务的种类、提高社区服务的质量，在实现政府效率提高的同时又能减轻政府负担。总之，坚持政府的主导地位不动摇，发挥政府在社区服务中的关键性作用，积极构建单位型社区多元化公共服务供给机制。

第二，完善社区服务保障体系。首先，明确社区服务保障的目标。从实际出发，深入了解社区居民的需求，并根据国家现有的公共政策，将政策落实到每一个社区居民身上，满足社区居民的多样化需求，为社区居民解决问题。其次，完善社区服务保障体系。健全的社区服务保障体系是居民得以安居乐业的重要基础，有了完善的社区服务保障体系，才能将社区服务覆盖到每一位社区居民身上，实现社区服务的普及化和均等化。将就业、教育、养老、医疗、治安等社区服务纳入社区服务保障体系，构建"社区就业、养老服务、卫生医疗、文化教育、扶贫解困救助和治安保障"六方面完善的社区服务保障体系。

第三，实现社区服务生产与供应的相对分离。社区服务供给结构治理是适应经济新常态发展、满足居民多元化需求、应对结构性矛盾和提升服务供给质量与效率的必然要求。打破传统供给结构"一刀切"的做法，将供给结构分解为"生产"与"提供"两个过程，既契合了新公共管理理论，又能够推进服务型政府建设。一方面，新公共管理理论认为虽然政府的主要职能是向社会提供服务，但并不意味着政府要直接提供所有服务，而是应该根据服务的内容与性质采取多样的供给方式。另一方面，伴随着国家战略方向的变化，推动供给侧结构性改革、提高经济增长质量和效益是适应和引领经济发展新常态的重大创新和必然要求，在公共服务领域中，供需矛盾的加剧也使人们反思公共服务供给结构改革的必要性和急迫性。于是，社区服务生产与提供分离在实践中逐渐得到广泛应用。[1] 例如，社

---

① 严妮：《生产与提供分离：医疗卫生服务供给结构治理分析》，《湖北经济学院学报》2018年第4期，第61~69页。

区引进民间资本开展社区教育服务，为老年人、青少年提供教育服务，开展课外兴趣辅导；社区与社会组织合作为社区居民，特别是残疾人提供就业培训服务，让失业待业居民能够尽快上岗；社区通过向社会资本购买服务，为老年人提供居家养老服务。总之，"生产"与"提供"相分离不仅能在很大程度上弥补政府效率的不足、增加社区服务种类、提高社区服务质量，更利于不同供给主体间平衡。

（二）服务评估机制

科学的服务评估机制能有效推动社区服务质量的提升。服务评估信息能真切反映出社区服务的落实情况。根据服务评估信息，服务供给主体能迅速发现社区服务存在的问题并及时修正，有利于为社区居民提供更符合实际需求、质量更高、种类更多样化的社区服务。因此，要提高社区服务质量和社区居民的满意度，必须建立健全科学的评价机制。

第一，传统公共服务评价方式的改革。目前一些社区仍旧沿用单位制时期行政化的公共服务方式，社区居委会只是"任务式"地通过自上而下的方式提供社区服务，简单地执行由地方政府或街道下发的指令与指派的任务。这种服务供给方式是单向的，缺乏有效的反馈机制，社区居民只能被动地接受由社区提供的服务，而难以寻求与政府沟通的渠道，这种没有反馈和评价的社区服务没有质量保证。区别于传统的由政府和社区居委会自行评价的方式，网络化的良性互动的社区服务评价方式是一个四通八达、功能齐全、信息畅通的社区服务互动方式，它不仅要求政府与社区居委会对社区服务进行评价，还要求居民对社区服务进行评价，通过建立网络化的良性互动的社区服务评价方式，可以实现社区服务供给主体和社区居民之间的多渠道信息互动，达到获取需求信息、获取服务信息、监督服务和反馈服务建议的作用，从而可以全方位地提高社区服务质量，提升居民对公共服务的满意度。

第二，科学的社区服务绩效评估机制的建立。社区服务绩效评估机制是激活社区提升服务质量的有效动力。科学的绩效评估机制可以在社区服务过程中发挥重要作用，可以为社区服务主体提供社区服务标准，规定社区服务责任，健全公共服务责任追究机制，有效避免服务供给主体关于职责的相互推诿，由此可保证社区服务的质量。此外，科学的绩效评估机制能在社区居民和多元公共服务主体之间建立良好的互动途径，更有效地弥补社区服务中存在的不足。首先是引入居民参与评估，居民是社区服务绩效评估的重要参与者，面对居民日益增长的多元化服务需求更要以居民的需求为导向，社区服务不能仅凭政府说了算，也不能仅凭理念设计，需依靠实践，聆听群众声音。让社区居民参与到社区服务的评估当中，既能显示出评估机制的公平公正，又能体现出"从居民实际需求出发"的服务理念。其次是设计合理的服务质量评估标准。由政府领导小组评估与第三方专业评估相结合，规范评估流程，对服务质量是否达到预期目标实施客观评价，主要包括基本责任履行情况、服务程度、服务态度、服务回应性等。将各项评估结果列入考核中，与责任人绩效、相关利益及荣誉挂钩。最后，通过完善监督制度，形成垂直与横向两个维度上多方参与、相互监督的动力机制。这是各主体责任切实落实、服务质量切实保障的重要支撑。

（三）自治机制

居民是社区的主体，居民参与是社区服务治理的核心，没有居民的参与，社区自治就如同一个空壳，没有灵魂。整体性治理理论的核心关怀体现为解决人民生活的问题，即要以满足公众需求为目标，依照公众的需求来提供相应的社区服务。[①] 当今已进入社区服务多中心治理时期，居民参与自治对于社区服务的发展而言至关重要，但我国社区服务的治理机制仍较为单一，主要体现为社会组织参与程度有限、社区居民参与的积极性并不高，社区服务自治机制的不完善等导致社区服务供给的多样性和民主化程度不足，阻碍了社区服务事业的发展。因此，健全完善自治机制，提高社区居委会的治理能力以及社区居民的参与度是关键。

第一，增强居民的社区意识。帮助社区居民形成对社区的认同感和归属感，加强社区居民凝聚力，使居民成为社区服务主体。一是要普及公民权教育和社区建设知识，让社区居民明确自身的"本有"身份是国家公民，作为公民拥有公民权，有参与社会管理事务和享受国家公共服务的权利。二是要营造社区服务民主氛围，增强社区凝聚力，让社区居民拥有公

---

① 张鹏：《智慧社区公共服务治理模式、发展阻碍及整体性治理策略》，《江淮论坛》2017年第4期，第70~76页。

共服务话语权，逐步形成社区意识，积极主动寻求社区服务问题的解决之道。

第二，推动居民参与的制度化、规范化。形成以社区自治章程为核心，以社区公约为重点、各类决策议事规则相配套的自治规则制度体系。搭建社区议事会、社区客厅等自治载体和空间，为社区居民议事提供环境空间。通过党建引领，提高社区居民的自治能力，并且拓宽社区居民参与社区服务的渠道，支持和鼓励社区居民参与到社区服务的治理中。

第三，建立具备造血和输血功能的社区基金会。建立社区基金会并推进其商业化、规范化、组织化，使基金会具备造血功能，实现可持续运营。梳理社区生态，分析社区发展的动态链条，将社区基金会有机嵌入社区生态，通过整合社区公益资源，支持社区公益组织开展各类公益服务，为针对社区居民的社区服务提供资金、资源等各类保障。

第四，增强街道办事处的服务理念。街道办事处是政府的派出机构，在社区服务中直接与居民委员会联系。街道办事处作为政府部门的代表，要充分发挥自身的服务职能，为社区居民创造参与社区服务的机会。首先，街道办事处不仅要执行政府的行政命令，更要发挥政府的服务职能，同时也要切实参与社区服务的实践，摆脱以往"只唯上不顾下"的行政化工作方式，了解居民的所需所求，增强政府对社区居民公共服务需求的敏感性。其次，街道办事处要规范自身的社区服务程序，积极举办居民代表大会、听证会等，听取居民对公共服务的建议，促进社区民主氛围的形成。

（四）服务管理机制

在这个社区服务多元共治的时代，国家的主要任务之一就是推动政府职能的转变，在城市社区基层分配与行使权力，采取措施在城市基层组织之间合理配置公共资源，确保社会公共利益及维护社会稳定，使多元化的社区服务主体在城市社区服务管理方面良好合作，形成一股社区服务管理的合力，推动我国城市社区治理现代化。[1] 当前，如何加强我国城市社区服务管理，如何实现城市社区服务管理的多元共治，如何满足城市社区公众日益多样化的公共服务需求，这一系列的问题都有赖于我国城市社区服

---

① 林远卓：《我国城市社区服务管理体制机制研究》，南京大学硕士学位论文，2014。

务管理机制的改革与完善。因此，理顺社区服务管理体制、为社区服务主体创造良好的合作平台很有必要。

第一，明确社区服务主体的公共服务职能。2000 年以后，我国进入了多元共治时代，社区服务主体是多元而具体的，多元的服务主体为社区服务事业的发展提供了源源不断的动力。然而，多元主体之间权责与职能的确定涉及多元力量的有效发挥。因此，理顺多元主体之间的权责关系，明确多元主体的公共服务职能十分必要。要制定相关的法律制度，明确各服务主体的具体职能，通过立法程序，实现社区服务主体权利、义务和职责，使它们各司其职、权责分明，才能有效发挥它们的功能、提高行政效率。

第二，优化社区服务保障的内外环境。从社区内部环境来说，社区内部主体包括街道办事处、社会组织、社会工作人员、企业和居民。这些主体是社区服务保障的重要力量，它们相互协作、相互融合，能构建起社区公共服务资源共享的五力合一的扁平化社区服务治理模式，推动社区服务事业的蓬勃发展。同时也能通过与邻近社区的互帮互助、合作共享达到"双赢"的局面。

第三，构建多力合一的扁平化的社区服务管理模式。社区服务扁平化管理是指在社区党政的领导下，适当地减少管理过程中的中间环节，扩大管理幅度，依托信息系统和科学技术，对社区内的公共资源进行整合，提高社区管理与服务的效率。目前学术界及部分城市已经探索试行的主要有"2＋3"和"1＋3"社区服务管理模式，即"市—区（县）—社区"和"市—街道—社区"管理新模式，这两种社区服务管理模式的创新之处就在于将宏观调控与微观管理职能进行了明确的界定，宏观的政策制定、监管、协调等职能由市、区政府部门承担，微观的社区服务与管理职能则由街道办事处或社区居民委员会承担，这在一定程度上有利于社区服务的组织构架与人力资源的优化配置。"2＋3"社区服务管理模式的实质是"两级政府、三级管理"，"1＋3"社区服务管理模式中取消了区（县）政府，在市政府与社区居民委员会之间加了街道办事处这一层级，其实质是"一级政府、三级管理"，"2＋3"与"1＋3"社区服务管理模式中的"三级管理"是指市政府、区（县）政府、社区居委会共同管理。在这两种新型的社区服务管理模式中，其最基层的社区服务管理主体都是社区。扁平化的社区服务机制要求对社区和上级政府机构下放的人财物进行合理整合，确保基层社区组织的权责对等，加大社区服务的资源与资金投入力度。实行扁平化社区服务管理模式，不仅能使社区服务更加贴近百姓，更好地满足社区公众日益多样化的社区服务需求，提高社区服务的效率，还能通过一门受理制、服务承诺制、首问负责制、限时办结制等制度，有效地推动社区治理工作。

（五）监督机制

目前，虽然我国对如何建立社区服务监督机制进行了探索并取得了一定成效，但仍存在依据不统一、机制不健全、被监督对象缺位、监督能力不强和对开展监督必要性认识不足等问题。[1] 因此，建立完整、有效、能够自行运转且覆盖一切监督对象和监督内容的监督机制，从而有效预防和纠正政府购买服务中出现的问题，是实现政府购买公共服务制度价值的当务之急。

第一，强化各主体间相互监督的动力。政府方面：应将公共服务，包括社区服务保障的质量、群众满意度作为政府考核的主要指标。加强对社区服务、服务组织绩效的监督。社区方面：作为社区服务保障的组织实施主体，对社区居民、社会组织负有监督督促义务，可以通过公示、诚信评估、荣誉表彰、奖惩措施等方法推进。社会方面：社会组织，比如社区服务协会、法律援助组织、邻里互助组织对政府政策实施、社区服务、社区居民开展互动监督，提高社区服务保障工作的效率。

第二，建立各供给主体相互监督的机制。在监督动力形成的同时，重点构建拥有反映和沟通监督信息的平台。首先，拓宽各主体之间的相互监督渠道。以互联网为工具，公开信息、设置线上线下意见信箱、开通沟通贴吧、开通群众热线、开发相应软件，为社区居民监督提供有效、便利的渠道。其次，实行"360度"监督方式。改变传统行政上级监督行政下级的单向性的、自上而下性的监督方式，实行全面监督。具体表现为：监督方式除了行政上级监督行政下级，还应包括自我监督以及群众监督。

（六）服务运行机制

在传统的计划经济条件下，社区社会保障项目多，条条政策多，社区

---

① 项显生：《我国政府购买公共服务监督机制研究》，《福建论坛》（人文社会科学版）2014年第1期，第167～175页。

服务保障管理部门多，参与单位多，资金渠道多。为了使社区居民普遍、公平地得到保障，社区服务保障资源得到合理、有效的使用，以及社区服务保障能及时、有效地为居民提供社区服务保障等，必须建立服务运行机制，来完成社区服务保障服务的传输工作。服务运行机制的运行过程一般包括以下七个步骤：第一，了解、研究社区服务的保障问题，找出解决问题的方法；第二，有目的地提出可行的行动方案；第三，调动各方面（政府、非政府组织、居民等）的力量和资源；第四，建立相关的组织机构，切实开展工作；第五，筹集和管理资金，制定严格的财务制度，合理使用；第六，政府部门制定社会政策，以利于社区服务保障工作协调有效地开展；第七，进行档案（包括相关公共政策、社区服务保障对象、组织等方面）的积累运用，使社区服务保障工作具有连续性和系统性。

第四章　社区公益服务保障

第一节　社区公益服务

我国的社区服务自 20 世纪 80 年代开始发展，发展初期便坚持"社会福利社会办"的思路，并将社区服务定性为"福利性、公益性"服务，以满足社区居民的基本生活需求为目标。但在社区服务发展初期，政府忽略了社区服务对基层治理的重要意义，因而一开始就强调组织调动，忽略了经费投入。到发展后期社区经费不足，难以维持服务运转，不得不开展商业性活动。1993 年 8 月，民政部等 14 部门联合出台文件，提出社区服务要走社会化、产业化、实体化道路。在我国，社区服务资源的来源途径不一致，服务对象层次多样化，因而社区服务内容包罗万象。正是因为服务内容广泛，国内学者对社区服务内容的概括难以形成一致意见，有的按社区服务收益来划分，有的按社区服务对象来划分。但大致上根据服务对象与服务性质可以分为三大类，即公益性服务、福利性服务、商业性服务。在过去的几十年发展之中社区服务的供给主体一直在政府和市场之间摇摆不定。但随着大批新型社会组织的出现和崛起，面向居民多样化、多层次需求，中国开展了大量的公益性活动，极大拓宽了社区服务的公益性内涵。同时，为了减轻行政压力、提升公共资源配置效率、提高公共服务效益、积极推动社区公益性服务的发展，政府将公益性的理念进一步落实在社区服务的发展之路上。

一　社区公益服务的含义

（一）公益

关于社区公益服务概念的界定，官方与学界尚未形成统一、权威的论述。对于社区公益服务的界定首先得理解"公益"一词的具体内涵。关于"公益"的含义，最早可以追溯到公元前5世纪的古希腊城邦。古希腊特殊的城邦制度造就了一种"整体国家观"，与"整体国家观"相联系的是具有整体性和一致性的公共利益，公共利益被视为一个社会存在所必需的一元的、抽象的价值，是全体社会成员的共同目标。① 亚里士多德认为"公益"就是最高社团——国家追求的目的，即"最高的善"，这种"善"在社会中的物化形式就是"公共利益"。国内有研究者认为"公益"一词在传统的汉语中并不存在，它在19世纪由日本人用来翻译西语中的"Public Welfare"（公共利益）一词，后又被汉语沿用至今。② "公共"一词的含义具有双重来源：一是来源于希腊语意中的"成熟"，大致可以理解为人们在生理和心理上的成熟，即超越了对自我利益的关注，开始关心他人利益，开始察觉个人的行动会给他人带来后果，并意识到人我关系的存在；二是来源于希腊语意中的"关怀"，其强调的不仅仅是客观上的量的集合，表现为"公众的""公共的（尤其指中央或地方政府）"，更有主观上的一种"共同的、集体的人性关怀"。③ 而"利益"一词则代表的是人们对于健康、幸福、和谐、繁荣等美好状态的一种向往。从法学的角度来说，公益是一种权利义务的分配机制，它以整体性的社会公平、正义以及伦理道德为标准；从经济学的角度来说，公益是一种社会资源的分配机制，该体系不包含以他人利益为目标的投资者参与分配盈余；从政治学角度来说，公益是国家治理结构和治理权力的分配机制；从社会学角度来说，公益着眼于公众共同追求的利益，能提升社会整体的福利水平，具体表现为社会救济、社会保障、社会工作以及社会福利等。

总的来说，"公益"就是相对于个人私益而言的，公众所共同向往的"最高的善"以及对卫生、教育、文化、救济等福利事业的追求。从广义上来看，"公益"是指一切涉及公共利益的行为和活动，包括政府性和非政府性、营利性和非营利性、强制性和非强制性的行为和活动。从狭义上

---

① 胡建森、邢益精：《公共利益概念透析》，《法学》2004年第10期，第3~8页。
② 秦晖：《政府与企业以外的现代化——中西公益事业史比较研究》，浙江人民出版社，1999，第168~169页。
③ 李春成：《公共利益的概念建构评析——行政伦理学的视角》，《复旦学报》（社会科学版）2003年第1期，第43~48页。

来看，"公益"主要是指公益主体以非政府的形式进行的、具有非营利性、非强制性、救助性和社会性的一切公益活动的总和。公益的本义是使社区居民都具备平等享有公共服务的机会和权利，而不管居民收入状况的好坏和社会地位的高低。

（二）社区公益服务

政策术语与学术概念往往存在密切的关联，然而研究"公益服务"的代表性著作《公益服务的体制创新——中国事业单位改革研究》并未对社区公益服务的含义做出阐述，甚至未与"公共服务"做出明显的区分使用。对于社区公益服务的界定，通过对文献的检索与梳理，本书认为社区公益服务的内涵大致可以概括为以下几个方面：一是指免费、无偿、普惠的服务活动，供给主体包括政府、企业、社会组织以及居民等；二是指与社会事业相关的服务活动，或者就是指社会事业；三是指单纯的民间从事的非营利性或公益性活动。对于社区公益服务的界定，卓高生认为社区公益服务指的是在社区内开展的具有非政府性质的，并且不以营利为目的，具有援助性、非强制性的志愿服务活动的总合。[①] 郭安认为社区公益服务是指让社区居民都有享受社区卫生保健、环境保洁、文化体育等公益性服务和公共空间及公共生态等公共设施服务的机会和权利。[②] 赵立波认为公益服务是以实现社会公益为目标、以政府为主导、以事业单位为主体，社会力量广泛参与、市场机制作用充分，提供科教文卫、社会保障等多类型、多样化服务的行为体系。[③] 李延均认为公益服务是以满足社会公共生活、社会发展对公共利益的需要为目标，以非营利为根本性制度约束，以政府主导和免税与减税激励下的非营利组织为主体，以免费或收费的方式向社会提供具有共同消费和普遍受益性质的服务。[④] 他从三个方面阐释了公益服务的具体内涵，一是非营利组织为居民提供的服务。二是事业单位所提

① 卓高生：《公益精神概念辨析》，《理论与现代化》2010 年第 1 期，第 87~91 页。
② 郭安：《关于社区服务的涵义、功能和现有问题及对策》，《中国劳动关系学院学报》2011 年第 2 期，第 92~97 页。
③ 赵立波：《公益服务：政策演进与概念辨析》，《中国行政管理》2016 年第 1 期，第 35~40 页。
④ 李延均：《公共服务及其相近概念辨析——基于公共事务体系的视角》，《复旦学报》（社会科学版）2016 年第 4 期，第 166~172 页。

供的全部活动的总称。《中共中央国务院关于分类推进事业单位改革的指导意见》明确指出,"形成基本服务优先、供给水平适度、布局结构合理、服务公平公正的中国特色公益服务体系"。[①] 三是志愿、慈善性质的服务。[②] 可以看出,学界对于"公益服务"的概念尚未做出明确的辨析,并未将"公益服务"与"志愿服务"做出具体的区分。从中文字面意思来看二者语意相近,甚至在某些情形下部分学者将二者当作可以相互替代的同义词等同起来使用。有学者指出社区服务属性已经发生蠕变,[③] 它不再是政府公共服务和市场商业服务的剩余或补缺,而是涵括社区公共服务、福利服务、准商业服务、互助服务、志愿服务、商业服务,[④] 在这一研究的分类中就将志愿服务等同于公益服务。必须明确的是,尽管学者对"社区公益服务"的界定尚未形成一致意见,但其各自的定义依然将"社区公益服务"包含的要素共同指向了"非政府""社区""居民""普惠"等带有社会化色彩的词语。

综上所述,本书认为社区公益服务的定义可以从以下三点出发来阐述:即社区公益服务是围绕社区公共问题开展工作;面向社区居民提供非营利服务;提高公众自主参与的程度。因而,本书将社区公益服务定义为:以社区行政辖区居民为服务对象,在辖区范围内开展服务,为实现提高社区整体公益事业服务水平、解决社区公共问题、促进社区持续发展的目标,以政府为主导、以社会组织为主体、其他社会力量广泛参与,围绕满足社区居民多样化生活需求和社区公益事业而开展的各类志愿活动的总称。其作为社区服务体系的重要组成部分,为辖区居民提供养老、医疗、就业、环境保护、非义务教育、咨询培训、文化体育、社区治安等方面的公共服务。社区公益服务具有公益性、特定性、专业性、自愿性及社会性等特点。

---

① 《中共中央 国务院关于分类推进事业单位改革的指导意见》,2011 年 3 月 23 日。
② 李延均:《公共服务及其相近概念辨析——基于公共事务体系的视角》,《复旦学报》(社会科学版) 2016 年第 4 期,第 166~172 页。
③ 张海:《基层治理视域下城市社区服务发展的历史、矛盾及其消解——以上海市为例》,《江淮论坛》2018 年第 5 期,第 134~139 页。
④ 张大维:《公平与效率视角下的社区服务设施建设》,《现代城市研究》2011 年第 7 期,第 21~25 页。

二 社区公益服务的发展阶段

社区公益服务作为社区服务保障的重要组成部分，它是随着社区服务发展路径变化而发展的。本书聚焦于社区服务的"公益性"，通过对中国社区服务发展历程的分析，立足于中国社区公益服务相关政策文本的演进与实践，归纳出我国社区公益服务发展大致可以划分为三个阶段，即行政化阶段、社会化阶段、多元化阶段。在这一演进过程中，社区公益服务逐渐从行政化主导向社会化方向发展，最终形成多元主体协同参与的发展形式，在多元化阶段下，社区公益服务不再由单一的主体提供，而是多元主体参与供给的多样化服务。

（一）社区公益服务的行政化阶段（新中国成立初期至 1980 年）

自新中国成立，由于当时特定的历史条件与时代背景，我国实行的是计划经济体制。在计划经济体制下，我国的社区公益服务一直处于"单位制"的模式中，各类公益服务由单位全部包揽、统一提供。这一模式具有典型的自上而下的强行政化特点。通过这种"单位制"的模式，国家几乎垄断了所有的社会资源，并且实现了对整个社会，特别是基层的全面控制，整个社会结构演化成一种"类蜂窝状结构"，"单位组织"构建了当时中国城市社区的基本结构，[①] 单位内群众的需求全部由国家通过单位来实现供给。不同层级、不同性质的单位所拥有的行政资源和社会资源各不相同，其为单位成员提供生老病死、教育、住房、医疗、子女教育及其就业等全方位的社会服务。[②] 美国学者华尔德指出，实行社会主义制度的中国，所有资源都由国家施行再分配，"单位制"下的各单位资源来源于国家。因而，在市场化经济不发达的时期，"单位"依赖于国家，"单位制"下的群众所需的生活用品、社会服务都由所在"单位"统一配给。[③] 由此可以看出，当时中国的社区公益服务的供给路径是一种自上而下的路径，形成了

---

① 路风：《单位：一种特殊的社会组织形式》，《中国社会科学》1989 年第 1 期，第 71 ~ 88 页。
② 刘杰：《从行政主导到福利治理：社区服务的范式演变及其未来走向》，《新视野》2016 年第 5 期，第 92 ~ 97 页。
③ 〔美〕华尔德：《共产党社会的新传统主义——中国工业中的工作环境和权力结构》，龚小夏译，牛津大学出版社，1996。

"国家—单位—单位群众"的垂直行政化公益服务体系。

与此同时，为了更好地管理城市，稳定基层社会秩序，除了纵向"单位制"之外，国家还实行了横向的"街居制"。在城市辖区，一般以2万~3万人为地域单位，设立了街道办事处作为政府的派出机关，其目的是把那些不属于工厂、企业、机关、学校的无组织的街道居民组织起来，减轻政府和公安派出所的负担。[①]《城市居民委员会组织条例》于1954年12月31日通过，第一条明确指出居民委员会的设立就是为了加强对城市居民的管理，增加对城市居民的社会福利。可以看出，"街居制"的出现就是为了给"单位制"之外的居民提供社会服务，这些服务与福利资源都由政府提供，虽然"社区服务"一词直至1987年才由时任民政部部长崔乃夫提出，但在实践中街道办事处所提供的服务已经具有较为浓厚的社区服务工作的色彩。尤其是在1957年社会主义三大改造基本完成之后，"城市街道办事处除了承担市辖区人民政府交办的日常改造以外，还积极组织以家庭妇女为主的闲散劳动力，发展里弄生产加工和修配服务站，开展社会福利事业，兴办托儿所、幼儿园等公益性的服务机构"。[②]由此看出，在计划经济体制下，无论是"单位制"还是"街居制"提供的公益服务都有较强的行政化色彩。因而，本书认为这一阶段是社区公益服务发展的行政化阶段，也是社区公益服务的萌芽阶段。

（二）社区公益服务的社会化阶段（1980年代末至1999年）

1. 行政化转向社会化的过渡阶段

城市基层管理工作在历经十年的停滞之后，1979年2月全国人大重新公布《城市街道办事处组织条例》和《城市居民委员会组织条例》，"街居制"开始恢复，城市基层管理工作全面重启。同年，全国工作的重心开始向经济建设转移，城市街道的职能与工作任务日渐增多。在改革开放的时代背景之下，"单位制"开始消解，"双规制"的社会管理形态逐步形成，为改变逐渐膨胀的单位制福利体系给社会带来巨大不公平的状况，必须发展"社区服务"，社区公益服务的社会化道路势在必行，"在保持单位制相

---

① 王振耀、白益华主编《街道工作与居民委员会建设》，中国社会出版社，1996。

② 徐永祥：《社会发展论》，华东理工大学出版社，2001。

对完整的前提下，对市场空间进行开拓与培育"。① 1983 年 4 月，全国第八次民政工作会议召开，在会议上民政部首次提出要对兴办社会福利事业的形式进行改革，改变由单一国家力量兴办社会福利事业的模式，将其转变为集合国家和社会力量共同兴办。1984 年，民政部在全国城市福利事业单位改革整顿工作经验交流会议上提出要实现社会福利事业的"三个转变"，认为社会福利事业要改变单一的、封闭的国家包办局面，转向国家、集体、个人一起办的体制，指出要面向社会，多渠道、多层次、多形式地兴办社会福利事业，确定了社会福利事业由封闭型向开放型转变的发展战略。1985 年，民政部总结推广了"四个层次一条龙"的社会福利网络化的"上海经验"，以街道为重点、以居委会为依托的基层福利格局初步形成，我国的社会福利事业开始走上基层化道路。② 1987 年，时任民政部副部长张德江在武汉的"全国社区服务工作座谈会"上指出，"根据我国的实际情况，城镇的社区服务，是指在政府的指导下，在街道有组织地发动社会各方面力量，提倡居民间的互助精神，以灵活多样的社会化服务形式，为社会居民，特别是有困难的人提供各类社会福利与社会服务"。同时他认为，"社区服务是社会保障的重要内容，是民政部门承担社会保障任务的一项重要工作，也是城市社会福利事业的延伸和扩展"③。单从政策内容与官方态度来看，这一时期社区服务仍具有明显的行政化倾向，但同时国家又主张社会力量进入社会福利事业领域，因而又具有鲜明的社会化色彩。

　　一言以蔽之，此时整个社会福利事业的发展正在逐渐由行政化向社会化过渡，存在两者并存的状况。在这一背景下，社区公益服务的兴办也逐渐发展为在行政化与社会化双重格局运行下的供给模式。这一阶段可以被视为承上启下的过渡阶段，既是社区公益服务行政化的有机延伸，也是社区公益服务社会化的发展萌芽。有学者总结，行政化公益服务就是在政府充足的行政资源保障下，按照行政化的模式运作的公办社会福利；社会化公益服务则是社会自觉开展服务活动，自主筹措服务资源、整合资源、自

---

① 田毅鹏、吕方：《"单位共同体"的变迁与城市社区重建》，中央编译出版社，2014。
② 刘杰：《从行政主导到福利治理：社区服务的范式演变及其未来走向》，《新视野》2016 年第 5 期，第 92 ~ 97 页。
③ 张德江：《在全国城市社区服务工作座谈会上的讲话》，民政部政策研究室编《民政工作文件选编（1987）》，华夏出版社，1988，第 259 ~ 260 页。

我管理与监督的民办社会公益服务①。在官方给出定调之后，经过这一阶段的发展，社区公益服务奠定了全面社会化的基调。

2. 社会化阶段

随着我国改革的进一步深化，经济体制的不断完善，"市场"在经济社会中的地位越来越重要，在社会的各个方面发挥的作用越来越大。市场经济体制改革不仅带来了经济的飞速发展，更是给政治、社会以及社会福利等领域带来了重要的变革，在社会福利领域突出的表征之一就是社区服务的社会化、市场化，社区公益服务也随之走向全面社会化阶段。1989年颁布的《居民委员会法》给社区服务产业化提供了法律依据，"居民委员会应当开展便民利民的社区服务活动，可以兴办有关的服务事业"。此阶段，社区服务向社会开放，依照社会主义市场经济的基本原则开展无偿、低偿以及有偿相结合的社区服务。政府开始逐渐剥离公益服务的供给职能，转而向市场购买相应服务，成为社区公益服务的购买者、倡导者与监督者。但值得提出的是，虽然面向社会市场开放，政府转向购买服务，但是社区公益服务仍然不是以营利为目的，而是主动自愿地、无偿地向社区居民提供相应服务。

不可否认的是，纵然市场化发展路径下的社区公益服务给社区居民带来了更优质、更丰富的公益服务，且相比在较为僵化的行政化发展路径下的社区公益服务更具有活力、更具有自主性，但其依然存在诸多问题。一方面，政府责任不明晰。在单位制瓦解的背景下，大量的国企员工、工厂工人及其家属涌向社会，流入社区。本应为这一群体提供全面服务的社区，却因为得不到政府的政策、财政、人才队伍等方面的支持，出现"心有余而力不足"的状况。政府往往以社会化为借口，将更多的公益服务职能推向基层社区、推向社会，自身转变为倡导者、监督者，这使得社区公益服务的发展缺乏强有力的政策支撑，也难获得更多的资金支持。进而导致有些地方的社区公益服务走上社会化道路之后反而出现服务质量下降、效率变低，甚至服务停滞等问题。另一方面，社区公益服务的"公益"本质发生变化。在社会化阶段，"既注重经济效益，也注重社会效益"是发展社

---

① 马西恒：《社区公益服务的体系整合与机制创新》，《上海行政学院学报》2012年第4期，第98～103页。

区公益服务的重要原则之一。然而，在以经济建设为中心的时代背景下，经济效益成为大多数社区和社会组织所追求的目标。在这个目标的导向下，社区居民委员会或者提供相应服务的社会组织开始围绕"产业化"这一议题发展社区公益服务，但由于基层社区存在诸如受众面小、管辖范围窄以及经营能力低等方面的限制，不仅社区公益服务经济效益无法实现，"公益"的本质也被忽略，公益服务的质量大打折扣。

总体来看，相比行政化路径下的社区公益服务，社会化的社区公益服务更具有活力，覆盖面更加广阔、涵盖对象更加全面。并且，社会化社区公益服务更加专业化、人性化和多样化，对社会以及社区居民更具有召集力，能够吸纳更多的社会力量参与公益服务的供给。因而社会化的社区公益服务更符合社区服务的发展要求。

（三）社区公益服务的多元化阶段（2000 年至今）

进入 21 世纪以后，随着社会不断地发展与进步，人民生活水平进一步提升，社区居民对于社区公益服务的需求不断攀升，对于公益服务的质量要求也进一步提高。社区公益服务面对多重困境与挑战。一方面，服务主体的能力无法跟上时代发展的步伐。仅仅由政府或其他单一主体供给社区公益服务已经无法满足社区居民日益增长的服务需求。特别是以救济、救助为主的社区公益服务，已经无法仅靠社区居委会的供给来填补需求的缺口。另一方面，服务质量已经无法达到社区居民的预期。社区居委会提供的或引进的社会组织提供的社区公益服务已经不适应居民追求更高品质、更丰富生活的诉求。

因而，在进入 21 世纪之后，国家对于社区服务的发展战略有所调整，主要的表征之一就是在政策文本中不再强调发展"社区服务业"，不再强调社区服务走产业化、社会化的道路，转而更加注重社区服务的公共性。社区服务的公益与福利部分由此被放在突出位置，尤其强调要发展针对弱势群体、特殊群体的公益性服务。这也表明了社区公益服务的福利性、公益性本质回归，被重新放在第一要位。2000 年，中共中央办公厅、国务院办公厅转发民政部《关于在全国推进城市社区建设的意见》的通知，要求"社区服务主要是开展面向老年人、儿童、残疾人、社会贫困户、优抚对象的社会救助和福利服务，面向社区居民的便民利民服务，面向社区单位的社会化服务，面向下岗职工的再就业服务和社会保障社会化服务"，[1] 且明确指出要坚持"资源共享、共驻共建"的社区公益服务发展原则。从这一原则的提出就可以窥见，国家对于社区公益服务发展的态度已经开始发生转变，不再一味强调社会化、产业化，而是开始强调多元主体协同供给的治理范式。

西方的福利多元主义认为社会福利应该具备多元化的供给主体，该理论认为福利供给主体应该包括非正式部门、志愿部门、商业部门以及政府部门，并且提出福利主体的多元化实质是政府在福利领域的权力分散和其他部门包括社会民众的社会参与不断提升的过程。[2] 2007 年《"十一五"社区服务体系发展规划》明确提出"社区服务体系是指以各类社区服务设施为基础，以社区居民、驻区单位为服务对象，以满足社区居民公共服务和多样性生活服务需求为主要内容，政府引导支持，多方共同参与的服务网络及运行机制"，[3] 这一规划对社区服务供给体系提出了多元化主体的要求，也是从侧面对社区公益服务供给多元化提出的要求。2009 年，民政部发布《关于进一步推进和谐社区建设工作的意见》，明确要求"充分发挥行政机制、互助机制、志愿机制、市场机制的作用，进一步完善覆盖城乡社区居民的社区服务体系，满足居民群众多样化、多层次、多方面的服务需求"。[4] 这进一步明确了国家层面支持社区公益服务供给的多元化发展。

党的十八大以来，我国社会治理体系不断完善，社会安全稳定持续向好，社区公益服务质量不断提升，广大人民群众的获得感、幸福感、安全感不断增强。与此同时，我国正经历经济结构深刻变革、利益格局深刻调整、思想观念深刻转变、社会结构深刻变动。2017 年 10 月 18 日，习近平总书记在党的十九大报告中强调，中国特色社会主义进入新时代，我国社会主要矛盾已经转化为人民日益增长的美好生活需要和不平衡不充分的发展之间的矛盾。党和国家在战略上的布局调整，对社会发展脉络的准确把

---

[1] 《中共中央办公厅　国务院办公厅转发〈民政部关于在全国推进城市社区建设的意见〉的通知》（中办发〔2000〕23 号），2000。

[2] N. John, The Welfare State in Transition: The Theory and Practice of Welfare Pluralism, Amherst-The University of Massachusetts Press, 1987: 94.

[3] 国家发展和改革委员会、民政部：《"十一五"社区服务体系发展规划》，2007。

[4] 《民政部关于进一步推进和谐社区建设工作的意见》（民发〔2009〕165 号），2009。

握，对社会治理的深刻认识，都表明我国居民对更高品质生活的追求，对与自身息息相关的社区服务提出了更高质量的要求。2013 年，民政部颁布的《民政部关于加强全国社区管理和服务创新实验区工作的意见》中明确指出，要"完善社区治理结构，形成社区党组织领导，社区居委会主导，社区公共服务机构、社区社会组织、业主组织、驻区单位和社区居民多元参与、共同治理的格局"。① 党的十九届四中全会秉承党的十九大精神，明确要求完善"党委领导、政府负责、民主协商、社会协同、公众参与、法治保障、科技支撑"的社会治理体系。这给社区服务体系中的公益服务发展带来了新的思路，明确了新的方向，进一步指明了多元化发展的道路，同时给将来很长一段时期内社区公益服务的发展方向定下了基调。由此，我国社区公益服务多元化发展路径已经形成，并作为社区服务、社区治理的目标持续推进，结束了以产业化、社会化为发展中心的时期。

综上所述，我国社区公益服务的发展阶段大致经历了行政化阶段、社会化阶段与多元化阶段三个阶段。在把握我国时代发展背景的基础上，厘清我国关于社会建设、社会治理与社区服务的宏观层面政策演进，可以得出的结论是：我国社区公益服务的发展阶段大致是随着我国社会治理的变迁以及我国社区服务的发展而变化的。作为社区服务的重要组成部分，社区公益服务依然受到社区服务的宏观政策、中观政策以及微观政策的影响使其适应时代的发展与变化。因此，想要了解社区公益服务的发展脉络，厘清社区公益服务的政策进程，就必须对社区服务的发展有宏观且较为准确的把握。只有对社区公益服务的发展历程有了清晰的了解之后，才能在后续的研究中对社区公益服务的内在机理、内容与模式及其发展逻辑有更好的了解与掌握。

三　社区公益服务的构成要素

通过对社区公益服务保障发展史进行梳理不难发现，我国的社区公益服务保障经历了一个从"行政化"到"社会化"再到"多元化"的历程，相应的社区公益服务供给主体也从单一逐步走向了多元。特别是在经历社

---

① 《民政部关于加强全国社区管理和服务创新实验区工作的意见》，（民发〔2013〕13 号），2013 年 1 月 15 日。

会化阶段之后，即 20 世纪 80 年代末期，随着生产力的发展和经济社会的
进步，尤其是在解决温饱问题之后，人民对社区公益服务保障的要求越来
越高，社区内公益性质的（志愿性质的）服务不再局限于邻里。而是突破
这一界限，开始实现全社区的统一集中供给。与此同时，在经济社会结构
持续改革的大环境之中，原有的"单位制"逐步瓦解，取而代之的是"社
区制"，大批的"单位人"涌向基层社区成为"社会人"，随着社会组织功
能的不断分化，高度集中统一的行政化组织逐渐被更加具有专业性、独立
性以及多样性的社会组织所取代，社会组织开始逐渐进入大众的视野，登
上社区公益服务供给的舞台。在这一背景下，政府逐渐改变了在社会生活
中的地位和职能，弱化了以往对经济社会生活的直接干预，改变了对各项
社会事业全面包揽的状况，逐渐培育和发展了新的市场经济领域以及更为
广泛复杂的社会生活领域，并由此促成和培育了政府、市场、社会三大结
构分化的社区公益服务保障多元化格局。多元化社区服务是适应社会主义
市场经济的需要，也是适应"小政府、大社会"的改革趋向。① 党的十九
大提出要打造"共建共治共享的社会治理格局"，其核心就是倡导多方主
体的共同参与。在新时代国家治理体系和治理能力现代化中，多元化的社
会治理体系是科学的、全面的治理手段与模式。在这一治理体系下的社区
公益服务供给，必须坚持走多元化主体供给道路，这不仅是现实的国情所
决定的，也有较为成熟的理论支撑。

社区公益服务供给主体的多元化发展是以福利多元主义、多中心治理、
社会资本等理论为基础的。在 20 世纪 80 年代，西方诸多国家经历滞胀出
现"福利国家"危机之后，由公共部门完全承担社会福利的模式受到挑战
与质疑。随即对社会福利体系中的社区公益服务供给方式提出了新的观点
与理论。诸如福利多元理论、多中心治理理论、社会资本理论等，这些理
论都具有相同的核心观点，即社区公益服务保障不应该单独由政府部门提
供，而应该吸纳社会资本、民间力量参与到社区公益服务的供给中，应该
由公共部门、社会组织、基层组织以及居民等主体共同承担公益服务供给的
责任。此后，各国政府开始逐步从社区服务供给中抽离出来，公益服务的供

---

① 彭青云：《多元主体视角下社区居家养老服务路径探索》，《浙江工商大学学报》2019 年第 3
期，第 101 ~ 108 页。

给开始从政府转向民间，由单一的行政化供给变成多元化的组合式供给。

合作治理理论认为，政府的职能不断扩大，给其财政带来了巨大压力，政府必须为日益增长的服务需求买单，因而政府在公共服务、公共产品供给方面力不从心。于是政府开始寻找新的力量与之共同承担社区公益服务保障，在合作治理中政府不再唱"独角戏"，其他社会组织，特别是民间组织与社会公民，同样可以是社区公益服务供给的重要主体。[①] 俞可平从善治理论的角度提出国家、市场与社会间的合作以及三者间内部的合作是善治的基础，同时还包括权利与权力的合作。[②] 由此可见，政府、市场、社会组织以及社区居民都可被视为社区公益服务的供给主体，这也就组成了多元供给主体。合作治理理论为社会主体参与社区公益服务的供给提供了理论支持。首先，治理主体多元化要求社会组织与政府共同合作，参与社区管理和社区服务的供给。其次，互动的治理过程要求政府与社会建立一种合作关系，根据各自的资源优势共同建构一个社区公益服务的联合供给平台。最后，在方式上不仅仅强调政府自上而下的管理，还强调各类组织间的平等合作。与此类似的理论、观点还包括协同治理、多元共治理论、多中心治理理论等，它们都主张公私合作，在社区公益服务供给上寻求政府、市场与社会三者间的平衡。强调的是公共性、多元性、互动性，同时政府应该居于主导地位，发挥主导作用。

此外，福利多元主义也从另一角度阐释了多元主体供给公共服务的优势与必要性。Rose 和 Shiratori 认为，一个社会的整体福利是由国家、市场和社会共同提供，这三个方面被称为福利三角。[③] 此后，Johnson 在福利三角构架中加入了志愿部门，认为社会中自助、互助组织、非营利机构等也在提供福利，由此形成了福利多元主义的基本分析框架。[④] 随着社会的不断发展，西方福利主体中社会的内涵越来越丰富，而社区也日益成为福利供给主体的一方，成为社会力量的主要表现形式之一。[⑤] 福利多元主义的

---

① 侯琦、魏子扬：《合作治理—中国社会管理的发展方向》，《中共中央党校学报》2012 年第 1 期，第 27 ~ 30 页。
② 俞可平主编《全球化：全球治理》，社会科学文献出版社，2003。
③ 窦玉沛：《社会福利社会化的工作思路》，《中国社会工作》1998 年第 4 期，第 27 页。
④ Johnson, *"The Welfare State East and West."* New York：Oxsford University Press，1986：13 - 39.
⑤ 彭青云：《多元主体视角下社区居家养老服务路径探索》，《浙江工商大学学报》2019 年第 3 期，第 101 ~ 108 页。

理念避免了国家作为唯一主体的风险和福利依赖，同时也能避免市场机制在福利提供过程中出现社会公平危机，因此受到学界重视，不少学者使用福利多元主义理念构建研究的分析框架。①

综上所述，社区公益服务的供给应该是多元主体组合式的供给。从上述理论角度出发，结合社会发展的实际情况，社区公益服务不再是单一的行政化供给，其供给主体应该包含政府、社会组织、营利组织、社区居委会以及社区居民等。值得注意的是，各主体在参与社区公益服务供给中所扮演的角色不同，发挥的作用与功能也不同。因而不能简单地将各主体视作服务的供给者，而更需要厘清各主体间的关系，发掘其背后的作用与功能。只有明确各主体及其作用后，才能更加清晰地阐释社区公益服务的特性。

（一）社区公益服务的参与主体及其作用

1. 政府

政府是社区公益服务供给的倡导者，在社区公益服务供给中居主导地位。政府作为早期社区公益服务保障的发起者和提供者，在社区公益服务保障中发挥着不可替代的作用。政府作为倡导者，其主导地位主要表现在以下几个方面。第一，随着社会结构的转变与经济改革的深入发展，政府结合人民不断增长的需求提出"社区服务"这一概念，社区公益服务作为公共服务的一种，最开始便是由政府提供，由此带有福利性的色彩。第二，政府作为社会的管理者、资源的整合者以及税收的征缴者，在培育与促进社区公益服务保障发展中具备其他社会组织与个人不具有的独特优势与雄厚资源。第三，社区公益服务保障的开展需要大量的财政资金的支持，其主要的开展形式有政府购买服务或政社合作等。社区公益服务保障的特性也决定了其需要政府居于主导地位来倡导、集合各主体进行提供。只有政府作为倡导者、监督者、发起者参与其中，才能确保社区公益服务保障的本质不发生改变，其便民利民，服务于民的发展方向不发生改变。政府作为倡导者，在社区公益服务供给中发挥着如下作用。

首先，扮演好社区公益服务保障的倡导者、购买者与监督者角色。政

---

① 张笑会：《福利多元主义视角下的社会服务供给主体探析》，《理论月刊》2013 年第 5 期，第 146～149 页。

府在社区公益服务的供给中由传统的直接提供者转变为服务的购买者，改变传统的大包大揽形式，优化政府职能，把专业的事交给专业的机构完成。当前我国多元主体治理格局的生成也对政府职能转变提出挑战，政府不再是唯一的服务垄断者，也不再是主要的服务提供者。政府应合理界定其主导地位，改变传统的过多干预及控制，建立与治理相适应的服务型政府角色。① 第一，政府要发挥有效的行政职能，确保居民的多样化需求能得到最大化满足，并使居民对其他主体所提供的公益服务有较高的满意度。第二，多元主体的服务供给模式意味着多中心、多权威的并存。多元主体服务资源相互依赖、相互共享，这也使得各主体间容易造成各自为政、相互制约、违背初衷等问题。因而面对多元供给主体，政府尤其需要承担起对整个社区公益服务供给体系的监管责任。在购买服务后严格监管服务的供给主体，要确保公益服务的本质不发生改变。第三，政府居于主导地位还要积极发挥协调、促进和倡导作用。当前我国的社会组织等其他多元供给主体面临着生存难、发展难、运营难等问题，市场难以有效发挥资源配置的决定性作用。政府应该从宏观层面出发，积极培育社会组织，促进各类主体参与到社区公益服务的供给中来。

其次，加强顶层设计与制度体系的构建。鉴于目前社会发展不够成熟，各类社会主体发展不够完善，社区公益服务保障发展不够规范，政府应该加强顶层设计，从宏观上进行政策指导。目前，我国除了《社团管理条例》和《民办非企业组织管理条例》等少数法律法规外，对社区层面的社会组织监管问题没有落实。因此政府应加大对社区社会组织监管的立法和执法力度。② 具体表现在政府应该颁布相关的社区公益服务保障发展政策、制定社区公益服务保障的管理规定，同时，要积极协调各部门，确保政策执行落实到位。制度体系的构建应该包含界定制度、运行制度以及保障制度。一是界定制度，划清公益性服务和商业性服务的界限，确定社区公益服务保障的范畴，便于对其实施分类管理。③ 二是运行制度，完善社区公

① 姜玉贞：《社区居家养老服务多元供给主体治理困境及其应对》，《东岳论丛》2017年第10期，第45~53页。
② 王栋、徐承英：《整合、协调、回馈：社会组织参与社区治理民主机制及其功能探究》，《天津行政学院学报》2012年第3期，第77~83页。
③ 李雪萍：《社区服务指南》，武汉出版社，2004，第79页。

益服务保障的运行条例，制定相关的行业规范，确保社区公益服务在多元主体的供给模式下有效运转。三是保障制度，通过财政、税收、资金与场地等方面制度的构建，激发社会组织活力，提高社会其他主体参与社区公益服务供给的积极性。

最后，整合各主体资源，提供资金扶持。社区公益服务属于公共服务范畴，因而需要政府提供大量的资金支持。虽然剥离了政府社区公益服务直接供给的职能，但其仍然以购买、合作、扶持等形式来提供公益服务，这需要大量的财政资金做后盾。此外，从社会组织以及其他供给主体角度来看，其并无雄厚的资金来支持如此庞大的社区公益服务保障体系，在资金匮乏的情况下很难确保社区公益服务保障项目的有效运作，更难以保证社区公益服务的供给质量。政府作为公共权力的行使者、公共资源的拥有者，对社区公益服务保障在资金、人才等方面的支持负有不可推卸的责任。与此同时，政府在社区公益服务的供给中还要积极发挥资源整合的作用。因为社区公益服务需要多元化的主体提供，不同的主体会为社区公益服务保障带来不同的服务资源，若不加以有效地整合便会造成资源浪费、资源流失等问题，从而导致社区公益服务供给效率低下、质量不高。在此情况下，需要政府作为强有力的主体协调各方，同时还需协调政府内部各方力量配合协助社区服务工作的开展。政府可利用所掌握的舆论工具控制舆论导向，向社会传播社区公益服务保障的理念，并充分利用政府的经济资源和行政资源，及时为参与社区公益服务供给的社会各类主体提供必要的资金援助。

总的来看，政府主体在社区公益服务供给中主要扮演的是购买者、监督者、协调者的角色。政府虽然不参与社区公益服务的直接供给，但由于独特的行政、资金优势，其依然在供给体系中居主导地位。政府这一主体在社区公益服务供给中应该凭借其主导地位，发挥宏观层面的调控作用，加强社区公益服务供给的顶层设计，完善公益服务供给的各项制度，确保公益的本质不发生改变，发挥整合资源的作用，为其他各类主体提供雄厚的资金支持。

2. 社区居委会

社区居委会作为社区居民和政府间沟通的桥梁，它在社区公益服务供给中发挥着承上启下的作用。社区居委会既是承接基层政府的行政化组织，也是社区居民政治生活、文化生活的组织者，包括自上而下的精神传达以及自下而上的情况反映。作为政府在基层社会的末端与延伸，社区居委会可以被视为政府的代言人，它为社区公益服务的高质量、全方位供给提供了良好的运行条件与行动支持，为社区公益服务保障目标的实现起到行政化的推动作用。同时，社区居委会也是基层社区居民的自治组织，在"社区服务"这一概念还未提出以前，社区居委会所承担的工作职能较少，主要集中在计生、环境、治安、扫盲等方面。1989年《中华人民共和国城市居民委员会组织法》颁布实施，第二条规定"居民委员会是居民进行自我管理、自我教育、自我服务的群众性自治组织"；第四条规定"居民委员会应当开展便民利民的社区服务活动，可以兴办有关的服务事业"。至此，社区居委会被纳入社区公益服务保障的实施者之列，成为社区公益服务保障的直接供给者。社区居委会在社区公益服务保障中往往扮演的是服务者和协调者角色。

第一，社区居委会在社区公益服务供给中发挥协调作用。虽然目前国家的整体战略极为重视基层治理，重视社区服务的发展，但从总体来看对基层社区的支持力度还远远无法满足社区发展的需要。全国大部分社区仍然面临人力、物力、财力缺乏的问题，难以有效地为社区居民提供高质量的社区服务。然而，社区居委会作为居民自治组织，它既有行政化也兼具自治化，在社群中并非一个孤立的组织。因而，社区居委会必须发挥协调的能动作用，与辖区内的驻社单位、基层政府、企业组织、社会组织以及社区居民等主体积极沟通、广泛联系，充分调动各类主体参与本辖区内社区公益服务保障的积极性，充分发掘各类主体的资源并将资源引流到社区公益服务保障中。社区居委会的协调作用主要表现在两个方面。一方面，社区居委会要协调好各方主体的利益，重点是要满足社区群众的需求，提供的服务必须符合社区群众的利益。同时，也要确保提供服务的各类组织价值目标的实现。另一方面，社区居委会要协调好各方主体的行动实践，为各类主体在社区开展公益服务提供便利，同时积极向各主体反映居民最迫切的需求，向各主体反馈居民接受服务后的意见。在规范各服务供给主体的行动时，确保各服务主体间的配合实现最优化。

第二，社区居委会在社区公益服务保障中发挥宣传和服务功能。社区居委会作为最基层的半行政化半自治化组织，可以接触最广泛的社区居民群体。社区居民遇到困难、需要服务时，会第一时间向社区居委会寻求帮助，社区居委会也会针对特殊群体提供差异化的诸如助残、扶老、就业等社区公益服务保障。结合社区当地的实际情况，开展具有社区特色的公益服务。同时，社区居委会在上传下达中起到积极的宣传作用，不仅是对社区服务的相关政策宣传，更是对社区公益服务保障项目的宣传。通过社区居委会，能够让居民了解社区服务政策的最新动态，了解社区公益服务保障的最新项目，提高居民参与社区事务的热情，丰富社区居民的生活。

第三，社区居委会配合政府加强社区公益服务保障的底层设计，发挥与其他公益服务供给主体的互补作用。社区居委会更接近群众，更能理解社区居民的公益服务需求。在微观层次上，社区居委会作为社会的基本组成单位之一，提供的社区公益服务保障对政府、企业以及第三部门来说，都是不可企及或难以有效提供的。例如，面向本社区居民的便民利民服务、丰富多样的文化娱乐活动、美化家园、社区整合以及群众民主意识表达等方面，有效地弥补了政府和其他组织在提供这些公共服务时的不足。[①] 社区居委会加强底层设计，注重居民在公益服务中主体意识的提升，配合政府宏观政策的出台与落实。

综上所述，社区居委会在整个社区公益服务供给的体系中处在一个关键位置，即上承政府服务职能的延伸，下接社区居民公益服务需求的表达。社区居委会作为社会最基本的单元之一，在公益服务供给中往往发挥协调各方、宣传政策的作用。但需要指出的是，社区居委会在协调各方利益、调整各方行动、宣传各类政策之时，需要秉持的一个原则就是"以民为本"。坚持"民本位"的思想，尽可能满足辖区居民的需求，居委会在无法满足需求时应该协助居民寻求上级政府的帮助。因而，社区居委会发挥其底层设计的作用显得至关重要。如上文所提到的，加强底层设计就是要从社区实际情况出发，反映居民需求，配合政府进行顶层设计。社区居委会也是共建共治共享治理格局中的重要一环，将社区居民与各类主体有效黏合在一起，使得社区公益服务供给更具针对性、更有效率。《国务院关于加强和改进社区服务工作的意见》中将社区居委会在社区服务中的角色定位在三个方面：一是协助城市基层政府提供社区公共服务；二是积极组

---

① 金太军：《第三部门与公共管理》，《江苏社会科学》2002 年第 6 期，第 93~94 页。

织社区成员开展自助和互助服务；三是为发展社区服务提供便利条件。①这样的定位符合社区居委会群众自治组织的特性，也有利于推动社区居委会开展社区公益服务保障。

3. 社会组织

随着社区公益服务保障的深入发展，社区居民对公益服务的专业性、多样性、差异性的要求越来越高。同时，随着社会的发展和文明的进步，群众开始追求更高的精神品质，开始渴望聚集在一起成立组织来为他人提供某种服务或帮助。而这种组织提供的服务与帮助恰恰是政府在提供帮助、服务社会时容易被忽略或力所不及的。王健在《社区服务社会化体系建设研究》一书中提出"社会组织是人们为实现特定目标而建立的共同活动的群体。社区社会组织是指活跃在社区，以满足社区居民的不同需求为目的，由居民自主成立并参加，不以营利为目的，主动自愿承担社区公共事务和公共福利事业职责，向社会提供服务的社区中介机构"。② 因而社会组织凭借其独特的优势越来越受政府以及社会的关注，逐渐成为社区公益服务供给的中坚力量。在我国，社会组织主要包含人民团体、民办非企业单位、社会团体、行业协会以及群众性自治组织等。社会组织的产生与发展为社区公益服务的供给提供了新的选择，摆脱了社区公益服务供给固有的模式选择，不再是在政府和市场二者之间做出非此即彼的选择。大量的社会组织的出现为社区公益服务的供给提供了更多的选择范围，成为社区公益服务供给中的重要参与主体，为政府提供了重要的辅助力量。社会组织在社区公益服务供给中的作用不仅仅在于能够向社区居民直接提供公益服务，提供政府不该办、社会办不好的服务；更重要的是社会组织提供的服务能够覆盖到社区居民生活的方方面面，配合政府、社区居委会工作的同时，还能够激发民间参与社区公益服务供给的活力，盘活整个社会的公益服务供给资源。

社会组织在社区公益服务供给中的作用及功能主要表现如下。

其一，适应服务居民的各类需求，为政府和社区居委会提供辅助。社会组织的灵活性特点使其能够最大程度地适应人民日益增长的服务需求。

---

① 《国务院关于加强和改进社区服务工作的意见》，《光明日报》2006 年 5 月 8 日。
② 王健：《社区服务社会化体系建设研究》，巴蜀书社，2008，第 159 页。

在我国，社会组织承担了从政府公共部门剥离出来的服务职能，往往通过委托代理、政府购买等形式实现。目前，社会组织参与社区公益服务供给的方式主要是政府购买和主动提供志愿性活动。在政府购买参与的模式下，社会组织可以灵活提供服务，政府也能针对辖区居民的需要购买有效的服务，以期实现社区公益服务供给的效益化、人性化以及民主化。在社会组织主动参与的模式下，社会组织在加强社区内部互动、增进社区居民凝聚力方面发挥着积极作用，且更多地发挥着组织、中介的功能，例如，针对老年人的兴趣性社会组织，根据居民的不同喜好将居民组织起来，为其提供诸如乐器、舞蹈、书法等类型的培训，同时开展一系列交流展示活动来丰富社区文化，丰富老年居民的精神生活。社会组织通过与政府和社区居委会的合作，将组织的使命和理念贯穿社区公益服务保障的整个过程，弥补政府和社区居委会的缺位，能够更加全面地提供社区公益服务保障，最大限度地满足居民需求，更大程度上实现公共利益。

其二，社会组织在社区公益服务供给中发挥专业性作用。由于政府等公共部门人才队伍的有限性，公共部门在供给社区公益服务时缺乏专业性，没有一套专业的流程，也没有一支专业的队伍。而社会组织正能弥补这一缺陷，政府通过购买专业性的服务替代自身剥离出的公共服务，能够实现社区公益服务保障的高质量发展。一方面，社会组织拥有专业的社工队伍，能够提升整个社区公益服务保障的效率，将专业的社工理念、价值注入服务中，运用专业的方法与技巧，从服务理念、服务态度、服务内容、服务功能上彻底改变以往行政化供给的不足，使社区公益服务保障的质量得到整体的提升。另一方面，社会组织具有相对较强的独立性，能够根据社区居民实际需要以及自身发展方向灵活供给社区公益服务保障。作为完全社会性的组织，社会组织能够独立运行、评价社区公益服务保障项目，并且能够以动态的视角关注服务过程，灵活地调整服务目标、服务方法。

其三，社会组织能够激发民间力量广泛参与社区公益服务保障。社会组织的形成与发展本身就是一个非政府性、去行政化的过程，其不依靠行政力量，在发展过程中完全坚持自主决策、自主执行，相较于半行政性半自主性的社区居委会具有完全的独立自主地位。社会组织的这类特质会在服务的过程中通过接触居民将其传递到社会，进而传递给其他社会主体。能够广泛激发社区居民踊跃地参与到社区公益服务的供给中来，提高整个社会社区公益服务保障的参与度。此外，社会组织无私奉献的精神、不计报酬的理念在投入社区公益服务保障中时，其产生的精神文化效应也是无法估算的，这对于社会精神文明的建设、社会道德风尚的引领都起到巨大的作用。

根据上述内容可以得出总结，社会组织发挥的作用大致可以分为两个方面。一是社会组织的专业人才能够运用专业知识、专业方法，通过政府购买以及志愿性主动供给等方式发挥辅助、中介作用，弥补政府和市场在社区公益服务供给方面的缺陷。二是社会组织对于整个社会来说，其在社区公益服务供给中的精神引领方面发挥的作用是其他行政化组织或者半行政半自治组织无法比拟的。

4. 其他主体

多元化社区公益服务保障要求适应"小政府、大社会"的改革趋向，政府权力逐步向社会转移；通过社区工作促进居民互动，并实现社区动员；同时，将社区服务由政府对居民的单向服务变为居民相互之间的双向服务，从而营造社区氛围，让社会公众共同参与社区服务。除了公共部门政府、半行政化半自主性社区居委会以及非营利性社会组织外，社区公益服务的供给参与主体还包含社区居民、企业、驻社单位等其他类型的主体。

（1）社区居民。社区居民不仅是社区公益服务保障的受益者，也是社区公益服务保障的参与者。社区居民是社区的服务对象、服务受益者，人民主体地位理念的深入强调与凸显，使得各类主体特别是公共部门更加注重吸纳群众参与到服务供给中。社区公益服务保障的动力来源于社区需求，而社区需求来自社区群众。一方面，社区居民在社区公益服务的供给中能够积极发挥其监督作用。作为社区公益服务供给的客体，服务的享受者自然有权利监督、评价服务的供给质量。在为自身追求更高质量的社区公益服务保障的同时，也能倒逼各类服务供给主体进行转型升级，提升主体供给的专业性。另一方面，社区居民是辖区内最广泛、最稳定、最根本的社会群体，社区公益服务的供给离不开这一最基本的群体。"人人为我，我为人人"的理念深入社区，能为社区公益服务的供给注入源源不断的新力量。

（2）企业。企业作为营利组织，它与公共部门以及社会组织的不同在于参与社区公益服务保障时需要收取一定费用。但需要明确的是，这类"有偿"的公益服务并不是向服务对象——社区居民收取，而是通过与政府或者社区居委会的合作来实现收费的。企业作为市场方的代表需要通过营利来实现组织目标，往往收益的来源是社会。因而，越来越多的企业意识到回馈社会对于企业文化的建设、企业形象的塑造至关重要。规模较小的企业通过与政府衔接，向社区居民发放免费的"公益服务券"来为社区提供公益服务；规模较大的企业往往直接与政府合作，取得某些服务的"特许经营"，政府通过契约，在规范企业行为的同时，保障服务供给的质量。随着社会制度的不断完善、人民精神文化生活水平的提高，企业也逐步认识到社会利益的实现对其自身长远发展的深远意义，因而把参与社会的公益服务作为提升自身竞争力的重要途径。

（3）驻社单位。驻社区的各级党政机关、学校、部队、企事业单位等主体也是社区公益服务供给不可或缺的主体之一。党的十九大提出打造"共建共治共享"的治理体系，驻社单位作为社区行政辖区内的重要成员之一参与社区公益服务保障，与其他各主体保持密切联系，对完善社区公益服务的供给体系十分重要。在社区公益服务的供给中，驻社单位更多的是发挥协助作用。驻社单位以需求导向、资源导向为服务目标，以满足社区居民的公益服务需求为共同目标，与其他主体携手共建社区公益服务保障网。

（二）社区公益服务的特性

1. 公益性

社区公益服务保障的根本属性是公益性，这与其"公益"的内涵密不可分。社区公益服务与市场化服务的最大区别在于，市场化服务追求的是利益最大化，而社区公益性服务追求的是效益最大化，追求的是给社区居民带来更高的生活品质、更高的精神价值。从社区公益服务保障的价值表现上来看，它区别于市场条件下提供的公共服务，社区公益服务的价值观更多的是体现"公平、正义、平等、民主、责任"等。它主张要满足社区各个层次居民的需求，以及社区居民各个方面的需求。从社区公益服务保障的对象来看，其服务活动针对的是全社区所有居民，秉持平等的原则，无论年龄、职业、家庭背景、文化程度等差异，坚持提供均等的公益性服务。但需要指出的是，均等的社区公益服务保障不是数量平均的社区服务，而应该是在接受服务的机会、质量上没有差别。从社区公益服务的供给主体来看，公益性还表现在供给主体提供服务时的无偿性。社会组织、居委会以及居民自治组织等主体在提供公益服务时是低偿的、无偿的。在通过政府购买这一形式供给的公益服务中，社区居民也是免费享受的。提供主体无论是政府或是其他社会主体，都区别于私人领域的组织，都是不计回报的非营利性活动。随着社会的发展和思想的进步，在经济增长的同时，会有越来越多的市场化服务转变为公益性服务，也将有更多的组织与个人为社区提供公益性服务。

2. 自愿性

社区公益服务的公益属性自然地伴随着自愿性。自愿性是指参与社区公益服务供给的组织以及个人自愿为社区提供无偿性服务，追求奉献精神，没有任何形式的强制性提供。自愿性体现的是一种不为外力所迫的自由意志，这种意志选择以增进社会和他人利益为目的，用不以物质报偿为目的的方式将自我利益的价值变为公益价值。[①] 社会组织以及个人的自由选择是公益性的前提，只有带有自愿性色彩的社区服务才能被称为社区公益服务。任何强迫性的社区公益服务，不仅会使供给者受到精神、物质的伤害，还会使被服务对象无法获得优质的服务内容，这对社区公益服务保障来说也是一种公益精神的破坏与价值缺失的体现。自愿性是社区公益服务社会价值的体现，是社会道德文化的重塑，其本质也是对人性最为深刻的一种社会关怀。

3. 特定性

前文对社区公益服务保障的定义提到社区公益服务保障是"以社区行政辖区居民为服务对象，在辖区范围内开展服务"，可以看出社区公益服务保障具有特定性。社区公益服务保障的特定性主要体现在两个方面，一是指服务的地域具有特定性，即地域性；二是指服务的领域（对象）具有特定性，即针对性。（1）地域性。从服务的地域来看，社区公益服务活动开展的范围局限于社区的辖区之内；从服务的内容来看，不同的社区有着不同的基础条件，社区居民也有着不一样的公益服务需求。因此，公益服务供给主体结合本社区的经济、人文、环境等情况，因地制宜地开展社区

---

① 张晓红、苏超莉：《大学生"被志愿"：志愿服务的自愿性与义务化》，《中国青年社会科学》2017 年第 1 期，第 122～127 页。

公益服务活动。（2）针对性。由于社区居民服务需求的多样性，社区公益服务的供给内容也相应地呈现多样化形式。服务供给主体会根据不同的群体与服务需求类型开展针对目标群体的特定性社区公益服务活动。比如，针对老年人开展文化体育服务；针对幼儿群体开展照料、托管服务；针对失业群体，开展就业培训服务。

4. 社会性

社区公益服务保障活动的开展面向社会并与群众密不可分，因而社区公益服务保障的固有特性是社会性，社会性意味着社会所承担的职能向社区下移。无论是社区公益服务的供给主体还是服务对象，都囊括了社会中的各个对象，因而社区公益服务的社会性应从两方面来阐释。一方面是社区公益服务的供给主体。社区公益服务保障需要政府的支持与倡导，不仅是财政资金的支持，社区居委会需要上级政府给予资金支持购买服务，还需要政府的政策支持，为社区公益服务保障有序且高效的发展营造一个良好的制度环境。同时，社会组织是社区公益服务供给的主力军，诸如各类环保组织、公益组织、服务型组织等，不仅能够弥补政府的缺陷，还能为社区公益服务保障引入更多的社会资本。社区居民及其自治组织自发提供的公益服务也能在一定程度上培育社区公共精神，营造社区团结的氛围。另一方面是社区公益服务的对象。如前文所述，社区公益服务保障具有非营利性、特定性，其服务的对象包含了辖区内所有居民。既包括老年人、幼少年、残疾人等弱势群体，也包括达到一定收入水平的普通人群。总的来说，社区公益服务保障无论是从供给的主体来说，还是从服务的对象来说，涵盖面包括了社会的方方面面、各个阶层，因而社区公益服务具有社会性。

5. 专业性

社区公益服务的专业性是其能够长期健康发展、为居民提供优质服务的重要保障。当前，社区公益服务的供给面临着服务面广、需求量大、种类繁多等困难。在专业化趋势之下，各分割行业因分工而使效率得到提升，继而逐渐形成自有的运行规则及特有场域，致使行业之间的鸿沟越来越深，出现"隔行如隔山"的境况，[①] 因而，专业的社区公益服务显得格外重要。

---

① 陈友华、庞飞：《专业社区服务：何以可能又如何可能？》，《山东社会科学》2017 年第 8 期，第 82~89 页。

社区公益服务的专业性主要来源于社会组织的专业性以及社工（志愿者）的专业性。相比较由政府或者居委会直接供给的公益服务，社会组织供给的公益服务更具专业性。社会组织拥有大量的专业性社会工作人才，能够秉持专业的理念，运用专业的方法、专业的知识以及专业的技能，按照居民的服务需求，遵循其专业的伦理与文化，提供更为专业的公益性服务。社区公益服务的专业性具体表现在：（1）供给方具有特定的运行模式、供给流程；（2）供给方具有专业的人才队伍；（3）供给方能与时俱进改进供给模式，跟上居民服务需求的变化节奏。

四　社区公益服务的内容

2006年，国务院发布《国务院关于加强和改进社区服务工作的意见》（国发〔2006〕14号），意见中提到要"大力推进公共服务体系建设，使政府公共服务覆盖到社区"，按照服务内容将社区服务划分为就业服务，社会保障服务，救助服务，社区卫生和计划生育服务，文化、教育、体育服务，流动人口管理和服务，安全服务等。各地方政府也陆续出台相关指导意见。这一指导意见为社区服务应该包含哪些内容提供了一定的参考。结合本书对社区公益服务的定义，可以认为由政府倡导、社会组织等社会力量广泛参与其中的上述服务活动都是社区公益服务保障的内容。诸如为失业群体提供就业服务、为弱势群体提供救助以及保障服务、为老年以及幼少年群体提供科教文体服务等。有的学者认为社区公益服务保障的内容包括文体娱乐、就业创业、弱势群体、环保绿化、卫生医疗、治安等，它可以泛指居民除工资收入以外的一切有利于提高居民生活水平和生活质量的服务。有学者认为社区公益服务保障包含社区照顾类服务、针对困难群众的服务、儿童和青少年服务、对贫困家庭的帮扶、对妇女以及单身母亲的帮助。

总的来说，社区公益服务内容包罗万象、覆盖全面、种类繁多。判断一类社区服务是否属于公益性质的服务主要是把握其供给主体是否为政府倡导、社会组织等社会主体广泛参与，供给目的是否为非营利性，服务的特点是否满足社区公益服务的公益性、自愿性、特定性、专业性以及社会性。只要满足上述条件就可以将其划分为社区公益服务保障。本书根据社区公益服务保障的定义，从服务的对象与内容出发，将社区公益服务保障划分为以下几种类型。

（一）弱势群体帮扶类社区公益服务保障

弱势群体帮扶类公益服务是指针对特殊以及困难群体开展的公益服务，为弱势群体的基本生活、就业、医疗、教育以及家庭等方面提供全方位的服务保障。服务对象主要是残障人士、贫困家庭、最低生活保障对象、孤寡老人、孤儿、青少年等群体。开展的社区公益服务主要包含：（1）慰问服务，节假日组织志愿者开展慰问活动，给予困难家庭、弱势群体物质上的帮助。（2）老年服务，对孤寡老人的服务包含老年人照料，如福利院、老年公寓、老年保健、老年法律、老年婚介、老年心理及健康服务等。（3）青少年服务，在社区开设"四点半课堂"，为因孩子放学过早，而由于工作在那段时间无法照顾孩子的家长解决了难题，保障过早放学的学生安全和健康。此外，还有寒暑假青少年辅导班、国学教育、安全教育、心理辅导等服务。针对孤儿或事实孤儿，开展一系列生活、心理服务，为其营造一个较为良好的成长环境。为青少年提供各种有益的文体健康活动场所，组织开展各种有益健康的活动以及心理健康服务等。（4）残障服务，对残障人士提供心理健康、就业安置、医疗康复以及基本生活服务和婚介服务等。弱势群体帮扶类的公益服务主要是解决服务对象基本生活需求，由志愿者或者社会组织自发、自愿无偿或者低偿提供的服务。

（二）精神生活丰富类社区公益服务保障

群众文化是社区和谐发展的内在动力。精神生活丰富类公益服务旨在为居民营造一个良好的文化氛围，为社区的和谐发展添加动力。精神生活丰富类公益服务也是社区公益服务的主要内容之一，在各类供给主体，特别是社会组织供给的公益服务中占据主要地位。精神生活丰富类公益服务对象包含针对老年群体，开办各种类型的老年大学，开展各种有利于老年人健康的文体活动，兴办社会福利机构，以及为方便老年人生活、提高老年人生存质量而提供的各种服务项目，包含开展文化体育活动、节假日活动等。此外，还包含开展睦邻友好活动，建设邻里中心，搭建邻里活动平台，营造一种邻里和睦、人人共享、人人互助的和谐社区关系。在元宵节、端午节、中秋节、重阳节、腊八节等传统节日，充分发挥各供给主体的作用，积极策划丰富的邻里文化活动。社区公益服务融入社区建设的各个方面，推动社区精神文明的建设，强化对居民社会公德、职业道德与家庭美德的教育。同时，精神生活丰富类公益服务还包括开展各类文化艺术活动，促进"寓教于娱乐之中、育德于志趣之中、寄情于联谊之中"的特色社区文化的形成。不同于弱势群体帮扶类社区公益服务解决居民基本生活需求，精神生活丰富类社区公益服务主要是满足社区群众更高层次的精神生活需求，满足其更高水平的文化追求。

（三）安全与环境类社区公益服务保障

此类社区公益服务主要分为两个板块：社区安全公益服务与社区环境公益服务。

1. 社区安全公益服务

社区安全公益服务指由居民自治组织或者其他社会志愿组织为社区提供安全保障服务。（1）生活安全，包括宣传安全防范知识，进行消防安全宣传、禁毒禁赌禁黄宣传、防电信诈骗宣传、反邪教宣传等。同时，根据需要安装社区安全防范设施，组织常态化的安全巡查等，如部分社区居民自发组建成立社区治安志愿巡逻队、志愿消防队、突发自然灾害应急救援队等。此外，社区联合社会投资兴建各类安全防范设施，为居民提供"人防、物防、技防"相结合的"三防"保障服务，给居民创造一个安全的社区生活环境。（2）卫生安全，主要包括为居民提供免费的医疗服务，在重大突发事件中维护社会基本秩序。如在2020年突袭而至的新冠肺炎疫情中，大量的社会组织与志愿者有组织地加入疫情防控，测量体温、隔离病人、开展消杀工作，为社区提供及时的公益服务，有效减轻了政府部门的防控压力。

2. 社区环境公益服务

社区环境公益服务指为居民的生活创造一个更优美、更干净、更人性化的环境。（1）环境整治服务，包括基础设施的建设与完善、交通秩序的维护、小街小巷的环境整治。以社区居委会为主导、社会组织为辅助、志愿者为主体的服务供给体系，通过劝导不文明行为、开展垃圾分类、进行大气污染治理等行动，为社区居民提供社区环境公益服务。（2）环境美化服务，主要包括为社区的文化环境增添色彩，营造文化巷、打造历史文化小巷小街、建设便民利民生活服务圈。由此可见，安全与环境类社区公益服务主要是为社区居民营造一个安全而舒适的生活环境。

（四）公益帮助类服务

此类服务主要是以志愿者为主体的各类社会组织以及居民自发组织提供的社区公益服务，服务领域涵盖教育、医疗、养老、扶幼、助残等，服务对象囊括社区所有居民。其内容包含法律援助、就业培训、创业支持、心理咨询、义诊、中介信息等服务，其主要目的是帮助社区特定的居民解困增能。从供给主体来看可以划分为两类：一是由社会组织提供的养老助老、助残康复、困难家庭救助、邻里互助等公益服务项目；二是由社区居民自发成立的互助组织，服务有特殊需求的居民，开展慈善活动、民间调解、邻里交往、社区管理、社区精神培育等公益服务项目。

五　社区公益服务的模式

社区公益服务供给的模式随着供给主体的不断变化、不断增多而改变。随着市场化进程的加速，社区公益服务的供给主体经历了由一元向多元、由行政到市场的转变，因而社区公益服务的供给模式也由一元化供给逐步转变成多元化供给机制。

在社区公益服务的行政化阶段，即1980年以前，社区公益服务的供给还属于单一的供给模式。在这一阶段，社区公益服务无论从数量、种类还是从质量上来说都还很不足，属于起步阶段。其主要是由政府部门和企事业单位供给，这一供给模式是在特定的政治背景和经济环境下形成的。政府作为公信力、强制力的代表，在社区公益服务的供给体系中往往是唯一主体，这一供给模式具有典型的自上而下的强行政化特点。通过这种单一的由政府供给的模式，国家几乎垄断了所有的社会资源，并且实现了对整个社会服务，特别是对基层社会公益性质服务的全面掌控。

在社区公益服务的社会化阶段，即1980～2000年期间，"单位制"的解体、政治体制的改革以及经济社会的发展，为社区公益服务带来了新的发展契机。在社区公益服务的供给体系中，政府不再一家独大，社会资源开始流动。随着政府职能的进一步转变，政府不再是服务的完全供给者，而是要求的制定者以及服务供给的监督者。此时，社区公益服务供给出现一种新的模式，即社会化供给模式。市场主体在这一模式中占有重要位置，是主要的供给方。在这一供给模式下社区公益服务迎来了新的发展，公益服务的类型伴随着人民群众物质生活水平的提升而得到多样化的发展；公益服务的质量也因为市场带来的竞争性而得到大幅度的改善。

上述两种模式是在特定的社会经济环境以及过渡阶段产生的，在当时的社会背景下，为社区群众有效供给了大量的社区公益服务。但无论是以政府部门为供给主体，还是以市场为供给主体，都存在一定的局限性。以政府为供给主体容易导致社区公益服务供给的僵化，造成服务资源的垄断，从而使得公益服务的质量降低，其种类不能有效契合社区群众的需求；以市场为供给主体容易造成无序竞争，在政府监督缺位的情形下出现供给乱象。这两种供给模式可以被归纳为传统供给模式，在时代的发展潮流中传统的供给模式逐渐显露出它的弊端，已经很难适应时代的发展，难以适应人民群众日益增长的美好生活需求。一是传统的社区公益服务模式力量单一，社会参与度不高。在传统的社区公益服务模式中，无论是政府还是市场主体都过于单一，社会其他主体被阻隔在供给体系之外，无法发挥积极性，不能充分调动社会的各种力量。社会民众参与意识不强，公益活动开展后劲不足，传统的公益服务形式比较死板，更多注重的是金钱和物质的帮扶，从时效上来看较为侧重短期的帮助。二是传统的社区公益服务模式常常滋生"公益腐败""公益低效"等问题。社会组织往往通过诟病政府兴办社区公益服务的弊端来证明自身的优越性，殊不知在政府监督缺位的情形下，市场主导的社区公益服务也存在大量问题。

社会越发展，人民群众的需求就越多元化、越精细化、越个性化。在当下社会转型时期，公共事务领域逐渐从"封闭、单一"向"开放、多元"演进，政府、市场和社会组织在公共事务领域既不应是排斥异己的垄断者，也不应是事不关己的局外人，而应该是真诚的合作者。因此，社区公益服务的高质量有效供给，需要通过社区公共服务供给主体之间合作互动，建立一种多元化的社区公益服务运行机制才能实现。① 众多学者也认可建立一套多元化的社区公益服务供给模式。国内学者唐忠新将社区公益服务供给体系总结为一个包含政府、社会团体、企事业单位以及社区居民

---

① 夏志强、毕荣：《论公共服务多元化供给的协调机制》，《四川大学学报》（哲学社会科学版）2009 年第 4 期，第 87~91 页。

的多元化模式。吴铎认为社区公益服务的供给离不开政府、企事业单位、社会团体等的努力。国内有关城市社区公益服务模式的研究主要是围绕多元共治视角下居委会、社会组织、社会工作者的"三社联动"机制、智慧化建设、精准化服务等方面展开。万正艺等人认为我国城市社区服务的发展已打开党建引领、社会协同、公众参与的局面。张开云等通过对广州赤岗社区治理创新实践的研究，指出通过强化党建队伍建设，把党委领导有效地融入社区治理结构中，并通过多元联动机制和组织化平台搭建等多样化机制，能够推动"以居民为本"的社区发展，增进居民的获得感和幸福感。许一鸣认为要对社区服务进行分类管理，建立与现代化社区服务发展相适应的公益服务供给机制。由此可见，多元化供给模式得到学者广泛的认可，是社会经济高速发展、人民生活水平提高下的必然产物。社区公益服务的多元化模式是在传统模式的基础上演进而来的，它兼具传统模式下的政府性与市场性，同时它相对于传统模式更具有统筹性、协调性和多样性。

社区公益服务需求的多样化造就了服务模式的多元化，不同的主体在社区公益服务供给中有不同的比较优势，要实现社区公益服务的高效供给，满足广大居民的公益服务需求，就需要按照社区公益服务的不同类型，把不同的服务职责赋予不同的供给主体来共同承担，并构建起相应的投入与融资渠道，建立不同的运作机制，从而形成多元化的供给运行模式与机制。多元化模式下需要政府、社区居委会、社会组织以及其他各类型的社会主体共同发力，如前文所述这也是构成社区公益服务的主要主体。为确保这一模式的有效运转，避免像传统模式一样走向僵化、与社会发展脱节，需要体系中的各主体共同发力、协调促进。

首先，在这一模式中政府必须注重公共服务能力的提升，加强对社区公益服务供给的监管，确保居民的多样化需求能得到最大化的满足，使居民对其他主体所提供的公益服务有较高的满意度。同时要加大对社区公益服务发展的政策、资金以及人才的支持。其次，在这一模式中社会组织必须发挥强大的主观能动性，在社区公益服务供给中掌握主动权，紧跟社会发展、紧贴居民需求，充分发挥民间社会组织在社区互助性公共服务方面的优势，大力开展社区互助性公共服务，帮助社区特定的居民解困增能，促进社区和谐。① 最后，在这一模式体系中大力发挥社区自治组织的力量。以社区居委会为主的居民自治组织能够更好地了解社区居民各类需求，并作为沟通的桥梁在政府与群众之间起到很好的承上启下的作用。此外，这一模式也必须保持较开放的市场性，吸纳各种社会力量，无论是组织还是个人，充分调动社会参与社区公益服务的积极性。建立政府与各主体间的信任，不断拓展合作空间，在有效的监管之下充分利用市场机制来提高社区公益服务的质量。

综合来看，多元化的社区公益服务模式更能适应当前的社会发展，更能缓解社区公益服务的供需矛盾。这一模式所具备的统筹性、协调性和多样性不仅能够减轻政府的行政、财政负担，也能够更好地满足社区公众的需求。

六　社区公益服务的制度环境

经过多年的发展，我国的社区公益服务实现了从无到有、从劣到优的转变。由对传统民政对象提供社区公益服务到如今面向全体社区成员提供社区公益服务，由依靠社区成员互助到如今全社会多元主体参与社区公益服务，社区公益服务已经成为我国社区公共服务不可或缺的一部分，成为社会保障体系中的重要一环。但总体来看，我国的社区公益服务与人民群众的需求还存在一定的差距，与人民向往的美好生活目标相比还有一定的距离，仍处于上升发展的初期。在这一发展过程中政府作为社区公益服务的倡导者，为社区公益服务的发展提供了大量的资金、人才方面的资源支持，特别是在制度、政策等方面给予了大量的扶持。通过政策制度的支持，政府不再局限于社区公益服务的直接供给，而是通过协调政府、市场与社会的各种力量，共同推动社区公益服务的发展。

制度环境（institutional environment）是西方新制度经济学概念，由美国新制度经济学家戴维斯（L. Davis）和诺思（Douglass C. North）在《制度变迁与美国经济增长》一书中提出。本书所称的"制度环境"是在特定的社会范围内，规范或影响组织行为活动选择的一系列正式制度和非正式制度以及

---

① 夏志强、王建军：《论社区公共服务的有效供给》，《社会科学研究》2012 年第 2 期，第 44 ~ 47 页。

实施机制所构成的一个完整的复杂系统。本书重点探讨社区公益服务发展过程中的制度政策演进，从宏观制度政策和微观制度政策两方面展开分析。

（一）宏观制度环境

宏观制度环境是指在国家层面用以规范、促进社区公益服务保障发展以及相关主体开展社区公益服务保障活动的制度集合体，本质上是国家对社区公益服务保障发展的价值判断和总体制度安排。具体而言，宏观制度包含两方面的内涵。一方面是国家层面对社区公益服务的认知、判断和态度。党和政府的决策和管理部门对社区公益服务的认识、判断和态度，直接涉及制定什么样的政策法规。国家层面对社区公益服务保障在经济社会发展中的价值判断、功能认知以及所持态度构成社区公益服务保障发展的合法性基础，并为社区公益服务保障发展提供合法性制度空间。2017 年《中共中央国务院关于加强和完善城乡社区治理的意见》为新时代社区治理的发展定下了基调。2018 年的《政府工作报告》中指出，"打造共建共治共享社会治理格局，完善基层群众自治制度，促进社会组织、专业社会工作、志愿服务的健康发展"。党的十九大报告指出，"加强社区治理体系建设，推动社会治理重心向基层下移，发挥社会组织作用，实现政府治理和社会调节、居民自治良性互动"。习近平总书记指出，城市治理的"最后一公里"就在社区，党的十九大报告也提出要建立"共建共治共享"的社会治理新格局。这一系列举措为社区公共服务的发展指明了方向。另一方面是国家法律法规对社区公益服务保障的相关制度安排。关于社区公益服务保障的具体法律法规暂时阙如，目前在整个法律体系中涉及社区、社区服务的法律法规很少，大多是针对特定人群合法权益保障的法律法规，比如正在征求意见的《中华人民共和国社会救助法》，已经颁布的《中华人民共和国婚姻法》等。总体来看，具体的法律法规还不完善，没有具体的一部法律来规范社区公共服务的发展，关于社区公益服务保障的法律规章更是无从查找。因而当前亟须建立一套完整的法律法规来保障社区公共服务的良性发展，从而有序地引导社区公益服务的发展。

（二）微观制度环境

微观制度环境是指直接规范社会组织行为和活动的具体制度规范的集

合体，本质上是国家和各级政府关于社会组织的具体制度安排。一是国家层面。2006 年国务院为推动社区服务建设下发了指导意见，《国务院关于加强和改进社区服务工作的意见》（国发〔2006〕14 号）指出，"逐步建立与社会主义市场经济体制相适应、覆盖社区全体成员、服务主体多元、服务功能完善、服务质量和管理水平较高的社区服务体系，努力实现社区居民困有所助、难有所帮、需有所应"。2013 年，民政部、财政部联合下发了《民政部财政部关于加快推进社区社会工作服务的意见》（民发〔2013〕178 号），该意见指出要"充分认识加快推进社区社会工作服务的重要性与紧迫性"，提出要根据城乡社区发展特点和社区居民需求，分类推进社区社会工作服务。在城市社区重点开展针对老年人、未成年人、外来务工人员、残疾人和低收入家庭的社区照顾、社区融入、社区矫正、社区康复、就业辅导、精神减压与心理疏导服务。在农村社区以空心村落、空巢家庭、留守人群为重点，为留守儿童提供生活、学习、心理和安全等方面服务，为留守老人提供生活照料、代际沟通、精神慰藉、文化娱乐等方面服务，为留守妇女提供安全教育、技能培训、能力提升、关系调适等方面服务。为社区公益服务活动的开展提出了具体的对象与内容，即重点关注特殊群体的服务保障工作。2016 年，民政部制定了《城乡社区服务体系建设规划（2016－2020 年）》，强调社区服务均等化、智能化、多元化，提出要开展城乡社区服务信息化建设、城乡社区服务人才队伍建设、城乡社区社会组织培育发展等重点工程。为推动全社会公益事业的发展，中共中央、国务院联合下发《中共中央国务院关于事业单位分类改革指导意见》，明确要求到 2020 年"形成中国特色公益服务体系"。该意见指出要发挥政府主导作用，引导社会力量广泛参与，引入市场竞争机制，充分调动各方面积极性，不断增强公益事业发展活力。这为社区的公益服务事业提供了坚实的机构保障。二是地方层面。各级政府在中央的领导下，为深入贯彻各项指导意见，高效衔接各项政策，更好地推动中央政策的落地实施，结合实际制定了相应的具体措施。比如，湖南省人民政府制定的《湖南省人民政府关于加强和改进社区服务工作的意见》《湖南省民政厅关于加快推进社区社会工作服务的实施意见》，广东省人民政府颁布的《广东省人民政府关于加强和改进我省社区服务工作的意见》等。

制度环境影响着社区公益服务的发展，良好的制度环境才能换来优质的社区公益服务。在良好的制度环境下，社区公益服务的各个供给主体才能最大限度地发挥其功能与作用，政府不约束、市场不垄断、组织多合作、公民广参与，一套多元化的社区公益服务模式才有了根本的保障，才能进一步寻求资金、人才、物资、场地、设备等方面的保障。

七　社区公益服务发展的意义

随着社会主义市场经济的发展和城镇化进程的加快，居民生活水平不断提高，社区在经济社会发展中的重要地位日趋凸显。在基本服务需求得到保障之后，社区群众产生了更多层次的服务需求，不仅仅是日常生活层面，对于精神层面、生活保障层面的需求也随之增多。由此可见社区居民对社区公益服务的需求越来越多，对公益服务的质量要求也越来越高，不再是单纯地满足于金钱、物质的帮助，而是希望开展更多的有意义的帮扶互助服务，诸如节假日活动、对特殊群体的照顾，"人人为我，我为人人"的观念深入人心，公益的理念深深植根于基层社区。政府深刻地认识到做好社区公益服务工作对于提高居民生活质量、扩大就业、化解社会矛盾、促进和谐社会建设都具有重要意义。

（一）社区公益服务保障的发展有利于凝聚民心，提高民主参与意识

社区公益服务作为社区的一项公共服务，其宗旨是为解决社区群众日益增长的服务需求与不充分供给间的矛盾，目的是更好地服务居民，进一步改善群众的物质以及精神生活。社区公益服务的对象是居民，如果没有社区群众的参加，社区公益服务保障将变成"无源之水，无本之木"，其存在的意义也将大大降低。发展社区公益服务保障能够有效培育居民"自己的"社会社团，构建社区参与网络，提高居民政治参与的积极性，增强社区信任与合作，增加居民对社区发自内心的认同与共识，从而促进社区和谐发展。[1] 将社区公益服务保障从制度设计落实到政策执行，是推动基本公共服务均等化的重要举措，居民只有享受到高质量的社区公益服务才会对社区的发展与建设更有信心。社区公益服务保障的发展有利于充实和

---

[1]　夏志强、王建军：《论社区公共服务的有效供给》，《社会科学研究》2012 年第 2 期，第 44 ~ 47 页。

完善社区服务保障体系内容，使居民在社区的生活更加丰富与便利，增强社区群众对社区的认同感。社区居民自身参与到社区公益服务活动当中时，无论是服务主体还是服务客体，都能深刻感受到来自政府、来自社会、来自社区以及来自邻里的亲切关怀，自然地增加对社区的责任感以及对社区事务的参与感。当社区居民感受到公益服务所带来的便利时，社区民心也会凝聚在一起，推动居民自发自愿地参与社区公益服务，群众的民主参与意识也随之增强。居民的需求促进社区公益服务的发展，反之，社区公益服务的发展也将带动社区群众参与感的增加。

（二）社区公益服务保障的发展有利于稳定社会，化解基层社会矛盾

社区公益服务的对象不分年龄、不分民族、不分阶层，展现了政府对群众的深切之情，进一步扩大了党的执政基础。社区公益服务的开展帮助居民解决了大量的问题，无论是物质层面还是精神层面，作为政府职能在基层的延伸，供给主体的工作成绩很容易被社区群众认可。这不仅是为群众办实事、解难题，更是政府形象的一种塑造与展现。从社区公益服务开展的活动来看，其内容包含了助残扶弱、困难帮助、青少年管教、社区矫正、法律援助、社区安全等方面，这些活动都事关社区的稳定、社会的安稳。社区公益服务使生活上暂时落后的群体逐渐改善生活，使生活上没有困难的群体得到精神上的满足，从某种角度来看，这就缩小了不同群体间的心理差距。人员的稳定能带来社会的稳定，人与人之间矛盾的化解就能带来社会的和谐。将问题解决在社区就是把矛盾化解在基层。必须清楚地认识到，社区公益服务能给社会稳定带来巨大作用。

（三）社区公益服务保障的发展有利于改善居民生活，提高居民生活质量

从物质生活上看，关注民生、改善民生、保障民生一直以来都是党和国家关注的重点。社区公益服务的开展能够充分发挥综合平台的优势，充分发掘社区潜在资源，把政府的规划、社会力量的支持以及社区居民的公益心转化为公益行动，以此服务辖区居民。经过社会力量的介入，社区公益服务的供给体系逐步完善。就业服务、养老服务、卫生医疗服务等多层次、多样化的服务供给直接对接人民群众的生活需求，满足其对美好生活的向往。从精神生活上来看，社区公益服务的发展有利于社会主义精神文明的建设，体现了党和国家对社会对群众的人文关怀。养老院、托儿所、邻里中心等设施的建立，各类帮扶活动的开展，都有利于在整个社区乃至整个社会营造互帮互助的良好氛围，让社区居民产生对社会、对邻里他人的尊重与理解，从而提高社区的和谐度，增加整个社区的向心力和凝聚力。同时，利用各类文化设施开展文化、教育、体育、科普等文化活动，号召群众积极融入社区，逐步营造一种健康、包容、互助的社会心态。良好的社会风气能够让群众的精神生活品质在潜移默化中得到提升，这对社会主义和谐社会的建设也将产生重要的推动作用。

（四）社区公益服务保障的发展有利于深化社区服务保障内涵，完善社区服务保障体系，强化社区服务保障功能

社区公益服务的发展充实了整个社区服务保障体系。社区服务保障作为公共保障体系的重要部分，需要从各方面着手开展服务项目，既要为无收入人群提供生活保障和服务保障，也要为有收入保障、无服务保障的人群提供服务。因而社区服务需要构建覆盖面广、服务内容全的运行体系，除了有偿服务，低偿、无偿的社区公益服务也构成了社区服务保障的重要一环。一方面，社区公益服务主体包含政府、社会组织、社区居委会以及社区居民等，几乎囊括了全社会，为社区服务保障体系的建设注入了强大的动力与活力。另一方面，社区公益服务所开展的活动也包含了社区服务体系的各项内容，从公益角度出发为社区居民提供服务，更加丰富了社区服务保障的内容。

第二节　社区公益服务保障的实践

1987 年，社区服务的概念被首次提出，我国的社区服务逐步进入各个城市的发展关注领域。到 20 世纪 90 年代，社区服务逐渐社会化，社区服务的发展进入新的阶段。2000 年以后，党和国家越来越重视社区服务的发展，多次从政策层面为社区服务指明方向，提供保障。特别是党的十八大以来，全民进入"共建共治共享"的社会格局，随着社会主义主要矛盾发生转化，整个社会对社区服务的要求越来越高，不仅要有多样化的服务种类，更需要高质量的服务内容。

社区公益服务保障作为社区服务保障体系中的重要内容之一，也基本是沿着"行政化—社会化—多元化"的路径在发展。在社区公益服务多元化发展阶段，形成了多元化的供给模式，如前文所述，政府、社会组织、社区居委会、社区居民以及其他社会力量均积极参与到社区公益服务的供给中，这些社会力量与政府一起构成了一套较为完整的社区公益服务模式，夯实了社区公益服务共同体的基础，为整个社区公益服务的发展带来了强劲的动力，同时也为整个社区服务保障注入了新的活力。

在社区公益服务的多元化发展阶段，各地积极探索社区公益服务的发展模式，形成了各具特色的社区公益服务模式。2016年，长沙市正式下发《长沙市社区全面提质提档三年行动计划（2016－2018年)》，长沙计划通过三年时间建设和优化社区服务阵地、公共交通、停车场地、管网体系、绿化美化、老旧社区改造等基础设施项目，打造品质高端化、服务优质化、治理多元化、居民幸福感明显提升的社区。2017年，长沙市发布了《长沙市"十三五"城乡规划事业发展规划》，对长沙市未来五年的城乡事业发展做出了详细的规划，其中明确提出到2020年城市建成区基本实现十五分钟便民生活圈全覆盖。在这一背景下，长沙市各个社区展开了一系列的社区服务升级、人居环境提质行动。基层社区以此为契机积极打造服务型社区，大力发展社区商业服务体系，不断完善社区福利服务体系，积极推动社区公益服务体系。积极推进党建引领社区服务的治理模式，突出党群服务、志愿服务、特色服务，推进社区公益服务的精细化管理，引导社会各方力量积极参与，形成服务主动、管理联动、群众互动的社区公益服务氛围，不仅使居民生活品质得到改善，城市幸福指数也在不断提升。

在走访调研的众多社区中，长沙市芙蓉区的H社区发展的社区公益服务保障具有一定的代表性：一是坚持以人为本，确保社区公益服务开展有温度；二是坚持党建引领，确保社区公益服务开展有高度；三是发挥劳模作用，确保社区公益服务开展有力度；四是推进多元协作，确保社区公益服务开展有效度。

一 长沙市H社区情况概述

长沙市H社区位于素有"千年富贵地，盛世马王堆"盛誉的湖南长沙市芙蓉区马王堆街道中心地段。长沙市 H 社区由原 R 居委会和原 H 居委会合并而成。长沙市 H 社区是一个典型的老旧社区，辖区面积 0.32 平方公里，拥有居民住宅 73 栋，分散在 9 个老旧小区中，住户 3165 户，常住人口 11000 余人，流动人口 4800 余人，驻社区单位 184 家。合并之前的两个居委会基础差、底子薄，合并之后，新社区同样面临一系列的困难。

首先是社情复杂。社区是一个老旧小区，辖区内人口、地域情况错综复杂：一是人口结构复杂。在常住居民中，原居民占 7% 左右，征地拆迁"农转非"人口占 20%，通过买房等渠道入住社区的居民占 70%，其他居民占 3% 左右。辖区内老龄人口众多，老龄化严重。二是地域情况复杂。早在 20 世纪末，长沙市 H 社区还处于城乡接合部，而城乡接合部正是不同文化背景、不同生活习惯、不同价值观念交汇冲撞之处，也是不同职业的共生之所、各种各样人群的共存之地。在如此复杂的情况下，社区想要发展需要有强劲的动力，社区服务的开展也面临着众多的困难。

其次是基础设施建设落后。社区合并成立发展之初，辖区内管线老化，道路破烂，物业管理混乱，没有完备的服务设施，特别是没有建立针对老年群体活动的设施设备。辖区内违章建筑多，辖区内乱搭乱建现象随处可见，违章建筑在社区成立之初占社区规范建筑的 30%。这些违章建筑既有原有居民为扩大住房面积自建的，也有外来人口临时搭建的。居民利用这些违章建筑开设理发店、餐馆、茶楼等来维持生计，因而这些违章建筑既是群众的生计之道，也是社区基础设施建设的阻碍，是社区脏、乱、差的源头。居民生活得不到保障，违章建筑就难以拆除；违章建筑不下决心拆除，社区环境就难以改善，社区的建设与发展就会停滞不前。这一系列问题最终影响的还是社区群众生活质量的提高。

最后是社区服务不完善。社区成立之初缺乏一系列的服务设施。一方面，社区办公用房缺乏。社区成立之初办公场地还是租借物业公司以及废旧车库，现代化办公设备更是无从谈起，因而在日常的工作开展中无法为居民提供一个良好的服务环境，更无暇顾及社区公益服务的发展。另一方面，辖区内服务设施极度缺乏，菜市场、活动室、文化体育设施设备欠缺，无法为辖区内群众提供丰富的社区公益服务保障。此外，社区成立之初公益服务意识不强，仅仅依靠上级政府以及社区居委会提供公益服务，没有充分挖掘社会资源。由此可见，构建一套完整的社区服务体系、积极吸纳社会资本、挖掘社会资源、为居民提供多元化的社区公益服务，是解决这一问题的有效途径之一。

长沙市 H 社区经过多年的建设与发展，通过党建引领、服务提质、居民自治、多元协作，走出了一条不一样的社区公益服务路径，不仅改善了居民生活质量，丰富了社区公益服务内容，更为社区整个服务保障体系增添了活力。随着社区工作力度的加大、各类关系的理顺，长沙市 H 社区打造了一批在全市、全省乃至全国都有影响力的社区公益服务品牌特色。社区拥有"ZH 劳模创新工作室""人大代表政协委员工作室""道德讲堂""群众路线教育活动站""群众工作直通车站""学雷锋志愿者服务站""公共服务中心""雷锋超市""绿色网吧""心理咨询室""文体活动室""图书阅览室"等。经过多年的发展，近年来长沙市 H 社区先后获得长沙市绿色社区、湖南省文明单位、全国和谐社区建设示范社区等 200 多项荣誉。

二　"一核多元"的社区公益服务模式

在社区公益服务多元化发展阶段，长沙市 H 社区积极探索具有社区特色、符合社区实际情况、适应社区未来发展的公益服务模式。坚持"党建为引领、劳模为标杆、群众为基础、社区为纽带、社会组织为辅助"的社区公益服务体系。在这一模式下营造出"小社区、大党建"的发展方向、"微服务、大和谐"的社区公益服务保障格局。从社区基础设施落后，到如今的绿色社区；从社区情况复杂难解，到如今成为全国和谐社区建设示范社区；从服务设施匮乏、服务内容单一、服务质量低下，到如今社区各类群体享受到优质的社区公益服务保障。这一系列成果都离不开社区坚持的"持之以恒、达之文明"的理念，长沙市 H 社区努力践行社会主义核心价值观，不断推动社区公益服务保障向纵深发展，坚持"一核多元"的社区公益发展模式，在社区公益服务发展与建设的道路上不断取得新成果。

（一）以党建为引领，打造公益服务的战斗堡垒

2017 年 6 月，中共中央、国务院《关于加强和完善城乡社区治理的意见》是"新中国历史上第一个以党中央、国务院名义出台的关于社区治理

的纲领性文件"，强调要"把加强基层党的建设、巩固党的执政基础作为贯穿社会治理和基层建设的主线，以改革创新精神探索加强基层党的建设引领社会治理的路径"。① 长沙市 H 社区公益服务的组织领导方始终是党组织。社区发挥党组织战斗堡垒和党员模范带头作用，通过党建引领、重心下沉，形成志愿服务的全嵌入治理模式，实现志愿价值重塑、组织网络重构与服务机制协同，以参与有效性和创新根植性为重心，循序实现社区志愿服务的在场性、专业化和服务力创新提升。

1. 放大党的核心作用

在上级党委支持下，长沙市 H 社区大胆创新，采用聘用制形式，吸收辖区企事业单位负责人、"两代表一委员"等 4 人为社区党支部兼职委员，书记任"大支部"书记。率先在全市成立社区"大城管委"，吸收市政、园林等职能部门、物业公司、志愿者联合会负责人及"两代表一委员"等 13 人为"大城管委"委员，社区主任任"大城管委"主任。"大支部"制和"大城管委"制有效扩充、壮大、巩固了工委、办事处的领导班子和工作力量。

> 工作人员 1："党建引领劳模创新工作室工作是我们的特色。比如说我们在老旧小区安装了电梯，这件事是由我们社区和劳模牵头，帮大家去找住建局等单位，带大家去盖章、找电梯公司，从开始到最后建成都是我们社区党委和劳模在带领大家跑程序……除此之外，还有党建加智慧化社区的建设。"

长沙市 H 社区党支部发挥自身优势，不断加强与辖区单位的交流与沟通。开展"共驻共建""军民共建"（与沈阳军区某部队共建）活动，社区党支部与 8 个驻社区机关、企事业单位党组织建立联建、共建关系，100余名党员及困难群众结成帮扶对子，机关、企事业单位党组织共同为社区解决实际问题，形成了优势互补、共同发展的党建工作新格局。

> 工作人员 1："社区党委还联合残联，帮助社区残疾人在家门口就

---

① 民政部编写组编著《中共中央　国务院关于加强和完善城乡社区治理的意见》（辅导读本），人民出版社，2017。

业，我们 H 辖区内的一些残疾人，可以行走，但是出去务工不方便，找不到工作，还有一些在外面就业难的人员，我们会把他们聘请为外卖员，在直播带货的时候、或者说我们 H 辖区范围内的一些商铺，会请他们做一些外卖的配送，这就解决了残疾人就业的问题，这也是我们社区的一些创新，在社区党委的带动下，联合其他单位一起，为社区提供针对残疾人等特殊群体的就业公益服务。"

如此一来，在社区党组织这个核心领导下，整个社区公益服务的工作就活了、就火了，这一汪汪活水流向四方，一束束火把成燎原之势，影响和带动了一大批爱护社区、关心社区、支持社区、热心参与社区公益服务活动的"义工""辅导员""劝导员""协管员"。无论离退休干部职工教师，也无论私营企业家，包括各种协会，辖区内各机关事业单位，都有人出人，有钱出钱，有力出力，热心为社区建设添砖加瓦。

2. 加强党的组织建设

社区党委先后制定了组织生活、党员管理、联系群众等各项工作制度，有健全的党支部组织生活制度、社区流动党员管理制度、民主生活会制度等。社区还建立了"五必访"的工作制度，即家庭纠纷调解必访、有病住院必访、新迁居民必访、红白喜事必访、生日喜庆必访。党组织成员岗位职责明确，党支部书记带头讲党课，支部学习每月一次，学习气氛浓厚。社区大力开展"社区先锋行动"，做到寓管理于服务之中，寓人本于细微之处，以党建带动社区公益服务，以社区公益服务促进党建，让党组织在社区公益服务保障中增辉，在社区党建工作水平提升的同时，社区公益服务也实现了提质升级。"社区先锋行动"以社区党组织为核心，遵循"以人为本、服务居民、党群连心、共驻共建"的原则，开展多样化的社区公益活动。

3. 发挥党员模范带头作用

社区党组织积极鼓励社区内各单位党员、退休老党员以及流动党员参与社区公益服务的活动。通过以党员同志为主体的公益服务队伍，开展义工、义诊、义教、义演等活动，为社区居民在经济上解难，在生活上解忧，在思想上解惑。通过登记党员参与社区建设、发挥先锋作用的情况，及时宣传先进，塑造新时代党员参与社区公益服务的新形象。社区定期开展党员活动日、党员志愿活动、实行党员包楼责任制，较好地发挥了党员先锋模范作用，形成了"党员做榜样，示范带一片"的良好效应。

工作人员2："疫情期间，我们辖区内的优秀党员、志愿者都会出来协助疫情防控，量体温、进行信息登记，我觉得这也是我们平常活动开展得好（的结果），比方说我们平常一些邻里的活动特别多，老年人沟通交流比较多，社区就像一家人一样。这一次疫情我们需要志愿者帮忙，我们小区的很多居民都来当了志愿者，这就是党员的模范带头作用。"

长沙市H社区通过党建引领，打造社区公益服务的战斗堡垒，创新社区"党委引领公益服务"模式，把社区党委放在核心地位，将社会力量凝聚成一个整体，充分发挥党员先锋模范和示范引领作用，形成了苦难群众党员帮、社区环境党员抓、治安维护党员管、邻里纠纷党员解、文化活动党员带的局面。通过党建引领社区公益服务，不仅激发了基层社区党建的活力，树立了党员的先锋形象，更加强了居民的自治意识，提升了社区公益服务保障的水平。

（二）以劳模为标杆，发挥社区服务的名人效应

2011年，在全国总工会和省、市、区总工会的号召和指导下，在社区党委的支持和配合下，以全国劳动模范名字命名的"ZH劳模创新工作室"正式挂牌成立。工作室以社区居民群众满意为宗旨，创新社区公益服务保障方式，探索基层公共管理新模式。工作室自成立以来，按照"有命名、有牌匾、有团队、有设施、有制度、有流程、有经费、有成果"的要求，转变思想观念，创新工作方法，有创造性、有针对性地开展了一系列社区公益服务活动，并取得了丰硕的成果。主要的特色公益服务活动有：社区实行大物管服务破解老旧小区物业服务难题；引入交通"微循环"有效解决社区居民群众停车难、出行难问题；创办"L欣馨互助会"及时帮扶老弱病残等群体；连续举办十四届"群众文化艺术节"，丰富群众文化生活；居民小区实行垃圾分类，环境更加优美；农贸市场提质提档改造，老百姓"菜篮子"质量有保障等。2015年12月，"ZH劳模创新工作室"被湖南省总工会评为"湖南省示范劳模创新工作室"，2017年11月被全国总工会评

为"全国示范性劳模和工匠人才创新工作室"。社区成立劳模工作室的初衷就是更好地为社区服务，更好地为社区居民群众提供无偿的、优质的社区公益服务保障。

> 工作人员1："这个长沙市H社区的辖区是由九个老旧小区组成的，是最早的一批老旧小区，为了更好地服务居民，就创建了劳模工作室。主要是帮助农民工融城，同时对困难群众进行帮扶……"

有了劳模工作室作为社区公益服务保障的标杆，整个社区的公益服务氛围就被带动了、盘活了。在社区公益服务中涌现了一大批乐于助人、无私奉献的社区居民，他们不仅在自身的工作岗位上取得了辉煌的成绩，还积极投入社区的公益服务中，为社区居民的幸福生活贡献自己的力量。他们的无私奉献带动了身边居民踊跃参加社区公益服务，为社区的公益服务带来了更多的社会力量，起到点亮一盏灯、照亮一大片的作用，很好地发挥了名人效应。社区的流动党员W，被社区居民称为"社区110"。W 2001年1月从汨罗到长沙市农业局当保安，无论是机械活、木工活，还是电工活他都会，无论是谁家需要帮助，他随叫随到，绝不推辞。同样身为党员的L受劳模工作室的影响也积极投身到社区的公益服务活动中，他身为一名退休老军医，始终保持共产党员的先进形象、革命军人的奉献形象、医生的职业形象，坚持军人"退伍不褪色"，发挥余热为社区的公益服务做贡献。他将社区居民群众"看病难、看病贵、怕得病、怕看病"的问题牢记在心，用自家电话做了一条联系社区居民的24小时免费健康咨询热线。2012年，在社区支持下，退休老军医老党员L成立"L欣馨互助会"，L拿出1万元作为启动资金，社区工作人员实行每日1元捐，吸收社会各界爱心捐款，帮扶辖区弱势群体。"L欣馨互助会"成立五年来，L每年向互助会捐赠5000~10000元，共凝聚了社会各界爱心款16万余元，共帮扶困难群众400余人次，支出爱心款15万余元。

> 工作人员1："由党委牵头，加上我们全国劳模的国字号招牌，在开展工作中不论是社区工作还是民生事务，开展的效果都比社区单独去做效果更好，从上面得到的反馈也更快。……我们工会每天都会捐一块钱，像平常的话也会经常有企业进行一些物资的捐赠，我们也会

邀请一些企业进行赞助。"

在劳模创新工作室的标杆影响下、社区名人的号召与带领下，社区成员形成了广泛参与社区公益服务的高潮。通过"党建＋劳模"的社区公益服务模式，长沙市 H 社区公益服务的种类得到扩大：就业服务、就学服务、计生服务、老人服务、生活服务、青少年服务、维权服务、健康服务等多达近百项。长沙市 H 社区在社区名人效应助推下，将社区公益服务做到居民的心坎上，赢得了社区群众的一致好评。正是优质的社区公益服务保障，促进了和谐社区的建设。

（三）以社区为纽带，搭建多方参与的协作平台

社区公益服务是社区服务的主要内容，也是社区工作的永恒主题。衡量社区发展得好不好、成功不成功的唯一标准，就是看群众高兴不高兴、满意不满意、拥护不拥护。长沙市 H 社区党委、居委会积极联合多方力量，大力开展以服务群众、服务基层为主要内容的活动，把社区公益服务的重点放在对特殊困难群体的社会救助和社会福利上，放在对下岗失业人员的就业再就业服务和社会保障上，放在丰富居民精神文化生活上。社区以党建为龙头，党委做好社区的服务，一些有特色的工作就由劳模创新工作室来啃"硬骨头"。社区联合驻社单位，对接上级部门，吸纳社会组织，一起为社区居民排忧解难，共同参与社区公益服务。比如一些老百姓做不了的事情、社区做不了的事情，就由社区出面协调各级部门，利用劳模工作室的影响来解决问题。通过这种方式能够更有效率、更有效果地为社区群众解决难题，满足服务需求。

> 社区主任："520 的 '5' 是说社区党建就是攻五块，也就是说五化建设，把五化做好了，我们社区的党建就做好了。'2' 就是我们社区党委加劳模工作室，把它们串起来，'0' 就是我们社区跟老百姓零距离的工作。这是从我们社区的角度来理解。520 就是说我们爱着我们的老百姓，为企业，为居民，为外来人口服务，对企业、外来人口都抱着同等观念，提供同等的服务。"

社区作为对接各方力量、承接社区民意的平台，在服务主体与服务客

体之间搭起了沟通的桥梁，起到承上启下的作用，社区在公益服务中能够进一步地畅通民意。长沙市 H 社区通过举办居民论坛，对群众所反映的问题和信息进行分类处理，做到紧急的事情及时做、棘手的事情勇于做、热点的事情重点做、扶贫帮困的事情经常做、发生矛盾的事情协调做，力求做到"民有所呼，我有所应；民有所需，我有所帮"，不断提升了社区的工作水平以及社区公益服务的质量。

工作人员 2："我们会进行一些就业培训服务，比如说我们 10 月 2 号有一个街道和各个社区进行的免费的为期七天的培训，类似一些想考茶艺师、家政这些证的群众，我们社区会协调上级有关部门或者社会组织为他们提供一些考证的服务和免费的培训。"

工作人员 1："还有比如在综合治理这一块，社区还会协调为居民提供免费的法律顾问、免费的法律服务。因为辖区居民难免存在官司、法律问题，我们都会为其免费提供律师的法律服务。"

通过社区搭建的多方协作平台，长沙市 H 社区的公益服务得到长足进步，实现了良性发展。从硬件设施来看，近年来，通过社区搭建的协作服务平台，上级政府、驻社单位、社会个人等社会力量为社区的公益服务增添了大量的硬件设施。社区现有 800 多平方米办公服务用房，社区市民学校、多功能教室、图书阅览室、计生医疗服务室、文体娱乐室等公益服务设施一应俱全。从社区精神层面来看，社区吸纳的社会力量对居民群众特别是弱势群体在公益服务上做到生活上扶贫、身体上扶康、精神上扶志、智力上扶学、就业上扶技。

（四）以群众为基础，营造互帮互助的服务氛围

社区公益服务的对象在群众，发展的关键也在群众。社区居民群众是社区公益服务活动开展的主力军和依靠力量，这是长沙市 H 社区在发展社区公益服务中最基本的认识和体会。建设服务型社区，H 社区自始至终都把工作重点放在发动和引导群众上。长沙市 H 社区的公益服务就是从解决诸如下水道堵塞、自来水管破裂、停电、就医、就学等"吃喝拉撒睡，油盐酱醋茶"的小事做起，把老百姓的这些小事做好了，老百姓就把社区当作自己的家，社区公益服务也就成了所有社区居民自家的事，进而成为群

众的自觉行动。

> 社区主任："老百姓是天，老百姓是地，老百姓的些许小事就是社区干部天大的大事。"

1. 树立为民服务的理念

2011年，为破解老旧小区物业服务难题，长沙市H社区在恒达花园小区成立了社区物业服务中心，采取"政府投入一点、业主缴纳一点、社会赞助一点"的筹资方式，降低物业收费标准，帮助社区居民解决了物业管理的难题。2014年，长沙市H社区引入交通"微循环"项目，对七个老旧小区全面提质改造，社区面貌焕然一新，路面整洁亮丽，消防通道畅通，环境绿化大为改观，有效解决居民群众停车难、出行难等问题。同时，在H花园大门口建立监控中心，对各小区全天候监控，进行智慧管理，打造平安社区。交通"微循环"被确立为民生示范工程，吸引省、市、区各级领导及外省观摩团共计60多批团队到社区考察学习。2017年，长沙市H社区推进餐厨油烟净化综合治理试点。老式排风扇换成了全动态离心式油烟净化机后，实现餐厨油烟分离，居民纷纷表示以前油渍四溢，现在就连做的饭都觉得更清香了，不但家里打扫方便，外墙不挂油也不污染了，油烟净化机既环保又干净，居民生态环境极大改观。餐厨油烟净化治理试点成为示范点，省、市、区等观摩学习团观览络绎不绝。社区自2005年起连续15年举办社区群众文化艺术节，把丰富社区群众的精神生活落到实处。

> 社区主任："社区每年的628文化艺术节，已经持续了十五年了。这也是我们社区的特色……不仅仅是表演活动，每一年我们都会联合不同的部门，2019年就是联合的民政，主题是'微心愿'，满足居民的愿望，满足的是一些贫困居民或者留守儿童的微心愿。"

2. 营造互帮互助的氛围

为了进一步满足居民的公益服务需求，社区因势利导，成立了11支志愿者公益服务队，服务内容几乎涵盖居民生活的各个方面，还推出了个性化、特色化服务。

为使社区公益服务保障工作常态化，变成社区居民的日常行为习惯，长沙市H社区探索社区与居民"双向承诺，双向互动"机制。社区做出为居民办实事办好事的承诺，以取信于民；居民家庭、个人则响应社区"创文明社区倡议""家庭成员共同承诺，携手共创文明社区""告别陋习，相约文明，家庭为社区添光彩承诺""争做诚信经营户"的倡议，向社区签订承诺书。双向承诺、双向互动，把全体居民融入社区公益服务活动之中。在长沙市 H 社区，参与"双向承诺，双向互动"的家庭和居民均达到 80% 以上。

志愿服务队开展"交通安全进社区"活动，为居民出行撑起一片安全的蓝天；开展综合治理活动，为居民的生活保驾护航；实行调解服务，志愿服务队协助社区每年调解各类纠纷 20 起以上，成功率达到 100%；开展健康进社区服务活动，社区有一支由八位退休医务工作者组成的医疗保健志愿者服务队，设立居民健康咨询热线；志愿服务队向外来务工人员提供"零距离"服务，帮助他们解决子女入学入托难题，并有效动员外来务工人员参与社区共建。类似的社区公益服务保障队伍还有很多，这些服务活动使长沙市 H 社区公益服务包罗万象，让居民群众在互帮互助中感受到社区的温暖。"以家庭为点、以楼院为线、以单位为块、以社区为面"的社区公益服务格局，消除了"鸡犬之声相闻，老死不相往来"的现象，融洽了邻里关系，也使社区居民在公益活动中相互促进、相得益彰。

3. 建立居民自治组织

如果在长沙市 H 社区随时随地地询问任何一位居民："在社区谁最大？谁说了算？"他们都会回答："在长沙市 H 社区居民群众说了算，居民群众是主人。"这说明，居民自治的理念在长沙市 H 社区已经深入人心。在社区，劳模创新工作室"千人红袖章"团队的 300 多名志愿者开展经常性志愿活动，在大街小巷义务巡防，在网吧文明劝导，深入小区保洁家园、捡拾垃圾，或者开展义诊、义卖，帮扶老弱病残等，志愿者服务队伍成为学雷锋活动的主力军、践行社会主义核心价值观的先锋队。依托这支志愿服务队伍，长沙市 H 社区组织辖区内各方力量成立红白喜事协会、文体协会、物业协会、志愿者协会等，邀请社会组织在小区开展义诊、义教及帮扶弱势群体、居家养老等爱心服务，让公益理念和社会工作方法进入小区，不断满足居民个性化、专业化、多元化服务的需求。

工作人员 2："我们最近一期的重阳节，就开展了这种邻里之间的活动，像小区里口碑比较好的一些金婚老人，我们就会邀请过来参加活动，分享他们的故事。另外针对社区未成年人，我们每年寒暑假都会开展这种针对未成年的讲座，包括文明礼让、垃圾分类之类，我们也会经常开展。"

社区公益服务发展是为了群众，社区公益服务的发展也离不开群众。长沙市 H 社区积极引导、号召社区居民广泛参与社区公益服务保障，构建了一套完整的群众自主参与公益服务的体制机制。社区通过建立和完善社区自治组织体系、发展和培养民间组织，社区内不同阶层居民的诉求得以反映与满足，在丰富社区公益服务保障内容、形成具有 H 特色的公益服务体系的同时，也深化和完善了社区的居民自治。

（五）以社会组织为辅助，树立以人为本的服务理念

社区公益服务在发展初期一度被视为政府的专利，随着改革的深入和治理理念的变迁，政府全能主义已经式微，社会组织和政府提供公共产品和服务的功能互补与合作共生关系日渐成为共识。社会组织所提供公益服务的作用绝非一个主观自我认定的结果，而是嵌入基层社会的社会架构和社会关系中的独特性作用的客观显现。社会组织具有解决基层问题的专门知识，社会组织根植于基层能够对基层民众和社区的公益需要做出适当和如实的回应，从而易于以创新的服务方式解决基层问题开展公益服务。在与基层群众切身利益有关的决策和资源分配中，促使更多的基层多元主体和民众参与其中，在参与中分享社区公益服务，共享社区公益服务成果。

在长沙市 H 社区的公益服务中，社会组织也是一个主力军。有 10 家社会组织在长沙市 H 社区注册，此外还有七八家备案。社会组织涵盖的领域包括：医务社工、物业社工、儿童社工，还有法律社工、调解社工，这些社会组织能够有效地减轻社区负担。社区与社会组织的合作方式主要有两种，一是社区购买服务，政府根据社区公益服务保障的需要向社会组织购买相应的服务提供给居民；二是社会组织主动合作，免费提供，社会组织为了实现组织自身的使命，主动为社区居民提供符合本组织业务范围的公益服务。通过与社区负责人的交流得知，社会组织与社区建立联系主要有两条途径：第一，社区负责人与社会组织负责人相互了解、相互熟悉之后，社区主动邀请各类社会组织来耕种社区治理的责任田；第二，社区公

益服务保障需求旺盛，社区经过与社会组织的多次合作之后进入社会组织圈子，通过既有合作的社会组织融入圈子，与更多的社会组织结缘，更多地把社区与社会组织的需求和供给相统一，以社会组织的力量参与社区公益服务保障、实现社区的良性治理。

> 工作人员1："我们这里有一所快乐老年大学，是我们党委和社区劳模工作室引进的一家社会组织一起打造的，快乐老年大学为辖区的老人提供服务，虽然是收费的，但是很便宜，也就100多元，最贵的学费也就200多元一个学期。快乐老年大学的水电费、场地费都由社区支付。"

快乐老年大学开办后社会反响很好，老年朋友都说没想到这么大的年龄还可以上大学，圆了很多老人的大学梦，社区居民也普遍反映纠纷少了，打牌的人少了，锻炼的人多了，大家更注重健康的生活方式。

通过引进社会组织参与社区公益服务的供给，长沙市H社区的公益服务焕然一新，和谐发展，社区的整体品质得以提升，这不仅能够为社区带来更为丰富的公益服务类型，社区公益服务的质量也随之提升。社会组织作为专业化组织，在公益服务的开发、选取、执行以及反馈评估等方面相比于政府部门更为专业。社会组织在与社区居民接触的过程中能够了解居民最真实的想法、了解居民群众最需要的服务种类，从而能够有针对性地提供公益服务。社区党委将社区公益服务保障由"自己干"转变为"委托干"，将社区公益服务委托给予居民需求专业对口的社会组织，通过明确服务项目和标准，由街道、社区落实监督管理，考评工作绩效，促使社会组织不断提高服务能力和水平，精准对接群众需求，为居民群众提供贴心服务，有效参与社区的公益服务供给。

三　长沙市H社区公益服务的困境

长沙市H社区运用"一核多元"的社区公益服务模式，坚持党建引领、劳模带头、社区搭桥、群众参与、社会组织辅助的工作思路，不断加大社区公益服务保障的工作力度，逐年增加社区公益服务保障的资源投入，社区组织建设明显加强，打造了一批在全市、全省乃至全国都极具影响力的社区公益服务保障品牌，如"ZH劳模创新工作室""L欣馨互助会"

"市民论坛""千人红袖章志愿者服务队"。正是社区公益服务保障的快速发展，推动了和谐社区的建设，也提升了居民群众的幸福感、归属感。长沙市 H 社区公益服务的经验与做法值得肯定与推广借鉴。在取得如此骄人成绩的同时，需要注意的是长沙市 H 社区在社区公益服务保障发展道路上依然存在诸多问题，阻碍着社区公益服务深度与广度的提升。

（一）社区行政负担过重

社区在开展公共服务的过程中，需要抽出很大一部分精力应付上级部门较为频繁的检查、报文报表、会议等行政事务。对于以服务为主的社区来说，这些是很重的行政负担。在日常工作中社区经常疲于应付各类表格、材料，从而影响了社区服务工作的开展。上级部门"以我为主"的现象较多，常常出现"压哨"发通知的情况。一些红头文件，常常以信笺、"白头"通知，或者是用各种即时通信工具下发到社区。特别是随着互联网的发展，通信的便捷化使得任务下派简单、迅速，"云"会议、"云"通知过多过滥。基层社区干部迫于完成任务的压力，往往堆材料、忙报表，疲于应付交差，难以顾及社区的核心工作——社区服务。这给社区服务工作的正常开展带来了巨大阻力，更使得社区无法展开创新性工作。

"我们社区经常要为完成上级下派的各项行政任务忙得焦头烂额，根本无法有效地开展社区公益服务。比如，经常协助推广政务 App，完成上级分配的报纸订阅指标。"

随着政府"行政发包"现象越来越普遍，基层社区的行政事务也越来越多。由此带来的考核、评比、问责逐渐泛化、空化。上级部门遇到问题、受领任务直接下派至社区，进一步加重了社区的工作量。

"现在老百姓都依赖性地打'12345'，然而热线电话接通后并不会协助处理，而是将问题直接下派至所在辖区的基层单位，还必须要在规定时间内给出满意答复，把所有事情都推到我们头上，我们社区一没资金，二缺人力，实际权力也很小，很难有效解决问题，结果还是变相地增加了我们基层的工作负担。我们社区工作人员一年 365 天都没有休息。"

（二）基层人才资金匮乏

长沙市 H 社区在发展公益服务的道路上最大的阻碍是社区人才和资金的匮乏。社区在运行社区公益服务保障项目的时候，往往没有专业人才、缺乏足够的资金，因此公益项目不能达到预期效果，也不能实现长期运营。

1. 人才储备不足

社区公益服务长效发展的核心就是人才的储备，社区人才队伍的建设至关重要，在提高社区公益服务水平、解决群众苦难、化解基层矛盾等方面发挥着重要的作用。特别是在开发新的公益项目、提升公益服务专业度方面，人才是关键因素。长沙市 H 社区目前面临着人才队伍年龄断层、学历水平较低的困难局面。社区没有相关专业的对口型人才，干部队伍的老龄化使得社区公益服务的开展缺乏创新性、活力性。

"我们工作人员中，30 岁以下的只有我一个人，30～40 岁的工作人员就 3 个，基本上都是四五十岁以上的。以前还有一些拆迁户安置在社区工作，在社区上班，他们电脑也不会用，什么都不会。现在是信息化的时代，如果不会电脑，就跟不上时代，所以社区工作队伍老龄化严重。年轻人都不愿意来社区上班。"

在社区公益服务保障中社区暴露的人才供给不足、业务能力欠缺、人才难以留住等问题，也从侧面反映出我国基层人才队伍建设的一些弊端。人才流动性强、岗位职责边界模糊、工作负荷过大等诸如此类的问题值得深入研究，国家也应该加强顶层设计。

2. 资金拨付不足

资金是社区公益服务保障项目启动的基础，"巧妇难为无米之炊"，资金的匮乏是长沙市 H 社区公益服务发展的又一障碍。目前政府给予各个社区的工作经费十分有限，而且无论社区大小、人口多少，都是统一标准。这就给类似长沙市 H 社区这样的大社区、老旧社区带来了巨大的资金压力。

"社区大，需求就多。政府不是不重视基层，政府现在越来越重视基层了，因为每个人到头来都是社区的居民嘛。我感觉这个要分层次来说，尤其是老百姓需求量大的问题，需求量增多但工作经费不随之增加就有点乱套了。"

资金不足是众多社区开展公益服务不顺的共性问题，也几乎是社区所有工作顺利开展的难题。虽然政府正在逐年增加社区工作经费，但增速与增幅远远补不上社区的资金缺口。长沙市 H 社区往往是依靠劳模创新工作室以及社区名人带来的影响来弥补社区公益服务经费不足的问题，但"财政拨付 + 劳模效应"也仅仅勉强维持已有社区公益服务项目的开展，若需开发新项目、提供新服务还需解决资金匮乏的问题。

（三）制度环境不够完善

前述章节已然提到制度环境影响着社区公益服务保障的发展，良好的制度环境才能换来优质的社区公益服务。在良好的制度环境下，社区公益服务的各个供给主体才能最大限度地发挥其功能与作用，政府不约束、市场不垄断、组织多合作、公民广参与，一套多元化的社区公益模式才有根本的保障。目前，长沙市 H 社区在发展公益服务过程中缺乏微观制度的规制。虽然中央和省市一级对于如何促进社区公共服务发展给出了指导建议，但对于具体如何发展社区公共服务中的公益服务项目政策阙如。这不仅仅是长沙市 H 社区所面临的困境，也是我国大部分社区所面临的发展困境。

（四）社会组织参与不足

社会组织作为社区公益服务供给的主力军，类型广泛的社会组织能有效着眼于社会关系网络，通过培育社会资本进入社区公益服务领域，能够有效地丰富社区公益服务种类，提升社区公益服务质量，将专业化、个性化的理念带入社区。然而在调研过程中发现，很少有社会组织参与到长沙市 H 社区的公益服务之中。目前，长沙市 H 社区的社会组织参与度有限，项目成效较好的是"快乐老年大学"。在社区"一核多元"的公益服务发展模式中，社会组织只是起到辅助作用，协助社区开展公益服务，没有有效发挥社会组织自身的优势。

第三节　社区公益服务的不足与发展

社区公益服务保障经过多年的发展，截至 2020 年底，全国共有各类社区服务机构和设施 51.1 万个，城市社区综合服务设施覆盖率达 100%，便民利民服务和志愿服务蓬勃开展，截至 2020 年底，全国注册登记的志愿服务组织为 9480 家，社区公益服务志愿者数量持续增加。信息化、智慧化社区建设在部分地区探索起步，信息化与社区公益服务保障正深度融合，提高了社区公益服务便捷性和群众满意度。与此同时，社区公益服务保障体制机制持续创新，社会多元主体广泛参与，以社区为平台、社会组织为载体、社会工作专业人才为支撑的"三社联动"社区服务机制向纵深发展。实践证明，加强社区服务体系建设，提升社区公益服务质量是增强社区居民获得感和幸福感的民心工程，是稳增长、促改革、调结构、惠民生的基础工程。长沙市 H 社区的公益服务模式为其他地区提供了新的发展思路，同时也需要明确的是，长沙市 H 社区公益服务发展道路上所出现的问题不仅仅是长沙市 H 社区的个性问题。"小切口，大问题"，长沙市 H 社区公益服务发展所反映出的问题归结来看是我国社区公益服务保障整体发展所遇到的问题。

总体来看，我国社区公益服务保障发展还处于初级阶段，社区公益服务的发展水平还与全面小康社会的总体要求存在一定差距，尚不能满足人民群众日益增长的美好生活需要。发现社区公益服务保障发展的困境，分析困境背后的深层原因，厘清社区公益服务保障发展路径，才能更好地完善社区公益服务保障体系，打造具有中国特色的社区公益服务保障，满足人民日益增长的服务需求。

一　社区公益服务的不足

学界已有研究对于社区公益服务的发展困境有不同的看法。一是激励机制不健全，陈晓春认为社区公益服务缺乏多元、完善的激励机制，特别是负激励不足，[①] 同时缺乏相应的法律保障，应该构建社区公益服务发展

[①]　陈晓春、钱炜：《城市社区志愿服务激励机制研究》，《福建行政学院学报》2010 年第 3 期，第 35~40 页。

的法律和政策体系，制定出台促进社会公益服务组织发展和广泛开展社区公益服务的社会政策。[①] 二是组织结构不完善，组织自主性不足，组织队伍缺乏专业培训和能力提升，[②] 社区服务队伍建设处于起步阶段，社区人才匮乏。三是从社区公益服务发展形式角度出发，部分学者认为社区公益服务组织存在行政化、运动化、形式化的倾向，[③] 强调社区公益服务的自治化与自主性。四是社区资本的视角，[④] 社区公益服务的发展需要依赖一定的信任、社会关系网络及公益文化观念，"信任、合作和公民参与"等社会资本的缺失，影响了居民参与社区志愿服务的积极性。[⑤] 五是多元化治理的视角，部分学者认为目前我国社区公益服务发展中存在资源短缺、内部管理及参与不足等问题，[⑥] 这类问题能够通过将其他主体纳入治理体系的网络来解决。[⑦]

综合文献梳理，我国社区公益服务保障大方向的发展是乐观的、向好的，但在发展过程中依然存在诸如无意愿、动力小、资源匮乏、组织单一、持续性差等问题，这些困境需要在实践中发掘并探索解决方案。

（一）社区公益服务资源匮乏

社区公益服务的发展离不开社会环境中的资源支持，社区公益服务发展所需的两大资源——人才与资金是其高速发展的重要保障。然而，在实际情况中，大部分社区的人才与资金严重匮乏，难以为社区公益服务提供一个良好的发展平台。

1. 人才的缺乏

人才是发展的第一资源，社区公益服务保障队伍整体素质较低，暂不

① 杨团：《社区公共服务论析》，华夏出版社，2002，第235页。
② 钱雪飞：《志愿服务何以持续：社团化运作的优势与路径分析》，《南通大学学报》（社会科学版）2015年第4期，第123~128页。
③ 张勤、武志芳：《社会管理创新中社区志愿服务利益表达的有效性》，《理论探讨》2012年第6期，第17~21页。
④ 张必春、黄诗凡：《社区公益何以持续》，《社会科学研究》2020年第5期，第122~129页。
⑤ 涂晓芳、汪双凤：《社会资本视域下的社区居民参与研究》，《政治学研究》2008年第3期，第17~21页。
⑥ 张必春、黄诗凡：《社区公益何以持续》，《社会科学研究》2020年第5期，第122~129页。
⑦ 毕素华：《网络治理视野中公民的社区志愿服务参与》，《理论探讨》2010年第6期，第136~140页。

能很好地适应公益服务快速高质量发展的要求，这是制约社区公益服务发展的一个重要因素。人才资源的缺乏主要表现在以下两个方面。一是专业人才的缺乏。社区公益服务要高质量地发展，需要专业型、科学性的人才支持。但目前我国社区公益服务面临着高素质专业人才缺乏的局面。社区缺乏心理学、社会学、教育学等学科领域的专业人才，部分社区的专职人员甚至不具备社区公益服务的专业知识和技能。专业人才的匮乏使得社区公益服务面临质量提升的困境，特别是在老年群体照顾、青少年群体帮教、残疾人群体照料方面不能有效实现高质量服务。二是社区人才队伍大龄化。当前大部分社区人才年龄结构不合理，有大龄化倾向。基层年轻人才留不住，对于社区服务工作参与度不高。一方面基层工作人员待遇不高，难以吸引人才；另一方面基层大龄工作人员较多，工作缺乏创新，缺乏前瞻性思维。

2. 资金的匮乏

要满足社区居民公益服务需求，资金是关键因素。各项公益服务的开展都需要资金的保障。在实际运行过程中，资金的短缺一直是令社区公益服务供给者头疼的问题。社区公益服务资金短缺的问题主要源于两个方面。一是上级财政拨付不足。社区工作经费依靠上级财政的划拨，而上级财政往往也面临资金紧张的问题，特别是中西部欠发达地区的县级财政，很难有额外款项用于社区公益服务保障的发展。每年下拨社区的工作经费有限，用于社区公益服务的资金更是屈指可数。二是社区自身资金筹措能力不足。在现实中，社区资金筹措十分困难，类似长沙市 H 社区依靠全国先进工作者的号召力与影响力筹措经费的社区占少数，绝大部分社区依然对政府财政有完全的依赖性，缺乏面向社会、市场独立筹措资金的能力与实践。缺乏专业的资金筹措团队、没有成熟的资金筹措渠道等一系列问题成为困扰社区的资金难题。

（二）基层社区行政负担过重

1. 社区自治性弱化

社区居民参与社区公共事务的治理是社区治理的应有之义，而社区居委会作为社区居民参与社区治理最重要的载体，理应发挥关键作用。我国宪法明确规定：居民委员会不是一级政权组织和行政组织，它是具有一套组织系统的群众性自治组织，是我国城市居民在本居住地域内"自己管理自己、自己教育自己、自己服务自己"从而共同管理好本居住地区各项事务的组织，是人民群众直接管理自己事务的组织形式。但是，在传统管控模式的惯性下，社区居委会蜕变为政府行政部门的下级终端，这种政府与社区自治组织角色的混淆、错位使居委会失去了其理应具有的自治本质规定性。[①] 同时，政府部门将行政控制形式转化为手段对过去的"单中心管理模式"进行翻新改造，这种对原有管控模式的"再包装"并没有改变其制约社区自治的本质。[②] 在实际情况中，社区开展社区公益活动带有较强的行政意味，需要秉持上级部门意愿开展活动，一方面上级部门掌握着对基层社区的领导权；另一方面上级部门控制着对社区的绝对财政权。社区公益服务的开展缺乏基层发挥的空间，在强行政的影响下社区自治性逐渐弱化，对社区公益服务的组织和主导作用逐渐减弱。

2. 社区行政事务过重

在国家强势推动的社区建设背景下，很多政府部门通过管理服务事项下沉、在地化等方式向居委会下达任务、部署工作，将原本隶属于行政机关的工作事项下移办理，包括街道承接上级的某些工作任务也转交给了居委会，使得行政协助性事务成为居委会的主要工作内容。[③] 课题组在与所调研社区的负责人访谈过程中了解到，上级下派的行政类事务太多，类似报表报文、各类检查数不胜数。行政事务过多，社区忙于应付自然就无暇顾及其他工作。

> "没完成任务领导还要找我们谈话，也是相当于把精力分散了，为居民服务的精力就变少了。这还只是冰山一角的任务。还有各种检查，城管检查、民政检查，这里检查、那里检查，太多了。党建检查要求又高又严。一年接到的检查最少四五十项。"

当前的社区工作仍应该是以社区服务为主，社区精力的分散会导致社

---

① 李和中、廖澍华：《行政主导的"村改居"社区治理困境及其化解——基于深圳市宝安区 S 街道的个案分析》，《社会主义研究》2017 年第 2 期，第 105～111 页。

② 郑君君：《公共参与：社区治理与社会自治的制度化——基于深圳市南山区"一核多元"社区治理实践的分析》，《学习与探索》2015 年第 3 期，第 69～73 页。

③ 陈伟东、张文静：《合约理论视角下居委会的制度安排与实践逻辑》，《社会主义研究》2011 年第 2 期，第 90～94 页。

区公益服务效率的降低、质量的下降，当面对社区居民的真实需求之际，往往不敏感或者心有余而力不足，难以有效解决居民群众的需求问题。并且上级任务和居民各类事务纷繁多样，对居委会干部要求也高，"要做全能人"让居委会工作者力有不逮，有时候还觉得"两头受气"。①

（三）制度体系建构相对滞后

制度是维持社区公益服务保障良性发展的根本性保障因素。但随着我国社区服务事业的发展，目前社区公益服务保障所处的制度环境并不理想，制度体系构建相对落后，配套政策法规不完善，监管和评估机制尚未建立，激励机制仍然缺乏。

首先，相关政策法规阙如。目前我国暂未出台关于社区服务或者社区公益服务的管理条例或法律法规，只有现行的《志愿服务条例》可供参考。但是志愿服务条例对于社区方面的公益服务可借鉴之处很少，因而意义不大。在宏观政策层面，仅有国务院颁发的《国务院关于加强和改进社区服务工作的意见》；民政部、财政部联合下发的《民政部财政部关于加快推进社区社会工作服务的意见》，2016 年民政部制定了《城乡社区服务体系建设规划（2016－2020 年）》。在微观层面，各地方政府出台的相关政策法规更是屈指可数。各省级政府按照中共中央、国务院文件精神下发过部分指导性意见，但市一级或者县一级的相关政策并未出台。可见社区公益服务的制度政策极其缺乏。其次，相关政策执行不到位。政策法规位阶低，政策缺乏连贯性，各部门下发文件互不衔接，使得地方执行政策的时候出现偏差。相关实施细则的配套跟不上也会导致具体政策条款执行时大打折扣，导致社区公益服务的发展得不到有效的政策支持与保障。最后，社区公益服务的激励机制缺乏。制度是激励或者约束个体行为和组织行为的规则，个体或者组织都在特定的制度安排和约束下活动。合理的制度安排不仅可以激发个体或组织的主观能动性，使其积极参与社区服务，而且可以通过改变不利于个体或组织行为的外在条件，提高社区服务的产出。

---

① 李劲、刘勇：《行动者间的割裂与内城社区福利治理困境——基于广州市 h 街区长者福利服务体系的考察》，《华南师范大学学报》（社会科学版）2021 年第 1 期，第 117～128 页。

因此，应完善有关协调持续发展社区服务的制度基础。① 当前制度环境下激励机制的缺乏使得各方主体参与社区公益服务保障的积极性不够高，社区公益服务活动的开展缺乏长效性，往往是组织或个人一时兴起参与到公益活动中。专业的社会组织也因基层资金问题不愿参与到社区服务，特别是社区公益服务中来。此外，监督评估机制同样缺乏。社区公益服务保障的开展缺乏第三方机构的评估与监督，往往造成社区公益服务供给方不能如实提供服务，不仅导致政府部门、社区信誉度下降，带来信任危机，同时也损害社区居民的应有权益。

必须认识到，制度环境的不完善是制约社区公益服务发展的根本因素，当前制度建设的落后不能有效地适应社区公益服务保障的高速发展。

（四）社会组织及居民参与不足

基层社会治理新格局提出要完善"党委领导、政府负责、民主协商、社会协同、公众参与、法制保障、科技支撑"的社会治理体系，重点突出构建"共治共建共享"的基层治理制度。社区公益服务的多元化供给模式要求社会组织及社区居民广泛积极参与，如果仅仅追求多元主体参与的形式而忽视多元主体在社区公益服务活动中的实质作用，则必然使得社区公益服务多元主体格局目标落空。当前，在行政化干预模式的影响下，作为社区治理参与主体之一的个体公民逐渐丧失了对社区公共事务的关注与参与热情，而自治组织的多数精力都集中于街道及各级政府部门所交派的任务中，对于社区治理工作的组织和主导日益弱化，处于一种"无作为"或"边缘化"的状态。②

1. 社会组织参与度不高

社会组织参与社区公益服务的机制不完善导致了社会组织参与社区公益服务保障程度不够。由于社区居委会逐渐行政化，其服务的职能被削弱，很难为社会组织提供一个良好的组织运行平台。社区居委会所需要的公益服务也基本是承接上级要求，与社会组织合作的公益项目流于形式，不能

---

① 孙双琴：《社区服务发展不平衡的制度原因》，《城市问题》2007年第2期，第68~71页。
② 郑杭生、黄家亮：《论我国社区治理的双重困境与创新之维——基于北京市社区管理体制改革实践的分析》，《东岳论丛》2012年第1期，第23~29页。

真实地反映社区居民需求。此外，由于激励机制的缺乏，社会组织只能依靠自身使命完成社区公益服务保障，难以使社区公益服务保障项目实现长效性的发展。如出现"运动式社区参与"的怪象，即每逢过年过节，社区辖区内单位和部分企业领导就会扎堆派发节日礼品，慰问社区弱势群体，以彰显各自单位、企业的公益精神。①

2. 社区居民参与热情不够

原有的单位制解体后，居民归入社会纳入社区，原有体制下维系社区的情感纽带不再存在，城市社区内"熟人社会"遭到削弱，社区居民之间大多是点头之交，邻里关系也不如从前。

> "现在邻居之间几乎没有什么往来，也不能说是关系不好，只能说是相互之间的交流不多。"

社区年轻群体并不热衷于社区事务，老年群体自发组建的自治组织大多以丰富业余生活、开展文化活动为目的。社区对大多数居民而言仅仅是居住休息的所在地，能维持基本运转即可，居民们"只是邻里"，居民对社区公共事务的参与主动性不足，社区参与的热情低甚至冷漠。并且由于欠缺自组织化力量，受理性化机制影响的居民要么放弃问题解决，要么更多的还是指望用体制途径去解决。

（五）社区公益服务主体间协作不足

从实践经验来看，社区公益服务保障各主体间协作越充分的社区，其公益服务发展越有成效，公益服务的发展越有活力。社区公益服务保障主体不仅仅包含政府部门，更是包含社会组织、营利性组织、非营利性组织、自治组织等各类社会主体。然而，不同类型的组织拥有着不同的组织价值与使命，对社区公益服务保障也存在不同的看法。因而在社区公益服务供给中难以达成一致意见、形成合力，共同推进社区公益服务保障的发展。由于目前我国大部分社区自身的公益服务能力不强，难以为驻区单位和企业提供急需的社区服务，一些辖区单位也是垂直部门，几乎与社区没有任何业务往来，单靠动员和热情并不能建立共驻共建联谊机制。在多元供给

---

① 尹浩：《城市社区建设：发展态势与转变方向》，《求实》2016 年第 7 期，第 55 ~ 65 页。

模式下，社区公益服务保障能够获得更多的社会资源，但同时"多中心"的格局会带来供给平台的不稳定、主体间沟通的不顺畅。

此外，在城市社区，街道办、居委会、物业公司、驻区单位、社区组织以及普通居民等都有着自身的利益诉求，并时常处于一种博弈和斗争状态。在经济新常态下，社区内各大主体间的利益博弈与斗争将愈演愈烈，社区居民利益诉求将更趋强烈，利益主张将更加多元，利益分化也将更为严重，成为影响经济持续发展与社会和谐稳定的重要因素。[1] 由此可见，基层社区日益强烈化、多元化的利益诉求，集中挑战着基层政府以及社会统筹各方面利益关系的能力。

二 社区公益服务的发展路径

社区公益服务保障经过多年的发展，其服务质量得到大幅度的提升，服务种类得到极大的丰富，但依然存在上述困境制约着其长效的发展。社区公益服务保障的复杂性、多样化以及社区居民需求的高标准，决定了社区公益服务保障的发展无法一蹴而就。随着社会的不断发展与进步，人民群众生活水平也随之提高，其对美好生活的向往有新一层次的含义，在这一阶段中社区公益服务保障可能暂时落后于社区居民的需求，出现供给与需求不匹配的局面。为改变这一局面，社区公益服务保障需要不断地克服自身发展过程中遇到的种种困境，实现新的质的飞跃以契合社会发展水平的新高度。因而，社区公益服务保障的发展是一个不断改进、不断完善的"螺旋式上升"的过程。在这一过程中，发展路径的选择至关重要，针对当前社区公益服务保障发展的困境，应该构建一套全方位、多层次的发展方案，不仅仅是完善制度配套，更要考虑资源的补充与活力的注入。社区公益服务保障的发展与完善需要以"一核多元"为核心理念，这一理念很好地为社区公益服务保障的发展提供了一种新的思路：探索建立多元化的发展路径，优化社区公益服务供给格局，从整合服务资源、改革行政体系、健全制度保障、促进全民参与、加强主体协作等方面着手打造社区公益服务保障发展新格局。

---

[1] 徐向文、李迎生：《志愿服务助力城乡社区自治：主体协同的视角》，《河北学刊》2016 年第 1 期，第 164～170 页。

（一）整合社区服务资源，建立资源共享机制

社区服务的生产和供给伴随着服务资源的消耗，没有资源支撑的社区服务犹如无本之木、无源之水。[①] 基层社区资源的丰富程度决定了该社区公益服务水平的高低以及种类的多少。面对社区公益服务资源不足的困境，特别是在人才、资金方面的短缺问题，及时整合社区资源，拓宽社区公益服务的资源获取渠道，建立社会资源共享机制，为基层社区供给专业人才与专项资金是满足居民社区公益服务需求的重要手段与主要途径。

国内诸多学者对社区公益服务的资源整合进行了一系列系统性的研究与探讨。对于社区资源整合主体的研究，学界虽然对资源整合的参与主体有不同的看法，但在多元主体参与整合这一理念上是相互契合的。杨鹏认为参与社区资源整合的主体应该包含政府、社区居委会、企业以及社会组织等。马西恒的研究中提出基层党组织、政府、服务机构、自治组织以及社区居民是资源整合的五大主体，因而要推动这五大主体有机结合，促进主体间做出有意识的适应性调整。杨宏山对资源整合的各方主体进行了角色定位，认为政府是指导者、安排者和责任者；社会组织是供给者；企业是资源丰富者；社区居委会是协调者。

有效整合并优化配置社区服务资源是调整社区公共服务结构、满足社区居民需求的主要途径和重要手段。通过将分散在政府、社区组织、驻社区单位以及居民手中与社区服务相关的人力资源、资金资源、组织资源、信息资源等加以有效地整合和开发，有利于提高社区现有资源的使用效率和利用程度，[②] 从而有效缓解社区公益服务资源有限性与社区居民对公益服务需求多样性之间的矛盾。在资源整合体系中，政府要占主导地位，牵头整合社会资源，为社区公益服务保障的长久发展提供更广阔的发挥空间。作为基层组织，社区居委会在充分发挥本社区已有的资源优势的同时，积极与其他社区合作，对一些社区公益服务资源进行共享或者共同开发新的资源，做到多渠道整合资源，这不仅可以促进本社区的发展，还可以带动

---

① 黄家亮、郑杭生：《社会资源配置模式变迁与社区服务发展新趋势——基于北京市社区服务实践探索的分析》，《社会主义研究》2012 年第 3 期，第 70 ~ 74 页。

② 张贵群：《社区服务精准化的实践困境与实现机制》，《探索》2018 年第 6 期，第 146 ~ 153 页。

其他社区共同发展，有效推动社区服务事业的壮大，同时还可以统筹兼顾，协调好各利益主体的关系，极大满足广大社区居民的需求。一是要整合政府资源，政府应当结合社区的实际情况综合考虑辖区面积、人口规模、年龄结构、需求结构等因素制定资金拨付政策。统筹协调政府各部门在政策制定与执行过程中的相互衔接，促进政府资源向重点地区、重点人群、重点服务类型倾斜，确保社区公益服务的质量。二是整合社会力量，鼓励和引导社会力量以兼并、收购、参股、合作、租赁、承包等多种形式参与社区公益服务。积极拓宽社会力量进入社区公益服务领域的渠道与途径，逐步实现社会力量在社区公益服务供给中占主导地位的目标。三是整合社区居民资源，社区居民既是社区公益服务保障的享受者，也可以是社区公益服务保障的供给者、参与者，其自身资源的高度整合与有效利用也能对社区公益服务的质量与种类产生积极影响，应按照"共建共治共享"的理念，支持和鼓励社区居民以自助和互助的方式主动参与社区公益服务保障。

（二）推进行政体制改革，强化基层社区自治

党的十八大指出推进国家治理体系和治理能力现代化建设，这是党自上而下推行的行政体制改革，与之前的"大部制"改革遥相呼应。大部制改革是对行政部门硬件能力的建设，而治理体系的构建是组织软件能力的提升。在这一背景下，我国政府社会职能的行政组织体系应由分散的官僚制科层化向系统性、协作性与整体性方向转变，打破"碎片化"模式下的组织壁垒和自我封闭状态，强化各职能部门之间的合作与协调，促进政府管理信息资源的共享。[①] 推进行政体制改革、为基层社区减负，不仅要加强顶层设计，也要注重基层创新，实现上下联动，达到共同发力。

1. 自上而下的减负

在思想认知层面，引导广大干部坚持实事求是的思想路线，坚持人民利益至上，不仅要对上负责，更要对下负责。在制度设计层面，通过顶层设计的根本性制度改革，减少行政管理的权力层级，加强公共权力的民主化运行，赋予基层政府更多权能，加大对基层组织的民主监督和民主评议，

---

① 尹浩：《城市社区建设：发展态势与转变方向》，《求实》2016 年第 7 期，第 55～65 页。

巩固基层组织的自治化力量。① 在关键领域上面，中共中央办公厅明确要求在发文开会方面从领导机关抓起，逐层逐级对精简文件会议设置硬杠，杜绝层层开会、多头发文的现象，不开不解决问题的会议，不发不切合实际的文件，坚持"少开会、开短会、开管用的会"。② 特别是在互联网高速发展、即时通信技术发达的现今，在下发工作任务、考查基层绩效时，纠正只听汇报、要材料、查痕迹的片面做法，不以微信群和政务 App 上传的图片视频作为工作实效的评价，要在手段上进行创新，必须充分运用大数据、云计算、人工智能等信息化便捷化手段来优化政府管理，提升行政效率，改进和优化督查考核工作。

2. 自下而上的优化

首先，加强基层党组织建设，进一步巩固基层党组织在社区公益服务保障中的核心领导地位，充分发挥党组织以及党员在社区公益服务保障体系中的独特优势。加强基层党组织服务能力的建设，转变领导理念，将"管理"转化为"服务"，实现党组织的组织嵌入和价值引领，将党组织深深融入行政组织、市场组织、社会组织和群众组织，例如，在业委会和物业公司中建立党支部，培育组织的凝聚力与号召力，从而实现社区公益服务供给的合力，为多元化供给模式的发展奠定政治基础。其次，在县级政府层面推进政府大部制，按照相近职能整合、加强部门协调的要求，优化行政结构、提高行政效能。理论表明，层级较高的政府应当注重政治职能，而层级较低的政府应当注重服务职能。社区作为政府在基层的延伸，是人民群众直接接触与交流的第一岗位，为社区群众直接供给服务，因而必须尽快优化政府行政体制的纵向结构，增强基层政府，特别是社区居委会的服务职能。最后，要明确简政放权、属地管理不应成为上级党委和政府推脱责任的借口，督查考核的"板子"不能一律打在基层身上，必须创设科学的督查方法，树立层层有责、层层担责的明确导向。基层的职责不能推给上级，上级的职责也不能甩给基层，各层干部的干事创业热情都要激发出来。③

①　周少来：《让制度发力为基层干部减负松绑》，《人民论坛》2020 年第 34 期，第 36～38 页。
②　《中共中央办公厅印发〈关于解决形式主义突出问题为基层减负的通知〉》，《人民日报》，2019 年 3 月 12 日。
③　杜治洲：《为基层"减负"重在创新》，《人民论坛》2019 年第 19 期，第 37～39 页。

（三）完善制度保障体系，探索科学运行方式

社区公益服务保障发展的困境与其背后的制度安排密切相关，因此，从制度层面建立完善社区公益服务保障持续发展的有效机制是解决社区公益服务发展困境的根本之策，也是社区公益服务有序发展的根本保证。实现社区服务的精准化、优质化与多样化需要从制度层面进行一系列安排和设计。健全的制度体系一方面能为社区公益服务的创新提供指引和支撑，另一方面能将社区公益服务创新取得的成果加以巩固。没有完善的、科学的制度保障，社区公益服务保障的多元化发展就会出现体系失衡、无序介入的问题，甚至是争权夺利的现象，无法有效保障社区公益服务的质量，从而损害社区居民的合法权益。

1. 完善基础性制度政策

从宏观层面出发，国家在社区公益服务发展的关键领域和薄弱环节要加强总体规划和顶层设计，加快完善相关法律法规和配套制度建设。从微观层面出发，政府相关部门以及立法机关应根据本地社区公共品供给的实际情况，制定或修订相关政策法规及实施细则，地方政府以及社区要建立专门的管理制度，完善公益服务项目的内部组织架构和各项规章管理制度，细化分工、明确重点，从而达到提高社区公益服务质量的目标。

2. 建立激励、监督与评估机制

基础性制度确保社区公益服务保障能够正常运行，而激励、监督与评估制度则保证社区公益服务保障能够高效优质地运行。建立包括决策制度、监督制度、科学评估制度等制度在内的辅助性制度，使社区公益服务保障项目的运行有章可循、有规可依，同时约束社区各类服务组织的不规范行为，构建起社区公益服务保障有序发展的规范体系。① 在监督与评估机制方面，政府部门以及社区居委会作为社区公益服务的倡导者、购买者，要充分发挥公共权力的评估和监管作用。对其他主体供给社区公益服务的过程、质量、服务对象的满意度进行监督与评估，确保所提供的公益服务能够达到预期效果，切实地满足群众的需求。同时，各主体内部也应当建立

---

① 陈雅丽：《城市社区服务供给体系及问题解析——以福利多元主义理论为视角》，《理论导刊》2010年第2期，第13~15页。

评估与监督机制，制定相关的行业标准与供给行为准则，共同推进服务质量的提升。此外，还应该建立社会公众监督、评估机制，让社区公益服务在阳光下运行，避免出现"红十字丑闻"。在激励机制方面，政府应当加大对社区公益服务保障事业、服务主体的制度扶持，对积极参与社区公益服务保障的社会组织加大财政补贴力度，帮助建立人才培养体系；对积极参与社区公益服务保障的商业组织应当给予政策优惠，适当减免税收，并给予一定的资金奖励。

3. 制度稳定与动态调整的平衡

制度的稳定与调整并不冲突，社区公益服务保障想要发展，必须要有与时俱进的制度体系给予根本性的保障。一方面，社区公益服务的制度体系需要稳定，这是各项主体能够正常、充分参与社区服务事业的基本保障；另一方面，要使社区公益服务发展跟上时代发展的脚步，适应社会发展的水平，就必须按照动态化制度建设思路构建科学规范的政策纠正、调整机制。制度体系的建设不能一味地寻求稳定，也不能单纯地追求调整。

（四）培育全民参与意识，大力发展社会组织

社区居民与社会组织是"一核多元"供给体系中的两个重要主体，培育社区居民的参与意识能够有效扩大社区公益服务保障的群众基础，从而使得社区公益服务保障更加贴近群众，满足广大人民群众最根本的需求，大力发展社会组织能够增加社区公益服务供给力量。

1. 培育公民参与意识

社区居民既是社区公益服务保障的受益者，同时也可以是社区公益服务保障的践行者，培育社区居民的参与意识、提升社区居民的参与能力是"一核多元"体系建设的基础。首先，加大公益服务宣传。提升社区居民自我管理、自我服务的意识，要让社区群众深刻认识到社区公益服务保障可以由群众自己管理、自己参与。社区居民的参与不仅是解决社区公益服务有效供给的关键，而且是培养社区居民责任感、增加社区居民归属感、鼓励其积极参与社区公益服务合作供给，从而降低社区公益服务供给成本的有效方法。其次，支持鼓励社区自治组织发展。社区自治组织本质上是社区部分群体的利益集合体，这些组织除了可以满足特定群体（诸如广场舞队、书法队、国学队等文化类组织，治安巡逻队、帮教队、助残队等服

务型组织）的特定需求外，还承担着表达特定人群的利益诉求、参与社区治理的重任。最后，创新社区居民参与方式，拓宽社区居民参与渠道。对社区居民进行培训教育，使居民获得社区公益服务知识进而提升参与能力。广泛召开居民代表大会、听证会、议事会等，让居民能够多渠道反映自身诉求，同时可以运用互联网等手段创新参与的方式。

2. 大力发展社会组织

党的十八届三中全会提出了"推进国家治理体系和治理能力现代化""改进社会治理方式""激发社会组织活力"等目标和措施。发展社会组织、激发社会组织活力，推动社会组织广泛参与社区公益服务保障是促进多元化发展的有效手段。一是要加强社会组织内部聚合力。鼓励成员相互交流沟通互动，引导组织成员形成共同的价值观念和行动理念，同时培育组织成员的公益意识，为开展社区公益服务保障提供人力基础。二是要增强社会组织外部竞争力。不仅要加大对组织成员的培训力度，提升社会组织自身的服务能力、项目运营能力，更要加强组织的文化建设、硬件建设。社会组织竞争力的提升会带来整个行业领域的繁荣，从而激发社会组织参与社区公益服务保障的热情。三是要优化制度环境，激发组织活力。对社会组织的运行、发展、服务活动给予制度保障，要建立社区社会组织参与社区公益服务保障的制度化渠道，社区在共驻共建联席会议中也要给予社会组织表达利益诉求的机会。从人才、资金、政策等方面给予最大的扶持，以此来激发社会组织参与社区公益服务保障的活力。

（五）理顺主体协作关系，搭建交流沟通平台

党的十八届三中全会提出"推进国家治理体系和治理能力现代化"；党的十九届四中全会提出建设"党委领导、政府负责、民主协商、社会协同、公众参与、法制保障、科技支撑"的社会治理体系，重点突出构建"共治共建共享"的基层治理制度。目前参与社区公益服务保障的主体众多，在给社区公益服务保障带来更多社会资源的同时，也造成各主体之间"各自为政"的局面。在社区公益服务供给的多元化发展阶段，党政部门必须发挥主导作用，引导各主体有序参与公益服务，坚持"一核多元"的发展思路，即"党建为引领、政府为主导、社区为枢纽、社会组织为辅助、社区居民为主体"的思路，明晰各主体在社区公益服务中的权责界限，明确各主体在服务供给中的各自定位。理顺各主体间的协作关系，畅通各主体间的沟通渠道，在社区公益服务供给主体间搭建一个平等互信的交流平台。

1. 明确主体定位，加强相互协作

理顺社区内各类组织的权利关系，建立以党组织为领导、居民委员会为枢纽、社团自治的横向协作机制。党政部门既是社区公益服务的倡导者，也是社区公益服务的购买者、监督者。对于社区公益服务的发展应当给予最大的支持，特别是对基层社区以及社会组织，不仅仅是在资金扶持、人才培养方面的支持，更重要的是尽快完善相关制度政策，为社区公益服务保障的发展营造一个良好的制度环境，对其他社会主体参与社区公益服务给予根本上的制度保障。中共中央、国务院发布的《关于加强和完善城乡社区治理的意见》明确提出，要完善社区组织发现居民需求、统筹设计服务项目的职能。社区居委会作为政府在基层的延伸，同时带有居民自治色彩，其定位应当是各主体间的桥梁、纽带。社区志愿服务内外部要素的有效衔接，离不开居民委员会的统筹和运作，主体间的交流协作平台需要社区居委会出面协调搭建。社会组织应当是社区公益服务供给的主力军，它们作为"一核多元"体系中的重要辅助角色，按照政府、社区要求为居民提供公益服务；同时也遵从自身组织使命、紧贴居民实际需求，主动参与社区公益服务的供给。社区居民是社区公益服务保障中的重要主体，他们既是社区公益服务的享受者，也可以是社区公益服务的供给者，各类居民自治组织为社区提供的丰富活动彰显了"人人为我，我为人人"的服务理念。此外，社区中还有一些大院、机关、企事业等驻地单位，它们的办公场所置于社区之中，自身活动具有独立性，并不直接给社区提供服务，但它们作为社区的一分子往往也积极参与到社区公益服务保障中，成为社区公益服务保障体系中的重要一环。

2. 理顺主体关系，加强沟通交流

明确各主体的权责，划清各自职能界限，才能更好地沟通协作。首先是理顺政府与社区居委会的关系，基层政府对居委会只能进行宏观指导，尽量减少行政性事务摊派，使居委会的工作更多地着眼于社区居民的实际需求，以增强居民对居委会的认同感。基层政府则通过支持居委会工作，来获得威信和合法性支持，从而有利于政府对基层社区实现有效整合，并保证国家对社会的适度介入。① 其次是理顺政府与社会组织间的关系，政府应当明确态度，积极鼓励社会组织的发展，大力培育各类社会组织，正确引导社会组织有序参与社区公益服务保障。社会组织也应当积极响应政府号召，满足政府关于社区公益服务保障发展的要求，作为重要的辅助力量承担部分政府职能，为政府分担财政压力。最后是理顺社会组织与社区居民间的关系。社会组织应当加强与社区居民的联系，深入社区实地调查，切实提供满足社区居民需求的公益服务。社区居民也应积极配合，特别是居民自治组织应当加强与社会组织合作，联合开展多样化、多层次的服务。

---

① 修宏方：《城市社区服务的现实困境及对策分析》，《学术交流》2010 年第 8 期，第 133 ~ 136 页。

第五章　社区福利服务保障

第一节　社区福利服务

20 世纪 80 年代初，城市中的单位社会逐渐萎缩、瘫痪乃至濒于解体，原来"单位办社会"所负担的社会福利职能大部分归为社区，"单位人"逐渐向"社区人"转变，[①] 社区服务由此兴起。我国社区服务既是工业化、城市化的产物，也是我国改革开放的产物。它是在一定层次的城市社区内，根据社区居民的实际需求，建立社区服务设施，开展便民利民服务，开辟社区服务中心，既面向全体社区成员，又突出重点服务对象和特殊需求的福利性服务。社区福利服务是社区服务的重要组成部分与核心所在。1987年，民政部明确将社区福利服务保障纳入社区服务保障体系，并确认其核心地位。为了加强对全国社区福利服务工作建设的指导，推动社区福利服务保障向更高的标准、更具规划的方向前进，1993 年民政部联合国务院所属的 13 个部门颁布了《关于加快发展社区服务业的意见》，制定了《全国社区服务示范城市标准》，并详细规定了社区福利服务资金筹集、服务内容、政策扶持、设施建设以及服务队伍等方面的内容，[②] 这是国家重视社区福利服务的发展并付诸行动的重要标志。自 20 世纪 90 年代起，国家对社区福利服务的重视程度大大加强，学术研究方面也得到一个较大的提升，1993 年之后有关社区服务的文献数量开始逐渐增多，但当时学界的研究基本聚焦于社区服务的一般性介绍，并未过多涉及社区福利服务。知网检索

[①]　蔡宜旦、孙凌寒：《对重构社区福利服务体系的思考》，《山西青年管理干部学院学报》2001 年第 1 期，第 51～54 页。
[②]　中共南京市委党校课题组、曾向阳、周进萍：《关于南京市社区福利服务的调查与思考》，《中共南京市委党校学报》2011 年第 1 期，第 103～107 页。

的文献发表年度统计图显示，有关社区福利服务保障文献的发表起始于1984 年，在此之前我国有关社区福利服务的文章发表处于空白期。

2000 年以后，有关社区福利服务保障的文献数量大幅上涨，在 2012年达到顶峰。这些文章的研究内容主要集中在居家养老服务、残疾人服务、社区照顾等方面，研究对象只限于社区中的弱势群体。学者们对于社区福利服务保障的定义、内容体系、服务范畴、本质内涵等都提出了不同的见解。王思斌从归属范畴的角度出发，确定了福利服务的福利属性，认为这种福利性等同于无偿性，并对社区福利服务的内容进行了系统论述。① 吴鹏森、孙光德、董克用、郑功成等社会保障领域的研究专家也都从社会保障体系建设的角度赞成社区福利服务的福利属性，即从社区福利服务归属于社会保障或者社会福利范畴的视角界定其本质内涵和内在属性。关信平等从社区福利服务保障的实施方式出发，对社区福利服务与商业化服务进行了区分，并探讨了社区福利服务的运行机制。② 唐钧通过研究我国城市社区服务兴起和发展的状况，探讨了其产生、发展的社会—经济背景及其在走向小康社会过程中的发展趋势。并在此基础上，对城市社区福利服务概念的内涵和外延以及社区福利服务对象的范围做了界定。③ 江立华则根据中国社区建设的发展趋向和其他国家的共通经验，对我国社区福利服务的体系以及运作机制提出了许多看法。④ 针对我国社区福利服务存在的问题，王思斌、王增武、⑤ 韦克难、⑥ 金炳彻等学者提出了加强社区福利服务建设、加大社会政策支持等措施予以解决。

伴随中等收入群体规模不断扩大，城镇化、城乡融合发展的步伐不断加快，人民群众对于提高生活水平和改善生活质量的愿望更加强烈，消费

---

① 王思斌：《我国城市社区福利服务的弱可获得性及其发展》，《吉林大学社会科学学报》2009 年第 1 期，第 133~139 页。

② 关信平、张丹：《论我国社区服务的福利性及其资源调动途径》，《中国社会工作》1997 年第 6 期，第 38~39 页。

③ 唐钧：《关于城市社区服务的理论思考》，《中国社会科学》1992 年第 4 期，第 123~136 页。

④ 江立华：《论我国城市社区福利的建设及运作机制》，《江汉论坛》2003 年第 10 期，第 108~111 页。

⑤ 张甜甜、王增武：《我国大陆地区社区照顾研究综述》，《四川理工学院学报》（社会科学版）2011 年第 3 期，第 26~30 页。

⑥ 韦克难：《我国城市社区福利服务弱可获得性的实证分析——以成都市为例》，《社会科学研究》2013 年第 1 期，第 102~107 页。

需求更加多样化。社会的主要矛盾也变成了"人民日益增长的美好生活需要和不平衡不充分的发展之间的矛盾"，中国特色现代社会福利制度建设成为实现两个百年目标的核心。而在社区服务的范畴中，社区福利服务就具有提高人民生活品质的功能，由此通过社区平台，推动多层次的福利服务供给直接对接居民的服务需求，是满足人民日益增长的美好生活需要、提高人民生活品质的有效途径。2016 年 10 月 28 日，民政部等 16 个部门首次发布《城乡社区服务体系建设规划（2016—2020 年）》，2016 年成为中国社区社会工作与社区福利体系建设元年。中国城乡社区福利和追求生活质量时代来临，中国社会正在由 1980 年代的"社区服务"，经由 1990 年代的"社区建设"，进入 2010 年的"社区福利体系建设时代"。① 自此，推动社区福利服务事业更好地发展，满足人民提高生活品质、改善生活环境的愿望被提上了越来越重要的位置。社区和社区建设、社区服务活动"不约而同"地聚焦社区福利服务事业的发展。

一　社区福利性服务的含义

（一）福利的含义

要界定社区福利服务的概念，首先要理解"福利"一词的内涵。几个世纪以来，关于福利的概念内涵争议不断，从经济福利发展到人类基本需要满足，再到人类发展和能力建设，扩展为现在的生存权、公民权利、自由等，福利的概念与内涵在不断完善与丰富，体现了人类对福利追求的发展。②

从词源与语意的角度看，福利起源于古代词语"farewell"，其意思是走或好。在英语中，"welfare"概念是"well（好）"和"fare（生活）"两词的综合，指幸福人生、美好生活或追求幸福生活。③ 在德语中，福利为"wohlfahrt"，也是"wohl"和"fahrt"这两个词语的组合，指的是发展顺

---

① 刘继同、韦丽明：《中国特色现代社区福利制度框架与幸福和谐社区建设》，《浙江工商大学学报》2019 年第 2 期，第 102～109 页。
② 姚进忠：《福利研究新视角：可行能力的理论起点、内涵与演进》，《国外社会科学》2018年第 2 期，第 53～67 页。
③ 刘继同：《社会福利与社会保障界定的"国际惯例"及其中国版涵义》，《学术界》2003 年第 2 期，第 57～66 页。

利，向理想方面发展①。在汉语的构词法中，福利属于同义复合词，即福和利的意义相近。福在中国是一种福文化，福的本义是幸福和福气。中国儒家经典名著《尚书洪范》提出五福：一曰寿，二曰富，三曰康宁，四曰攸好德，五曰考终命，即努力达到长寿、富贵、健康安宁、遵行美德、善终正寝。传统习俗中，五福合起来就构成幸福美满的人生。"利"字在《说文解字》的解释为："利：铦也。从刀，和然后利，从和省。"这里的"利"的本义是指刀剑锋利，刀口快，表示以刀断禾、收获谷物的意思，可引申为收获谷物、得到好处，指一种顺利、吉祥的人生愿望。《论语》中有："君子喻于义，小人喻于利。"因此，"利"的含义就是与道义相对的财货、利益。由"福"和"利"组合而成的"福利"一词早在《后汉书·仲长统列传》就有记载："仲长统傅昌言理乱：是使奸人擅无穷之福利，而善士挂不赦之罪辜。"②韩愈《与孟尚书书》："何有去圣人之道，舍先王之法，而从夷狄之教，以求福利也。"以上两处福利同样都是幸福和利益之意。《汉语大词典》和《辞海》对福利的定义相同，都认为福利是指人们的幸福和利益，这既有实得之"利"的物质层面，如收入、住房、医疗等，也有心理之"福"的精神层面，如自由、公正、安全、友谊等。③可见，无论是在英语、德语还是在汉语里，福利一词的概念虽不完全相同，但其内涵是一致的，即"福利"一词兼具主观和客观、精神和物质的双重规定性，表示让人们获得幸福和利益，过上美好的生活。

在《英汉双解剑桥国际英语词典》中，"welfare"有两种解释，一是physical and mental health and happiness，especially of a person，特指人的身心健康和幸福；二是help given，especially by the state or an organization，to people who need it，especially because they do not have enough money，是指国家或组织帮助那些因生活贫困特别需要帮助的人群。在《牛津英汉双解大词典》中，"welfare"也有两种解释，一是well-being, happiness, health and prosperity，是指福祉、幸福、健康和繁荣；二是the maintenance of per-

---

① 冯敏良：《"福利"的逻辑：从学理到实践》，《天府新论》2014年第6期，第66~71页。
② 张军：《"社会福利"与"社会保障"的再解读——基于我国适度普惠型社会福利制度构建的视角》，《社会福利》（理论版）2018年第1期，第1~8页。
③ 秦永超：《福祉、福利与社会福利的概念内涵及关系辨析》，《河南社会科学》2015年第9期，第112~116页。

sons in such a condition especially by statutory procedure or social effort and financial support given for this purpose，是指通过法律程序或社会捐助使个人生活得以维持，福利事业得到财政支持。① 从词的本义来看，福利概念的第一项解释是幸福，第二项解释是利益。

　　学术界基于不同的福利研究视角与方法，得出不同的概念解读：从经济学的角度看，福利是经济主体（生产者、经销者、消费者）获得的经济价值和使用价值，即经济主体需要的满足，它可以直接或间接地用货币表现和衡量。从社会学的角度看，福利是指人和社会的健全、和谐和发展的状况，也就是人类生活中的幸福和正常的状态。贫困、疾病和犯罪等社会病态是"福利"的反义词。② 从哲学的角度看，福利是从人和人类社会生存和发展的需要中产生的主体对客体的需求关系，它是指人们的需求能否满足以及满足的程度。此外，福利还是人的利益和价值，是人的主观与客观、目的与手段、本质与现象、个体与群体的统一体。我们可以发现，这些视角虽然均基于某种要素优先的思维形成评价性方法，但从学者们对福利的解读与衡量中能总结出福利由两大要素构成，即"幸福"与"利益"。

　　福利中的"幸福"指人们在物质生活和精神生活中由于实现了自己的理想和目标而引起的精神满足或愉悦。虽然人们对幸福的理解和追求会因人们自身需要、满足需要的条件和手段、人的身体素质、心理素质、思想道德素质、智能素质、社会地位、社会关系以及获得身心舒爽的方式和载体等的不同而有所差异，但人们对幸福的感受和理解还是存在共性的。幸福是人的需要的满足和身心的舒爽，这是人类对于幸福含义理解的共同点；福利中的"利益"则指生活上的利益。在《现代汉语规范词典》里，福利的第一项词义是生活方面的利益，特指对职工在住房、医疗、伙食、交通或文化娱乐等方面的照顾。陈立行和柳中权也指出，由于"welfare"中"fare"的词义是指公共设施的费用，所以福利中的"利"是指在公共服务中对贫困者提供一些实物与金钱援助，例如，基本的衣、食、住、医。由此看来，生活上的利益是指让人们能够生活得更好的各种物质条件。

────────────

① 姚进忠：《福利研究新视角：可行能力的理论起点、内涵与演进》，《国外社会科学》2018
　年第 2 期，第 53 ~ 67 页。
② 高鸣放：《福利解析》，《武汉理工大学学报》（社会科学版）2003 年第 1 期，第 25 ~ 30 页。

综上所述，本书认为福利一词有以下一些含义。一是最一般意义上的福利，常指人们社会生活的一种良好的状态和总体上的利益，包含了富裕、幸福、安宁等人们追求的终极价值理想。二是指一种物质的或者是货币的资源分配方式，如福利性住房分配、福利性公费医疗、福利性津贴补贴制度等。三是指对特殊社会成员提供帮助或者特殊服务的方式，常指一些专门针对贫困者、孤寡老人、流浪儿童、残疾人等特殊群体的社会救助和社会服务。因此，福利的概念应界定为：一种由最初的家庭、社区、邻里，进而扩展至社会组织、市场，最终由国家主导性地为全体社会成员提供物质保障和社会服务，以帮助其过上美好幸福生活的社会制度。

（二）社区福利服务的含义

在我国，社区福利服务作为民政部 1987 年开始倡导的社区服务的一部分而存在，"社区服务是在社区内为人们的物质生活和精神生活所提供的各种社会福利与社会服务"。[①] 因此人们对社区福利服务的认识基本上围绕社区服务而展开。20 世纪 90 年代初民政部等 14 部门联合发布的《关于加快社区服务业的意见》指出福利性是社区服务的核心，2000 年国务院办公厅转发民政部等有关部门《关于加快实现社会福利社会化意见的通知》中提出"基本建成以国家兴办的社会福利机构为示范、其他多种所有制形式的社会福利机构为骨干、社区福利服务为依托、居家供养为基础的社会福利服务网络"的社会福利事业改革目标，但对社区福利服务的概念与内涵缺乏明确的界定。不同于社区服务、社区建设、社区治理等政府提出的概念，社区福利服务是社区服务聚焦到福利服务的过程中，由学术界提出并逐渐被社会接受的概念，[②] 王思斌也曾指出社区福利服务"在中国实践的理论概括及分析上还留有很大空间"，同时还表示社区福利服务的理论化"正是笔者力图尝试的"，虽然社区福利服务已成为核心议题之一，但直至今日，学术界对社区福利服务的界定依旧没有达成共识。

从理论和实务模式的视角来看，西方发达国家的社区照顾（community

[①] 刘伟能：《社区服务的理念、功能和特色——为社区服务发展十年而作》，《中国社会工作》1997 年第 2 期，第 7~9 页。

[②] 张继元：《社区福利核心概念和发展路径的中日比较》，《社会保障评论》2018 年第 3 期，第 133~147 页。

care）、社区照顾服务（community care service）、社会服务（social service）、社会福利服务（social welfare service），与社区福利服务有较大相似性，这种以社区为本提供的社会福利服务具有社区福利服务的基本内涵。国内也有部分研究者表示，国外没有"社区服务"和"社区建设"的概念，西方国家在社会福利领域一般用"院舍服务"来界定"收养类服务"，用"社区照顾"来界定社区内的福利服务。然而社区福利服务是在中国政治体制与社会文化环境中诞生并发展的，有着中国特色的制度政策，与西方发达国家的社区照顾存在较为明显的区别。因此，需立足于我国的基本国情与政治体制，从我国的视角出发，探讨社区福利服务的概念内涵。

当今中国的做法，一方面将社区福利服务纳入社会福利体系，强调其福利性；另一方面又将其纳入社区服务的范畴，把视野拓展到居民生活需求的多个层面，强调其服务性。[①] 强调社区福利服务的福利性，是因为社区福利服务是社会福利制度变革的必然产物，是社会福利在社区的缩影，其目的是提高全体社区居民的生活水平、改进全体社区居民的生活质量；强调社区福利服务的服务性，是因为社区福利服务本属于社区服务的重要组成部分，其以服务的方式开展项目，以此解决社区居民的生活问题。社区福利服务作为两者的交集，兼具社会福利体系和社区服务所表征出来的共同特质。

从服务的供给主体及内容来看，江立华认为社区福利服务主要是指社区自治组织和社会组织提供的服务，目的是满足老年人、残疾人、孤残儿童、优抚对象等弱势群体的基本生活需求，同时改善全体社区居民的生活环境和生活质量。[②] 王思斌认为社区福利服务是由政府及社会力量（包括社区基层组织和邻里等）在社区内开办和从事的、面对社区居民的各种福利服务。它既包括物质福利的传送也包括生活服务和精神关怀服务。刘岩指出社区福利服务是在社区工作层面整合资源、增进福利、促进社区成员自我保护的福利性服务，是改善民生、构建和谐社会的重要基石。以社区为基础的福利服务是世界各主要国家福利服务输送的主

---

① 蔡宜旦、孙凌寒：《对重构社区福利服务体系的思考》，《山西青年管理干部学院学报》2001年第1期，第51~54页。

② 江立华：《论我国城市社区福利的建设及运作机制》，《江汉论坛》2003年第10期，第108~111页。

流模式。① 从服务对象的角度看，童星、赵夕荣认为社区福利服务包括面
向有困难老年人、残疾人、优抚对象提供的社会福利服务以及面向全体社
区居民提供的便民利民服务。② 孙元琪提出福利服务的特点是福利性、无偿
性或低偿性及公共性，对象为社区中的全体居民。③ 而孙炳耀和常宗虎则认
为社区福利服务面向弱势群体和优抚对象，充分体现了福利性的本质特
征。④ 从服务的作用功效来看，陈微认为社区福利服务是为社区公民特别
是弱势公民提供的一张安全网：从政策上保障弱势群体的基本生活条件；
承担从企业中剥离出来的福利服务；为人民生活的美满、幸福，社会生活
的稳定、公平提供基本的保障；以社会互济的形式把一部分社会产品补贴
给低收入阶层，使社会收入差距过大的问题得以缓解；通过制度提高公民
的精神文明素质；等等。⑤

　　本书通过对上述文献的梳理，并结合我国城市社区中社区福利服务的
实际情况，将社区福利服务界定为：在社区空间内，以政府为主导、多元
社会力量（包括社会组织、社区基层组织、邻里等）共同参与的，旨在解
决社区居民生活问题、提升社区居民的生活水平及改善社区居民的生活品
质，面向全体社区居民的福利服务的总称。就此定义而言，具有如下内涵。
第一，社区福利服务是政府主导的服务活动。社区福利服务的本质是社会
资源的再分配，政府作为社会资源的最大所有者，是社会福利的最大投资
者，只有国家和政府才有这一能力。虽然随着社区治理的进一步推进，政
策表述层面的"政府主导"转为"以居民群众需求为导向"的指导思想和
"坚持以人民为主体，多元参与"的基本原则，然而在社会组织还未成熟、
壮大的情况下，政府在社区福利服务的供给中依然承担着绝大部分的责任，
发挥着政策指导、宏观规划、财政支持、人才培育等作用。如果缺乏政府
这一主体性作用，即使有其他社会力量的参与，社区福利服务也将难以运

① 刘岩：《社区福利服务新取向 2008 年两岸社会福利学术研讨会综述》，《社会》2008 年第 6 期，第 215～222 页。
② 童星、赵夕荣：《"社区"及其相关概念辨析》，《南京大学学报》（哲学·人文科学·社会科学版）2006 年第 2 期，第 67～74 页。
③ 孙元琪：《福利多元主义视角下的城市社区福利服务》，《现代交际》2011 年第 11 期，第 18 页。
④ 孙炳耀、常宗虎：《中国社会福利概论》，中国社会出版社，2002。
⑤ 陈微：《社会团体介入社区福利的路径》，《浙江青年专修学院学报》2002 年第 1 期，第 46～49 页。

行。第二，社区福利服务的目标是解决社区居民的日常生活问题、提高社区居民的生活水平和改善社区居民的生活品质。对于社区的弱势群体如残疾人、老年人而言，社区提供的福利服务如心理咨询服务、康复保健服务、生活照顾服务等，不仅使他们获得精神上和身体上的自立生活，避免福利机构给他们带来的陌生感、依赖感和孤独感，而且减轻了他们家人的照顾压力，为他们家人创造了能够自立、自主的活动空间，解决了大量生活问题。同时随着社会结构、家庭结构、人口结构的急剧变化，家庭养老扶幼的基础变得越来越脆弱，家庭纽带变得松散。社区福利服务成为一种新的补充力量和依托，发挥稳定家庭生活、协调家庭成员关系的作用。纵观社区福利服务的发展演变，社区福利服务是从托底性社会救济与排他性少数人特权逐渐转变为提升社区居民生活水平与改善居民生活品质的服务项目，因此，将社区福利服务视为狭义的社会福利或社会救助，不仅不符合社区福利服务发展历史的逻辑，也不符合当今社区居民对"美好生活"的追求。第三，社区福利服务的服务对象是全体社区居民，在社区范围内，居民平等享受社区福利服务，社区福利服务是普惠性的社会福利制度，是不具有选择性的。

二 我国社区福利服务的历史演变

社区福利服务作为社区福利与社区服务的重要内容，其在推动我国社会福利事业的发展上发挥着至关重要的作用。然而，关于社区福利服务的发端，不同的学者有不同的意见。有部分学者认为，我国社区福利服务发端于 20 世纪 80 年代，是随着社区服务的产生而产生的。如学者王思斌认为，社区福利服务作为社区服务的一部分，发端于 20 世纪 80 年代中后期的社区服务，在民政部门主管的范围内展开。学者蔡宜旦和孙凌寒也提出，中国的社区福利服务实际上是作为民政部门 1987 年开始倡导的社区服务的一部分而存在的，我国对社区福利服务的认识也基本上围绕社区服务而展开。

作为社区福利与社区服务的交集部分，社区福利服务不仅被纳入社区服务范畴，也是社区福利的一部分。

首先，从内容上来看，社区服务是指发生在社区范围内的，在政府的支持与倡导下，由政府、社会力量或居民们以互助的方式提供的，旨在满足居民日常生活需要的各种服务，包括社区福利服务、社区公益服务和社区商业服务三种。社区服务机制是以服务的形式满足社区居民的日常生活需求；而社区福利是为了提高社区百姓的生活品质，改善社区百姓的生活环境，由各种福利主体所提供的福利总和，其除了包括以服务形式存在的社区福利服务外，还包括社区福利资金以及社区福利设施。由此看来，社区福利服务是社区福利与社区服务的交集部分。

其次，社区福利一般是指针对老人、儿童、残疾人和家庭的"食品、衣物、医疗和教育"等民生层次的福利项目，它是最早出现的人类福利形式[①]。早在我国春秋时代便已经出现了社区福利的雏形，同时也出现了早期人类社会形式的社区福利服务。这就意味着，作为社区福利重要组成部分的社区福利服务并不是现代社会的新鲜产物，要比社区服务出现得更早，其是作为社区福利的重要组成部分起源于人类社会早期。

最后，我国社区服务这一概念是在1987年由民政部部长崔乃夫在大连市社区服务工作座谈会上首次明确提出的。1989年9月，民政部在杭州召开"全国城市社区服务工作经验交流会"，会上提出了在全国广泛开展社区服务的要求。此后，社区服务工作在全国范围内全面推进。社区服务自推广以来，就一直被国家强调其"福利性"，其主要服务对象为弱势群体、贫困家庭以及优抚对象，国家承担着为这些民政对象提供福利服务的责任，旨在改善他们的生活环境，维持他们的基本生活。由此可知，早期的社区服务本质上是狭义的社区福利服务，也是"社会福利社会化"的体现。

通过对社区福利与社区服务发展历程的研究，本书聚焦于社区服务的"福利性"本质，立足于中国社区服务的政策文本演化与实践，归纳出我国社区福利服务的历史演进大致可以分为四个阶段：发端阶段、行政化阶段、社会化阶段与多元化阶段。[②]

（一）中国社区福利服务的发端阶段（皇权统治时期）

社区福利服务，在中国可追溯到古代的周朝。周朝时期便已经出现了社区福利服务思想，如周文王实施了"惠民""保民"的福利措施；管仲

① 夏学銮：《社区福利与社区公益协同共进》，《社会与公益》2010年第3期，第20~21页。
② 韩央迪：《从福利多元主义到福利治理：福利改革的路径演化》，《国外社会科学》2012年第2期，第42~49页。

实施的"致民""安邦"福利措施；楚庄王实行的"老有加惠，旅有施舍"的福利制度。管仲在《管子·入国》这一篇中提出执政者应广施仁政，行"九惠之教"，这在一定程度上类似于现代我国实施的老人福利服务、儿童福利服务、医疗服务、婚姻咨询服务、健康服务、就业服务、创业服务、社会救助服务等，其提倡的内容是现代社区福利服务的重要体现。《周礼》中提出"保息六政"与"荒政十二"。"保息六政"中提出：一曰慈幼，二曰养老，三曰赈穷，四曰恤贫，五曰宽疾，六曰安富。用今天的话说，就是为儿童提供保护服务，使他们能够健康快乐成长；赡养老人，使其能善终；扶助穷人和贫困家庭，维持他们的基本生活保障，改善他们的生活环境；为居民提供医疗保健服务；保障社会安全。"保息六政"被认为是我国古代最早的系统化社会保障政策，尽管当时还并未有"社区"的概念，但在具体实践工作中，古代宗族从事的工作带有浓厚的社区福利服务工作性质。

春秋时代开始，古代的宗族社区修建道路、戏台、风雨桥、茶歇、凉亭、祠堂等社区公共福利设施；兴义学，供养学生读书，为穷苦学子提供免费的福利教育服务；设义庄，赡养孤寡老人，朝廷安排专门的人员为他们提供生活照料服务，同时也鼓励他们互相帮助，互相服务，类似于现代社区福利服务中的"邻里照顾"服务，使他们老有所养，得以善终。到宋朝时期，宋代因其发达的经济，建立了一套覆盖面极广的福利制度。如宋代收养贫困老人的福利机构分为养老院和综合性福利机构两种。"安老坊""安怀坊""安济坊"都是收养"老而无归"人群的养老院；"福田院""居养院""养济院"为综合性福利机构，它不仅收养孤寡老人，还收养流浪乞丐、残疾人和贫困人士等，并设立有专门的官员和医者，为这些老弱病残、无家可归者提供日常生活照顾，如为他们提供医疗救治、生活照顾、教育服务等社区福利服务。从上述可知，社区福利服务在古代便已显现，只不过当时服务对象的范围较为狭窄，仅限于鳏寡孤独、老弱病残等弱势群体和生活困难群体。究其原因，是因为中国古代是封建小农经济，以家庭为生产和生活单位，受封建体制的制约，民间百姓家庭都比较贫穷，只有少量的达官贵人才能过上富足的生活。社区福利服务的推动与发展，往往需要雄厚的资金支持，但中国古代宗族社区的福利服务主要针对弱势群体和贫困群体，难以筹集到更多的资金将社区福利服务普及宗族的每个族人。这也就不难解释为何中国古代的社区福利服务主要集中在封建帝王家族和都城郡治之地,因为只有那种地方,才具备雄厚的资金,可推动社区福利服务的推广与发展。因而社区福利服务随社区福利产生,萌动于中国古代的周朝、春秋时代。

(二)中国社区福利服务的行政化阶段(新中国成立初期至1980年)

在1949年前,经过了抗日战争以及数年内战的中国经济已遭到严重的破坏。当时国家一片萧条,民不聊生,人民的温饱问题、贫困问题成为当时中国亟待解决的问题。基于当时特定的历史条件和背景,新中国成立初期,为了复苏经济,我国建立了计划经济体制。国家通过这种体制几乎垄断了所有资源,通过"单位制"和"街居制"实现了对社会的全面控制,整个城市社会形成一个"类蜂窝状"的社会结构[1]。

单位制是由职工所在单位举办,以职业为依托、以城镇职工为主体,凭本单位正式职工的身份即可享受相关福利的一种消费基金分配形式。在民政福利只覆盖极少数特殊人群的情况下,城镇绝大多数居民的福利保障主要通过各个机关、企事业单位提供福利服务的方式获得。单位制福利大体可分为三类:第一类是为职工生活提供方便、减轻家务劳动而举办的集体福利设施,如宿舍、食堂、浴室、理发室、托儿所、幼儿园等;第二类是为减轻职工生活费用开支而设立的福利补贴,如生活困难补助、冬季宿舍取暖补贴、探亲补贴等;第三类是为丰富职工生活而建立的文化福利设施和组织的活动,如文化宫、俱乐部,以及各种文娱体育活动等。而这些职工福利的开销经费,主要来源于企业与国家的大力支持。不同层级、不同性质的单位依靠所拥有的行政资源和社会资源,为其单位成员提供教育、住房、医疗、子女教育及其就业等全方位的福利服务。

同时,为了更好地实现城市管理,政府在城市辖区以及不设区的市划分了一定的管理区域,一般以万人为地域单位,设立了街道办事处作为政府的派出机构,其目的是把那些不属于工厂、企业、机关、学校的无组织的街道居民组织起来,减轻政府和公安派出所的负担,这就是街居制。

---

[1] 刘杰:《从行政主导到福利治理:社区服务的范式演变及其未来走向》,《新视野》2016年第5期,第92~97页。

1954年12月31日通过的《城市居民委员会组织条例》第一条明确规定，居民委员会设立的目的即为加强城市中街道居民的组织和工作，增进居民的公共福利。街居制的建立，其目的是给体制外的社会成员提供"公共福利"，这些公共福利的资金和资源都由政府承担。虽然当时并无"社区"概念，但在具体的工作实践中，街道办事处从事的工作带有浓厚的社区福利服务工作性质。特别是在1957年基本完成对生产资料私有制的社会主义改造之后，"城市街道办事处除了承担市辖区人民政府交办的日常改造工作以外，还积极组织以家庭妇女为主的闲散劳动力，发展尼龙生产加工和修配服务，开展社会福利事业，以提高街道辖区范围内百姓的生活品质"。

可以看出，计划经济时期的社区福利服务呈现以下特点。第一，它呈现"国家—单位—个体"的垂直行政化的运行模式，国家使用行政权力，对社会福利资源进行自上而下的指令性分配，政府为责任主体，各单位、街道为具体实施者，将福利落实到单位或街道的每个个体。国家在法律和政策规定的范围内，通过财政拨款对街道、机关、企事业单位人员的福利直接负责，通过单位、街道保证人员的福利事务，充满着行政色彩，属于典型的政府包办式供给服务。第二，无论是"单位制"还是"街居制"，在实际意义上都属于补缺型福利。如单位制福利，这种与就业相关联的福利，实际意义上依旧是对工资的补充，尤其在工资水平一直很低的情况下。对于大多数的城镇居民而言，职工福利是其生活不可或缺的资源。而"街居制"则把当时不享受单位福利的个体聚集起来，为他们提供福利服务，"街居制"的服务对象相当于现在的民政对象，颇有扶危济困的意味。

（三）中国社区福利服务社会化阶段（1983～1999年）

1. 社区福利服务行政化到社会化的过渡阶段（1983～1988年）

民政系统对"社区福利服务"的探索起源于福利事业的社会化，1983年4月，在全国第八次民政工作会议上，民政部首次提出要改革兴办社会福利事业的形式，集合国家和社会力量兴办社会福利事业。1984年，全国城市福利事业单位改革整顿工作经验交流会在福建漳州市召开，民政部在会议上提出要实现社会福利事业的"三个转变"，认为社会福利事业要改变单一的、封闭的国家包办局面，转向国家、集体、个人一起办的体制，指出要面向社会，多渠道、多层次、多形式地兴办社会福利事业，确定社会福利事业由封闭型向开放型转变的发展战略。1985 年，民政部总结推广了"四个层次一条龙"的社会福利网络化的"上海经验"，以街道为重点、以居委会为依托的基层福利格局初步形成，我国的社会福利事业开始走上基层化道路。

从表面上看，这一阶段的"社区福利服务"开始了"社会化"路径，但从以下两点我们仍可以清晰判断该阶段"社区福利服务"依然带有行政化的色彩：一是从经费来源分析，此阶段社会福利事业的经费以政府财政拨款为绝对主体；二是从目的分析，此阶段开展社会福利事业的原因在于改革开放之初长期积累的社会矛盾开始显露，单位制的改革使社会福利服务需求和供给短缺之间的矛盾日益突出，其目的是解决我国经济体制改革过程中出现的诸多社会问题，缓和社会矛盾。1987 年 9 月，"全国社区服务工作座谈会"在武汉召开，全国性的社区服务工作进入起步阶段。时任民政部副部长张德江在座谈会上指出："根据我国的实际情况，城镇的社区服务，是指在政府的指导下，在街道有组织地发动社会各方面力量，提倡居民间的互助精神，以灵活多样的社会化服务形式，为社会居民特别是有困难的人提供各类社会福利与社会服务。"同时认为"社区服务是社会保障的重要内容，是民政部门承担社会保障任务的一项重要工作，也是城市社会福利事业的延伸和扩展"。从政策内容也可看出，这一时期的社区福利服务体现着鲜明的行政化色彩。

2. 社区福利服务的社会化阶段（1989～1999 年）

1989 年 12 月颁布的《居委会组织法》第四条规定"居民委员会应当开展便民利民的社区服务活动，可以兴办有关的服务事业"，这为社区服务的产业化提供了法律依据。民政部 1993 年发布的《关于加快发展社区服务业的意见》中，指出社区服务业具有福利性、群众性、服务性、区域性四大特点，要根据社区服务业的不同服务对象和项目，依照社会主义市场经济的法则，采取无偿、低偿、有偿相结合，以有偿服务为主的方式，建立起标准有别的服务价格体系，改变社区服务业价格偏低、价值补偿不足的状况。对老弱病残，服务价格必须优惠；而对社区居民，除国家另有规定者外，价格和收费标准完全放开，实行市场调节，在注重经济效益的同时，注重社会效益。在市场范式的规制下，全国范围内的社区居委会掀起了一股创业热潮。

此举虽然给中国社会带来了深刻变化，但同时也引来了诸多问题。首先表现在政府责任层面。1980 年代末以来，单位体制改革进一步深化，国有企业改制进一步推进，大量原属单位制庇护的社会成员被推向社会，扎根于社区，沦为社会弱势群体，迫切需要社区服务体系的福利介入。但是，更多的地方政府或由于财政资金的紧张，或出于认识上的混乱与不足，不愿在社区服务领域投入更多的财政资金，而是以"社区服务产业化"为由，把更多的本应由政府解决、属于政府义不容辞的职责问题转移给街道、居委会、社会，使得主办主体模糊化，政府职责变成社会互助，结果是该由政府举办的社会福利服务没有得到发展，甚至部分地方的社会福利服务微乎其微。其次是对社区福利服务"福利"本质的伤害。虽然诸多的政策文件都规定在推进社区服务产业的过程中，要注重经济效益，更要注重社会效益，但在政策实际执行过程中，在以经济建设为中心的总体发展格局下，经济效益成为社区福利服务实践中压倒一切的追求目标，很多地方政府和街道办事处甚至给每个社区居委会下达创收指标。在这种导向下，社区居委会围绕社区服务产业化挖空心思，而忽略掉应有的"福利"本质，严重阻碍了福利服务事业的推进与发展。

（四）中国社区福利服务多元化阶段（2000 年以来）

1990 年代末以来，随着生活水平的进一步提高，社区居民对各类服务精细化程度的要求也越来越高。这使当时的社区福利服务面临三大困境：一是服务主体层面，单纯由各级政府提供的公共服务，当时以救助、救济服务为主，福利服务对象主要针对民政对象，福利服务范围不够广，福利服务种类有限，难以满足社区全体居民的福利服务需求；二是服务质量层面，由社区居委会所提供的各类福利服务质量已经不适应社区居民对生活品质的追求；三是发展方向层面，随着市场经济体制的不断发育完善、行政体制改革的不断深入，我国的财税制度、工商行政管理制度逐渐规范，仅仅依靠政府的财政供给无法支撑起福利服务事业的壮大与发展，社区居委会兴办的各类社区福利服务逐渐走进死胡同。

鉴于此，进入 21 世纪以来，中国的社区服务范式实行了重大调整，突出表现在政策文件不再提"社区服务业"，不再强调社区服务的经济效益，转而更加注重强调社区服务的公共性，强调要发展社区公共服务，尤其要突出发展针对弱势群体服务等方面的内容，强调服务主体的多元化。诸此种种均表明，社区服务的福利宗旨在一定程度上得到回归，福利服务多元化开始显现。2000 年 11 月，中共中央办公厅、国务院办公厅转发民政部《关于在全国推进城市社区建设的意见》的通知，指出"社区服务主要是开展面向老年人、儿童、残疾人、社会贫困户、优抚对象的社会救助和福利服务，面向社区居民的便民利民服务，面向社区单位的社会化服务，面向下岗职工的再就业服务和社会保障社会化服务"，其中明确规定"资源共享、共驻共建"是开展社区建设和社区服务的重要原则。从社区服务的内涵界定及社区建设的目的原则分析，此文件强调社区服务内容的社会化和主体的多元化。

福利多元主义理论将福利主体分解为非正式部门、自愿部门、营利部门和政府部门，并认为福利主体的多元化实质是政府在福利领域的权力分散和其他部门包括社会民众在内的社会参与不断提升的过程。2007 年颁布的《"十一五"社区服务体系发展规划》明确规定，"社区服务体系是指以各类社区服务设施为基础，以社区居民、驻区单位为服务对象，以满足社区居民公共服务和多样性生活服务需求为主要内容，政府引导支持，多方共同参与的服务网络及运行机制"，强调社区服务参与方的多元性，此时社区福利服务的多元化已十分凸显。紧接着 2009 年，民政部发布《关于进一步推进和谐社区建设工作的意见》，明确规定要"充分发挥行政机制、互助机制、志愿机制、市场机制的作用，进一步完善覆盖城乡社区居民的社区服务体系，满足居民群众多样化、多层次、多方面的服务需求"。2013年颁布的《民政部关于加强全国社区管理和服务创新实验区工作的意见》中明确指出，要"完善社区治理结构，形成社区党组织领导，社区居委会主导，社区公共服务机构、社区社会组织、业主组织、驻区单位和社区居民多元参与、共同治理的格局"。至此，中国社区福利服务已进入多元化阶段，并作为社区建设、社区治理的目标持续推进。

三 社区福利服务的参与主体及作用

中国在改革开放以后，面对在工业化和市场竞争中出现的诸多问题，政府和企业的职能发生了很多重大的转变。之前由政府和企业承担的许多功能正逐渐被新型的现代化社区所代替，社区福利在我国当代社会服务中的地位凸显，具有深远的意义。在此基础上，社区福利研究不断拓展，开始进入系统化的发展阶段。首先，它符合中国几千年以来的传统福利思想，完善了中国的社会保障体系。通过家庭与宗族来满足社会成员的最基本需求，这与中国传统的农业文明相适应。同时，改革开放之后，借鉴西方发展成果，将国与家的福利概念融入社区之中。由此可见，它不仅符合中国传统文化的底蕴，也是现代中西方文化几经磨合的必然结果。其次，社区福利能为社区居民提供物质帮助和精神支持，使得社区资源得到最大化的利用。通过社区福利，社区内需要帮助的家庭和个人能够得到不同形式和不同程度的支持。再次，促进了我国现代社区的建设和发展，随着社会的发展，我国出现了人口老龄化、社会保障社会化等新现象、新形势。最后，社区福利价值和理念能够推动良好人际关系的建立，促进精神文明建设，因为社区福利为社区居民创造了更多的互动机会，对于安抚他们的心灵、维护社会稳定也具有重要作用。

1. 政府

德国经济学家瓦格纳（Wagner）指出，在社会经济的不断发展过程中，随着生活水平的提高和经济收入的增加，人们对公共产品的需求会相应增加，公共服务部门的规模也会相应扩大。这一观点被称作"瓦格纳规则"，说明社会成员收入水平的提高会使其对政府公共产品有更高需求。多年的改革开放，使中国在社会、经济、政治、文化等方面都取得了巨大成就，特别是经济和社会体制改革使得城市居民从"单位人"转变为"社会人"，人们逐渐认同并适应了社区生活，把社会生活同社区发展联系到一起，形成了对社区的归属感。依据"瓦格纳规则"，经济发展水平提高了人们对公共服务的期待水平，社区发展所面临的主要问题依然是缓解社区公共服务的供给能力和社区居民需求间的矛盾。中国政府依然是社区服务资金的主要供给者，政府供给能力受到政治体制、经济发展水平、市场发展状况、社会自治能力等诸多因素影响。与发达国家政府社区服务资金投入量占全部资金比重相比，中国政府的社区服务资金投入差距不仅体现在数字本身，更体现在我国现有的经济能力，但这并不能否认政府在社区服务发展过程中的主导地位。

政府作为社区福利服务供给的倡导者，在社区福利服务中居主导者地位。在早期的社区福利服务中，政府担任着发起者和提供者的角色，在社区福利服务的资源整合、服务体系建设等方面发挥着举足轻重的作用。政府作为倡导者，其主导地位主要表现在如下几个方面。首先，由于社会结构的转变与经济改革的深入发展，社区居民的需求从以往的物质文化基本需求转化为多样化、个性化的需求，而这些多样化、个性化的需求也随着社区居民生活质量的大幅提升而日趋增长，政府结合人民日益增长的多样化、个性化的物质文化需求提出了"社区服务"这一概念，社区福利服务作为公共服务的一种，是社会福利"社区化"的标志体现，由于其最开始便由政府提供，故带有福利性色彩。其次，政府作为社会的管理者、资源的整合者以及税收的征缴者，在培育与促进社区福利服务发展中具备着其他非政府组织/团体与个人所不具备的独特优势和雄厚资源。最后，社区福利服务更好地发展，需要大量的财政资金支持，主要的途径包括政府购买服务和政社合作的形式，而仅有政府，才能利用雄厚的资金，把社区福利服务事业推上更高的一层楼。此外，社区福利服务的特性也决定了其需要由政府居于主导地位，倡导、集合各主体来提供。在社区福利服务事业构建的过程中，政府在其中的地位举足轻重。正因为政府在其中发挥着至关重要的管理、监督、组织、协调与整合作用，才能确保社区福利服务的本质不发生改变，才能保证每个社区居民都能享受到国家给予他们的生活福利，才能保证社区福利服务始终朝着便民利民的方向前进。

　　2. 市场组织

　　在计划经济时代，"企业办社会"是政企不分的时代产物，本应该由社会所担负的责任交由企业承担，企业担负着职工的生老病死等各项事务，甚至还包括职工的父母和子女赡养与管理职责，企业承受巨大的经济压力。[①] 在市场经济时代，经济体制改革使得企业成为自负盈亏、自主经营的经济主体，企业要把自身所担负法定职能之外的经济负担转移到所生产产品或服务中去，就会导致商品或服务的价格过高，失去社会竞争力，从而被社会淘汰，面临破产倒闭的风险。因此，企业认为担负过多的社会责任是不利于其健康、长远发展的，需要一种有效、健康的途径，既能解决

---

① 陈友华、庞飞：《福利多元主义的主体构成及其职能关系研究》，《江海学刊》2020 年第 1 期，第 88~95 页。

人们的日常物质文化需求，又能减轻企业身上的社会责任重担，这种途径便是企业参与社区服务。须知，企业参与社区服务并不是走"企业办社会"的老路，政企分开并不意味着企业和政府一刀两断，而是在保证企业自主经营的前提下，让企业发扬慈善意识，承担社会责任。企业参与社区服务过程，不仅能体现出企业特有的文化，还能向潜在顾客推荐企业的品牌，亦能展现企业家高尚的人格魅力，最终把社会效益转化为经济效益，进而推动企业可持续发展。这种途径不仅能为社区福利服务的开展提供更多的资金和资源支持，还能提高社区福利服务的有效性，并推动社区福利服务事业快速发展。

市场组织作为社区福利服务的参与者之一，在社区福利服务的配置当中起着基础性、辅助性的作用。市场和社区有着千丝万缕的关系，社区资源的整合以及资金的支持需要企业的帮助，而企业的生存、发展与社区息息相关。企业离开了社区，企业的发展会受到人力、物力、场地等因素的制约。市场组织作为社区福利服务中的重要参与者之一，其辅助性、基础性的地位主要体现在以下几个方面。首先，在计划经济时期，企业承担着为职工及其家属提供"从摇篮到坟墓"各项事务的职责，虽然现在由于国家经济结构的变化与社会福利的"社区化"，企业已经放下了大部分的社会责任，但企业在社区福利事业的推动及其发展中有着不可或缺的作用。比如，市场能提供个性化、高质量的社区福利服务，辐射政府和社会组织无法兼顾到的服务领域，有效地满足不同社区居民的福利服务需求。此外市场具备商业化的运作方式，有利于提升社区福利服务的效率和水平，灵活地克服了政策制度的僵化和滞后的问题，能及时、精准地收集社区居民需求的动态变化，反映社区居民的真实需求，并能在一定程度上满足社区居民多样化、个性化的物质文化需求，确保了社区福利服务资源配置的效率。其次，企业能为社区提供一定的资金与资源。社区服务建设的资金和资源绝大部分来源于政府，但如果没有企业的辅助，社区服务建设所花费的巨大的资金与资源支出足以使政府财政、资源承受巨大压力。企业在一定程度上对社区资源、资金上的支持，有着雪中送炭的效果，能在一定程度上缓解国家财政、资源的紧张和压力。

基于我国基本国情，我国绝大部分地方的社区都面临着经费不足、人手不够等问题，政府的财政投入在社区服务经费的构成比例过大，基层政府部门，包括街道、民政、居委会等必须按照预算计划实施社区服务，缺乏必要的灵活性和自主性，在工作中表现为官僚主义作风盛行、工作效率低下、服务对象的满意度不高等问题。这个时候便更加需要企业能融入社区当中，为社区福利服务提供一定的资金支持，帮助社区整合其资源，为社区居民提供更精准的福利服务。也正因为市场组织在社区福利事业当中有资源与资金的支持，才使得社区居民享受更加符合他们需求的福利服务，同时使得社区福利服务的质量越来越高。

3. 社会组织

社会组织在我国起步较晚，绝大多数关于社会组织的理论都借鉴于西方。但是近年来我国社会组织的发展方兴未艾，其在我国国情的基础上，汲取西方现有理论与模式的优势，建立起一批具有中国特色社会主义的组织，并在我国的社会发展与社区福利服务事业的推进中占据越来越重要的地位。2016 年 10 月，民政部等多个部委首次发布《城乡社区服务体系建设规划（2016 – 2020 年）》，中国现代特色福利服务体系应运而生，为社会组织参与社区福利服务的快速发展提供了便捷通道。2017 年国家发布了《关于加强和完善城乡社区治理的意见》，肯定了社会力量在社区治理体系中的角色与作用，做出了培育社会力量加强社区治理的指示。此后，党的十九大报告也明确提出打造"共建共治共享"的社会治理格局，着力推进基层自治。可见，这对于社区加强与引导社会组织参与社区服务，构建多主体协同参与的社区服务体系有着重大的指导意义。

社会组织作为社区福利服务的重要参与者之一，其具有区别于政府与市场的独特优势，能在一定程度上弥补因市场失灵和政府失灵所产生的问题，其在我国社区服务建设中发挥着不可磨灭的作用。引导社会组织参与社区福利服务，是新时代社区福利服务发展的一个重要方向与举措。作为新时代崛起的一支强劲队伍，社会组织在社区福利服务中发挥着功能代偿与中介的作用，其具体表现如下。

首先，社会组织有着市场和政府所不具备的优势，其可以实现对政府和市场在社区服务方面的功能代偿作用，弥补它们在社会福利功能发挥方面的不足，满足社区居民特别是社会弱势群体的生活、就业、出行、教育、医疗、康复、娱乐等需求。社会组织能为社区居民提供各种福利服务，包括居家养老服务、助残服务以及其他一些文化活动服务等。政府和社区居委会是各类社区福利服务最重要的提供者，但是政府和居委会的服务不可能面面俱到，一些不足和遗憾必然存在，比如我国目前的社区服务对政府的依赖较深，缺乏一定的独立性，存在行政化、营利化和非专业化等一系列带有过渡性特征的问题，严重影响了其在多元化福利体系中的地位和作用。[①] 因此，必须深化政府职能改革和基层政权建设，改变社区服务与政府的依附关系，引入社会组织来承担社区服务的具体运营，以确保其福利性、公益性的实现。社会组织发挥出拾遗补阙的作用，与政府部门合作，为社区居民提供优质、周到的服务，为政府和市场解决了很多它们目前难以应对的问题。在美国，社会组织是社区福利服务最重要的提供者，政府通过向社会组织购买服务的方式把福利服务交还到社会手中，借助于社会组织实现对社区成员的服务任务。因此，作为新时代崛起的强劲队伍，社会组织在社区福利服务中所独有的优势与代偿的作用，是推进社区福利服务发展的巨大力量。

其次，社会组织在社区福利服务中可以起到提供多元化服务的作用。社会组织是不以营利为目的的公益性和互益性组织，其理念与目标都是提高社区居民的生活水平，创造和谐美好的社区环境，这些理念与目标和政府的初衷相一致。仅由政府提供的社区福利服务，在强调了"福利"与"公平"的同时却难以体现出"效率"；而由市场组织提供的社区福利服务，不仅可以满足社区居民多样化与个性化的需求，也具备服务的效率，但市场组织毕竟以营利为目的，在服务的价格上可能不太亲民。而社会组织因其自身的灵活性、公益性，正好可以弥补这两个缺点。其在社区福利服务的供给过程中可以补充其他主体未涉及的领域，在社区福利服务过程中也是不可或缺的。一方面，社会组织的机构灵活性能够有效帮助社区居民满足更多元化、更个性化的物质精神文化需求；其所具有的公益性，可以降低福利服务的所需成本，并提供绝大部分社区居民也能接受的低偿社区福利服务。另一方面，与其他服务供给主体相比，社会组织能够更好地有效运用以及整合来自社会的各项资源，为社区居民提供更有效率的专业服务。

---

① 贾维周：《福利多元主义视角下的城市社区服务》，《重庆职业技术学院学报》2003 年第 4
期，第 21～24 页。

最后，部分社会组织就是社区中的居民志愿者，社区社会组织服务对象也是社区居民，社会组织的草根属性使得其能够更全面细致地了解社区居民的需求状况。除了为社区居民提供优质而细致的服务之外，社会组织还可以向政府部门反映社区居民的需求状况。一方面，依据社会组织的民间性特点，反映居民需求是其职责之一，在履行职能过程中，能够得到底层社会成员的理解和拥戴，有利于社会组织的发展与扩大。另一方面，社会组织也承担着协助政府了解并服务社区居民的任务，直接或间接解决居民所面临的难题。此外，社会组织还承担着向居民宣传政府法规政策的任务，这是其工作任务的重要组成部分，也是职责所在；社会组织在社区开展各种服务活动，在法规政策的约束下，满足居民需要，可以得到政府的认可和居民拥戴，发挥联系政府和居民的中介作用。同时可以间接让政府更了解基层的需求，提出更多符合实情的政策与法律，从而加快社区福利事业的发展。

由此可见，社会组织作为社区福利服务的重要主体，是维系政府与群众沟通交流的重要桥梁，是政府深入了解社区基层实情的重要途径。我们必须坚持社会组织在社区福利服务中的重要地位，坚持社会组织的独有特性，积极引导社会组织参与社区福利服务，为社区居民提供内容丰富、更有效率的福利服务。

4. 社区

随着我国社会结构、人口结构、经济结构的急剧变化，家庭养老扶幼的基础变得脆弱，家庭纽带变得松散。加上西方许多国家"从福利机构到社区福利"的福利去机构化浪潮的推动，中国社会逐渐从大政府—小社会向小政府—大社会转型，即从福利国家化、职业化向福利社会化、社区化转换。① 那么，社区作为社会治理的基本单元，是政府与公众联系的纽带，中国在基于西方"社区照顾"等社区福利服务的实际经验与理论的基础上，根据自身国情，逐渐把社会福利的重担转给社区承担，使社区承担着为社区居民提供各式各样社区福利服务的重任。

作为社会福利与社会治理单位，社区的意义重大而深远。社区，是一

---

① 苏浩天：《福利多元主义视角下社区老年福利供给主体的多元化构建》，《劳动保障世界》2019 年第 26 期，第 23 页。

个居民日常生活的地方，也是最能体现居民日常生活水平、居民物质文化需求的地方，其对上承接政府职能的转移和延伸，对下实际深入社区居民的日常生活，发挥着政府和民众之间的纽带作用。[①] 要想提升社区福利服务的质量与水平，推动社区福利事业向更深层次的发展，就要保持社区载体的地位不动摇。作为社区福利服务的载体和重要参与主体，社区的作用具体如下。首先，根据国家颁布的各式各样的关于社区福利服务的政策与法律，社区能将它们更好地落实到每个社区居民，为居民提供相应的社区福利服务，为居民的生活提供各种便利与福利，提升社区居民的生活质量和水平，为居民提供更加和谐美好的居住环境。除了承上启下的作用以外，社区还是社区福利服务各参与主体的黏合剂。社区把握各个参与主体的功能定位，并在此基础上因地制宜地构建互动机制，积极推动各参与主体之间的对话、协调与合作，将各个参与主体有效联系起来，共同提供更有效、更高品质的社区福利服务。因此，在社区福利事业的推动发展中，社区发挥着至关重要的作用。其次，社区作为社区居民日常生活、娱乐休闲的基本场所，对于本区居民的生活需求、物质文化需求等会有更深刻的了解和认知，社区居民也可以通过各种渠道，比如社区居民理事会、社区居委会信箱、建议咨询中心等，向社区居委会及其工作人员表达自身的诉求，社区居委会及其工作人员经过与社区居民的沟通反馈，反映到上级政府，使上级政府能更加了解居民的基本情况和诉求，进而能更加因地制宜、因事制宜地采取有效的措施，使得社区福利服务更符合社区居民的实际需求，更符合他们多样化、个性化的需求。此外，在社区居委会、社区工作人员的带领下，社区能有效地对社区周边的资源、社会资源进行整合，提高社区资源的利用率，为社区居民提供富有层次的社区福利服务，有利于社区福利服务事业的推动和发展。最后，社区能够有效地将人性化的家庭养老和专业化的机构养老进行完美结合，使老年人能够在并不陌生的环境中享受到多样化的养老服务。社区福利服务包括的内容十分广泛，其中最为重要的便是社区养老服务。由于我国老龄化、少子化现象的加重以及单亲家庭的增加，中国的家庭结构出现了急剧的变化，我国社会迎来了"银发浪

[①] 莫海媚：《福利多元主义视角下社区养老服务的多元主体供给》，《哈尔滨师范大学社会科学学报》2018 年第 4 期，第 45～47 页。

潮"。传统的养老方式已经不再适应社会的发展，家庭趋于小型化，许多年轻人身上背负的重担已经无法让他们抽出时间去陪伴和照顾家里的老人，而传统的机构养老又存在服务质量低、管理不规范、人员素质低下等问题，此外，让老人离开熟悉的环境重新融入一个陌生的环境，也容易让老人受到伤害。而社区却有着让老人在熟悉的环境中养老、享受价格适中的专业照顾的优势，其既结合了中华民族传统的思想观念，在保留了传统养老方式的同时，又能减轻现代年轻人身上的负担，这是被广大老年人所能接受的一种新型养老方式，也只有社区拥有这独特的优势，能提供如此个性化的社区福利服务。

相较于政府，社区更容易动员民众，也更为了解社区居民日常生活中的真实需要。由于国家对社会福利、社会保障方面的投入有限，而社会层面的发育不足，非政府的社会组织和中介机构至今在数量和质量上均不能适应社会职能的分化，也无法全部承接从政府和企事业单位剥离出来的那部分社会职能，包括社会保障的职能。此外，社区福利服务是社区福利的重要内容，其服务水平的高低直接反映了社会福利的发展状况。① 社区不仅作为社会福利的承接者承担着行政命令下达到社区的任务，而且以其实践性与灵活性发展社区福利服务，通过社区的社会力量对社会资源进行协调与整合。因此，社区的地位和作用对于其他非政府组织的参与主体来说，明显凸显出来。社区不仅成为国家保障任务的落实者，而且同各种慈善组织、基金会等社会组织一样，成为地位突出、作用明显的狭义社会保障的运作主体。② 社区作为社区福利服务的依托与承载体，其在政府与社区居民之间充当联系的纽带，上承国家颁布的法律政策，将政策因地制宜地落到实处，为社区居民提供更有效、更高质量的社区福利服务；往下体恤民情，因地制宜、因事制宜，把人民的意见与需求搜集整理反映给上级政府，以更有效地解决社区居民的问题。作为社区居民的日常生活与休闲娱乐场所，社区与居民的生活息息相关，其在社区福利服务的参与中扮演着既独特又重要的角色，正是社区独特的作用与优势以及社区的依托与承载，才

① 孙元琪：《福利多元主义视角下的城市社区福利服务》，《现代交际》2011年第11期，第18页。
② 刘继同：《国家话语与社区实践：中国城市社区建设目标解读》，《社会科学研究》2003年第3期，第104~109页。

加快了我国社区福利事业的发展。

5. 家庭

作为社区福利服务重要内容之一的居家养老服务以及残疾人康复服务，一直以来都是国家重点关注的内容。由于家庭中心的下移、计划生育政策等因素的推动，中国提前步入了人口老龄化阶段。虽然社会上的养老机构以及社区养老在日益普及化与专业化，但这并不意味着家庭在传统养老中退出。相反，不管何时何地，家庭对于老年人来说，都是最想要依靠的港湾。再者，我国关于残疾人福利保障的政策尚不完整，很多的福利设施都把残疾人排除在外，虽然绝大部分的社区都建设了残疾人康复中心，但存在缺乏专业的操作人员、位置不太便利等问题，许多残疾人康复中心形同虚设，残疾群体并未真正享受到康复训练的福利服务，因此，照顾家中残疾人、老人日常生活的重任，还要回归到家庭之中。由此看来，家庭作为社会运行中最小的组织，不仅是血脉亲缘的承载体，更是照顾家中老人、残疾人的重要力量，家庭在养老服务与残疾人服务中的存在与作用，是不可或缺、至关重要的。

在居家养老服务当中，受儒家"孝"文化影响深远的中国家庭都应在养老服务中发挥基础而重要的作用，都须"在场"，子女子孙仍是老人物质和精神上的支柱，家庭成员也必须承担起赡养老人的法定义务。[1] 但在大城市家庭核心化的背景下，家庭成员因工作、地理位置、自身等因素，无法给予家中老人日常的精神慰藉与生活照顾。更甚的是，由于现今家庭中心的下移，当子女各自成立新的家庭之后，家庭的中心往往会从老人转移到孩子，再加上成年人日益沉重的生活与工作负担，家庭在养老服务当中，更多的还是老年人养老服务的购买者与监督者。

家庭作为社区福利服务的"购买者"，其表现如下。其一，随着我国"银发浪潮"的到来，家庭结构逐渐小规模化，很多子女脱离了之前多代同堂的支持模式，开始独立出来组建自身的小家庭，这导致了"纯老家庭"的大量出现。其二，受家庭中心下移、工作压力加重等因素的催化，很多子女都不能对家庭老人日常贴身照顾。在服务的选择方面，子女承担

---

① 李静、沈丽婷：《福利多元主义视角下大城市养老服务主体的角色重塑》，《河海大学学报》（哲学社会科学版）2020年第4期，第70～76页。

起产品选购的职责。一方面，老人的子女可以有效利用社区公开信息平台、社区养老服务顾问点，按需选择养老服务。比如，在老人具备一定自理能力的情况下，子女就可以选择社区低龄老人作为养老服务提供者，既助推互助养老与老年人人力资源开发，还能有效增强家庭照料能力，巩固家庭养老的基础性作用。又或者可选择社区中的居家养老服务，白天的时候让老人居住在"日间照料中心"，使老人免去日常生活中许多事情的不便，到晚上子女可将老人接回住处，这样既能使家中老人得到更多的日常照顾、便利他们的生活，也能使他们享受到家庭的温暖与关爱。另一方面，在大力推行智慧养老的大城市，子女不仅要能够帮助老人筛选智能化养老服务及产品，而且要做他们"生活上的老师"——除了向老人们普及各种相关的养老知识外，还应耐心教会他们如何操作智能产品。只有这样，才能使老人跟上时代的脚步，不会让他们萌生被新科技时代抛弃的想法，从而提升他们自身的生活品质，使他们更好地融入社会。在资金支持方面，目前虽有少部分老人完全不需要子女的资金支持，但大部分老人因生活无法自理需要特殊护理时，仍需要子女的资金支持以购买更专业的护理服务。因此，家庭在社区福利服务中，扮演着至关重要的福利服务购买者的角色。

家庭作为社区福利服务的"监督者"，其表现如下。我国的养老服务历经了两次发展，从以亲情血缘为纽带的传统养老到机构养老，从机构养老到以社区为承载体的社区居家养老。早期的养老服务受"儒孝文化"的影响深重，以血缘亲情为纽带的宗亲关系使得"养儿防老""多子多福"的观念在人们的认知中根深蒂固。早期的养老服务主要靠家庭成员的供给，家中老人的日常生活起居都必须由子女躬亲照料。但随着社会结构、家庭结构等内外条件因素的改变，传统的养老已不再适应社会的需求，因此市场上出现了大批质量参差不齐的养老机构，在一定程度上，这些私人的养老机构满足了一部分家庭养老服务的需要。之所以是一部分家庭，是因为市场上的私人养老机构往往价格昂贵，普通家庭难以承受。而且更重要的是，市场上的私人机构往往需要老人长期寄住于此，离开熟悉的环境再去重新认识了解和融入一个完全陌生的新环境，有悖于许多老年人传统的观念与认知，因此养老机构并不能得到许多老年人的接纳。加之养老机构专业素质不足、专业设施不齐全、管理不规范、价格昂贵不亲民等问题日益暴露，养老机构中各种虐待老人、侵犯老人个人隐私等负面新闻层出不穷，机构养老受到许多家庭的排斥。老龄化的加剧、家庭成员对于养老的有心无力和社会上关于养老的措施、制度不健全，迫使国家寻求更有效的方法来解决养老问题。于是，第三代的养老服务——社区居家养老应运而生，就目前来说，社区居家养老以其弹性化、灵活化、专业化、价格亲民化等特点成为家庭的养老服务首选。

现如今养老服务趋向于多样化、专业化与灵活化，家庭成员不仅要承担筛选与购买养老服务的责任，还需承担起养老服务的监测与反馈职责。首先，众多申请接受专业护理的老年人，大多为生活自理能力较缺乏、失智或失能的中高龄老年人。他们可能无法清晰、明确地表达出自身对养老服务的需求，以及对服务质量、服务效果等满意度。因此需要家庭成员借助多种信息化的手段、渠道对服务供给方进行深入了解、远程监督和把控，多方面了解老人对养老服务的需求和满意度，并及时针对老人出现的相关问题及相关需求对服务供给方提供意见和反馈信息，如此才能保障老人在享受养老服务的过程中得到质量更高、专业化更高的服务，才能达到养老服务所要实现的意义和价值。在监督、把控以及信息互相反馈的过程中，不仅服务供给方的服务效率、服务质量和服务需求感应力得以提高，养老服务事业高质量发展，年轻人也能在这个过程中加深对老人的了解，进而增进家庭成员之间的情感。同时，随着法权知识的普及，新一代的中青年法律意识、维权意识和参与意识都得到大大的增强。如作为监督者的新一代中青年，在老人自身合法权益受到不法侵害时，可以通过投诉渠道反映相关问题或拿起法律的武器，维护老年人的合法权益，监督并促进养老事业与产业的可持续发展。

随着人们对社区福利服务需求的不断上升，社区福利服务也从最开始的仅仅为弱势群体与贫困家庭提供生活基本保障，逐渐扩展到为社区的居民提供各式各样的专业化、精细化和个性化服务来满足社区居民越来越高的服务要求，以提高他们的生活质量与水平，改善他们的生活品质。家庭是组成社区的细胞，社区福利服务事业要得到更为持续持久、生机活力的发展，需要每个家庭的配合与支持。只有家庭有效发挥其监督者与购买者的作用，才能促使社区福利服务事业可持续发展。

社区福利服务是改革开放以来探索的一条贴近基层、服务居民、提高居民生活品质、增强居民生活幸福感、获得感和满足感的社会化福利服务新路子。加强和改进社区福利服务工作，发挥社区福利服务坚实堡垒的作用，有利于扩大党的执政基础，体现政府的施政宗旨。社区福利服务的实施，是党的群众路线在新时期的具体体现。社区福利服务的大力展开与积极推动标志着我们党忠实地代表广大人民群众的根本利益，是社会公平正义的体现。

四 社区福利服务的特点

近年来，社区已经成为老年人福利、残疾人福利、儿童福利等社会福利服务的主要载体，社区福利逐渐成为社会福利的主流运作方式。① 作为社区福利重要内容的社区福利服务，在我国的社区建设中发挥着提高人民整体生活质量、优化社区居民生活环境、有效整合社区资源的重要作用。社区福利服务随着社区服务的深入发展，已完成了五个转变：从"扶危济困"到"增进福祉"的目标转变；从"弱势群体"到"全体居民"的对象转变；从"公共服务"到"社会化服务"的方式转变；从"自上而下"到"自下而上"的机制转变；从"划桨人"到"掌舵人"的政府角色转变。②

社区福利服务是社区福利的重要内容，其服务水平的高低直接反映了社会福利的发展状况。③ 社区福利服务是以营造社区居民的良好生活氛围、提高社区居民的生活质量和便利程度为宗旨，以社区为依托，各社区治理主体通过一定的协商合作机制，共同协调利用社区内外资源，进而提供各项福利服务的总和。从"社区福利服务"的概念出发，结合社区福利服务实践，其基本含义有二：一是"社区"指明了社区福利服务的空间范围，服务对象是社区内的居民，具有相对的封闭性和条块性；二是"福利"表明社区福利服务的非营利性、普遍性和福利性，其不以营利为目的，为社区居民提供低偿或无偿的服务，以提高社区居民的整体生活水平。④

---

① 张继元：《社区福利核心概念和发展路径的中日比较》，《社会保障评论》2018 年第 3 期，第 133～147 页。
② 中共南京市委党校课题组，曾向阳、周进萍：《关于南京市社区福利服务的调查与思考》，《中共南京市委党校学报》2011 年第 1 期，第 103～107 页。
③ 孙元琪：《福利多元主义视角下的城市社区福利服务》，《现代交际》2011 年第 11 期，第 18 页。
④ 郭安：《关于社区服务的涵义、功能和现有问题及对策》，《中国劳动关系学院学报》2011 年第 2 期，第 92～97 页。

随着社区福利服务对社区居民日常生活上发挥的作用日益凸显，政府越来越重视社区福利服务建设。党的十八大以来，国家多次强调社区服务的重要性，并多次下发相关文件着力于发展社区服务建设，社区福利服务便在社区服务的发展中不断发展。① 2018 年住房和城乡建设部发布《城市居住区规划设计标准》，规定应为老年人、儿童、残疾人的生活和社会活动提供便利的条件和场所，十五分钟生活圈居住区配套设施中，社区服务站、文化活动站（含青少年、老年人活动站）、老年人日间照料中心（托老所）、社区卫生服务站等服务设施，宜集中布局、联合建设，并形成社区综合服务中心，其用地面积不宜小于 0.3 公顷，这无不彰显着国家对社区服务体系建设的重视。党的十九大报告明确提出打造"共建共治共享"的社会治理格局，着力推进基层自治。这一思想传递到社区就是要加强与引导社会组织参与社区治理，构建多主体共同提供社区福利服务、多主体协同参与的社区治理体系。为了向社区居民提供更为有效、优质、专业、多样、个性与精细的服务，我们主张政府、社会组织、社区及其他参与者应充分认识和把握社区福利服务的特点。

1. 社区福利服务的地域性

社区福利服务的地域性也被称为"地区性"或"地缘性"，主要是指社区福利服务具有"地方性"的特征。这种特征包括四个方面的含义：第一，社区福利服务的主体是居民、单位和团体、组织。第二，社区福利服务的客体是社区内的每位成员，且福利服务须按照社区居民的意愿和需求，为社区居民提供各式各样的福利服务，以提高居民的生活品质。第三，社区福利服务作为一种属地式的服务，是在政府主导下，以社区为依托，由社区、社会组织及其他的参与主体协同供给的服务。社区福利服务的服务对象是社区内的居民，有十分明确的指定范围，具有条块性。社区根据社区居民的各种物质需求和精神文化需求，利用各种渠道整合社区内外的资源，进而为社区内的全体居民提供相应的低偿或无偿的福利服务，因此具有相对的封闭性和区域性。第四，由于社区福利服务是依靠社区存在的"区域性福利"，且社区受地理条件、文化条件、居民结构以及治理方式的

---

① 中共南京市委党校课题组、曾向阳、周进萍：《关于南京市社区福利服务的调查与思考》，《中共南京市委党校学报》2011 年第 1 期，第 103～107 页。

影响，每个社区内资源的数量和质量等各有不同，资源数量相对有限，因此不同的社区提供的服务种类、数量、内容、质量等各方面可能会有所不同。比如在同一个地方的市区和郊区，市中心的社区由于受到当地经济、地理位置、人文情况等方面的影响，相较于郊区的社区来说，社区福利服务的内容会更加丰富和细致具体，服务质量也会相对较高。同理，在我国，东部地区由于其经济发展较中西部地区发展得更快，其社区福利服务也会较中西部地区发展得更为完善。

社区福利服务的地域性可以给我们这样一个启示：发展社区福利服务事业任重道远，人们的需求会随着社会经济文化的发展而不断提高，对社区福利服务提出更高层次的要求。因此，在后续的社区福利服务发展中要做到因地制宜，每个社区必须立足于自身的客观实际情况，根据社区内居民的实际要求和意愿，提供合适有效的社区福利服务，形成具有自身特色的社区福利服务。

2. 社区福利服务的福利性

追溯"福利"的缘起，我们可以发现，早期的"福利"首先来源于英国的"社区照顾"，目的是为困难群体提供福利服务，改善他们的生活环境与生活质量。中国早期的"福利"是为了帮助在社会上有困难的、需要帮助的弱势群体，其帮扶对象是社会中的弱势群体、贫困家庭及优抚对象，国家和地方政府为他们提供最基本的生活物资保障，使他们得以生存下去，因此中国早期的"福利"相当于社会救济，具有选择性。

早期中国的社区福利服务的服务对象主要是社区中的弱势群体及优抚对象，以保障他们的基本物质生活为出发点，满足社区弱势群体及优抚对象的基本生活需求，解决困难家庭和弱势群体的生活困境，这就是传统意义上的扶贫济困，具有"福利性"。随着社会经济的发展、社会结构的变化，人民的物质文化需求越来越个性化和多样化，许多社区在社区福利服务的理念上也突破了传统的扶危济困，开始探索更高层次，更专业化、个性化、多样化、精细化的服务，如南京市锁金村街道提出的"幸福指数"，包括居民安宁幸福感、生活幸福感、康居幸福感、学习幸福感、友爱幸福感、身心幸福感等十个方面。服务理念的更新也带来了服务内容、方式、层次和类别的变化发展，文化教育、心理健康等专业服务、精神服务逐步在社区中得到完善健全。社区福利服务的"福利性"不断增强，促进了社区福利服务的繁荣。

社区福利服务的本质就是一种福利事业，"福利性"是社区福利服务最本质的特征，其既是社会福利体系的重要组成部分，也是社会福利社会化在社区承接的平台，更是社区福利的重要内容。社区福利服务根据社区居民的需求为他们相应地提供无偿或低偿的服务，以提高社区内整体居民的生活质量、提升他们的幸福感和获得感为宗旨，体现出社区福利服务的第一属性——福利性。此外，这种福利性服务供给还包括国家和地方政府通过国民收入再分配所提供的资金、土地、设施等，也包括一些社会机构和社区组织在社区内为社区居民提供所需的服务，这些服务的供给都是不以营利为目的的专业与非专业服务。一言以蔽之，社区福利服务是社会福利社会化的依托，为社区居民提供的低偿或无偿的服务，以提高社区居民的生活环境和生活质量为宗旨，具有福利性和非营利性。

3. 社区福利服务的普惠性

社区福利服务从早期的"扶危济困"逐步发展到现在的"以增加人民福祉为目的""满足人民日益增长的物质文化需求""为社区居民提供更多样化、专业化、个性化的服务"的社区福利服务，其服务对象也相应地从早期的仅限于弱势群体和优抚对象扩展为社区内的全体居民，为社区居民提供的各种服务，如居家养老服务、青少年心理健康服务、社区教育服务、法律援助服务、残疾人日间照料、残疾人康复中心、医疗保健设施、社区图书馆、社区健身室等，都对包括弱势群体、优抚对象在内的全体社区居民开放，以满足他们的日常物质生活和精神生活需求，提升生活质量和活跃生活氛围。

社区福利服务的服务对象是社区集体，其服务的理念应该是人人均等的、公平的、普惠的，在社区区域内的每个居民，都有权利享受福利性服务。社区服务中所包含的另外两项服务——公益服务与商业服务，社区公益服务是指不以营利为目的，为全体人民提供无偿的服务，即维护公共利益的行为。社区商业服务是指一种以社区范围内的居民为服务对象，以便民、利民，满足和促进居民综合消费为目标的服务，社区所提供的商业服务主要是社区居民需要的日常生活服务。不难看出，社区福利服务与社区公益服务的成果分享是面对社区范围内全体居民的，而社区商业服务具有营利性，其本身所提供的便民利民的生活服务需要社区居民花钱购买，容易把弱势群体、困难家庭等低收入群体排除在服务范围之外，即社区福利服务和社区公益服务具有普惠性，社区商业服务具有选择性。

社区福利服务是为社区内包含弱势群体、优抚对象在内的全体居民提供的福利性服务，它所服务的对象包含社区内的每一个个体，社区内的每一项福利服务与服务设施都是为了便利优化社区居民的生活，改善他们的生活环境，每一个个体均可以享受社区提供的福利服务，不把任何人排除在外，这体现了社区福利服务的普惠性，其普惠性也彰显了社区福利服务的公平性，表明了社区福利服务是最能体现集体主义分配原则的服务类型，是深受社区居民欢迎和期盼的社区服务方式。

4. 社区福利服务的群众性

社区福利服务为社区居民提供了诸如居家养老、残疾人日间照顾、青少年心理健康咨询、法律援助等服务，在满足社区居民日常生活需要的同时，提高了社区居民的生活品质，给他们带来了满满的生活幸福感和获得感。对于社区居民来说，社区福利服务是他们幸福生活、建设美好家园的源泉，正因为有了社区福利服务的供给，才让居民在生活基本需求得到满足的同时，能够提高生活质量。从供求关系的角度看，因为社区居民有这样的需求，因而产生社区福利服务；社区居民不仅是社区福利服务的服务对象，还是社区福利服务的重要参与者与重要资源。人们往往过多注意到社区福利服务对社区居民生活发挥的效能，对社区居民施于社区福利服务的作用却时有忽视。

社区福利服务与社区居民是相互促进的关系，社区服务既要依靠群众，又要服务群众。社区福利服务对社区居民生活品质的提升发挥着重要的作用，同样，社区福利服务的发展也要靠居民的参与。也就是说，社区福利服务的发展需要靠下层力量的推动，居民的经验和现实需求是社区福利服务形成的重要动力。只有真正用心服务群众，为群众提供所需，解决他们的困难，才能真正得到群众的支持，吸引社区居民参与到社区的建设中，形成"我为人人，人人为我"的良好氛围。此外，想要社区福利服务得到高层次的提升，需要有大量的资金与资源支撑，仅仅依靠政府公共财政的支出对于社区福利服务的发展来说远远不够。因此，居民在社区内外资源整合的参与程度与参与能力，就显得格外重要，社区需要充分调动居民的积极性，通过社区居民的互动和参与，利用各种渠道和途径挖掘社区社会资源和人力资源。更重要的是，社区福利服务项目计划的制订，服务项目的实施，福利设施的建设与完善，人力、物力、财力的组织以及服务活动的协调和管理，都要以社区居民的实际需求为核心，都要按照社区居民的需求和意愿开展。

5. 社区福利服务的互动性

社区福利服务的互动性与群众性在一定程度上兼容，社区与居民之间以及居民与居民之间的互助服务，是社区福利服务的最原始形态，这有助于居民间的相互了解，拉近居民间的感情，增加居民的安全感、归属感和认同感，维持社区的基本意识。提倡社区居民在日常生活中的互动，如言语互动、精神互动等，是社区福利服务的一个重要内容。社区福利服务包含居家养老、扶贫济困、邻里互助、三点半课堂等服务，这些服务需要的是居民与居民之间的互帮互助与参与，这是社区福利服务互动性的体现。

早在 1600 年，英国便出现了社区福利服务的雏形，当时在英国兴起的社区慈善运动，旨在为困难群体提供福利服务，以改善弱势群体和困难家庭的生活环境，维持他们的基本生活保障。在英国掀起的睦邻运动，大力提倡"邻里互助"，致力于发挥社区在扶贫济困中的作用。由此可见，社区居民的互助性在早期的社区福利服务便已得到充分的显现。然而，由于社区与社会组织尚处于发展阶段，服务能力还有待提高，有些时候未必能满足社区居民心目中的要求。这种互动服务，可以填补政府、社会组织以及社区的服务空缺。

6. 社区福利服务的无限性

中国早期的社区福利服务，有传统意义上的扶贫救困的含义。当时的社区福利服务，服务对象为弱势群体、困难家庭及优抚对象，服务宗旨是向这类群体提供最基本的生活保障，即中国早期的社区福利服务，还仅仅停留在社会救助的范畴，并没有实现福利覆盖范围的普及化。随着社会的发展与经济、人力、物力、财力的增加，困难的群体在逐渐减少，人们对于生活品质的追求在大幅度提升，对物质和精神文化的需求也越来越多样化、个性化、专业化和精细化。这需要社区加大对社区福利服务的投入，以保证社区福利服务的保障力度，提高服务种类的多样化、服务内容的精细化和个性化、服务能力的专业化程度。因此，在财力允许的情况下，社区福利服务没有封顶线，它会随着社会的发展及社区经济的发展而发展，其水平也将不断提高。

正如江立华、李洁等学者所言，社区福利项目要与社区内居民的结构及需求紧密相连，福利设施和福利层次也要和社区内的资源拥有状况相联系。总之，在财力所及的情况下，社区要不遗余力地发展福利服务事业，使社区居民人人得以安居乐业，进而创造美好和谐的社区氛围。

五　社区福利性服务的制度环境

制度环境（institutional environment）是西方新制度经济学概念，由美国新制度经济学家戴维斯（L. Davis）和诺思（Douglass C. North）在《制度变迁与美国经济增长》一书中提出。[①] 他们认为制度环境"是一系列用来建立生产、交换与分配基础的基本的政治、社会与法律规则"。在这里，制度环境与制度在内涵与外延上重叠。制度概念在一般意义的情景下使用，制度环境指涉行动主体嵌入其中，并受其约束的具有一定结构性的整体。[②] 换句话说，制度环境由一系列"规则"组成，即组织和个体行为的约束网络和约束选择集。

对于社区福利服务而言，宏观制度环境是指在国家层面用以规范、促进社区福利服务发展的制度规范集合体，本质上是国家对社区福利服务的价值判断和总体制度安排。具体而言，主要包括两个方面，一是国家层面对福利服务的认知、判断和态度。党和政府的决策和管理部门对福利服务的认知、判断和态度，直接影响制定什么样的政策法规。1993 年民政部联合国务院所属的 13 个部门颁布了《关于加快发展社区服务业的意见》，并对社区服务做了明确的界定："社区服务业是在政府倡导下，为满足社会成员多种需求，以街道、镇、居委会和社区组织为依托，具有社会福利性的居民服务业。"文件指出，社区服务业由社区福利服务业、便民利民服务业和职工社会保险管理服务业组成，重点强调了社区服务的"福利性"，奠定了社区福利服务在社区服务中的重要地位。1995 年，国务院所属 14 个部门根据《关于加快发展社区服务业的意见》精神，制定《全国社区服务示范城市标准》，指出"社区服务项目的设置从社区居民的需求出发，

[①]　L. E. Davis, Douglass C. North., *Institutional Change and American Economic Growth*. New York: Cambridge University Press, 1971: 6.

[②]　〔美〕道格拉斯·C. 诺思：《经济史中的结构与变迁》，陈郁、罗华平等译，上海三联书店、上海人民出版社，1994，第 225 页。

确保福利服务，首先满足老年人、残疾人、优抚对象、少年儿童等特殊困难群体的特殊需要，同时合理安排经营服务项目，服务社区全体居民"。2000 年 11 月，中共中央办公厅、国务院办公厅转发民政部《关于在全国推进城市社区建设的意见》的通知，指出"社区服务主要是开展面向老年人、儿童、残疾人、社会贫困户、优抚对象的社会救助和福利服务，面向社区居民的便民利民服务，面向社区单位的社会化服务，面向下岗职工的再就业服务和社会保障社会化服务"，其中明确规定"资源共享、共驻共建"是开展社区建设和社区服务的重要原则，进一步奠定了福利服务的基调。2007 年国务院发布《"十一五"社区服务体系发展规划》，提出完善社区老年服务体系，加快社区养老服务机构和设施的建设，鼓励社会力量参与养老机构的建设与运营，继续实施"星光计划"；加强企业退休人员社会化管理服务，大力发展社区居家养老服务，重点发展面向老年人及其家庭的商品递送、医疗保健、日间照料、陪伴等服务；具备条件的地方，依托社区服务体系开展老年护理服务，尤其要做好针对"空巢老人"、高龄老人和生活不能自理老年人的社区福利服务。2008 年《国务院关于加强和改进社区服务工作的意见》提出，大力推进公共服务体系建设，使政府公共服务覆盖到社区，推动社区就业服务、居家养老服务等福利服务的发展。2016 年 10 月，民政部等 16 个部门首次发布国家级《城乡社区服务体系建设规划（2016－2020 年）》，2019 年"两会"期间就"一老一小"问题李克强总理指出要重点发展社区的养老托育服务。以上内容构建了执政党和中央政府就社区福利服务的基本思路和战略。二是作为体系而存在的法律环境，包括国家宪法和其他法律法规对社会组织的相关制度安排。适宜的法律体系有助于从法律上赋予社区福利服务合法性地位。虽然在普通法律层面尚无"福利服务法"，但已有与福利服务相关的法律法规，为改善和提高全体公民的物质、精神生活而制定的各种法律规范是社会保障法体系中保障水平较高的部分，虽然相关法律法规中的不少内容仍然是为了保障公民的基本生活需要，但其更多地倾向于保障公民的经济发展享受权，倾向于提高公民的生活品质。又如《劳动法》《残疾人保障法》《义务教育法》《老年人权益保障法》《妇女权益保障法》《母婴保健法》等都对福利服务对象、福利服务内容以及相关法律问题作了具体的规定。在行政法规层面，为社区福利服务建立了一个较为健全的福利行政法规体系。

微观制度环境是指直接规范、促进社区福利服务的具体制度规范的集合体，本质上是各级政府关于社区福利服务的具体制度安排，还包括党和政府的政策性文件、地方政府法规、部门规章，以及地方性的非正式制度。在中央政策文件的指导下，为深入贯彻各项指导意见，高效衔接各项政策，更好地推动中央政策文件的落地，各级地方政府结合自身管辖区域情况制定出相应的政策，如 2017 年《长沙市社区居家养老服务规范（试行）》提出通过给予建设补贴、设施改造补贴、运营补贴、入住费用补贴等方式，支持居家养老服务的发展。2021 年广东省根据国家部委《城乡社区服务体系建设规划（2021－2025 年）》相关部署要求，结合广东实际，编制了《广东省公共服务"十四五"规划》《广东省城乡社区服务体系建设"十四五"规划（2021－2025 年)》等，提出大力发展普惠性社区托育服务、养老服务、就业服务、教育服务、法律服务、文化体育服务等社区福利服务。

六　社区福利性服务的内容与分类

社区福利服务的内容十分广泛且丰富，既包括社区居民日常所需的各种物质福利和精神福利，还包括各种各样的服务福利，涉及居民日常生活的方方面面。一个社区的福利服务水平与质量，影响着该社区居民生活的满足感和幸福感，同时也反映出该社区居民的生活环境质量与水平。因此，要大力响应党的十九大明确提出的打造"共建共治共享"的社会治理格局，深入贯彻基层自治的精神理念。加强引导社区服务体系的建设，着力推动社区福利服务体系的健全与发展，创新社区福利服务体制，是当前社会发展的一个重要课题。①

我国有许多学者对社区福利的内容进行了阐述与分类。其中江立华、沈洁就社区福利的内容和特征做出了不少论述。② 江立华在《论我国城市社区福利的建设及运作机制》中写到：社区福利包括社区提供的福利服务、社区内福利机构提供的院舍服务和政府委托社区具体实施的福利三个方面的内容。沈洁根据社区福利的服务功能将社区福利服务的内容归结为

---

① 先星辰：《成都市非营利组织参与社区治理的问题与对策研究》，电子科技大学硕士学位论文，2020。

② 汪霞：《我国城市社区福利文献综述》，《劳动保障世界》（理论版）2011 年第 12 期，第 14 ～ 16 页。

以下两类。第一，家庭福利服务体系针对那些需要福利服务，但又不能或者不愿意入住福利设施接受服务的家庭和个人，提供居家福利服务，包括居住空间服务、家政服务、医疗保健服务以及社会参与——社会交流服务体系。第二，设施福利服务体系。根据福利对象和服务的范围，设施福利服务又可以划分为以老人公寓、养老院、护理院为主的居住型养老设施，以托老所、日间照顾、临终关怀医院等为主的分散型养老设施，以包括精神病患者在内的残疾人为主要对象的残疾人福利设施，医疗保健设施，涵盖公营、私营、非营利保育园、幼儿园、儿童馆、儿童食堂、儿童图书馆、课外辅导站在内的儿童福利设施，囊括图书馆、文化馆、社区博物馆、群众文艺演唱队、老年大学在内的文化教育设施，以及社区的医疗保健咨询站、福利服务利用咨询站、生活情报咨询站等信息咨询服务设施。

由于社区福利是依赖于社区而存在的区域性福利，受到社区内居民结构、治理方式以及社区文化的影响，所以每个社区的社区福利内容都不尽相同。但是可以对社区福利所涵盖的大致内容和分类进行概括性的梳理，除了上述两位学者对社区福利服务的理解与阐述以及对社区福利服务的分类，根据分类标准的不同，还可以对社区福利服务进行如下分类。

从社区福利服务的基本目标看，它一方面满足传统的特殊群体的福利需求，如补缺性福利；另一方面满足人们更高层次的特殊需求，如微利性福利服务。从这个意义上说，它实际有三个层次：补缺性福利服务、公益性福利服务和微利性福利服务。补缺性福利服务主要是以满足服务对象的基本生活需求为目的的服务，其对象是老年人、残疾人、孤残儿童、优抚对象等传统社会福利对象；公益性福利服务是以改善全体社区居民的生活环境和生活质量为目的的福利类型，主要指社区内的道路、绿化、环卫、社区治安等社区公共物品建设和服务；微利性福利服务是以提高社区居民生活质量和筹集福利社会化资金为目的的服务，服务对象主要是有经济支付能力的社区居民。

依据社区福利服务形式的不同，社区福利服务可分为实务服务、设施服务两种类型。社区实务服务是指实际实施与开展的具体的项目、活动与服务行为，其具体内容涉及社区居民的个人生活、家庭生活、社会生活三个层次。社区设施服务是指为开展实务服务，以及为了便利居民获取实务服务而建设的福利设施与公共设施。

依据供给主体的不同，社区福利服务可以区分为政府委托社区供给的福利服务、社会组织提供的福利服务以及社区居民自我供给的福利服务。[1]政府委托社区提供的福利服务主要指以社区为平台提供的福利服务；社会组织提供的社区福利服务是指社会组织在社区供给的福利服务，包括社会组织提供的养老服务、未成年人保护、残疾人照料、社区教育等涉及全体居民的服务等。居民自我供给的福利服务主要指居民间互帮互助的福利服务。

依据服务对象群体的不同，社区福利服务可以分为老年人社区福利服务、残疾人社区福利服务、青少年社区福利服务、贫困群体社区福利服务以及面向全体居民的社区福利服务等。这种分类方法较为清晰明了，可直接反映出社区福利服务的服务对象，能够清晰地反映出一个社区的福利服务水平以及其服务所涉及的广度。也有学者按照服务对象群体不同，将社区福利服务细分为社区保健服务（母子咨询、精神病人康复辅导、生殖健康服务以及保育所和家庭病床等）、社区教育服务（面向青少年的业余集体活动、面向残疾儿童的特殊教育、面向全体居民的科普文化讲座和社区老年大学等）、环境和文化娱乐服务（环境卫生和绿化、图书馆、文娱活动、休闲健身活动等）、下岗职工服务（再就业培训、职业指导、人事管理等）、老年人服务、残疾人服务等。从服务目的看，社区福利服务以满足老年人、残疾人、孤残儿童、优抚对象等生活有困难的群体的基本生活需求为主，同时致力于改善全体社区居民的生活环境和生活质量，增加社区居民的幸福感和获得感。但是按照服务对象划分的方式存有弊端，因为很多福利是面向多类人群的，很难将特定服务对象的社区福利服务梳理清楚，在服务项目进行统计时，容易造成疏漏和重叠。

依据福利服务收费与否，社区福利服务可分为无偿社区福利服务和低偿社区福利服务。无偿社区福利服务是指在福利服务供给过程中，不收取居民费用，居民可以免费获得服务。无偿社区福利服务中，一类是为弱势群体提供的福利服务，另一类是社区内的公益服务，包括法律援助服务、

---

[1] 江立华：《论我国城市社区福利的建设及运作机制》，《江汉论坛》2003 年第 10 期，第 108 ~ 111 页。

就业服务、外来务工人员子女入学入托服务、社区教育服务等以及社区公共物品的供给、社区文化和精神文明的建设以及社区公共物品的管理，涉及社区环境、社区安全、社区基础设施等方面的建设。低偿社区福利服务是指需要居民提供少量费用的服务，包括为特殊群体提供的少量收费的福利服务，比如老年助餐服务、残疾人康复治疗服务、快乐老年大学、儿童教育服务、青少年心理咨询服务等。

依据福利服务功能的不同，社区福利服务可分为社区型社会福利设施服务、家庭服务和便民利民服务。[1] 社区型社会福利设施服务具体包括：一是为老年人提供的设施服务，如街道办敬老院、颐寿院、托老所、老年庇护所、老年活动中心、老年婚姻介绍所、老年综合服务站、老年康复门诊等；二是为残疾人提供的设施服务，如社区福利工厂、精神病人治疗站、心理咨询辅导站、残疾人社区康复中心、残疾人介绍所等；三是为儿童提供的设施服务，如街道托儿所、幼儿园、学前班、小学生活动站、失足青少年帮教组、残疾儿童寄托所、弱智儿童启智班、残疾儿童康复门诊等；四是为烈军属提供的设施服务，如烈军属活动站、烈军属之家等。家庭服务和便民利民服务具体包括：综合包户服务、家庭照料服务、家庭病床、邻里互助服务等。以上服务类型涉及社会救助、社会福利、优抚优待、便民利民服务等内容。

依据福利服务的性质不同，可将社区福利服务分为政策性服务、医疗卫生服务、文化活动服务。政策性服务是指国家通过实施相关的福利政策，给予社区居民尤其是弱势群体一定的帮助和扶持，以提高他们的生活质量。政策性服务包括：一类是面向社区中的弱势群体，如对残疾人、老年人提供补助津贴、为残疾人提供教育和住房专项救助补贴、[2] 对福利院内外的孤儿提供保障、[3] 对贫困家庭提供贫困低保、为失业人群提供就业服务、实施对烈军属的优抚优待政策，等等，这些都体现出了国家对社区福利服

---

[1] 陈微：《社会团体介入社区福利的路径》，《浙江青年专修学院学报》2002 年第 1 期，第 46 ~ 49 页。

[2] 王冬莹：《社会福利视角下残疾人的社会需要分析》，《西部学刊》2020 年第 13 期，第 158 ~ 160 页。

[3] 郭佳英、杨婧：《我国儿童福利政策文献综述》，《产业与科技论坛》2020 年第 20 期，第 74 ~ 75 页。

务的重视与大力支持，国家通过制定各种激励政策，提高社区居民的福利水平，提高社区福利的质量与数量，拓宽社区福利的覆盖广度，从而加快了社区福利服务体系的建设。① 另一类是面向社区全体居民，如为社区居民提供免费的法律咨询服务等。社区医疗卫生服务是为社区居民提供基本卫生医疗服务，满足社区居民医疗保健、疾病预防等需求。② 通过全科医生的医疗服务，为社区内的居民，尤其是老人、妇女、残疾人、患多发性疾病或慢性病的患者提供健康指导、康复保健等基础性服务，凭借快速、综合、连续等优势更好地服务社区居民，解决社区居民的健康问题。但基于我国现在的基本国情，我国绝大部分地区的社区卫生服务，主要服务于残疾人和老年人群，通过登门医疗和护理，减轻卧床不起和行动不便老人及残疾人外出医疗的困难，是利用率比较高的服务项目。此外，还包括巡回护理、定期检查、康复训练、陪伴住院以及对照顾对象的家属进行医疗保健常识和护理知识的培训。社区卫生服务对满足社区居民的基本医疗需求起着至关重要的作用。总的来说，医疗卫生服务包括：青少年儿童健康咨询、自闭症儿童的康复治疗、居家养老服务、家庭照顾服务、残疾人康复中心，等等。文化活动服务是指以政府为主导地位，结合本社区的特点，把社区内多方非政府组织的力量组织在一起，保证社区居民获得物质文化和精神文化的权利，以社区居民的物质文化和精神文化需求满足程度为起点，为本社区的住户提供基本的物质文化服务、精神文化服务以及文化设施服务。社区文化活动服务因社区居民各自拥有不同的价值观念、行为模式，从而逐渐呈现多样化和个性化，增强对社区文化活动服务的建设，有利于提高社区居民的内部凝聚力，丰富社区居民的物质精神文化生活。社区文化活动服务主要包括：社区快乐老年大学、老年文化娱乐中心、兴趣学习中心、青少年课余活动、图书阅览室、社区娱乐休闲健身室等。这是发现、培养和创造社区文化的一个重要环节。居民通过参加具有自发性、自主性的文化活动，可以逐渐形成对自身社区文化的认同，这种认同感是凝聚社区社会资源的重要力量（见表 5-1）。

---

① 王自兴：《郑州市：为发展社区服务提供"政策服务"》，《社区》2012 年第 17 期，第 19 页。
② 孙悦：《分级诊疗背景下我国社区医疗卫生服务问题研究》，《劳动保障世界》2020 年第 15 期，第 32 页。

表 5 – 1　社区福利服务的分类与内容

分类标准	该标准下的具体类别
依据供给主体的不同	政府委托社区供给的福利服务、社会组织提供的福利服务以及社区居民自我供给的福利服务
依据服务对象群体的不同	老年人社区福利服务、残疾人社区福利服务、青少年社区福利服务、贫困群体社区福利服务以及面向全体居民的社区福利服务等
依据福利服务形式的不同	实务服务、设施服务
依据福利服务收费与否	无偿社区福利服务、低偿社区福利服务
依据福利服务的功能不同	社区型社会福利设施服务、家庭服务和便民利民服务
依据福利服务的性质不同	政策性服务、医疗卫生服务以及文化活动服务
依据福利服务的基本目标不同	补缺性福利服务、公益性福利服务和微利性福利服务

从以上社区福利服务分类可以发现，从不同的角度分析，可以得出不一样的分类方法。然而不管按照何种方法对社区福利服务进行分类，其所描述的社区福利服务的内容都是大同小异的。但我们必须要清楚的是，社区福利服务内容的丰富与完善，是我国社区福利体系建设的重要部分。只有在深入了解国民物质文化需求的基础上，遵循国家有关社区福利服务内容健全与完善的相关指示，社区才能保证社区福利服务事业达到事半功倍的效果；只有精准把握住人们的需求，并以此为依据，不停开拓社区福利服务的广度与深度，增加社区福利服务内容的多样化与个性化，建构能满足社区居民日常的物质与精神文化需求的社区福利服务体系，且持续地、健康地、有活力地、有效地为社区居民提供各式各样的社区福利服务，开展社区福利服务事业，才能使社区居民过上安居乐业、幸福和谐的生活。

七　社区福利性服务的积极效应

社区福利服务作为社区福利和社区服务的重要内容，能推进社区福利服务事业持续、持久、有活力地发展，对于每个居民乃至整个社会来说，都具有非常重要的意义。

1. 对弱势群体的积极效应

对于弱势群体来说，社区福利服务不仅能给予他们基本的生活保障，表现在国家地方政府通过提供资金、政策，借助社区组织实施，维护居民的基本生活权利，尤其为孤寡老人、残疾人、下岗失业人员、农民工、贫困家庭等弱势群体提供了许多维权服务及生活供养、疾病康复、社区照顾等；同时为现役军人、退伍军人、军人家属、烈士家属等提供国家抚恤、生活照顾及就业安置等方面的优抚服务，这是社区服务首要而基本的服务。如长沙市 H 社区，该社区创办了一个属于社区辖区的农贸市场，农贸市场主要是帮贫困山区里的农民销售滞留的新鲜蔬菜、水果等农贸产品。农贸市场采取线上线下相结合的方式，线上主要以直播的方式进行销售。另外，H 社区通过和饿了么、美团等公司进行协商，为社区辖区内的残疾人以及待就业人员安排工作，根据他们的劳动能力、学历、身体状况等因素，为他们提供就业服务，安排合适的工作，实现家门口就业。因此，社区内的残疾人、农民工或待就业人员通过社区的就业服务，找到属于他们的人生价值，通过自己的勤奋努力让生活变得更加美好。有的人成为农贸市场的带货主播，有的人靠自己的双手在农贸市场摆摊做小生意，有的人在饿了么或美团当上了外卖员。通过社区提供的福利服务，社区内的弱势群体、贫困家庭都逐渐找到了他们的谋生道路，生活品质逐渐提升，社区内的失业人员大幅减少，为社区的经济发展提供了前进动力。

社区是百姓幸福生活的家园，百姓在社区中建立家园、落地生根，从社区中获得安全感和幸福感，社区福利服务的供给使百姓的生活品质得到提高。对于残疾人和老人来说，政府提供的福利机构或市场上提供的照顾机构，都会使他们产生社会隔离。一些人离开以前熟悉的环境到另一个陌生环境，重新去认识新环境里面的事物，改变以前的生活方式去适应新环境，会使他们在饱受病痛折磨的同时还遭受精神上的困扰。除此之外，进入了照顾机构以后，他们的人身自由也会受到一定的限制，他们大部分时间需要留在机构中接受照顾和治疗，机构厚厚的围墙，已把他们同外面的世界隔绝起来。这种社会隔绝不仅不利于残疾人和老年人的身心健康，还容易导致亲缘疏离、亲情变淡。甚至有些服务对象因长时间的隔离逐渐脱离与社会的联系，最终被社会淘汰。

相较而言，社区能为服务对象提供融入社会的便利环境，尽可能地给予服务对象最大的活动自由，保护他们独立生存的权利，服务对象不需要离开落地生根的地方，便能享受到便利的服务，如居家养老服务、日间照顾服务等，这为他们的生活提供了许多便利。在弱化了社会福利机构隔离服务方式的同时，还提供了更为专业化的服务，增强了他们的生活幸福感、快乐感和自在感。正因为如此，社区福利服务受到社区百姓的喜爱，成为世界各主要国家福利服务输送的主流模式。①

2. 对社区居民的积极效应

对于社区的全体居民来说，社区福利服务具有普惠性和公共性，每个社区内的个体都有权利享受社区福利服务给他们生活带来的幸福感、获得感和满足感，这不仅能缓解社会矛盾，还能使社区居民的衣食住行、精神生活得到高层次的保障。

此外，社区为方便福利服务的实施所建立的大量福利性公共生活设施，无偿提供给社区居民使用；社区福利服务如居家养老服务、日间照顾服务、残疾人康复服务、法律援助、就业援助服务等，都是低偿或无偿提供给社区居民的。这不仅大大便利了社区居民的日常生活，还降低了他们的日常生活成本，减轻了他们的生活负担。

3. 对社会的积极效应

社区福利服务自在各社区普及以来，给社区居民带来了生活的幸福感、获得感和满足感。社区福利服务不仅改善了弱势群体、困难家庭和优抚对象的生活环境，还普惠了社区的每个居民，为他们提供高品质、便利的生活。因此，社区福利服务的发展有利于缓解社会矛盾，促进社会稳定。

社会稳定的基础在于社区稳定。社区是组成社会的单位，正如"安国需先安家"所言，想要让国家安定、社会稳定、人民幸福安康，就必须先让家庭和睦。社区是大家的家，只有社区和谐，社会才能稳定。社区福利服务工作发动和组织社区居民群众，开展各种服务互动，并建立社会福利服务网络，在一定程度上满足了居民群众日益增长的多种需要，提高了居民的生活质量，使老弱病残皆有所养，人民生活得到福利保障，有利于降低犯罪率，缩小贫困范围。同时社区福利服务能够调节人们的社会关系，把不稳定因素消解在社区之内的萌芽状态中，有效地减少社会结构变革过程中社会保障体系发展滞后等带来的某些暂时失衡现象，增强基层组织的

---

① 刘岩：《社区福利服务新取向　2008年两岸社会福利学术研讨会综述》，《社会》2008年第6期，第215~222页。

凝聚力，稳定社区，进而稳定社会，较好地充当了社会的安全稳定器。此外，当社会稳定，人民安居乐业之时，社会经济文化便自然而然迅速发展，因此，社区福利服务的发展也有利于促进社会经济文化水平的提高，推动社会进步。

4. 对于公共福利事业的积极效应

社区福利服务作为社会福利的重要组成部分，它的发展有利于进一步推动社会福利事业的发展。国家统计局发布的 2019 年中国经济数据显示，年末中国大陆总人口 140005 万人，中国大陆人口首超 14 亿人。[①] 要想让社会福利真正普及每个人，难度还是比较大的。很多地方由于地方政府对人民需求缺乏充分了解或由于政策落实不全面等，许多有需要的民众未能充分享受到社会福利，如在我国的农村地区，地方政府仍然存在唯经济的发展理念，忽视当地居民的实际幸福感和社会福利服务的发展。[②] 社区福利服务所服务的对象为社区的居民群体，它能有效填补国家举办社会福利事业的不足，有利于社会福利更好地普及化和全面化，保障每个人的生活福利，让每个人都能享受到国家福利政策带给他们更高品质的生活。[③] 此外，社区福利服务将福利服务尽可能普及化、公平化，在社区范围内将福利均等化，最大化地满足了社区每个成员的公共需求。因此，社区福利已经成为当前满足社区居民全面、快速增长的公共需求的重要支点以及体现社会主义公平正义本质要求的重要平台。[④] 所以说，推动社区福利服务的深入发展，将有利于公共福利事业的前进。

第二节　社区福利服务保障的实践

1987 年，社区服务的概念首次被提出后，日益得到国家的关注与重视。作为社区服务重要组成部分的社区福利服务，基本沿着"行政化—社

---

① http://www.stats.gov.cn/ztjc/zthd/lhfw/2021/lh_rkpc/202102/t20210219_1813616.html.

② 屈勇、王宇：《阿玛蒂亚·森发展观与中国农村社区福利服务发展》，《沈阳农业大学学报》（社会科学版）2016 年第 2 期，第 137～141 页。

③ 郭安：《关于社区服务的涵义、功能和现有问题及对策》，《中国劳动关系学院学报》2011年第 2 期，第 92～97 页。

④ 赵定东、李冬梅：《中国社区福利的逻辑及实践问题》，《社会科学战线》2012 年第 12 期，第 169～175 页。

会化—多元化"的路径发展，服务性质也从原来的托底性社会救济与排他的少数人特权转变为普适性、多样性的福利服务，成为提高社区居民生活品质、改善居民生活环境的关键渠道。党的十九大首次明确提出中国社会主要矛盾转变为"人民日益增长的美好生活需要和不平衡、不充分的发展之间的矛盾"，中国特色现代社会福利制度建设成为实现两个目标的核心。社区福利服务作为社会福利的缩影，直接反映着社会福利制度的建设情况，在社会福利体系中的基础性地位极为重要。

一　H社区的情况概述

H社区位于长沙市A区的街道中心地段，面积0.32平方公里，居民住宅73栋，分散在9个老旧小区中，住户3165户，常住人口11000余人，外来人口1200余人，流动人口4800余人，驻社区单位184家，由两个社区合并而成，是一个典型的老旧社区。

选择H社区作为典型案例，首先是鉴于其为大城市两个老旧社区合并而成的大型社区，且社区成立之初处于城乡接合部，保留农村传统生活模式的同时，又被城市现代化进程时刻影响着。城市与农村不同文化背景、不同价值观念与生活方式的相互碰撞，使大型老旧社区具有多元二重性。其次是当前的社区研究很多聚焦于现代型小区，然而传统老旧社区在中国城市社区中的占比很大、体量很大，据统计，全国共有老旧社区近16万个，涉及居民超过4200万户，建筑面积约为40亿平方米，这些分析结论可能难以覆盖城市传统社区。① 最后是不同于现代型小区，传统的老旧社区一般没有物业公司或业主委员会，缺乏"三驾马车"（居委会、业委会、物业公司）的社区服务治理结构，这样的社区具有很高的研究价值。基于此，本文以长沙市H社区的社区福利服务治理实践为例，分析其运转的方式、取得的成效以及存在的问题，并提出相应策略，以期为其他地区的社区福利服务治理提供一定的借鉴。

二　H社区福利服务治理实践

近年来，H社区以习近平新时代中国特色社会主义思想为指导，全面

---

① 张海东：《多维二元结构社会及其转型》，《江海学刊》2018年第4期，第85~91页。

贯彻党的十九大、总工会十七大、湖南省总工会十六大、长沙市总工会二十大精神，紧紧围绕新使命、新征程、新任务，坚持以创新社会治理为目标，不断创新服务品牌，不断推出创新成果。在长期的实践中，摸索出一条具有自身特色、符合社区实情的社区福利服务治理之路。短短几年，社区设"六室三站一场一校一市"，采用现代化办公手段，社区配套设施完备，功能齐全，特色突出，拥有"劳模创新工作室""人大代表、政协委员工作室""道德讲堂""群众路线教育活动站""群众工作直通车站""学雷锋志愿者服务站""公共服务中心""雷锋超市""绿色网吧""心理咨询室""文体活动室""图书阅览室""快乐老年大学""残疾人康复中心"等。2001 年和 2003 年分别荣获"长沙市文明社区"和"湖南省文明社区"称号，2005 年被授予"全省创建和谐社区先进社区居委会"称号；2008 年被评为"全国综合减灾示范社区"；2009 年获"全国和谐社区建设示范社区"称号，获其他荣誉 129 项。为何 H 社区能在短时间内获得如此显著的成果？这与其始终坚持"党建为引领、劳模为标杆、群众为基础、社区为纽带、社会组织为辅助"的社区福利服务体系紧密关联。

（一）新模式："双建模式"齐管下，为民服务解难题

当前，党建引领社区治理和服务创新方面的研究是国内学者关注的重点。虽然党建引领是政治学术语，但是城市社区建设和治理的实践证明，基层党建在城市社区治理中具有政治领导、民主保障、社会协调、民生服务和文化导向的独特功能，这是由中国特色社会主义政治制度和中国共产党的性质所决定的，也是中国社会建设和社区治理的鲜明特色。

H 社区的"劳模工作室"成立于 2011 年，由社区书记及社区工作人员带头创立，工作室成立以来，秉承"为人民服务"的理念，吸引了大批社区居民的加入。工作室主要帮助社区居民解决身边的焦点、难点问题以及为社区居民提供多样化的社区服务。除此之外，"劳模工作室"还是居民与基层政府的连接桥梁。

面对社区居民的诉求，"劳模工作室"能迅速将其反馈给相关部门，然后及时将解决措施及相关信息反馈给社区居民，大大提高了社区的回应速度，也增强了居民对社区及政府的好感度与信任度。

　　社区工作人员："老百姓有什么困难，什么需求向党委提出，我们社区服务居民嘛，我们社区就把他们的意见总和之后，向我们的劳模（他是人大代表）反映，劳模可以把我们的基层问题直接反映到更高的层次。在全国范围内，这种基层问题能够直接反映到上级的情况，是很难得的。所以把党委和劳模结合在一起，可以全面推动社区各项工作的进度。"

　　在"国家坚持以党建为核心，党引领一切"的号召下，H 社区从自身的实际出发，开展了"党建 + 劳模"双建型的服务创新模式，从社会治理的战略高度把握社区服务体系建设的定位和方向，以战略、全局的眼光，铸造"小单元·大治理""微服务·大和谐"的社区福利服务格局，加快社区工作和民生事务的解决速度，提升福利服务质量，增强居民的幸福感、满足感、获得感与归属感。

　　社区书记："发挥 H 社区的双建模式，也就是我们党建和劳模双领航来服务老百姓。社区以党建为龙头，党委做好社区的服务，一些有特色的工作就由我们劳模来啃硬骨头，把这些困难处理好，共同推进社区的持续和谐发展，让社区的老百姓得以安居乐业。"

　　首先是"先锋 520"党建品牌。"5"指的是支部建设标准化、组织生活正常化、管理服务精细化、工作制度体系化以及阵地建设标准化；"2"指的是"基层党组织"和"劳模工作室"；"0"指的是社区党建全覆盖，服务群众零距离。社区党委充分发挥劳模创新工作室的作用，带动一批居民、基层党员投身社区福利服务建设，以党建引领为核心，协同"劳模工作室"，为社区居民解决日常生活中的难题。其次是多样化的社区福利服务。除了心理咨询服务、就业培训服务、法律援助、教育服务等面向全体社区居民的福利服务，H 社区更为关注社区弱势群体的生活品质。为农民工提供免费的法律援助，维护农民工合法权益；与残联合作打造"家门口"就业服务，为残疾人提供工作岗位与就业培训，鼓励他们重新进入社会，实现自身的价值；帮助外来务工人员解决子女就读问题，使子女读书难不再是他们的心头大患；给外来务工人员提供就业培训服务，提高他们的专业素养和工作技能；设立"三点半"课堂，为社区青少年提供免费的教育辅导服务；为社区老年人提供居家养老服务与日间照顾服务；设立居家养老中心，可供社区老年人娱乐、休闲、学习；打造快乐老年大学，为辖区内老人提供各式各样的学习课堂，丰富老年人的退休生活；设立残疾人康复室，为残疾人提供康复服务，帮助残疾人进行康复训练；与联通公司合作，打造直播带货的农贸市场，为社区内的待业与残疾人员提供工作岗位，保证社区居民"菜篮子"的质量；定期对困难党员进行慰问，为他们提供救助补贴或生活物资等政策性服务；对于身体行动不便的党员，还会为他们提供日间照顾服务，以减轻他们生活的不便与负担等。最后是"党建＋智慧社区"的构建。通过党委引领，社区和劳模牵头，引入企业合资，打造"党建＋智慧社区"，社区福利服务的供给更高效化、更精细化。H 社区先在社区内设置了智能门禁、云喇叭，解决了小区的安全、环境卫生等问题，为社区居民的生活质量提供了保障。此外，H 社区联合联通公司一起创办智慧停车和智慧居家养老等智慧化的社区福利服务，以此解决社区居民停车难、养老难的问题，并对社区居民进行有序管理，提高社区居民的生活品质，与时俱进的同时，提升了福利服务的服务质量，提高了老百姓日常生活的便利程度。

"党建＋劳模"的双建创新福利服务模式，是新时代中国特色社会主义治理方式在社区福利服务领域的创新体现，也是中国特色社会主义下具有社区自身特色的服务治理方式。

（二）新导向：以居民需求为导向，提供精准福利服务

党的十九届四中全会提出："要推动社会治理和服务重心向基层下移，把更多资源下沉到基层，更好提供精准化、精细化服务。"早期社区福利服务的供给主要根据中国的基本国情与人民的生活水平来制定，社区福利服务的内容、形式单一，服务种类有限，群体的多样价值观追求遭到限制，是"一刀切"的服务供给方式。而社区服务精准化是指以社区居民服务需求为导向，实现由过去指令式、粗放型服务模式到精细化、集约型服务模式的转变。[①] 由此，以居民需求为导向的服务供给方式才是真正满足人民

---

① 陈秀红：《城市社区治理的制度演进、实践困境及破解之道——"十四五"时期城市社区治理的重点任务》，《天津社会科学》2021 年第 2 期，第 75～79 页。

多样化价值观追求的正确选择。

在社区福利服务的供给上，H社区采取了"问需于民"与"问效于民"的服务供给理念，并将这一理念贯穿到供给的每个环节。H社区以居民的需求为导向，把主动权交给社区居民，为社区居民提供"量身定做"的社区福利服务，从根本上转变社区居民被动接受服务的供需关系。

> 社区工作人员："整体来说，我们社区以服务居民为主，但实际上各个时期的需求又不一样，所以我们每年的工作计划会根据实际情况做一些调整，来满足社区居民的实际需求。我们举行社区活动、提供社区服务，都会先征求老百姓的意见，我们先收集老百姓的需求。然后打破以往的做法，举办活动或提供服务之前问老百姓想搞什么，叫作问需于民，搞完之后问效果，问老百姓这个活动效果怎么样，这个叫问效于民。作为组织也好、社区也好，我们现在就是想尽办法为居民服务。"

在党委引领下，社区和劳模通过搭建交流平台、进一步完善沟通机制等举措，将居民诉求充分纳入社区福利服务供给的内容清单和标准制定过程中，推动社区福利服务精准化供给，使社区真正成为满足人民群众多样化、多层次美好生活需求的载体，为居民提供更贴合实际需求的福利服务。如快乐老年大学的开展，社区先收集老年人的兴趣爱好等资料，再通过问卷调查、开居民会议的方式询问社区居民的意见，准确把握社区居民的真正需求，然后再请来专业的老师为社区老年群体开设课程并授课。这种服务提供方式给予居民充分的自主权，满足了居民的真正需求，是贯彻"以居民需求为导向"服务理念的最佳体现。

> 社区书记："比如说我们社区做一些事情，老百姓的幸福指数提高了，老百姓对社区的工作认同了，那么我们的工作就好做了，对不对？社区赢就赢在老百姓的满意、老百姓的口碑。如果说社区的居民幸福指数提高，那么这就是我们的一个赢。老百姓觉得舒心就好。"

（三）新格局：以社区为纽带，搭建多元协作平台

社区福利服务涵盖的种类繁多，仅依靠一类生产主体难以满足多样化、

多层次和多方面的服务需求。因此，要改善社区服务供给状况，打破社区服务供给的垄断局面。H 社区以社区为纽带，搭建多元协作平台，大力支持鼓励各个主体共同参与福利服务，凝聚各界力量，扩大社会参与，注重福利服务效益和质量，实现发展动力从外在驱动为主转向以内生自我发展为主。

在"三共新风尚"春风的拂煦下，H 社区引入了多元力量，共同为社区居民提供社区福利服务。社区通过购买的方式将社会组织引进社区内的快乐老年大学，让社会组织根据老年群体的需求提供相应的专业课程，提高社区老年群体的学习能力，丰富他们的老年生活；联合社会组织、企业等社会团体帮扶社区困难群体，为他们提供免费的医疗服务、就业服务、教育服务等；鼓励与倡导辖区内的律师事务所为社区居民提供免费的法律援助服务；等等。

以社区为纽带，多元力量合力协作的社区福利服务治理模式有效整合了社区资源，为社区居民构建了一个立体高效的福利服务供给网络，提升了服务的质量和效果，丰富了服务的内容，增强了居民的幸福感、获得感与满足感，是实现社区"共建共治共享"的重要途径。

三　H 社区现存困境及优化路径

（一）H 社区现存困境

尽管 H 社区在社区福利服务事业的推进中取得了显著的成效，但是依然存在以下困境。

1. 社区行政化倾向严重

访谈中，H 社区工作人员反映，居委会的主要工作、职责边界界定不清，上面各类事务都下沉过来。地方政府把行政指标任务分派给街道，街道又把工作下发到社区，社区必须要完成街道下发的任务指标。上级交代的行政事务占用社区大量的精力和时间，如铲除"牛皮癣"、垃圾分类、下载相关 App、订阅报纸等"指标任务"，常常让社区工作人员感到身心俱疲，难有剩余的精力顾及社区百姓多样化的社区福利服务需求。除了完成行政事务外，社区还要耗费许多时间在化粪池、水管、"牛皮癣"、建筑垃圾之类的协调工作上，这使得社区居委会也无暇顾及社区自治事务，基层自治的功能严重弱化，也难以有效发挥党委、政府和居民群众的桥梁连接作用。

　　　　H社区书记表示："上面对社区的考核和要求很高，服务需求很多。""日常行政工作多、临时性工作多、各类考核多。"

"要做全能人"让居委会工作者力有不逮，有时候还觉得"两头受气"。[①] 可以说，政府全程主导、以行政方式推进的服务治理局面使得居委会基本上由自治性的群众组织变成了一个准行政组织，俨然是政府的"腿"和"脚"，失去了其本身的意义与价值。

2. 居民自治能力较弱

党的十九大报告提出，要加强社区治理体系建设，推动社会治理重心向基层下移，发挥社会组织作用，实现政府治理和社会调节、居民自治良性互动。[②] 居民参与是社区自治的基础，也是推动社区福利服务事业发展的重要动力，没有居民的参与，社区自治就如同一个空壳，没有灵魂。笔者在调研中发现，H社区中存在居民自治能力较弱的问题，具体体现在社区居民对H社区的强依赖性。在H社区，居民理事会的自治能力较弱，社区居民在生活中遇到大小事情，都要跑到社区居委会寻求社区帮忙解决，这使得社区的居民理事会形同虚设，并没有发挥其本身存在的价值与意义。社区书记曾感叹道："老百姓的依赖性太强了。"社区质性导致社区居民在生活遇到问题时缺乏独自解决的能力，给社区工作人员带来了更多的工作负担，严重阻碍了社区福利服务事业的发展。

3. 社区资源匮乏

在H社区的调查和访谈过程中，笔者发现H社区存在资源匮乏的情况，主要表现为人力资源匮乏与财力资源匮乏。

首先是人力资源匮乏。激励机制的不健全是导致社区缺乏年轻力量注入的重要因素。访谈中，社区书记表示："由于社区的工资比较低，事务繁杂，工作艰苦，所以年轻人都不愿意到社区工作。"经过调查发现，社

---

① 孙柏瑛：《城市社区居委会"去行政化"何以可能?》，《南京社会科学》2016年第7期，第51~58页。

② 谢标：《新时代社区居民自治实现形式研究》，《长江论坛》2021年第1期，第80~83页。

区工作人员中，30 岁以下仅有 1 人，30～40 岁的工作人员仅有 3 人，其余的工作人员年龄皆在 40～50 岁。而为数不多的社区工作人员除了需要负责为社区内 11000 余人提供基本服务以及完成街道办下发的各种行政任务之外，还要负责社区的管理工作。繁杂的工作内容以及众多的工作任务压得社区基层人员喘不过气，难有多余的精力为社区居民提供优质高效的福利服务。

其次是财力资源匮乏。访谈中，我们发现社区没有属于自己的办公地方，社区工作人员办公的场所系由政府出资租赁。不仅如此，社区周边的商业极不发达，仅存在一些小商铺，社区难以从这些小门面中筹集资源投入社区福利服务体系的建设中。财力资源的缺乏，使得社区很多福利服务项目都无法得到开展：如智慧居家养老、智慧停车等智慧化社区福利服务项目，以及残疾人康复中心等康复服务项目，都由于社区资金的不足而暂且搁置。此外，很多福利服务项目的开展都处于表面形式，难以真正满足社区居民对高品质生活的追求。资金的巨大缺口使得 H 社区难以将福利服务全面化，绝大部分的福利服务都只是面向民政对象而不是社区全体居民，社区提供的福利服务也更多趋向于"补缺型"服务，很难从长远或全面的角度为社区居民提供优质高效的福利服务。

4. 服务可获得性弱

在社区调查与访谈中发现，很多面向弱势群体的福利服务设施如居家养老中心、残疾人康复中心、心理咨询室等，由于室内面积不够大、地理位置较偏、专业人员配备缺失等因素，这些服务中心形同虚设，无人使用，造成社区资源的极大浪费。如作为社区福利服务重点内容的居家养老中心，仅有两张床位，无法容纳 H 社区基数庞大的老年群体。此外，日间照料服务也仅能满足社区部分老人的需求，服务供需关系紧张，许多有需求的老人未能享受到日间照料服务，造成社区养老矛盾的恶化。又如社区的残疾人康复中心，由于资源的限制，残疾人康复设备并不齐全，也缺乏专业的康复器械操作指导人员。一般情况下，社区会为了维护器械的正常使用而不允许残疾人在缺乏指导人员的情况下独自使用康复器材。如此一来，社区的福利服务设施实为"面子工程"，老百姓往往接触不到也使用不来，这些福利服务设施沦为了应付上级检查与政策要求的摆设。由此可见，H

社区的福利服务在服务覆盖方面存在很多不足，现有福利服务体系的渗透性有待加强。

（二）优化路径

1. 建立健全社区服务的发展型社会政策

不能指望依靠社区和民间的力量就能解决社区福利服务存在的所有问题，在推动社区福利服务发展方面，政府负有主要责任。政府的责任是制定有利于社区福利服务发展的政策和给予一定的经费支持，此外，还需要有正确的政策理念，在这方面发展型社会政策具有重要的参考价值。发展型社会政策是兼顾了促进经济发展的社会政策，在促进就业、促进贫困地区发展方面正被广泛采用。将发展型社会政策的思路运用于社区福利服务，实际上是通过政府的投入以及多元力量资源的整合来促进社区福利服务资源的再生产。在现代化和城市重建进程中，社区福利服务的提供受到不可忽视的挑战。我们应该积极回应这些挑战，通过制定政策和投入资金，丰富社区福利资源，优化社区福利服务，增进人民福祉。在这方面，政府可以依托社区服务中心建立社区福利服务支持项目，发展专业、半专业的福利服务。通过设立一定数量的专业岗位，统筹、拓展社区福利服务资源，提升资源利用效率，切实强化社区福利服务。此外，政府可以通过购买巡回服务，实现和促进专业服务与社区福利服务之间的连接，促进社区福利服务可获得性的发展。需要指出的是，民间福利服务机构的发展至关重要，而政府的政策支持是必不可少的，也是至关重要的。

2. 理顺纵向主体关系，明确主体职能

2017 年，《中共中央国务院关于加强和完善城乡社区治理的意见》对各个治理主体进行了功能定位，为理顺不同治理主体的权责边界提供了框架性思路。首先，理顺纵向主体关系，建立强有力的组织领导机构，明确社区自治性事务与政府下沉的行政性事务的边界，严格准入门槛和清单管理。① 其次，建立健全居委会的法律制度，推动居委会去行政化。在内容上，进一步明确政府与居委会的关系、居委会的权力与义务、治理方式和

---

① 陈秀红：《城市社区治理的制度演进、实践困境及破解之道——"十四五"时期城市社区治理的重点任务》，《天津社会科学》2021 年第 2 期，第 75～79 页。

运作程序等相关内容，使居委会的运作有章可循。① 在执行上，加强法律政策的执行力度，使法律执行真正落实到居委会实践中，保障居委会在社区治理中的高效运行。此外，基层政府和居委会双方都应该清楚认识各自所扮演的角色，厘清各自的职责权限，尤其街道办事处更应该划清自己干预的边界，将社区事务的决定权交还给居委会，形成一种真正平等互助、共同参与的社区福利服务治理局面。

3. 整合社区资源，拓宽融资渠道

（1）关于人力资源方面的解决措施。首先，要拓宽城乡社区服务人才来源渠道。按照相关人才发展规划纲要要求，把城乡社区服务人才队伍建设纳入当地人才发展规划，引导优秀人才向城乡社区服务领域流动。依章依法选优配强社区（村）"两委"班子成员，健全居（村）民委员会下属委员会，选齐配强居（村）民小组长、楼院门栋长。积极开发城乡社区专职工作岗位，鼓励高校毕业生、退役军人、专业社工等优秀人才到城乡社区工作，加大社会工作者等专业人才使用力度。其次，要健全激励机制和福利待遇机制，这是提高社区竞争力、吸引更多优秀人才的重要前提。提高社区工作人员的福利待遇和薪资水平，将社区工作人员的工作表现与绩效挂钩，提高其工作积极性与工作热情，从而推动福利服务体系的发展；创造更为诱人的工作条件吸引优秀年轻人前来应聘，为社区注入年轻的血液，提高社区的活力。最后，要健全城乡社区服务人才培养制度。在社区福利服务过程中，亟须提高社区工作者的职业素质。要提供专业的社区福利服务，必须培养新型社区干部，逐步建立一支政治素质好、业务能力强、执法水平高、工作作风硬、服务居民热情的新型社区工作者队伍，从而保证为广大社区居民提供多样化和精细化的福利服务。因此社区要做好城乡社区服务人员任职培训、在职培训和专门培训，提高教育培训的针对性和有效性。支持和鼓励城乡社区服务人员参加社会工作等各种职业资格考试和学历教育考试，提高社区工作者专业化水平。相关部门研究制定城乡社区工作者管理办法，建立健全城乡社区工作者职业发展序列。关心城乡社区服务人员的成长进步，探索建立从中培养发展党员、选拔基层干部、推

---

① 黄建：《城市社区治理体制的运行困境与创新之道——基于党建统合的分析视角》，《探索》2018 年第 6 期，第 102～108 页。

荐党代表、人大代表、政协委员和劳动模范等制度渠道。

（2）关于财力资源方面的解决措施。资金短缺是我国社区服务中普遍存在的问题，这就需要社区努力发掘自身的潜力，搞活社区经济，让社区经济为社区福利服务提供物质基础。面对资源分散、辖区内商业经济不景气、商业资源缺乏以及社区福利服务相对滞后的情况，H 社区要及时整合社区资源，大力鼓励支持辖区内商业的发展，给予它们政策支持，与它们形成"互帮互助"的良好关系，加大对社区福利服务的投入，从而促进社区福利服务体系的发展。此外，一个社区的资源是有限的，但是如果能够在充分发挥本社区已有资源优势的同时，积极与其他社区合作，对社区资源进行共享或者共同开发新的资源，做到多渠道整合资源，就能促进本社区的发展，且能带动其他社区共同发展，更有利于社区服务事业的壮大。

4. 培育社区的自治力量

（1）增强居民的社区意识。观念是行动的先导，树立和强化自治意识，是实现社区自治建设的逻辑起点。树立和强化自治意识，必须加强社区自治理论研究和宣传，形成浓厚的舆论氛围。这既是社区自治建设的原动力，也是保持社区自治强大生命力的精神保障。首先，要普及公民权教育和社区建设知识，让社区居民明确自身的"本有"身份是国家公民，作为公民拥有公民权，有参与社会管理事务和享受国家公共服务的权利。①其次，营造社区服务民主氛围，让社区居民拥有公共服务话语权，逐步形成社区意识，增强凝聚力，积极主动为社区服务问题寻求解决之道。

（2）推动居民参与制度化、规范化。形成以社区自治章程为核心，以社区公约为重点、各类决策议事规则相配套的自治规则制度体系。搭建社区议事会、社区客厅等自治载体和空间，为社区居民议事提供环境空间。通过党建引领，加强对社区居民自治能力的培训，从而提高社区居民的自治能力。此外，社区应拓宽社区居民参与社区服务的渠道，支持和鼓励社区居民参与到社区福利服务的建设中。

（3）增强街道办事处的服务理念。作为政府部门的代表，街道办事处应充分发挥自身的服务职能，为社区居民创造参与社区服务的机会。首先，

① 贾志科、罗志华：《新时代城市社区治理的现实困境与发展路径》，《晋阳学刊》2020 年第 3 期，第 106 ~ 112 页。

街道办事处要强化自身的服务职能，不仅要执行政府的行政命令，更要发挥政府的服务职能，切实参与社区服务的实践，摆脱以往"只唯上，不顾下"的行政化工作方式，要积极感受居民的所需所求，切实增强政府对社区居民福利服务需求的敏感性。其次，街道办事处要规范自身的社区服务程序，积极举办居民代表大会、听证会等，听取居民对社区服务的建议，促进社区民主氛围的形成。

第三节　社区福利服务的不足与发展

伴随着经济增长与社会转型，中国社会的空间结构、组织架构与运行机制均发生了急剧的变化，社会治理面临复杂性与不确定性较高的局面。传统的社区福利服务存在很多问题，难以有效应对复杂多样而又充满个性的社区居民需求。因此，新时期社区福利服务必须从"四新"出发——新模式、新创想、新导向、新格局，与时俱进，创新社区福利服务体制机制，为社区居民提供"量体裁衣"的社区福利服务。坚持以党建引领为核心，社区为纽带，搭建多元协作平台，共同完善健全社区福利服务事业，推动社区福利服务事业的发展。

中国社区福利服务经历了萌芽、行政化、社会化和多元化四个阶段。随着1987年社区服务概念的正式提出，社区福利服务被大众所认知，这标志着国家社会福利体系发生了重大的转变，由"社会福利国家办"到"社会福利社会办"的转变，标志着福利服务的供给由行政化向治理化转变、由行政管控向多元主体参与转变。可以说，社区福利服务是改革开放以来探索的一条贴近基层、服务居民，提高居民生活品质、改善居民生活环境的社会化福利服务的新路子。

中国共产党第十九次全国代表大会报告中首次明确提出中国社会主要矛盾转变为"人民日益增长的美好生活需要和不平衡不充分的发展之间的矛盾"，中国特色现代社会福利制度建设成为实现两个目标的核心。随着中等收入群体规模不断扩大，城镇化、城乡融合发展的步伐不断加快，人民群众对于提高生活水平和改善生活质量的愿望更加强烈，消费需求更加多样化，推动多层次的福利服务供给满足人民日益增长的美好生活需要，提高人民生活品质和改善人民生活环境被置于越来越重要的位置。

　　近年来，为了加快推动社区服务的发展，国家先后颁布了《社区服务体系建设规划（2011－2015年）》《城乡社区服务体系建设规划（2016－2020年）》等，2019年"两会"期间就"一老一小"问题，李克强总理指出要重点发展社区的养老服务与托育服务，这表明国家对社区服务体系建设的重视。党的十九届四中全会又颁布了《中共中央关于坚持和完善中国特色社会主义制度推进国家治理体系和治理能力现代化若干重大问题的决定》，提出："增进人民福祉、促进人的全面发展是我们党立党为公、执政为民的本质要求。必须健全幼有所育、学有所教、劳有所得、病有所医、老有所养、住有所居、弱有所扶等方面国家基本公共服务制度体系。创新公共服务提供方式，满足人民多层次多样化需求，使改革发展成果更多更公平地惠及全体人民。"由此可见，推动社区服务事业的发展、提高服务能力是我国社区服务的发展趋势。

　　社区作为社区服务的基本单元、社会福利的神经末梢，是国家治理与居民需求信息传递的桥梁，是联结不同行为主体的重要载体。社区是国家推动福利服务体系的重要场域，因而社区福利服务成为学界研究关注的重点。虽然我国的城市社区福利服务在很短的时间里已经取得了不少成就，但是我国正处于经济和社会的转型时期，还有许多现实因素制约着社区福利服务的发展，因此我国的社区福利服务仍然存在不少问题。此外，现有关于社区福利服务的研究大多是对各地社区福利服务文件的解读和实践总结，研究碎片化明显，既缺乏政策与实践两者融合的互嵌分析，也缺乏系统性与规范性的学理研究。社区福利服务目前呈现怎样的研究景观？社区福利服务中究竟存在哪些突出问题？怎样才能更有效地推进社区福利服务现代化，进而满足人民日益增长的多样化需求？诸如此类的问题都值得深入探讨。

一　社区福利服务的不足

（一）居民参与度不高

　　在社区福利服务的供给中，社区福利服务要求社区组织、公民与政府共同承担社区福利服务发展的责任，负责任的政府与有责任感的公民在社区福利服务的发展中具有同等重要的地位。社区福利服务与社区居民的关系并不是单向的促进关系，而是互相推动、互相促进的关系。具体来说，社区福利服务的发展能够更大程度地提高社区居民的生活品质，改善他们的生活环境，增强他们的生活幸福感、获得感、归属感和满足感；反之，社区居民的大力、广泛参与，对社区福利服务的发展也发挥着至关重要的促进作用。社区福利服务供给只有完整地传递给社区居民，让社区居民在参与和享受社区福利服务过程中与福利服务供给者产生良性的互动，才能算是一次较为成功的服务供给。许多学者如王思斌、韦克难等的研究指出，社区居民参与社区福利服务的积极性不高、参与度不足，对福利服务设施的使用度偏低，许多福利服务设施形同摆设，文化活动宣传教育效果不佳。

新时期的社区服务应当坚持居民群众的广泛参与。广泛参与有两层含义：其一是指社区服务参与主体的广泛性。衡量一个社区的服务工作是否达到广泛参与的程度，要看社区居民是否普遍参与了社区服务活动，即社区服务活动是否具有较高的居民参与率。其二是指参与活动的广泛性。也就是说，社区居民是否参与到社区服务的诸多领域、诸多方面。① 居民群众的广泛参与是社区福利服务的必然要求，它不仅是社区福利服务社会化的重要表现，而且是社区福利服务扩大发展的必要条件。要知道，居民是社区福利服务事业发展的主要力量，也是美好和谐社区建设的目标和本质所在。社区居民对自己的现实需要最为了解，也最关心自己的生活条件，因此潜意识中存在较高的参与社区发展、社区建设的积极性。同时社区福利服务的根本目的在于提高居民的生活水平，改善居民的生活环境，增加居民的福祉。因此政府在实施各项社区福利服务项目时，必须充分考虑居民的需求，为他们提供"量体裁衣"的福利服务。

社区居民的需求多种多样，政府不可能充分了解，也不可能同时满足每一个居民的愿望和需求。即使政府在推进福利服务项目实施中已尽可能地考虑了居民的意愿，但也仅限于共性化的需求。因而在政府实施的社区福利服务项目中，应尽可能留有适当的空间，让广大居民有充分展示自我、满足自我需求的机会。社区居民参与社区福利服务、社区建设的频率和意愿也体现着社区福利服务事业发展的文明程度，是衡量社区福利服务保障水平的重要

---

① 郭安：《关于社区服务的涵义、功能和现有问题及对策》，《中国劳动关系学院学报》2011 年第 2 期，第 92~97 页。

标志，而我国社区服务的居民参与程度还停留在较低水平。主要表现为社区居民参与社区福利服务意识淡薄，对社区的归属感、认同感较低。

社区居民参与社区福利服务、社区建设的频率、意愿体现着社区发展的水平，标志着社区福利服务的专业化程度。在我国社区建设中，参与社区福利服务的社区居民较少，参与程度较浅，社区居民并不能深度融入社区福利服务的内容当中。一些居民对"大政府""包办一切"的固有认识深刻，将社区与政府等同起来，容易对社区供给的福利服务产生误解，对社区的认同感低。然而在资金和自身能力的限制下，社区开展的活动往往只限于力所能及的常规活动，缺乏创新性与吸引力，社区居民获得感差、参与率低，对于社区福利服务的参与态度更为淡漠，陷入了恶性循环中。

同时，居民的低参与度，不利于居民的团结凝聚，不利于社区自治功能的增强，不利于社区福利服务事业的发展，同时也不利于和谐美好社区的构建。居民对社区福利服务的参与不足，主要表现为总体参与率不高，参与人群分布也不平衡。大多数居民不愿参与社区福利服务，不同年龄、收入、文化程度、居住区域的人参与率亦有很大不同。在长沙市的很多社区，参与社区福利服务的基本是大学生或者小学生。很多社区都存在被动参与的情况，即一些社区居民参与社区福利服务，是行政性地被动式参与，而不是发自内心的主动式参与，这样的参与方式对于推动福利服务事业的发展而言，是毫无意义的。

（二）服务供需不平衡

尽管国家对于社区服务体系的建设格外重视，也把社区居民的生活品质提升放在重要的地位，然而，根据对长沙市 H 社区与其他社区的调查和访谈可以发现，对于社区全体居民来说，社区福利服务种类相当有限，其内容还仅限于就业服务、法律援助、心理咨询服务。而对于社区民政对象而言，虽然服务的种类要略多于面向全体居民的福利服务，但是依然十分有限，且服务水平不高。这对于物质文化需求日益增长的民众来说，是远远不够的。

特别是我国进入 21 世纪以后，社会人口年龄结构发生较大的变化，人口老龄化进程加快，家庭规模逐渐缩小，削弱了传统的家庭养老功能，老年人对社区福利服务的需求在数量上不断增加和在质量上不断提高，如居家养老服务、日间照料服务等。与此同时，新的服务对象和服务需求也在不断涌现。如外来流动人口对就业指导、教育培训等服务的需求激增，特殊人群如残疾人服务、弱智儿童服务、居民心理咨询与辅导、精神康复者辅导、单亲家庭辅导等服务的质量亟须提高。社区福利服务供应明显不足，不能满足上述居民的需要。从总体上来看，主要有以下几个问题。

首先是社区服务对象单一，主要集中在低保户及基本生活有困难的群体，且针对全体居民的福利服务量不足。社区供给的福利服务项目主要取决于社区财政资金、社区规模以及社区自身服务能力。目前我国社区所提供的服务多种多样，基本上覆盖了居民多方面需求，但在服务形式上过于单一，而且并不是每个社区都能够实现社区福利服务的多方面覆盖，极容易形成社会服务供给—参与的恶性循环，供给服务受多重限制而导致形式单一，社区居民参与获得感差，进而导致社区福利服务的居民参与率低下，得不到理想的效果。

其次是服务内容匮乏，主要是对民政对象提供一些福利性服务，缺少其他的服务项目，福利服务设施建设滞后、福利服务设施可及性弱，如长沙市 H 社区的居家养老中心及残疾人康复中心，只有几张床位，无法容纳社区中对此有需要的老年人和残疾人，加之中心的位置条件不佳，且入住申请手续较为繁杂，让有需求的老年人和残疾人望而却步，因此这些福利服务中心形同虚设，没能为社区中的弱势群体解决生活中的不便。社区办公和活动用房面积小，而且地点分散，设施简陋，功能不全，难以满足居民群众日益增长的物质文化需求，难以为他们提供多样化、专业化、个性化的福利服务，尤其是离退休职工回归社区后的服务需求。社区福利服务缺乏统一规划与政策引导，覆盖面更广的社区服务信息网络体系虽已形成，但还没有得到较为深入、成熟的推广，绝大多数的社区对于智慧化社区的建设也仅仅在尝试的阶段，社区服务、社区环境、社区治安、社区卫生、社区文化等各项功能在社区的整合需要进一步加强。

（三）社区福利服务可获得性弱

首先是设施服务的非可及性。设施服务包括服务活动的场所、空间，以及服务器械和其他设备等。由于设施建设是服务的基础，也是看得见、摸得着的东西，其能够表现出政府的投入，也能反映出政绩，因此是政府最下气力的福利服务建设主题。作为社区福利服务的"硬件"以及"阵地"，社区福利服务设施的可及性关乎社区居民对社区福利服务的可获得性。

在我国社区福利服务的供给过程中，由于福利设施目标的偏离，社区福利服务可获得性较弱，这表现为由于设施的不足或制度设计的缺陷，需要者无法或难以接近、触及和得到他所需要的服务。改革开放以来，特别是推进社区建设以来，为了满足居民需求，中央政府部门要求城市社区建立多种社区福利服务设施。但是，由于种种原因，社区福利服务设施并未按要求建成。在经济发达的老城中心地区，地皮紧张使社区服务设施的建设遇到困难；在城市重建过程中，政府部门考虑不周和开发商追求最大利润，使社区福利服务设施无落脚之地；在经济不发达的城区，依靠地方财政兴建足额的社区福利服务设施也遇到困难。社区福利服务设施的缺乏减少了居民获得福利的机会，也减少了居民特别是老人、残疾人共同活动和沟通的机会。

其次是活动空间的非可及性。社会服务设施一般需要一定的物理空间，这种物理空间应便于使用者接近和触及，否则这种设施就难以被使用。如在对长沙市 H 社区的调研中发现，长沙市 H 社区所建设的残疾人康复中心、居家养老服务中心、老年人活动中心均在社区服务中心的三楼，虽然设有电梯，但还是给老年人和残疾人造成不便。此外，居家养老服务中心的床位仅有两张，且入住需要办理较为繁杂的手续，有等于无，这些设施形同虚设，根本无法给社区的弱势群体提供服务。那么，为什么残疾人康复室、居家养老服务中心、老年人活动中心不设在最方便的地方？原因是有些服务中心的底层已租给商铺，或者如长沙市 H 社区的情况一般，社区的资金不足，只能靠租赁别人的场所来为居民提供福利服务设施。这显然是实际决策者考虑不周。

最后设施服务的非可及性还源于缺乏配套的使用说明、维护手段以及专业人员指导。少数社区为了追求高档次而购买（或受赠）了高级服务设施，如系统的康复器械、高档的乐器等。这类康复及服务设施的使用需要专人操作，而社区服务中心缺乏这类服务人员；高档器械的使用存在保护问题，没人现场指导监督，不如不开放，如长沙市 H 社区有的残疾人康复中心，虽备有康复器材，但器材种类很少，仅有两台，且缺乏相关的专业人员，社区工作人员害怕残疾人自己操作不当损坏器材，便干脆将残疾人康复中心关闭。但实际上服务设施的平民化是不错的方式——长沙市 H 社区的老年人活动中心除了一架钢琴外，其他乐器都是来者自带，这样就很好地避免了损坏社区昂贵器材的问题。康复器械当然不能自带，但过于复杂和昂贵也只能被闲置。

（四）社区服务行政化倾向严重

从调研的情况来看，将社区福利服务作为一项行政任务的现象很普遍，与社区服务社会化的发展目标以及为人民提高生活品质的宗旨有很大差距。将社区福利服务作为一项行政任务推进，能够获得政府的资源投入，快速推动社区服务的发展，但不考虑社区资源的开发，不考虑社区参与原动力的形成，容易造成社区对政府的高度依赖，一旦政府资源投入不足，社区福利服务也就失去了内在的发展动力。如果没有社会力量的广泛参与，居民的自我服务不能在社区福利服务中构成主体部分，社区福利服务只能算是民政服务的扩大化，而谈不上实质上的转型。

社区居委会因其自身浓厚的行政化色彩，通常被看成国家政权在城市基层治理中的延伸，而且在实际运转中一些社区居委会"早已脱离基层自治组织的法理属性，蜕变为国家政权的末梢环节"。以长沙市 H 社区为例，长沙市 H 社区的工作人员除了日常要为社区居民提供福利服务以及处理社区各项大小事务以外，还要完成上级下发的行政任务，这些行政任务往往都有指标，没有完成相应的指标就会受到相应的处罚。社区书记表示："这些行政任务压得社区工作人员不堪重负，上级的各种任务及考核很多，社区居民对服务的要求也很高。"这样一来，社区的行为显然主要是对政府负责而不是对社区居民负责，因而缺乏根据居民实际需求合理设置服务项目、提升服务设施利用率、提高服务机构运营效率的动力。政府通过行政命令和行政指标自上而下地推进社区服务，甚至包揽了许多本应由民间组织承担的工作，如社区文化活动、志愿者活动等，这种行政化、政治化的动员方式，不利于培养居民的自发参与意识，不利于社区居民自我管理、自我服务和志愿精神的形成，将导致社区的自治功能弱化，对政府具有极强的依赖。

（五）社区福利服务能力不高

社区福利服务能力，即以社区为主体，以社区居民为客体，以满足社区居民的实际需求为目的开展的各项福利服务所能达到的程度。通过制定福利服务政策、调配可供使用的资源、组织社区工作人员，为社区居民提供个性化、精准化和专业化的服务，开展这项工作所具备的能力，我们统称为社区福利服务能力。社区的福利服务能力体现为政府及相关部门调动资源服务居民需求的能力和水平。考量社区公共服务能力的指标主要有：社区规划能力、需求识别与回应能力、资源调动能力、公共政策理解力与执行力以及矛盾纠纷的排查能力等。[①]

现今中国社区的福利服务能力水平明显偏低，体现在低资源整合力、低服务满意度与低福利服务需求识别力和回应力上。

首先是资源整合能力弱。资源是推动社区建设发展的重要驱动力，没有源源不断的资源支持，社区福利服务体系的建设便无法完成。社区福利服务具有福利性、普惠性、公共性、平等性以及无限性等特征，其壮大发展需要有丰富的社区资源做后盾。然而，现今中国绝大部分的社区都存在资源整合力弱的问题，许多社区难以从辖区内的其他社会组织筹集到资源，导致资源整合方式单一，很多闲散的社区资源都无法集中起来循环利用，在一定程度上浪费了许多社区资源，也阻碍了社区福利服务事业的前进。

其次是服务满意度低。服务效果是检验服务质量与服务水平的关键指标。一项福利服务质量高低，取决于社区居民对它的满意程度。社区居民对社区提供的福利服务满意度高，就证明这项福利服务的效果好，证明社区福利服务的供给能力强。然而，虽然我国多次颁布相关政策促进社区服务的发展，但是福利服务依然处于"瓶颈阶段"。尽管福利服务的服务对象逐渐扩大，服务种类日益繁多，服务内容也日渐丰富，但由于社区资源匮乏、福利服务队伍素质不高、福利服务机制不健全不完善等众多制约因素，我国社区的福利服务满意度仍然处于较低的水平。

最后是服务需求识别力与回应力低。伴随着人民物质文化需求的日益增长，"一刀切"的福利服务已不再适应社会的需求，社区居民需要的是更具个性化、专业化、精细化的福利服务，因此，准确识别社区居民的实际服务需求、增强对社区居民需求的回应力度，是提高福利服务能力的重要途径。现如今，由于社区行政化倾向严重、福利服务队伍素质不高等，

---

① 叶继红：《农转居社区治理能力：维度、影响因素与提升路径》，《中州学刊》2021 年第 2
　期，第 59~65 页。

社区没有足够的能力去了解社区居民的现实需求，提供的福利服务都是按照上级的规定进行的，容易与现实要求脱离；社区对居民的需求回应力低，导致社区居民对社区的好感度和信任度下降，恶化了居民与社区间的互动关系。低需求回应力容易隔断社区与居民之间的沟通桥梁，更加剧了社区需求辨别力的下降。

二　社区福利服务发展的制约因素

（一）微观层面——居民自身因素制约

所谓社区福利服务参与是指社区居民和组织以各种方式或手段直接或间接介入社区福利服务的行为和过程。经过 20 多年的实践，社区福利服务事业得到很大的发展，但就全国各地居民的社区福利服务参与程度来看，情况不容乐观，居民在社区福利服务中的参与度较低。陈洪涛和王名认为：居民参与社区服务的积极性、主动性不高的主要原因在于：社区服务体系的建设主要依靠政府推动，社区参与型社会组织尚未得到大力发展；社区服务的宗旨未能完全落实，社区服务不能满足居民需求；社区服务成为政府单方面的作为，居民没有被广泛吸纳进来。[1] 社区福利服务的参与度对社区福利服务的发展产生极大的影响，本书从居民个人层面分析，认为福利服务居民参与度低的原因主要有以下几点。

首先是居民对社区的认同度不高。基层社区中居民参与意识仍然整体偏弱。当前大部分居民的社区主体意识尚未建立，他们没有认识到应该对自己所生活社区的建设承担一份责任和尽一份义务，更没有具备民主选举、民主决策、民主监督的权利意识，他们错误地认为，社区建设是属于政府的行为，从而表现出对社区建设的参与意识弱、参与热情低。即使参与也是执行式被动参与，这样的参与仅仅是种形式，居民不能对本社区内的事务进行决策，不能对社区公共权力的运作进行有效监督，也没有调动其参与的积极性、主动性，因此难以达到想要的效果。

其次是与社区的利益相关度不高。利益相关程度很大程度上决定了居

---

[1]　陈洪涛、王名：《社会组织在建设城市社区服务体系中的作用——基于居民参与型社区社会组织的视角》，《行政论坛》2009 年第 1 期，第 67～70 页。

民对社区福利服务的参与度。当居民感到社区与自身利益息息相关，参与能够有效维护其利益时，自然会萌生参与社区事务的动机与期望。而与社区缺乏直接利益关系的居民就很少关注社区事务，也很少参与社区活动。社区对居民来讲，只不过是生活区，是否参加活动丝毫不影响他们的福利。

再次是参与能力不足。居民参与社区事务需要拥有一定的条件，包括一定的时间、知识、能力以及一定的经济基础。缺乏时间和精力可能是社区中的中青年对社区事务关注较少、参与社区活动不积极的主要原因。参加社区活动大多是有空闲时间的离退休人员、下岗待业人员和放假期间的学生，并且大部分居民参与的也只是社区环境、治安、文化体育之类的活动，对于社区的管理、医疗等需要一定专业知识和议事能力的活动，真正的参与者非常少。

最后是参与的效能感低。参与的效能是行动者的一个主观体验，也就是行为主体在心目中自认为已经或能够在多大程度上影响整个行为的主观感受。[1] 如果让参与者在服务参与过程中感受到自身力量的存在，产生"被需要"的感觉，就可以激发其参与福利服务的积极性。而现实的情况是，目前居民们的参与多为被动参与和非政治参与，居民期望参与对社区福利服务相关的重大事务的决策和管理、对福利服务供给过程的监督等，却由于制度环境的不完善等而无法参与，即使居民参与了，也没有足够的话语权，这就使居民的参与热情大大降低，并且也逐渐意识到社区建设只是政府部门和社区委员会的任务而已，与自己没有太大关系。长此以往，居民参与的热情与积极性不升反降，进而形成"参与冷漠"。

社区居民对福利服务的参与度低阻碍着福利服务事业的壮大与发展，不利于健全完善福利服务体系，是社区福利服务事业前进的"绊脚石"。必须增强社区居民的参与意识，大力鼓励、支持社区居民参与到福利服务事业的建设中，以此给社区福利服务发展提供源源不断的动力。

（二）中观层面——社区自身因素制约

1. 资源因素制约

社区资源是指"一个具体社区能够掌握、支配和动员的各种现实的社

---

[1]　孔海娥：《居民社区参与的制约因素》，《学习月刊》2010 年第 28 期，第 17～18 页。

会资源"。① 从资源整合的角度来说，"社区资源则包括物质资源、组织资源、人才资源、文化教育资源、社会资本等"。② 社区资源为社区服务提供资金保障和物质支持，社区服务可以将社区内的人力、物力及财力多种资源合力投入，科学配置，开展长期有效的社区服务。因此，整合社区资源是社区服务的源泉和保障。然而，整合资源对于社区自身来说是很难实现的，一般只有政府才能使各种资源得到整合，这是"强政府"时代留下的惯性思维，与学界提出的服务多元供给机制有一定差距。现今中国很多社区都存在资源匮乏的问题，特别是人才资源与资金资源的匮乏。

首先是人才资源匮乏。社区福利服务队伍整体素质与社区福利服务的发展要求不适应，这是制约社区福利服务发展的一个主要因素。现有的社区人事行政制度与社区的发展速度不相适应，社区缺乏专业的、年轻的服务人才。大多数社区基层工作人员没有接受定期的相关职业培训，总体年龄偏高，文化程度较低，难以有效满足社区居民多元化以及高层次的需求。不仅如此，社区基层工作人员的薪资福利待遇不高、人事行政制度不健全导致了高人才流失率，工作人员的大量流动也给城市社区工作的稳定发展带来了挑战。

其次是资金资源匮乏。在社区建设中，资金资源是满足社区各个利益主体的必要因素，要满足社区居民的现实利益要求，资金资源是关键所在，但在现实中，资金筹措存在较大困难。一直以来，社区的资金资源短缺是让社区基层工作人员头疼的问题，政府给社区的资金有限，仅仅依靠政府提供的资源去开展社区的各种项目及维持社区的基本运营不太现实。大多数社区开展各种项目需要资金时，只能靠自己出去拉赞助，但是有的周边商业较为发达的现代化社区，社区内的商户单位对于有些活动不愿意出资；而有的老旧社区如长沙市 H 社区，周边的商业资源十分匮乏，社区亦难以从他们手中筹集资金。

另外，社区在信息资源和社会资源的整合方面也存在较大的不足。城市社区的活动一般都是通过居委会的宣传传达给居民，这就涉及宣传方式

---

① 杨贵华：《社区共同体的资源整合及其能力建设——社区自组织能力建设路径研究》，《社会科学》2010 年第 1 期，第 78～84＋189 页。

② 罗学莉、朱媛媛：《社区资源整合策略案例分析——以 F 社区为例》，《人民论坛》2015 年第 36 期，第 149～151 页。

的问题。有很多社区的居民并不了解社区可以提供哪些服务，只在出现问题时才临时咨询，这样会错过解决问题的最好时机。此外，群众更多通过彼此间的口头宣传了解社区活动，这样的方式也大大地降低了信息的准确性和时效性。

因此，需提高社区的资源整合能力，创建多样化的筹资渠道，[①] 健全社区服务的相关制度规范，完善多元部门参与社区服务的制度环境。激发多元部门参与社区服务的积极性，提高社区服务的参与度，建立多元部门之间的良性互动，整合社区服务的闲散资源。

2. 队伍素质制约

在为社区居民提供社区福利服务时，涉及的服务内容比较广泛，居民对于服务的质量也要求颇高，需要社区工作人员的专业化程度比较强，即社区工作人员要具有专业的文化知识和较高的服务能力，但是，现如今我国的社区服务工作者缺口比较大，并且年龄普遍较高。如长沙市 H 社区的工作人员，30 岁以下仅有 1 人，30～40 岁的工作人员仅有 3 人，其余的工作人员年龄皆在 40～50 岁。

年轻力量是驱动社区服务事业、社区建设发展的源源不断的动力，年轻力量的缺乏使得很多社区都失去前进的活力。此外，社区工作人员的"老龄化"是社区服务停滞不前的原因之一，他们对相关的工作政策在理解方面不深，进而在向居民群众进行宣传和服务的过程中存在不到位的现象，同时在社区进行管理时，没有合理地引入相关人才，人才激励机制也不够健全完善，人员缺少相应编制，社区工作人员的薪资福利待遇较低，但承担的工作负担与压力又非常大，使得社区的职位对年轻人而言缺乏吸引力。长沙市 H 社区书记曾表示，社区工作人员的薪酬福利待遇较低，且工作繁杂众多，是年轻人不愿意前往社区工作的重要原因。

目前，我国城市直接从事社区服务工作的人员里受过大学教育的占比较小，而且大多没有接受过较系统的社区服务工作的专业训练，他们所提供的服务内容和项目基本上是简单的体力活动，而居民群众实际所需的一些服务内容和项目，如专业性、智力性的项目在许多社区至今很少开展或

---

① 陈雅丽：《城市社区服务供给体系及问题探析——以福利多元主义理论为视角》，《理论导刊》2010 年第 2 期，第 15 页。

尚未开展。从发达国家的经验来看，社区服务要求从业人员具有专业知识和技能，如在英国，从事社区照料和管理的人员中，关键工作人员和照顾人员均受过水平不等的专业训练。专业素质不高的社区福利服务队伍影响着社区福利服务各方面能力的提升，现在中国绝大部分社区都存在着资源整合力弱、福利服务提供力弱、福利服务效果满意度低等情况，严重制约着社区福利服务事业的壮大与发展。行政工作人员由于缺乏专业的培训，难以精准辨识社区居民的实际需求，甚至对于社区居民的需求不予回应，恶化了社区与居民之间的关系，降低了居民对社区的信任度及好感度。此外，社区福利服务队伍素质不高问题也深深影响着社区的资源整合能力和服务提供效率，这对于福利服务体系的建设来说，影响是深远且巨大的。

所以，在我国培养一批专业化、职业化的社区服务工作队伍，提升社区服务队伍整体素质，提高社区福利服务能力，推动社区福利服务事业的壮大与发展，是当前非常重要的一项任务。

（三）宏观层面——制度因素制约

完善的制度是社区服务发展的重要保证，它不仅关乎社区服务发展水平，而且对其持之以恒深入开展起着决定性的作用。近年来，出于社区服务发展形势的迫切要求，各级政府有关部门已经制定了一系列政策法规。但是，部分政策法规颁布之后，并没有及时出台配套的实施细则，导致政策缺乏可操作性，另有部分政策法规虽然较为明晰，但缺乏权威性，存在执行不到位的问题。

早在 1997 年，长沙市便颁布了《关于加快发展社区服务业的报告》，但随着长沙市经济和社会的快速发展，长沙市 H 社区中的情况发生了很大的变化，社区服务发展面临许多新的问题和新的契机，这项报告规定的很多条款已经不能适应新形势的要求，亟待修订。

2016 年 10 月，民政部等多个部门首次发布《城乡社区服务体系建设规划（2016—2020 年）》，中国现代特色福利服务体系应运而生，为社会组织参与社区福利服务的快速发展提供了便捷通道。2017 年国家发布了《关于加强和完善城乡社区治理的意见》，肯定了社会力量在社区治理体系中的角色与作用，做出了培育社会力量加强社区治理的指示。此后，党的十九大报告也明确提出打造"共建共治共享"的社会治理格局，着力推进基层自治。紧接着习近平总书记指出城市治理"最后一公里"就在社区，以及 2019 年两会期间就"一老一小"问题李克强总理指出要重点发展社区的养老托育服务，随后，长沙市接连颁布了《长沙市支持养老、托育、家政等社区家庭服务业发展的若干措施》《湖南省政府服务规定》来推动社区服务事业的发展。然而，在湖南省和长沙市近年出台的一些相关政策中，部分内容并没有得到严格执行，造成社区服务发展所需的许多条件得不到落实。如 2017 年长沙市颁布的《关于加强和完善城乡社区治理的实施意见》，其中明确规定了要充分发挥乡镇（街道）党组织领导核心作用，把村（社区）党组织建成坚强战斗堡垒，内容包括了提高社区公共服务供给能力、改善社区人居环境、加快社区综合服务设施建设管理、优化社区资源配置、推进社区减负增效等，但这些并没有得到很好的落实，如社区的减负增效，社区工作人员的行政负担不仅没有减少，担子反而越来越重。与此同时，社区服务发展所必需的各项具体的规章制度，如社区服务项目的决策、过程的监督、效果的评估等制度，都还没有普遍建立起来。制度规范的缺位，导致社区服务常常处于无章可循的境地，使其发展缺乏制度化保障。制度环境的不完善抑制了社区福利服务的快速发展，难以为社区福利服务事业的壮大提供良好的政策环境。

三　社区福利服务的发展路径

前文指出了当前我国社区福利服务存在的主要问题，就此问题本书提出相应的发展路径。

（一）健全完善法律法规，优化制度环境

社区福利服务的制度建设，是城市社区建设的工作重点。陈雅丽提出，健全社区服务的相关制度规范，完善多元部门参与社区服务的制度环境。具体来说，其一，要尽快清理有关社区服务的政策、法规和规章，废止已过时的，修订不完善的，出台新的，使其与当前社区服务发展的现实情况相适应。其二，进一步完善相关的政策法规，强化其具体性和可操作性，并加大执行力度，使有利于社区服务发展的各项政策法规能落到实处。其三，建立健全社区服务的各项规章制度，包括民主决策制度、民主监督制度和科学评估制度等，提高社区服务的管理水平。其四，建立社区服务志

愿者参与机制，包括激励机制和责任机制等，推进志愿服务规范发展。建章立制，优化社区服务的制度环境，发展多元化筹资渠道，鼓励多元主体参与社区福利服务的提供，将为其发展实现法制化、制度化和规范化打下坚实基础。

（二）整合社区资源，拓宽融资渠道

面对社区资源分散、社区公共服务相对滞后的矛盾，及时整合社区资源、调整社区公共服务、加大政府的资金扶持力度、丰富社区的人才资源，以此提升社区福利服务的服务功能，是满足社区居民需求，提高社区居民生活品质，增强他们的幸福感、获得感、归属感和满足感的主要途径和重要手段。① 一个社区的资源是有限的，仅仅依靠政府公共财政的支出来维持社区的日常运营，满足社区居民各种各样的需求，显然是不现实的。但是如果能够在充分发挥本社区已有资源优势的同时，积极与外面的其他社区合作，对社区资源进行共享或者共同开发新的资源，做到多渠道整合资源，不仅可以促进本社区的发展，而且可以带动其他社区共同发展，将更有利于社区福利服务事业的壮大，同时还可以做到统筹兼顾，协调好各利益主体的关系，满足广大社区居民个性化、专业化、精细化和多样化的需求。

首先，在资金筹集方面，努力建立多元筹资模式，改变单纯依靠政府出资的局面，积极探索建立社区资金筹集办法，接受企事业单位、居民的捐赠，同时给予税收减免等优惠措施，加强监管，确保资金投入社区福利服务事业建设。鼓励社区居民和驻区单位等不同主体积极参与解决社区福利服务，既增强社区群众的参与感和认同感，又为社区福利服务供给开拓社会资源。② 此外，还可以对街道实行财政税收包干制，鼓励街道跳出自办经济的小圈子，大力发展多种所有制形式的社区经济，培植稳定的财源，增强社区建设的财力和物质支援能力。③ 通过调整城市基层的财税分配政

---

① 修宏方：《城市社区服务的现实困境及对策分析》，《学术交流》2010 年第 8 期，第 133 ~ 136 页。
② 陈沛然、汪娟娟：《城乡融合发展背景下新型农村社区公共服务能力提升路径研究——基于南京市江宁区的案例分析》，《中州学刊》2020 年第 12 期，第 62 ~ 67 页。
③ 修宏方：《城市社区服务的现实困境及对策分析》，《学术交流》2010 年第 8 期，第 133 ~ 136 页。

策，让街道成为一级"准财政"，使街道居委会的经济收入由过去取决于自办项目的利税变为取决于本区域创造的税收，令其逐步从自办经济中脱身出来，积极为发展多种所有制的社区经济优化环境、搞好服务，并主动参与协税、护税，这必将大大促进城市经济的繁荣和财税的增长。

其次，在人力资源方面，做到培训与人事行政制度改革相结合。一方面，通过组织专业培训夯实他们的服务本领，提升他们的专业素质、服务技能和服务水平；另一方面，可以通过适当的人事行政制度改革，提高社区基层干部岗位的薪资与福利待遇水平，使社区基层干部岗位更具有吸引力，吸引社会上的优秀青年人才为社区服务建设效力，为社区注入新鲜、年轻、有活力的血脉，从而推动社区福利服务事业的快速发展。严格选拔任用机制，将他们培养成为社区的后备干部，这种做法既有利于他们个人的职业发展又能防止领导干部的断层。

再次，在信息资源方面，应通过多种方式宣传社区的服务与活动，力求最大范围通知到居民，把居民集中起来，把社区的闲散资源整合起来。

最后，社区发挥自身资源优势的同时还应该积极"走出去"，与其他社区合作，实现资源共享，共同开发新资源，最终打开"双赢"甚至"多赢"的局面。

（三）形成以党建引领、多方协同的服务合力

首先是坚持党建引领的作用。党是社区福利服务事业发展的核心驱动力，以社区党组织作为治理体系的领导核心，在政治上统领，在思想上引领，党政同构夯实社区党组织的领导核心地位，是提升社区治理和服务能力的组织和政治保证。

其次是厘清权责，活化赋权。在社区的现存问题中，政府部门存在不加区分职能部门的业务，就将本身的工作直接分派到社区的现象，导致社区工作事无巨细，庞大复杂，没有余力将管理向纵深化、精细化推进。因此，需要由区级政府层面将具体的工作进行梳理，列出"权力清单""责任清单""负面清单"，然后照单办事。编制权力清单、明确权责边界，有利于实现社区向清单式治理的道路发展。利用权力清单，能够使社区福利服务管理不越位、不错位、不缺位。在规定责任的同时，也能限制政府部门对社区工作的过多干涉。有了责任清单，责任细化并落实到街道、部门、

个人，既能够保障社区福利服务管理的有效实行，也能将政府、社会、市场、居民的工作边界明晰，激发市场、社会和居民参与福利服务的活力。另外，社区服务管理还需兼顾社区服务的形式与内容，将赋权改革活化，通过"还权、赋能、归位"，以社区居民对幸福生活的追求作为出发点，激发社区工作人员自身原动力，创建各种便民举措，推行无休或者弹性工作制、网上电话预约服务等方式，实现权力的充分利用。

最后以居民需求为导向，提供精细化服务。社区百姓的满意度是衡量社区福利服务能力的重要标准，社区百姓对社区的服务满不满意，标志着社区福利服务质量的高低、能力水平的高低。因此，社区应该懂得"问需于民""问效于民"，了解社区居民的需要，"一刀切"的早期福利服务早已不适应社会的发展，必须以居民的需求为导向，为社区居民提供"量身定制"的福利服务。可利用已经搭建好的"社区议事厅""网格议事"等形式，最大限度地征集社区居民的诉求，将政府、社区、网格员解决的事情分类化，将纵横交错、多元互动的体系效果发挥到最佳。

（四）催生社区居民的动力，提高居民参与福利服务的主动性

社区居民既是社区的主人，也是社区福利服务建设的主体。调动广大社区居民参与福利服务供给和主动自我服务的积极性，不仅有利于提高福利服务质量，而且有利于培育社区居民的公共精神和社区意识，增加社区社会资本存量。因此，社区建设不仅是社区公共服务改善的过程，也是社区文化和社区意识的培育过程，同时还是培育社区"新人"的过程。

为此，一要转变社区的管理制度，为社区居民提供多样化的参与渠道。改变以往带有行政色彩的"自上而下"的管理方式，创建居民自治协会、居民委员会等机构，增加居民参与的机会，为社区居民参与社区福利服务体系的建设搭建桥梁，这样既能增强社区的自治功能，还能提高居民的积极性，增强社区的凝聚力。二要培育社区居民的参与意识，社区居民的参与意识是促进福利服务事业发展的强劲动力，促进居民对社区福利服务理念的内化性认同。居民只有真正发自内心地体会到社区福利服务的公共性、平等性和普惠性，才能产生向社区靠拢的向心力并在行为上真正产生质的转变，即由被动接受转向主动参与。

第六章　社区商业服务保障

第一节　社区商业服务

一　社区商业服务的含义

有关社区商业的定义，国内外学者有着不同的界定，总体来说，都将社区商业的界定分为两个部分，一是社区商业中的社区，二是社区商业服务。

首先，关于社区的概念，前文已详细阐述过。社区商业中的社区与前文的描述并没有很大差别，在此不再赘述。需要我们注意的是，社区迄今为止都在不断地发展变化，社区的概念自然也不会是一成不变的。李定珍在其 2004 年出版的专著《中国社区商业概论》中认为，社区商业中的社区，实际指的是城市住宅小区，是指被城市道路和自然界线所围合的具有一定规模的生活聚集地，它为居民提供生活居住空间和各类服务设施，以满足居民日常物质和精神生活的需求。[①] 该定义体现出社区作为居民生活聚集地，以及社区因满足居民生活需求而存在的特点，再考虑到 2004 年只有城市住宅小区才有建设社区商业的需求与能力，所以在当时的环境下，这样定义社区商业中的社区是完全可行的。但就今天而言，随着经济发展与基础建设的完善，社区商业服务的对象不应仅仅是城市住宅小区，农村社区现在也同样需要商业服务来满足居民的日常需求，只将社区商业中的社区定义为城市住宅小区，已无法适应我国社会十几年的发展。因而社区商业中的社区这个概念的范围已经更加宽泛。需要注意的是，我国社区的

[①] 李定珍：《中国社区商业概论》，中国市场出版社，2004。

发展具有自身的独特性，在很多方面与欧美日等发达国家差距较大，这需要我们在借鉴经验的同时因地制宜，找出自己的发展方式。

关于社区商业的定义，已有不少学者概括过，总体来说大同小异。鲍观明认为，社区商业是以一定地域的居住区为载体，以便民利民为宗旨，以提高居民生活质量，满足居民就近消费、综合消费为目标，为居民提供日常生活需要的商品和服务的属地型商业。① 李定珍认为，社区商业是一种以住宅小区为载体，以一定地域居民为服务对象，以便民利民为宗旨，以满足和促进居民综合消费需求为目标的属地型商业。不难看出，以上定义都突出了社区商业的以下特点：一是社区商业的载体为居民居住区；二是社区商业具有地域性，也就是说其通常更多地服务于一定地域范围内的居民，是一种属地型商业；三是社区商业的宗旨为便民利民，其根本目标是满足本地居民的消费需求，并有效促进居民消费需求的升级。综合以上内容，我们可以这样定义社区商业：社区商业是一种以便民利民为宗旨而建设的，以为一定范围内居民提供满足其生活与娱乐消费需求为目标的属地型商业。社区商业服务不同于其他种类的商业服务，社区商业相较于城市中心商业而言辐射半径短，较稳固持久，它满足社区居民基本生活商品消费，同时满足社区居民休闲、娱乐、文化服务消费，而且提供社区居民交往平台，满足现代城市社区居民的综合需求。②

二 社区商业服务与社区服务保障

在社区商业服务被明确纳入社区公共服务体系之前，学界早已在小范围内探讨过应该如何界定社区商业服务的性质。

最开始的讨论源于学者间对于社区公共服务是否应该加入营利性质的服务内容产生的争论，该讨论产生的观点分成了两派。一派认为，社区公共服务的公共性、福利性是其根本性质，无论如何社区公共服务的发展不能脱离这两个性质存在，因此社区公共服务必须保持非营利性，应该由纯福利性的手段来供应。另一派认为，我国纯福利性质的社区公共服务供应

---

① 鲍观明：《构建我国现代社区商业网络的思考》，《商业经济与管理》2006 年第 1 期，第 20 ~ 24 页。
② 王瑞丰：《我国城市社区商业有效供给研究》，《经济与管理》2015 年第 5 期，第 42 ~ 48 页。

并不充足，而社区公共服务所包含的许多部分，事实上与第三产业中的内容存在相似之处，因此，在社区公共服务中引入商业化机制，将社区公共服务产业化是可行且是有必要的。①

　　虽然上述讨论仅仅只是涉及社区公共服务是否可以产业化、营利化，但同时也延伸出一些新的论题，即社区公共服务应该包含哪些方面的内容？社区商业服务是否属于社区公共服务的一种？社区商业服务中的哪些内容可以纳入社区公共服务的范畴？这些问题最早出现于 21 世纪初，当时国家整体发展水平不高，社会公共服务体系还在摸索阶段，以社区为载体提供公共服务的发展方式也刚开始推进，因此对以上问题的讨论并没有激起很大的浪花，只不过可以确定的是，基于社会的发展趋势以及社区公共服务的需求增长趋势，社区商业服务的产业化得到许多学者的认同。②③

　　随着社区商业的蓬勃发展，越来越多的学者加入研究中，其中就包括关于社区商业服务是否应该纳入社区公共服务中的研究。首先，社区商业服务是否属于社会公共服务的关键论点在于，社区商业服务是否存在公共性与公益性，若是以此为基础，支持社区商业服务存在公共性与服务性，那么社区商业服务的发展则需要国家的大力扶持，将其纳入社区公共服务就是很有必要的，反之则亦然。事实上，在这一点上，绝大多数学者与官员对此都呈现支持的态度。丰志勇认为，社区商业服务的发展需要一个明确的定位，即社区商业服务已经成为社区建设、社区发展、社区服务的重要组成部分，只有发挥其在社区服务中的重要功能，才能既保证其在得到政府支持以促进其自身健康发展的同时，又能同时促进社区整体的发展。④刘建湖认为，"社区商业具有自身特定的社会属性与经济效用；二者的兼顾，应当成为在确定城市社区商业发展模式中最基本的价值取向。"⑤社区商业服务并不是纯粹的商品经济行为，在其发展过程中，必须非常重视其所拥有的不可替代的社会属性与功能。2011 年，时任商务部商贸服务管理

---

① 杨宏山：《城市社区服务的多中心供给机制》，《理论与改革》2009 年第 3 期，第 56～57 页。
② 闫青春：《社区服务产业化问题初探》，《民政论坛》1998 年第 4 期，第 16～21 页。
③ 于凤春：《关于社区服务产业化的几点思考》，《学术论坛》2001 年第 5 期，第 88～90 页。
④ 丰志勇、何骏：《我国城市社区商业的现状、定位和发展模式》，《地域研究与开发》2008 年第 4 期，第 47～51 页。
⑤ 刘建湖：《城市社区商业发展模式的定位思考》，《商业研究》2008 年第 12 期，第 197～200 页。

司企业处处长张斌在首届社区商业发展论坛暨第七届全国中小连锁商业发展战略研讨会上明确表示，对于社区商业服务在民生方面的作用应该予以极大的重视，并表示国家对其的指导与扶持将不断增加。从上述学者、官员的论调可以看出，社区商业的社会属性、公共属性已经逐渐被发掘，逐渐被重视，国家相关机关对于社区商业服务的关注度也在不断提升，政府将更多地介入社区商业的规划、业态发展。这种对于社区商业服务公共性的赞同、政府将更多介入的论调，使社区商业服务更多地向社会服务的方向开始发展。

除了对社区商业公共性、服务性的讨论以外，学术界还衍生出不少相关研究。杨宏山认为，只有将社区公共服务明确分为社区公共服务、社区公益服务、社区商业服务，并明确厘清不同公共服务项目的属性，做好分类供应，才能真正有效地提高我国社区公共服务的供给水平。① 张永则以外部性理论为基础，打破了传统方法中单纯以公共产品理论为政府干预社区商业服务提供合理性的做法，认为由于社区商业服务的发展存在极强的正外部性效应与负外部效应，因此应该由政府出面对其进行一定的限制或扶持。总的来说，以上研究，为将社区商业服务纳入社区公共服务的范畴，提供了理论基础。

在 2015 年的"十三五"规划中，关于社区公共服务的规划中涵盖了与社区商业服务相关的内容，一定程度上标志着社区商业服务开始被纳入社区公共服务中来。而现阶段，虽然社区商业服务的公共性被发掘，但在实践过程中，依然存在许多问题。其中，社区商业服务按公共产品理论应属于公共产品，社区商业网点应属于公益性设施，但现存的政策依然没有明确其公共产品属性。"国务院出台的《关于推进国内贸易流通现代化建设法治化营商环境的意见》（国发〔2015〕49 号）虽然将社区商业设施作为'微利经营的流通设施'，但依然没有将社区商业列为公益性设施，这在很大程度上制约了社区商业服务网点的配置和业态的配备。"② 因此，虽然社区商业服务已经被纳入社区公共服务的体系中，但对于其公共属性、公益属性的政策支持等方面的推进，还需要我国学者、政府的不断努力。

现阶段，社区商业服务在整个社区公共服务体系中的占比是最小的部

① 杨宏山：《城市社区服务的多中心供给机制》，《理论与改革》2009 年第 3 期，第 56~57 页。
② 路红艳：《城市社区商业供给模式及政策建议》，《商业经济研究》2017 年第 20 期，第 5~7 页。

分。社区商业服务拥有极强的便民性，是我国经济发展后人民日益增长的"美好生活需要"中的重要组成部分。以其所拥有的公共性、服务性、社会性为考量，要想真正建立好一个以便民、利民、惠民为核心的社区商业服务体系，政府必须大力扶持，也正是由于拥有这些特性，其更加接近于公共服务，而不是营利性商业。因此，将其纳入社区公共服务的范畴，也就是顺理成章的事了。

三　社区商业服务的发展阶段

2021年中国的城市化率达到64%。毋庸置疑，城市化已经成为我国经济发展的新推动力。

从城市商业建设的角度来看，与之前很长一段时间更多地关注中心区商业建设不同，针对居民日常生活的社区商业服务在很长一段时间将更加受到重视。长期以来，政府官员由于政治"锦标赛"等原因，他们更加愿意在看得见的地方进行商业建设，由于商业中心拥有更高的集成性和更多的投入资金，所以地方官员希望能凭借这些奢华的商业中心在下一轮政治"锦标赛"中击败对手，晋升至更高的平台。于是在各个大型商圈，繁华的商业中心迅速建设起来，而社区商业的建设则长期落后于城市发展的整体水平。经常能够看到的情况是，繁华的城市中心商业与周围坐落的萧条社区商业形成鲜明的对比。正如刘建湖所说：由于前期商业资本热衷于城市中心商业巨额利润的偏好预期，以及地方政府热衷于城市形象建设的愿望，我国商业投资不仅在城乡商业流通建设上明显失衡，而且在城市内部的商业功能与布局结构上同样存在明显的失衡现象。一方面集中于城市中心商业区的各种大型豪华商业设施规模庞大、体量饱和；另一方面在市民聚居的生活社区内，商业设施散小杂乱、功能短缺。[①]

最早在2001年，就已经有学者预测到中国在今后的20年将进入一个城市化飞速发展的时期，将有数量庞大的农村人口涌入城市中持续建设的居民小区。社区商业将是许多企业的新发展机遇。上海作为中国经济、贸易中心城市，在商业发展方面具有领头示范性作用。这点在社区商业服务建设方面自然也不例外。同样是在2001年，时任上海市副市长的冯国勤就

---

① 刘建湖：《城市社区商业发展模式的定位思考》，《商业研究》2008年第12期，第197~200页。

以一篇《把发展社区商业作为一个战略重点》阐述了社区商业建设的相关内容，他在文中明确了社区商业对上海今后发展的意义，论述了上海社区商业的现状、问题，以及未来发展思路。文章思路清晰，即使从今天的角度来看，也依然有很强的借鉴性。[①] 但当时关于社区商业的文献数量不多，仅有的文献也往往是以上海、北京、江苏、天津等经济发达地区的需求为研究基础。从研究的内容中我们可以发现，大多数学者都提及："社区商业发展与当地 GDP 的发展呈正相关，且当人均 GDP 达到 1000 美元时开始有较快的发展。"[②] 在 GDP 达到一定程度之后，人们的消费需求将发生改变，实现升级，以物质消费为主的传统消费观将转变为现代的综合消费观[③]。也就是人们会增加更多除日常生活的食品、水电以外的消费，通常来说，就是娱乐享受服务。而我国在 2002 年人均 GDP 正式达到 1000 美元，这也是社区商业发展的开端。自此，社区商业服务在我国开始真正发展起来。

2005 年商务部发布了《商务部关于加快我国社区商业发展的指导意见》（下文简称《意见》）。《意见》明确表示："争取利用 3～5 年时间，在全国人口过百万的 166 个城市中，初步完成社区商业建设和改造工作，形成满足基本生活消费需求的社区服务网络，基本实现社区居民购物、餐饮、维修、美容美发、洗衣、家庭服务和再生资源回收等基本生活需求，在社区内就能得到基本满足。在消费水平较高的社区，要在满足基本生活需求的基础上，形成商业布局较合理、服务功能较齐备、服务质量和管理水平较高的社区商业综合服务体系。"[④]《意见》包括今后在社区商业服务发展中应该遵循的工作原则、社区商业建设的工作重点，以及工作中的要求。各地区中发展较好的社区还可以申请成为"全国社区商业示范社区"，这无疑调动了社区进行社区商业服务建设的积极性。在《意见》的最后，商务部还强调，各地商务主管部门一定要认识到社区商业服务建设对扩大消费、拉动内需所能引起的带动性作用。遇到问题要全面总结，及时反馈，为我国社区商业的发展总结经验。

---

① 冯国勤：《把发展社区商业作为一个战略重点》，《上海商业》2001 年第 7 期，第 6～9 页。
② 秦文纲：《社区商业发展探索》，《江苏商论》2002 年第 3 期，第 23～25 页。
③ 鄢雪皎：《上海社区商业的发展思路》，《经济纵横》2003 年第 1 期，第 54～56 页。
④ 《商务部关于加快我国社区商业发展的指导意见》（商改发〔2005〕223 号），2005 年 4 月 22 日。

2005 年至今，与社区商业相关的指导意见、规划方案、管理规范等内容越来越多地出现于国务院各部门的政府文件中。2008 年，商务部发布了《社区商业设施设置与功能要求》，详细规定了社区商业设施设置要求及社区商业的功能配套要求，还强调该标准不仅适用于新社区商业设置，也同样适用于老社区商业设施的改造，该标准于 2019 年进行了修订，以适应现在的发展情况，在今后还将随社会发展而定期进行修订。2011 年，国务院办公厅印发《社区服务体系建设规划（2011－2015 年）》，提出"发展多层次、多样化的社区服务"。其中第二条，要大力发展便民利民服务，专门提出打造基于社区商业服务的便民消费圈，主要目的在于满足居民的日常消费，特别是满足居民生活水平提高之后的多样化消费需求，包括"社区居民购物、餐饮、维修、美容美发、洗衣、家庭服务、物流配送、快递派送和再生资源回收等服务"。自该规划公布以后，每隔五年，国务院都将颁布后五年社区服务体系的规划，其中自然包含社区商业服务的发展计划。除此之外，不同地区、城市将依据以上标准，结合本市、本地区规划制定适宜本地区、城市的社区商业发展规划。

2015 年后，社区商业服务被纳入社区公共服务的范畴之中，与社区福利服务、社区公益服务共同组成了我国社区公共服务体系。在很多政策与规定中，社区商业服务开始与社区的其他各项服务一同出现。例如，2021年在各个城市中比较热门的"十五分钟生活圈"项目，自上海市政府于 2016 年开始试行"十五分钟生活圈"规划以来，由于取得的成效十分显著，在五年的时间内已经迅速推广到深圳、广州、武汉、长沙等绝大多数一二线城市中。在"十五分钟生活圈"的建设中，社区商业服务中的许多内容开始被融入社区公共服务的整体过程中：15 分钟生活圈包括社区体育设施、社区文化设施、社区公园、社区商业、社区娱乐等方面。在这个基础上，社区商业服务已经进入国家基础服务设施建设的过程中，这无疑是对社区商业服务发展前景最好的肯定。

四 社区商业服务保障的制度环境

（一）社区商业服务保障的宏观制度环境

1. 社区商业服务保障宏观制度环境的概念

宏观制度环境是指以国家、政府为主导的，以整个社会为基础的，对社区商业的认识，并形成的规范其行为的一系列制度的总合。宏观制度环境决定了社区商业服务保障在社会中应该发挥的作用，是整个国家、政府对其价值的判断。根据新制度主义的观点，宏观制度环境以非正式制度中的意识形态、正式制度中的宪法法律为核心。"关于制度环境的界定，最有影响力的研究是 North 和 Scott。North 认为制度是一个社会的博弈规则，是一些人为设计的、形塑人们互动关系的约束，并进一步将制度分为正式制度和非正式制度两个方面。非正式制度包括习俗和文化等，正式制度包括人类在政治、法律、经济等方面设计的规则和契约。在正式制度和非正式制度的构成方面，North 认为即使在最发达的国家，正式制度也仅仅占所有制度规则的一小部分。因此，制度环境的测量要特别注意测量非正式制度环境。"①

意识形态决定了一个社会的生活习惯、人民的思想观念。当意识形态的变迁与社会经济变迁相适应时，它可以促进经济的发展，相反则会阻碍经济的发展。这一特质同样存在于意识形态与社区商业之间的关系之中。就社区商业层面看，其所处的宏观制度环境从根本上规范了在国家与社会中，什么是社区商业服务，明确了社区商业的边界。也就是说，在法律层面规定了在本国，社区商业应该是怎样的，社区商业应该或将要如何发展。

2. 我国社区商业服务宏观制度环境的内容与发展

若要真正探寻我国社区商业服务制度环境发展的历程，将是很复杂的工作。从广义上说，有居民的地方就有消费需求，有需求就会有供给，同时就会有商业服务，而这些满足居民对商业需求的内容在广义上当然也属于社区商业服务的概念。改革开放之前用于满足居民需求的供销社供给制度以及单位供给制度与我们在这所研究的社区商业并不是同一事物。因此，关于社区商业服务的制度环境分析，我们还是以改革开放之后的 20 世纪八九十年代，社区这个概念在我国真正建立起来开始说起。

自 1987 年民政部第一次提出"社区服务"的概念，并召开有关座谈会起，② 我国正式进入了社区生活的时代。社区商业服务，只是社区服务概念

---

① 宋渊洋、刘䶮：《中国各地区制度环境测量的最新进展与研究展望》，《管理评论》2015 年第 2 期，第 3～12 页。

② 邴正、蔡禾、洪大用、雷洪、李培林、李强、王思斌、张文宏、周晓虹：《"转型与发展：中国社会建设四十年"笔谈》，《社会》2018 年第 6 期，第 1～90 页。

中的一个内容，在 20 世纪 90 年代并不受重视。一是国家重点关注的是社区服务中的社区公益、社区福利。二是当时全国大多数地方的人均 GDP 较低，相应的人均消费能力还不足够构建一个完整的社区商业体系。

2001～2005 年，有关社区商业服务保障国家层面的制度与政策仍然处于空缺的状态。但在上海、北京、天津等人均 GDP 较高的地区，人们对社区商业服务的需求已经非常强烈。各地依据政治与经济基础，各自探索自己的社区商业建设之路。学者们也开始将研究视角更多地放到社区商业之上，但多为商业地产领域的愿景与规划研究，有关社区商业服务的公共管理研究微乎其微。所以事实上从制度环境的角度来看，这段时间只能算社区商业服务正式制度推出的前奏，并不算制度环境的发展范畴。

在我国，若无明确的上层建筑支持，相关工作的开展大多取决于地方官员是否有利益驱使。以社区商业建设为例，在很多地方，社区商业的建设并不与地方官员政绩挂钩。所以只有当商务部以指示的形式推动社区商业服务发展，真正的系统化建设才会出现。这也是 2005 年出台的《关于加快我国社区商业发展的指导意见》最重要的现实意义。

2011 年，国务院办公厅印发的《社区服务体系建设规划（2011－2015年）》中开始提及社区商业服务的相关内容，这也是社区服务体系中第一次提及社区商业服务的相关内容，包括"社区居民购物、餐饮、维修、美容美发、洗衣、家庭服务、物流配送、快递派送和再生资源回收等服务"。

从 2005 年的"指导意见"到 2011 年的"建设规划"可以明显看出，政府对社区商业服务的建设拥有一个长期的计划。事实上，无论是指导意见还是建设规划，都以我国当时的经济情况为基础，并与五年规划相适应，具有很强的预见性与指导性。到以"十三五"规划为基础的《城乡社区服务体系建设规划（2016－2020 年）》（之后统称"2016 至 2020 规划"），除了表示要继续垒实城市社区商业建设以外，更多提到的是不同城市之间的社区商业建设水平差距较大，城乡之间社区商业的发展水平差距较大。北京、上海等地区已然建立起较为先进完整的社区商业服务体系，二三线城市社区商业也同样发展顺利，而农村社区商业的发展水平已无法满足群众日益增长的消费需求，因此在"2016 至 2020 规划"中，农村社区的商业发展被放在一个比较重要的地位。其实可以看到的是，"2016 至 2020 规划"时期农村社区商业所面临的情况与上述北京、上海等一线城市在 2005

年、二三线城市在 2011 年所遇到的情况基本相同，这表明，社区商业服务发展遵循一个经济发展的过程，只有达到了某一消费水平，相应的部署才会跟进，相关的政策才会出台。事实上，这个循序渐进的过程既能将北京、上海等城市的发展经验推广，还能更多地发展出属于我们国家自己的社区商业服务体系，是一个科学的发展过程。

社区商业服务虽然属于社区服务的一部分，但说到底，它同样属于商业的一种，这就使得其不同于福利性服务与公益性服务，商业发展非常依赖企业、个体户等社会资本的进入，而资本最为重要的特性之一就是其对制度环境的敏感性，一般来说，当国家宏观制度环境往有利可图的方向发展，社会资金才会大量涌入，而资金绝对是社区商业发展必不可少的重要因素。所以说，宏观制度环境层面的改善是基础，当国家政策向社区商业更多地倾斜，才有可能使社区商业的发展由野蛮生长走向繁荣。

（二）社区商业服务保障的微观制度环境

1. 社区商业服务保障微观制度环境的概念

除了宏观层面的政策支持以外，社区商业服务建设的过程中还需要更为具体的法律与制度来规范具体政策执行过程中各主体的行为，即社区商业服务保障的微观制度环境。

如果说社区商业服务的宏观制度环境体现出的是国家对社区商业在我国今后应该建设成什么样的一种顶层设计，那么微观制度环境则是社区商业服务应该遵守的具体法律与制度。以俞可平对公民社会制度环境的分析为参考："如果说，改革开放以来，中国的宏观制度环境对公民社会以鼓励为主的话，那么，其微观制度环境则以约束为主。"[1] 社区商业服务的制度环境也同样遵循这一特点。这就是说，社区商业服务的微观制度环境表现为法律法规对其的规制。

2. 我国社区商业服务微观制度环境的内容与发展

我国社区商业服务微观制度环境所包括的内容可以概括为以下几个方面。第一，在中央层面上，商务部于 2004 年印发了《城市商业网点规划编

---

[1] 俞可平：《中国公民社会：概念、分类与制度环境》，《中国社会科学》2006 年第 1 期，第 109～122 页。

制规范》。其内容主要是全国地级及以上城市（含县级市）商业网点规划的编制制定规则，包括规划总则、规划的基本原则、规划程序、规划文本、规划的具体内容等。

第二，不同城市与地区依据《城市商业网点规划编制规范》、本地区城市规划，并结合本地实际情况编制商业网点规划。以长沙市的《长沙市城市商业网点布局规划（2005－2020）》为例，就是以《城市商业网点规划编制规范》为基础，结合《长沙市城市总体规划》编制的。通常来说，城市商业网点规划会根据实际情况的变动，定期或不定期进行修改，以使其符合实际情况的改变。

第三，隶属于中华人民共和国国内贸易行业标准的《社区商业设施设置与功能要求》，主要内容包括：一是社区商业各业态开业需符合的专业条件与技术要求，超市环境要求，餐饮业规范；二是社区商业的分级标准：以社区商业商圈半径、服务人口、商业设置规模大小的不同分为邻里商业、居住区商业、社区商业中心三个标准。不同的社区商业等级需要满足不同的业态要求，从邻里商业到居住区商业再到社区商业中心，社区商业要满足的要求由低到高增加，例如在社区商业中心的标准中，相较于前两个等级不仅要全方位满足居民日常需要，还增加了对居民娱乐需求满足的要求。除了社区商业应达到的分级标准外，各商业业态也有各自的行业标准、卫生标准，只有满足这些标准才能进驻社区。

通过对社区商业服务的制度环境整理分析可以得出以下结论。一是社区商业服务制度环境可以分为宏观制度环境与微观制度环境。二是宏观制度层面社区商业服务呈现支持态势，表现在社区商业政策方面的资源倾斜、指导意见的持续增加、社区商业服务体系的不断完善。微观制度层面的约束体现为社区商业严格按照商务部商业网点编制规范的社区商业规划进行建设，不同商业等级拥有不同标准，必须严格遵守。

综合来看，上至社区商业服务建设的指导思想、总体目标，下至不同社区商业业态的具体执行标准，社区商业服务经过较长时间的实践与发展，已初步形成了一个较为完整的制度体系。但相较于社区服务保障的其他组成部分而言，社区商业服务的制度环境依然存在许多方面的不足。首先，社区商业服务的顶层设计已经较长时间未更新，现阶段国家层面依然以2006年颁布的《关于加快我国社区商业发展的指导意见》作为社区商业发展的指导性文件，虽然该指导意见中的很多内容依然具有一定合理性，但经过数十年的发展，我国经济情况、基层治理体系都有了较大规模的变化，该指导意见在一定程度上已经落后于社会的整体发展。其次，现阶段我国社区商业服务的公共属性依然处于一个模棱两可的状态。社区商业服务作为便民利民服务，其所拥有的公共性、服务性在政策文件中并没有得到充足的体现。因未明确其所拥有的公共性、服务性，因此对于它的支持性政策数量与质量也明显不理想。最后，社区商业服务的政策缺乏连贯性以及关联性，不同部门、不同层级政府所制定的政策都只依照本部门的需要与要求来制定，使得社区商业服务在发展过程中经常会面临多头管理的窘境。

因此，我国社区商业服务的制度环境发展依然任重道远，社区商业服务的制度环境还有很大的优化空间。现阶段，首先，需要在充分了解与分析我国整体发展水平、居民需求水平的基础上，对社区商业服务的顶层设计进行一定程度的修缮，使其适应现今社会的发展。其次，顶层设计除了需要紧跟社会发展水平之外，还需要明确社区商业服务的公共服务属性，并在此基础上，加强对其的扶持力度，作为保障民生的社区服务的重要部分，只有通过政府部门的大力支持，才能真正达到其服务民众的根本目的。最后，社区商业服务的政策制定需要各相关部门、不同层级政府的共同努力，需要建立一个社区商业服务政策委员会，由各相关部门派出代表参与，定期对社区商业服务的发展建言献策，制定出综合各项要求的、科学的社区商业服务政策。

五　社区商业服务保障的构成要素

从之前对于社区商业服务的发展历程、制度环境进行的梳理及分析可以看出，社区商业服务是基于我国生产力发展水平的不断提升，人民生活水平的不断提高为背景而出现的。不同于社区福利服务以及社区公益服务，社区商业服务最开始是基于市场经济，以商业、经济服务功能而出现的。由于相关制度匮乏，社区商业在很多方面与其他商业形式并未做出详细区分，这导致其在很长一段时间里并没有被看作社区服务的一部分。直到近年来，社区居民生活消费的需求日益增长，且日益复杂，需求已不仅限于本社区的可消费业态，还包括本社区消费的方便程度等，需求的逐渐复杂使得与社区商业相关的利益主体同样复杂，这就将整个社区商业服务的整体复杂程度提高到一个新的高度。本小节将通过对社区商业服务的性质、社区商业服务的主体及其作用进行分析，以更好地厘清社区商业服务的主要构成。

（一）社区商业服务保障的特性

1. 服务性

长期以来，我国社区商业存在的一个重要问题就是缺乏对其服务性的考量。社区商业服务的服务性，指的是社区商业服务在建设过程中应该认识到其主要功能在于如何更好地服务其属地内居住的社区居民，因此在业态的选择上要以服务居民为依据。通常，若是以服务性来考量一个社区商业的建设情况，主要包括以下两个方面：一是业态的选择要以本社区居民的年龄、习惯等要素为考量，如年轻人较多的社区可以建设更多的餐饮、娱乐等商业性消费业态，老年人、家庭主妇较多的社区可以开设更多的菜市场、日常照料间等服务性业态。二是社区商业服务业态应该足够丰富，能够满足社区居民的绝大多数合理需求。总的来说，所谓社区商业服务保障的服务性，就是在基础业态完善的基础上，更多地根据服务对象需求考虑如何能更好地为本社区居民提供优质服务。

2. 公共性

公共性在一般情况下指政府制定与执行公共政策应按照社会的共同利益和人民的意志，以保证公共利益的实现。社区商业服务由于其所拥有的市场性、流通性，相较于其他类型的社区服务而言具有私人性服务的某些特征，但它作为社区公共服务的重要组成部分，带有一定程度的公共属性，这一特性主要体现如下。一是社区商业服务属于公共产品。按照公共产品理论，对于保障民生以及城市安稳的设施都应划归于公共产品中来。社区商业服务的主要目的是服务社区居民，保障居民民生，自然属于公共产品的一种。二是社区商业服务虽然属于流通性行业，但除了注重市场效益及营利性之外，还兼顾公共利益的需求，这种对于公共利益的追求体现在绝大多数进驻社区的商业业态，为的是满足该社区绝大多数居民所拥有的共同需求以及基本生活，而不是某一类群体所需要的特殊需求或者奢侈消费需求。三是社区商业服务的建设及发展拥有较强的正外部效应。它的建设与发展有利于推动就业、增强居民的互动、增进社区居民的福祉，拓展了社区公共空间。

3. 商业性

社区商业服务的商业性是其最关键的两个性质之一。从结果上来说，社会资本参与社区商业的最终目的就是要达成与社区居民的交易，实现盈利。事实上，在现阶段我国零售业销售额增速不断下滑以及社会主要矛盾转化，我国社区消费有着巨大的提升空间，所以社区商业的规划考量除了考虑其公共性与服务性，我们也要考虑到社区商业同样是商业经济的一种。所以社区商业在开发过程中也要考虑其在我国今后商品经济发展过程中的重要地位，在服务居民的同时，逐步开发出自己的特色，从而进化出更强的吸引力，增强其竞争力，形成有特色的、健康的社区商业服务体系。

4. 系统性

一个社区所拥有的社区商业服务，应该是完整的、整合的、相互联系的，这就是社区商业服务的系统性。现阶段社区居民的消费呈现多样化、丰富化的趋势，这对于社区、街道办事处、商务部门等行政部门以及社区商家来说都是机遇与考验。对于政府方面的相关主体来说，一个有序的、相互联系的社区商业服务体系，能够帮助其更好地管理社区。对于社区商家来说，相互联系在一定程度上可以互补，同类型的商家一定程度上的聚集可以吸引更多顾客，提升消费，在诸如社区购物中心、购物街的设计中，应该更多考虑设计的科学性、业态分布的科学性。在政府相关部门与社区商家之间，应该通过建立社区商业平台促进商家的合作、商家与政府部门的合作，[1] 这也是现代商业系统的主要发展趋势之一。因此，社区商业服务的发展要遵循系统性的原则，在政策方面形成科学完善的政策体制，在商业设施规划、建设方面考虑全面，使社区商业服务成为一个层次分明的、真正便民利民的公共服务项目。

（二）社区商业服务保障中的主体及其作用

从宏观上看，社区商业的主体指的是社区商业运行过程中的所有参与的所有主体，包括对我国社区商业进行总体规划的国务院商务部、民政部，

---

[1] 张荣齐、张寻：《平台战略下社区商业业态业种共生研究》，《商业研究》2015 年第 8 期，第 45~51 页。

各级地方政府，以及各地区社区街道办、社区商户、连锁企业、社区居民，等等。综合来说，可以分为三个部分：社区商业服务中的政府；社区商业服务中的商家；社区商业服务中的消费者。从微观上看，社区商业的主体即社区商业的提供者，即社区商业中的商家。该部分内容中的主体分析主要从宏观方面出发。

1. 社区商业服务中的政府

参与到社区商业服务中的政府相关部门包括国务院相关部门、地方政府部门以及基层的街道办事处。不同于其他的商业形式，社区商业从一开始就需要政府部门主导，属于公共服务的一种。当然，这不代表社区商业中不存在市场行为，只是社区中商家的业态种类与各业态的数量必须通过科学的设计和规划来决定，不能因为某种业态的利润可观便在社区中不计数量任意开设，也不能因为某种业态的利润不多而造成其供给不足。若要满足上述状态，仅靠市场往往无法达成，只有在政府充分调查与规划的前提下，社区商业才能既焕发市场活力，又满足社区居民各种日常生活需求。

因此，政府部门在我国社区商业建设中扮演着不可替代的重要角色。第一，社区商业的总体规划有赖于各级政府部门依据职责制定，自上而下包括民政部、商务部制定的指导意见以及社区商业建设规划，例如2005年商务部制定的《关于加快我国社区商业发展的指导意见》与2011年国务院办公厅制定的《社区服务体系建设规划（2011－2015年）》。它们确定了社区商业在社会发展中的地位，规范了不同等级城市社区应该达到的社区商业规模，将社区商业建设纳入规范化、制度化的进程。在国务院整体性规划的基础上，地方政府根据自身经济发展情况与居民需求制定符合地方需求的商业规划。第二，由街道办事处对辖区内社区商业进行直接管理。综合来看，社区商业从顶层设计到城市规划再到具体管理是一个政府部门自上而下的整体性运作过程，各级政府部门的努力缺一不可。

需要我们注意的是，除了以上行政主体，在我国的行政体制中，社区作为基层治理的重要一环，兼具行政性与自治性，是中国特色社会主义治理体系中的特殊存在。但现阶段社区对于本社区的商业发展，并没有特别大的权力，社区商业的管理权力大多在各级商务部门，社区工作人员最多对本社区中的社区商铺是否扰民、是否占道等具体事项做出调解。

2. 社区商业服务中的商家

商家就是社区商业服务的提供者，是社区商业服务供给的核心主体。发展出足够丰富的商业业态，以满足社区居民不断提高的消费需求，是社区商业服务保障的意义所在。现阶段我国已经通过国家各部委的指导意见与规划设定，建立起了一个相对完善的社区商业体系。2008 年商务部发布在《中华人民共和国国内贸易行业标准》中的《社区商业设施设置与功能要求》对社区商业业态做出了严格的界定，将社区商业规模分为不同的标准，规定了各规模标准商业应该达到的发展水平。商家需要严格遵守标准中的具体指标来开展商业活动，形成一个规范性的社区商业体系。

社区商业服务中的商家从运营形式来看可以划分为以下几类主体。一是个体商家。个体商家，也叫个体工商户，通常来说，在法律范围内个体商家是我国社区商业中占比最大的商业主体。有数据显示，现阶段社区个体商户占总体商户的 91%。[1] 二是企业连锁经营商家。所谓连锁经营，就是通过标准化技术，使用统一商号的若干门店在同一总部的管理下，采取统一采购或授予特许等方式，实现规模效益的一种多店铺扩张经营方式，[2]这是近期以来发展最迅速的社区商业形式。以现在全国社区普遍多见的"芙蓉兴盛""苏宁小店"等为例，连锁型小型商业可以分为个人加盟型和企业直营型。个人加盟指的是个人资本与品牌所有方签订协议以获得品牌方给予的特许经营权以及连带的供应链、品牌效应等要素，以品牌方为名建立社区商店。企业直营连锁指的是所有权、经营权归属于品牌方，进行统一管理、经营的连锁模式。从商业管理的角度来看，个体加盟企业连锁型商业超市相较于完全独立经营而言，优势在于稳定的货品供应以及品牌效应，能更好地化解独立经营的风险，相较于传统的个体商户在社区中自行成立商铺所存在的风险，连锁经营不失为一种更加可靠的选择。三是社区购物中心。社区购物中心是在城市的区域商业中心建立的，建筑面积在 5 万平方米以内的购物中心。商圈半径为 5~10 公里，有 20~40 个租赁店，包括大型综合超市、专业店、专卖店、饮食服务及其他店，停车位 300~

---

[1] 宋森：《基于品牌化、定制化视角的我国社区商业发展现状及趋势》，《商业经济研究》2018 年第 3 期，第 43~46 页。

[2] 李定珍：《中国社区商业概论》，中国市场出版社，2004，第 144 页。

500 个，各个租赁店独立开展经营活动，使用各自的信息系统。① 大型商业超市的密集与丰富程度往往可以代表一个社区的繁荣程度，只有当人口与消费力到达一定水平时，才能支撑大型商业超市的生存与运营。建立大型商业超市的一大优点在于其强大的包容能力，其余的各种小型商业业态都能在其中并存，使得社区居民的消费需求能够一次性得到满足。事实上，在社区商业的研究综述部分就已经阐述过，学者们普遍认为，由于其所拥有的整合性、丰富性，建设社区商业中心将是今后社区商业发展的主要趋势。

社区商家是社区商业中的基石，且一直随着社区整体环境与社区经济发展程度的变化而变化。只有商家的数量与质量达到社区消费者所期望的程度，社区商业服务才能真正满足社区居民的生活需求。从市场经济的角度来看，多样化的经营模式以及多样化的商业业态有助于促进竞争从而促进市场的繁荣。而依托于社区进行发展的商业不论其选择何种模式，都要注重其便民性，这是社区商业基本概念的重要特性之一。以社区商业中心为例，不同于区域购物中心或者是超区域购物中心更多地注重功能与品牌，社区购物中心更多的是贴近生活、注重辖区内居民生活水平的提升。②

3. 社区商业服务中的消费者

社区商业服务中的消费者，即在社区商业服务设施中购买服务与商品的居民。从微观上看，每个个体的消费需求与消费选择是不尽相同的，但我们还是可以从中归纳出大多数居民的相同需求与特殊需求，所以在这里，我们可以将消费人群按年龄段划分为：一是社区中的幼年消费者，年龄 0～5 岁；二是社区中的少年消费者，年龄 6～18 岁；三是社区中的中青年消费者，年龄 19～55 岁；四是社区中的老年消费者，年龄 56 岁及以上。另外，社区中各年龄段居民有着共同需求。

（1）社区中的幼年消费者。严格来说，年龄太小的孩童事实上并不具备消费的能力，但他们也的的确确拥有消费的需求且往往由其父母家人代为购买，但为了与成年人的消费需求相区分，在这里我们还是将其单独划

---

① https：//wiki. mbalib. com/wiki/% E7% A4% BE% E5% 8C% BA% E8% B4% AD% E7% 89% A9% E4% B8% AD% E5% BF% 83.

② 靖东、张柯菁：《社区购物中心：提升社区商业》，《中国商贸》2009 年第 12 期，第 24～25 页。

分出来。事实上，在之前很长一段时间内，幼儿并无特别的消费需求。但直到最近几年，由于人们的消费升级，社区中已经开始出现各种专门针对婴幼儿的店铺，给家长提供幼儿护理、幼儿游泳等服务。总的来说，随着消费水平的提高、家长意识的转变，针对幼儿的社区商业服务在今后将越来越多。

（2）社区中的中青年消费者。21世纪以来，人们对于娱乐与购物的需求与日俱增，娱乐消费地点随着城市化的不断增强从城市的中心不断扩张，直到现在，我们已经能够在社区商业街看到很多的娱乐消费地点与第三产业商铺，随着社会的不断发展，人们消费能力与消费需求将越来越强，社区商业中的娱乐性业态将成为发展的重点。

（3）社区中的中老年消费者。中老年消费者更多的是想要安稳的生活，他们对自己的身体状况也更加看重。随着中国社会老龄化的加剧，且伴随着收入水平分层、消费水平差异化，对于一部分老年人群体来说由社会、社区提供的基础性福利服务、公益性服务将无法满足其更高的需求，自行购买的商业性助老服务将是他们的更好选择。

（4）社区中大多数人的共同需求。大多数人的共同需求包括，对于食物、药品、饮食、理发、大小型商店的消费需求等。本书的社区商业更多的是从其所拥有的服务性、公共性出发。也就是说，社区商业不只是商业的一种，更是公共服务的一种，其满足的消费需求存在基础性和必要性，不能简单由市场供给，而需要政府参与规划。因此，每个社区都会依据本社区人口数量订立符合消费水平的商铺规划，以更好地满足社区居民的基本需求。

六 社区商业服务的内容

经过近30年的发展，我国社区商业服务经历了荒芜的野蛮生长，通过国家不断的完善重视，已基本形成了一个相对成熟的内容体系。

在2005年《关于加快我国社区商业发展的指导意见》出台之前，我国社区商业服务还没有被纳入社区公共服务中，社区商业还只由市场自发调节形成，由市场主体自行参与。通俗来说，就是市场主体认为某些社区的投资有收益，那么它们就会在社区中开设商业，如果收益的概率很低，那么就会放弃投资。这带来的结果就是，在2005年之前，我国绝大多数社区商业的设施不足、业态匮乏、布局不科学、功能单一，只能提供简单的商业业态，如便利店、菜市场等，且由于缺乏具体的管理体制，该阶段社区商业服务的内容处于一个混乱无序状态。

2005 年前后，由于经济的快速发展，人民生活水平的不断提升，政府有关部门开始注意到我国社区公共服务方面存在的缺陷。相较于其他社区服务，社区商业服务起步较晚，需要更加明确的制度来规范，基于此，《关于加快我国社区商业发展的指导意见》出台了。如前所述，指导意见的出台标志着我国社区商业服务发展的正式开始，在此之后，不同城市、不同部门关于社区商业服务的政策出台，其中，《社区商业设施设置与功能要求》明确规定了我国社区商业服务所需要达到的水平，并以标准的形式纳入国家标准库。从该文件中，我们能窥见我国社区商业服务所包含的内容。社区商业的类型按照社区商业服务的特殊性，可以将其划分为三个方面：社区商业中的必备性业态，社区商业中的补充性业态，以及社区商业中的提升性业态。

按照国家于 2019 年 8 月 30 日更新的《社区商业设施设置与功能要求》（后统称"要求"）所述，所谓社区商业中的必备性业态，指的是"为满足社区居民的基本要求应设置的社区商业的业态及业种"，必备性业态关乎社区居民的基本生活，是任何社区居民都需要的基本社区业态与服务，也就是说，必备性业态是每个社区都必须要有的业态。所谓社区商业中的补充性业态，指的是"为满足居民多样化、个性化生活消费需求，选择性补充设置的社区商业业态及服务"。之所以被称为补充性业态，是因为该种类业态不关乎居民的基本生活，属于非必要的业态，视社区实际情况与需要来决定是否设置。所谓社区商业中的提升性业态，指的是"在满足居民日常基本生活需求及多样化、个性化生活消费需求与提升居民生活品质的基础上，选择、运用新运营模式、新技术手段等创新方式的服务设施"。

一般来说，按照社区规模的不同，这些业态也需要达到不同的规模，且不同人口规模、占地面积的社区所要求的必备性业态也不尽相同。"要求"将社区按照服务人口、商圈半径、商业设置规模（建筑面积）分为三个等级。服务半径小于等于 0.5 千米，服务人口小于等于 0.3 万人，人均商业面积为 0.15～0.37 平方米，建筑面积小于等于 0.05 万平方米的为街坊型社区商业，指的是"设置相对分散、与居住人口数相对应，方便居民就近购买日常生活必需商品和服务，提供居民所需生活服务的小微型社区商业形态"。服务半径小于等于 1 千米，服务人口 0.5 万~1 万人，人均商业面积为 0.45~0.57 平方米，建筑面积小于等于 0.2 万平方米的为社区便民商业中心，指的是"提供社区内居民日常生活所必需的商品和便利服务，设置相对集中和完备的、复合型中型的社区商业设施"。服务半径小于等于 3 千米，服务人口 3 万~5 万人，人均商业面积为 0.6~0.8 平方米，建筑面积为 1 万~4 万平方米的为社区商业综合体，指的是"在一个或多个社区的中心，以满足居民及部分流动消费者综合生活消费需求、集中设置的规模较大的综合性商业设施"。

基于不同规模、服务人口的社区商业，"要求"中将不同的业态业种分为三个种类：购物服务、居民生活服务与其他业态及服务。

对于街坊型社区商业来说，其基本功能定位在于保障服务范围内的社区居民的基本生活需求，提供必需生活服务，其购物服务方面的必备的业种与业态包括：小型超市、便利店（食杂店）、便民菜店、智能便利设施等，补充性业态与业种包括：超市、便利店、图书音像店、美容店、洗衣店、家庭服务等。居民生活服务方面，其必备性业态与业种包括餐饮服务、餐饮外送服务等，补充性业态及服务包括正餐服务、洗染服务、家庭服务、计算机和辅助设备修理服务、居民宠物服务、清洁服务、再生资源回收等。由于服务范围与建筑面积较小，街坊型社区商业并未设立提升性业态及服务的要求。

对于社区便民商业中心来说，其基本功能定位除了为服务范围内的社区居民提供日常生活必要的商品及便利服务，其所要求的业态内容更加繁多。在购物服务方面，社区便民商业中心的必备业态与业种包括：超市、菜市场、生鲜超市、便利店、智能便利设施、托儿所等，补充性业态包括网上商店、专卖店、专业店、电话购物、无人电子便民设备等。在居民生活服务方面，其必备业态业种包括餐饮、餐饮配送服务、外卖送餐服务、家庭服务、洗染服务、理发及美容服务、托儿所等，补充性业态与业种包括计算机和辅助设备修理服务、居民宠物服务、清洁服务、再生资源回收、汽车修理与维护服务、家用电器修理服务、搬家服务、洗浴服务、摄影扩印及文印服务等。

对于社区商业综合体来说，其基本功能定位在于满足服务范围内的社区居民日常生活综合需求，为他们提供个性化消费和多元化服务，在购物服务方面，其必备性业态与业种包括生鲜超市（菜市场）、便利店、专卖店、专业店、网上商店、智能便利设施等，补充性业态与业种包括仓储会员店、专卖店、专业店、电话购物、无人电子便民设备等。在居民生活服务方面，其必备性业态与业种包括餐饮服务、餐饮配送服务、外卖送餐服务、家庭服务、洗染服务、理发及美容服务、托儿所等，补充性业态与业种包括计算机和辅助设备修理服务、汽车修理与维护服务、搬家服务、居民宠物服务、清洁服务、再生资源回收、摄影扩印及文印服务等。

社区便民商业中心与社区商业综合体可以根据实际需要决定是否设置提升性业态及服务，包括购物服务中的书店、体育健身服务、商业银行服务，居民生活服务中的药店、咖啡厅、花店、共享服务。可以明显看出，提升性业态及服务包含的主要内容都与享受型消费相关，所以设置与否需要考虑服务范围内居民的消费能力与消费习惯。不过按照现阶段我国居民不断提升的消费水平来看，绝大多数城市社区都将设置提升性业态及服务。

另外，所有等级的社区商业都可以依据实际需求设置其他业态及服务。其他业态及服务中有关于特殊需求的内容，如健康体检、健康护理、老年人残疾人养护、社会看护。还有与商业消费相关的补充性服务，如快递服务、商业银行服务、旅行社服务等。同样地，其他业态及服务的设置与否按照本社区的需求确定。

从具体的功能要求方面来看，三个规模的社区业态也不尽相同，依据社区商业等级的提升，其所必要的功能也会随之增加。在有关购物服务的内容中，街坊型社区商业在基本需求方面应能提供果蔬、肉类等常用生鲜、熟制食品及调味品，在日常用品方面应能提供日常消费品，如日化用品、食品饮料、烟酒等快速消费品。其他两种业态除了需要提供邻里型社区商业所要求的内容外，还需要提供生鲜食品、包装食品和生活日用品，图书、报刊、音像等其他文化用品，除此之外，在2019版"要求"中还提出了关于社区商业通用的要求，要求社区商业的设置符合一定的标准，如社区商业的设置需要与城市规划、商业网点规划相协调，购物环境和谐，提供便民缴费点，等等。

从以上内容可以明显看出，当前我国社区商业服务的主要内容已经基本完善，且已按照不同的社区规格划分了不同的种类，并对各个种类提出了不同要求。虽然不同规模的社区拥有不同标准的必备业态与选择业态，但是在关乎社区居民日常生活诸如菜市场、餐饮店、便利店等方面都做了最低的要求，以保障社区的基本需求得到满足。在此基础上，社区还可以自行根据本社区居民收入水平、人口结构选择更加高级的业态。最后，《社区商业设施设置与功能要求》从 2008 年第一次公布起，已随着我国经济发展、居民需求改变进行了多次修订，每次修订都随着社会的发展加入更多的内容，例如最新的 2019 年版本中，更新了由于网购发展而对于快递投放点的要求，且最新的版本更加重视社区商业服务的服务性，从而将社区商业服务划分为购物服务与居民生活服务两个部分，更加体现"要求"的科学性与服务性。"要求"的每次修订都是为了适应时代的变化，在今后很长一段时间里，"要求"将依然随社会的发展而变动，成为我国社区商业服务设置的标准。

七　社区商业服务模式

社区商业服务模式指的是社区商业在发展过程中所形成并遵循的构建方式，它反映了社区商业各要素的构成形态与内在联系，可以大致将社区商业分为以下几种模式。

（一）社区底商模式

顾名思义，"社区底商"就是基于社区住宅的底层建筑进行商业开发的一种社区商业模式。社区底商的出现与社区自身的发展相互促进，社区的出现带来了居民生活消费的需求，自然而然地带来了商机，底商的发展一定程度也将促进社区的入住率。不同于其他商业形式以及社区商业的其他商业模式，社区底商通常拥有更强的针对性以及便利性，它的出现更多的是为了更好回应社区居民的现实需求，一般形态都是 24 小时便利店、餐饮、理发店等必备性业态或是花草护理店、咖啡店等发展性业态。

就我国而言，在经济发展水平不高的改革开放早期，当时建设的现在看来被称作老旧社区的社区底商往往由社区居民依靠所在住宅自发形成，通常没有具体规划、没有规律，而是由社区居民自发参与，在社区中呈现出"多点式"。[①] 在 1998 年"房改"（商品房改革）之后，商品房开发商

---

① 丰志勇、何骏：《我国城市社区商业的现状、定位和发展模式》，《地域研究与开发》2008 年第 4 期，第 47～51 页。

都被要求在地产规划中加入社区底商的建设，以满足居民日常需求，社区底商也变得更加规范，业态种类也更加丰富。

（二）社区商业街模式

相较于社区底商，社区商业街的规模更加庞大，且更有规划性。社区商业街是由一定数量、种类不同的社区商店按照一定的科学规划建成的商业服务场所。在一般情况下，与社区底商相比，社区商业街拥有更加完整的商业业态，呈现更加庞大的规模，对社区居民拥有更强的吸引力。社区商业街的出现往往代表社区的消费水平发展到一定的高度，在此背景下，简单的底商已难以满足居民不断提升的消费需求，需要一个具有相对完整规划、能够承接更多商业业态以及更多商业店铺的社区商业模式。

社区商业街存在多种不同的模式，是有多种社区底商自行发展形成的社区商业街，也有基于政府规划、开发公司规划下形成的社区商业街。不过相同的是，社区商业街相较于社区底商更多地发展出了基础消费需求之外的非实体消费需求：健身、养生，抑或是享受消费需求：文化、娱乐。社区商业街由于其体量更大，辐射的半径也更加广阔，往往能吸引不仅限于本社区居民的消费者前来消费，部分社区商业街甚至能发展出一定的名气。如日本的东京都神乐坂商业街就由普通的社区商业街，发展成了极具日本特色及声望的特色社区商业街。[①]

但仍然需要注意的是，尽管拥有的业态更加多样化，社区商业街依然要求与社区融为一体。相较于城市大中型商业街，社区商业街更像是一个居民生活服务的空间。

（三）社区商业中心模式

社区商业中心是各种商业业态的综合聚集体，与一般的购物中心类似，但相比之下在业态选择上更加倾向于日常生活。社区商业中心起源于欧美，欧美国家的社区聚居形态与我国相去甚远，在 20 世纪 50 年代起就因为私家车拥有率高而促进了城郊的居住率，居住在城郊的社区居民习惯于驱车前往拥有多种业态的购物中心进行购物。就我国而言，早期的社区商业一

---

① 沈萌萌：《社区商业的理论与模式》，《城市问题》2003 年第 2 期，第 40～44 页。

直以社区底商为主，社区商业中心直到 2000 年后才慢慢开始发展起来。社区商业中心的服务范围更广、业态更丰富，维持其生存的消费量也更高，所以以其为社区商业的主要发展模式需要更加仔细地斟酌与规划，而不是简单的业态堆叠。

商务部于 2008 年出台的《社区商业设置与功能要求》中规定社区商业中心的服务人口为 8 万~10 万人，商圈半径大于等于 3 千米，另外具体的功能要求如"衣、食、用品齐全，可全方位地满足居民一次性足够基本生活所需的商品。应能提供国家基本药物品种；宜具有自行车及汽车停放设施；宜具有取款机等设施"，表现出其所具有的诸如丰富性、便利性等优势。2019 年，商务部对社区商业设置的功能要求进行了更新，将社区商业中心划分为两种不同的等级：社区便民商业中心、社区商业综合体，更加细化了社区商业中心的种类，使其更有针对性。伴随着我国居民不断提升的消费欲望与消费能力，在今后的社区商业发展中，社区商业中心将成为我国社区商业发展的主要模式。

从社区商业的发展模式来看，不同国家、地区由于其不同的社区发展模式、城市发展模式以及不同的经济发展水平，其社区商业发展模式不尽相同，都基于自己的情况因地制宜出现了许多不同的社区商业发展模式。综合上述现有城市社区商业模式，顺应城镇化加速推进、居民消费结构升级和线上线下融合等趋势，应根据新城建设和老旧社区改造，按照不同社区人口规模、社区特质和新旧社区选择与创新不同的社区商业模式，以下五种国内外社区商业发展模式对城市社区商业体系建设中具有重要参考价值。

1. 新加坡邻里中心模式

邻里中心模式属于社区商业中心模式的一种，起源于新加坡。1960年，新加坡开始施行组屋计划（又称公共租房），即通过政府的统一规划为大多数居民提供价格低廉的廉租房，实现"居者有其屋"。[1] 在组屋计划开始的第 10 年，为了更好地利用有限的土地，同时更好地为组屋计划所建立的社区提供配套服务，新加坡政府决定在规划公租房的同时为每个社区

---

[1] 罗锐、邓大松：《新加坡组屋政策探析及其对我国的借鉴》，《深圳大学学报》（人文社会科学版）2014 年第 4 期，第 93~98 页。

设立服务项目齐全的邻里中心。

相较于一般的社区商业中心，新加坡邻里中心除了涵盖大型超市、百货店、文化娱乐场所、餐饮等基本的商业社区外，还拥有更多社区服务的相关内容，也就是说其拥有的服务性更强。以新加坡"第一乐"广场为例，"第一乐"广场是新加坡极具代表性的邻里中心之一，相较于一般的社区商业中心，"第一乐"广场中的业态分布呈现以下特点。首先，在生活消费与娱乐消费业态中，针对未成年人及家庭消费的相关业态比例更多，如儿童玩具用品就有 10 家店铺，数量还要高于女性购物店。其次，除了传统商业中心所拥有的餐饮、购物等基本商业业态外，"第一乐"在购物中心的第四层、顶层分别设立了公共图书馆、露天游乐场，免费向社区居民开放，为社区居民提供更加多样化的服务。最后，"第一乐"社区商业中心在很多方面接受政府的支持与管理。作为政府大力支持的项目，在很多与公共服务相关的业态方面都能接收到更多的政府补助。

综合来看，新加坡邻里中心的成功可以归结于以下几点。一是科学统筹规划。新加坡邻里中心不是简单的社区商业中心模式，是与政府长期规划的组屋计划同时出台的。组屋计划有新加坡《土地征用法》做后盾，政府为了该计划的顺利执行，有权力征用私人土地并在任何地点建设组屋。①邻里中心作为重要社会服务项目与组屋相捆绑，在规划上也同样得到有力保障，这为它的科学性、可持续性打下了坚实的基础。二是精准对接需求。作为对应社区的商业中心，新加坡邻里中心不只考虑规划建设中的商业化因素，更将居民的公共需求放在首位，在此基础上，邻里中心不只是社区居民的购物中心，更是其生活、休闲场地。

2. 日本社区商业街模式

日本社区商业街属于一般社区商业街的一种，不同的是其在很多方面都拥有自己的特色。在日本，不同城市、地区的社区商业街不但起着满足居民一般消费需求的作用，还是本地特色文化的保护者、承接者。例如，京都的商业街大多设计成昭和时代的样式，既满足本地居民的基本消费需求，又与城市风格相契合，还能更好地吸引外来游客，形成良性循环。

---

① 罗锐、邓大松：《新加坡组屋政策探析及其对我国的借鉴》，《深圳大学学报》（人文社会科学版）2014 年第 4 期，第 93~98 页。

日本商业街的发展在 20 世纪 70 年代曾经遭遇过不小的挫折，在经济腾飞的同时，大型超市、商业中心也更多地建立了起来。对比于大型超市、商业中心所拥有的雄厚资金以及庞大规模，社区商业店铺的经济压力陡增，无法有效经营辖区，导致了大量社区商业店铺关门。为了有效改善以中小型商家为代表的社区商业街的经营环境，自 20 世纪 70 年代起，日本政府采取了大量措施。如 1973 年的《中小零售商业振兴法》与《大规模零售店铺法》通过税收优惠、金融支持、经营诊断等手段，为社区商业街的经验合理化、特色化、现代化打下了坚实基础，有效地促进了社区商业的发展。虽然政府的努力为社区商业街的发展起到不小的作用，使其在 20 世纪 80 年代回暖，但是到 20 世纪 90 年代，以个体户为基础的社区商业由于本身的劣势依然难以与资本化的大型商业超市相对抗，又开始渐渐衰弱，至此，日本政府开始推出更高强度的扶持行动，专门制定《城市规划三法》，从城市规划上解决社区商业街的萧条问题。数十年来持续增长的店铺空置率于 2010 年终于开始慢慢下降。①

至今，社区商业街依然是日本城市的象征之一，日本社区商业街具有以下几个特点：一是以当地文化为基础，打造极具本地特色的社区商业街，从而吸引更多非本地居民的消费者前来消费；二是政府投入了极大的政策、资金扶持，自 20 世纪 90 年代以来每年针对社区商业的扶助拨款就高达万亿日元。综合来说，日本的社区商业街已经成为其城市、国家的典型与特色，通过政府的有效规划，成功将社区商业街的服务性与商业性相结合，既保证居民的日常需求，又能提高社区商业的竞争能力与盈利能力，保证其生存。

3. 美国社区购物中心模式

自 20 世纪 50 年代以来，美国经济快速发展，城市化率不断攀升，到 20 世纪 70 年代已经达到 73%，同时，美国的人均汽车保有量达到 0.8 辆左右，大多数家庭都拥有私家车。基于此，大多数美国公民都有能力且倾向于选择开车出行到消费品齐全的购物中心一次性购买充足的消费品。另外，美国城市的居住社区种类繁多，除了城市中的一般性社区外，私家车的普及使得居民倾向于选择环境更好的近郊居住，形成了错落有致的城市

---

① 黄宇：《日本商业街发展新趋势分析》，《江苏商论》2016 年第 7 期，第 3～7 页。

近郊社区。不同的社区居民有着不同的消费习惯与消费需求，尤其是近郊社区的零散化，如何为这些居住较为分散的社区居民提供有效的商业服务是需要考虑的问题。而在近郊各个零散的社区间建立大型综合性商场，一次性满足社区居民的许多需求则是最高效的方式。因此，综合性购物中心成为美国社区消费的首选。

不同于新加坡邻里中心，美国的社区购物中心更接近于传统商业购物中心，很少存在社区图书馆等公共服务项目和追加功能，但其消费品的种类与传统商业中心还是存在着不小的差别。例如，传统商业中心倾向于仅提供购物性业态，而美国社区购物中心的主要业态则是杂货超市、餐饮，具有满足社区居民购物、服务、娱乐等综合性需求的功能。

美国的社区购物中心之所以如此发达，是由于其拥有充足的资金保障。美国通过房地产投资信托基金（Real Estate Investment Trusts，REITs）对社区购物中心建设所需的资金进行筹集，REITs 通过发行收益凭证来募集投资基金，筹资范围较广，能有效地筹集到充足的资金。最重要的是，美国的 REITs 合法化、制度化程度高，对不同的投资项目做出了精准的分类以及针对性的分析，不同的商业地产都专注于自己的项目。如美国的 Kimco Realty 作为社区商业零售的持有人和专业运营商，专注于社区商业中心的规划、开发、运营，并通过 REITs 筹集资金，形成良性循环，它的收购中心达到 850 个，占地 11891200 平方米。[1] 专业的开发、专业的运营再加上充足的筹资手段，使得美国的社区购物中心非常发达。

4. 中国"15 分钟生活圈"

"15 分钟生活圈"起源于上海，2015 年，中央城市工作会议提出"创新、协调、绿色、开放、共享"五大城市发展理念，要求转变城市发展方式，提高城市发展的可持续性和宜居性。在此基础上，上海市政府发布《上海市 15 分钟社区生活圈规划指南》，提出建设一个能让社区居民在 15 分钟步行路程以内就涵盖了其所有生活需求的生活服务体系。生活圈的内容包含广泛，包括且不仅限于生活消费需求、运动需求、文化需求等。而其中，生活消费需求属于极为重要的部分之一。

现阶段，"15 分钟生活圈"的建设已经在我国的大部分城市与地区推

---

[1] 张荣齐主编《社区商业管理》，中国物资出版社，2008，第 163~164 页。

广，就社区商业服务而言，虽然不同城市、地区"15分钟生活圈"所要达到的效果不完全一致，但基本上主要指在15分钟步行的路程内可以满足居民对于各种水平消费的需求。有的城市在此基础上做出了更加详细的计划，如天津市就将其细化为5分钟步行路程内有一个便利店，10分钟步行路程内有一个菜市场，15分钟步行路程内有一个社区商业中心。总的来说，现阶段"15分钟生活圈"依然是一个新鲜事物，且正在不断发展与完善，相信在不久的将来在我国的绝大多数地区都能形成以便民利民为主要目的的"15分钟生活圈"。

八 社区商业服务的积极效应

社区商业的发展是在居民生活水平达到一定程度的情况下所衍生出来的必然需求。以欧美发达国家为例，在人均GDP达到3000美元以上之后，各国社区商业所占消费品零售总额比例一般在40%左右，有些甚至达到60%。① 在之前对于社区商业宏观制度环境分析的内容中就曾经阐述过，就我国而言，在改革开放刚刚开始的时期，由于社会发展水平的不足以及发展重心的差别，社区商业服务在我国的很长一段时间里都处于发展较弱的状态，以至于在人均GDP已经突破1万美元的今天，我国的社区商业消费占比才达到30%，相较于人均GDP的增长而言，拥有巨大的发展潜力。事实上，除了从国外经验中总结出来的GDP与社区商业消费占比这种数据上的内容外，社区商业服务的发展意义远不止在商业方面。

（一）化解社区商业服务不足带来的矛盾

由于计划经济时代打下的基础不够牢固，外加受重视程度不够，社区商业规划、基础设施以及业态种类并没有随着城市化的加速发展而迅速完善。相反，相较于引以为傲的城市化率与人均GDP，社区商业服务的发展一直处于较为低迷的状态：在很多情况下，城市中心繁华地带的商业中心、购物中心错落有致，不断现代化的城市建设以及消费场所、消费额的井喷代表着我国近几十年的发展成果，但事实上，在社区商业服务方面，由于

---

① 宋洁：《我国社区零售发展现状、阻碍及未来——基于ALDI的探讨》，《商业经济研究》2019年第17期，第43~46页。

社区商业服务建设滞后于需求的发展，社区居民已经难以在本社区购买到自己想要的消费品。以上的种种现象恰恰是现阶段主要社会矛盾，人民对社区消费——美好生活需要的需求与社区商业服务发展滞后——发展的不平衡不充分的体现。随着我国社会由生产性社会转变为消费性社会，人们更加注重消费的体验、消费的方便程度等与消费质量更加相关的部分。[①]另外，社区商业服务现阶段服务性不够，使得其与社区自治、三社合作等社区治理过程中积蓄的矛盾交织，导致社区矛盾商业化、商业矛盾社区化。[②] 进而诱发更多种类的矛盾。

为人民服务、满足人民的健康需求是我党自建立以来一直不变的宗旨。社区商业服务是以便民利民服务为基准，对服务的质量和便利性、安全性有着更高的要求的服务种类。通过发展出一个制度健全、功能完善的社区商业服务体系，能够有效地满足我国公民不断提升的消费需求，不断提高公民的生活水平，使从前对于社区居民消费需求方面发展的不均衡得以解决。

（二）社区商业服务的发展能够有效地促进消费，拉动经济增长，促进零售业发展

改革开放以来，随着市场经济的不断完善，我国经济发展实现了历史性的增长，在此背景下，我国零售业也同样取得了非常迅速的发展。《中国零售业发展报告》的数据显示，2019 年，我国社会零售总额约 5.97 万亿美元，仅仅比美国少 2688 亿美元，但事实上，现阶段，我国零售业发展存在的问题还很多。一方面，虽然我国零售总额达到一个较高的水平，但是其产业集中度较低，规模超过千亿的零售企业只有 7 家，远低于美国。[③]零售业的集中度可以很大程度地代表零售业的规模化、专业化程度，这样看来，我国零售业依然有着很大的改良空间。另一方面，自"十二五"规划以来，我国零售业的增幅事实上一直处于不稳定的状态，2011～2013

---

① 于显洋、彭定萍：《社区商业服务与化解社区矛盾关系之研究——社会管理面临新问题》，《兰州学刊》2012 年第 12 期，第 150～154 页。

② 于显洋、彭定萍：《社区商业服务与化解社区矛盾关系之研究——社会管理面临新问题》，《兰州学刊》2012 年第 12 期，第 150～154 页。

③ 荆林波：《全球与我国零售业发展状况》，《商业经济研究》2020 年第 7 期，第 5～6 页。

年，我国零售业零售额增速分别为 17.1%、14.3% 和 13.1%，同比分别回落 1.2 个、2.8 个和 1.2 个百分点。到 2019 年，增幅已经降至 9%。虽然增幅的下降，可以从我国经济增长已经从高速增长转为高质量增长来解释，但从发展的眼光来看，依然存在很大的调整空间。

现阶段我国社区商业消费占零售业总额还不到 30%，远低于国际平均水平。事实上，较低的占比并不是因为社区商业消费需求不足，而是因为社区商业服务供给不足，属于供给侧问题。通过社区商业服务建设，提高我国社区商业服务的供给，可以有效匹配现阶段我国社区居民提升的消费需求，成为零售业发展新的增长点。另外，社区商业服务拥有极强的弹性与适用性，近年来，社区商业服务与 O2O 相结合已经逐渐壮大并取得了很大的成就，在 2020 年新冠肺炎疫情期间，盒马鲜生、知花知果等新零售企业通过线上下单、无接触配送、定点送达等方式在一定程度上化解了疫情所带来的生活必需消费品购买困难。通过各种方式发展匮乏的社区商业服务，能够为现阶段零售业开辟新的蓝海，有效地为快要接近饱和的零售业注入新的活力，从而有效促进消费，拉动经济增长。

（三）社区商业服务的发展有利于构建更加完善的社区公共服务体系、凸显社区商业的服务属性

改革开放以来，我国政府就为建立一个覆盖面广、内容完善的社会公共服务体系做出了持续的努力，而社区服务体系则是其中的重要内容及重要载体之一。社区在我国的基层治理体系中起着越来越关键的作用，是基层治理过程中最基础的单元，联系着政府与基层。

如前所述，经过 30 多年的发展，随着单位制、街居制向社区制的转变，我国的社区公共服务体系已经大致建立起来了，分为社区福利服务、社区公益服务以及社区商业服务三种。社区商业服务体系的建设相较于前两者而言，并没有那么紧迫。在 2000 年前后刚刚开始社区商业建设的时间段里，社区商业以经济服务为主要功能纳入社区，更被看作中心区商业的补充，在中心区商业还未饱和的时间段里，政府更加倾向于建设能够看到成果的中心区商业。且受我国经济发展水平的限制，社区商业服务的公共性、服务性、保障性被忽视了。

在如今我国更加重视社区的基层治理作用的背景下，社区的社会公共服务属性不断增强，社区居家养老、社区公益活动已经日益成熟，相比较之下，社区商业服务依然落后于时代发展，在整个社区公共服务体系中处于弱势地位。更重要的是，还有如前所说的社区商业服务的公共性、服务性受到忽视等问题。因此，为了构建一个更加完善的社区公共服务体系，现阶段，必须将社区商业服务的发展放在一个更加重要的位置，提升其服务性、公共性、保障性，从而更好地为社区居民服务。

第二节　社区商业服务保障的实践

由于我国社区商业服务起步晚，且发展水平参差不齐，在很长一段时间里，学界大多数有关社区商业的模式、案例方面的内容都采用国外经验，且大多数文章都以简单的事实陈述为主，辅以简单的分析。在与社区商业服务有关的内容在我国还是纸上谈兵的时期，这么做确实是无奈之举，但是在多年的实践过程中，我们国家也已经形成了许多独具特色的社区商业服务发展方式与发展模式，许多与社区商业服务相关的文章也开始以我们国家不同城市的典型社区在社区商业建设过程中所采用的各种模式、手段为基础进行写作，通过与发达国家社区商业的发展做对比，并结合我国实际国情，得出相关经验总结。事实上，这种类型的社区商业文章的频繁出现代表着我国社区商业发展所面临的政策、环境都在朝着好的方向发展。

在之前综述中已经提到过，社区商业的发展存在很强的公共性与服务性，这是它与其他种类商业之间的最大不同。正是由于其具有极强的公共性，相较于其他种类的商业，社区商业需要更多的政府管控、更多的政府支持；正是由于其具有极强的服务性，所以相较于其他种类的商业，社区商业业态应该更加亲民，社区商业的规划应该以方便社区居民的生活作为主要标准。

2015 年起，国家对社区公共服务建设的支持力度越发加大，尤其是于 2017 年公布的《中共中央国务院关于加强和完善城乡社区治理的意见》（以下简称《意见》）中，明确表示，社区治理事关党和国家大政方针贯彻落实，事关居民群众切身利益，事关城乡基层和谐稳定。到 2020 年要基本形成基层党组织领导、基层政府主导的多方参与、共同治理的城乡社区治理体系，城乡社区治理体系更加完善，城乡社区治理能力显著提升，城乡社区公共服务、公共管理、公共安全得到有效保障。要充分发挥基层党组织领导核心作用，发挥基层政府主导作用，并提高社区服务供给能力，加快社区综合服务设施建设。最重要的是，《意见》明确表示要加大对于社区的资金投入力度，包括提高资金使用效率、统筹中央财政一般性转移支付等现有资金渠道、拓宽城乡社区治理资金筹集渠道，等等。财政问题一直以来是社区事务处理过程中的主要障碍之一，而《意见》的发布使得各级政府加大对社区工作的支持力度，在这种大环境的驱使下，社区公共服务的建设迎来了春天。

长沙市政府在《意见》发布之后便迅速开始对社区工作的支持。事实上，早在2016年，长沙市就已正式下发了关于提升现阶段社区基础设施质量的文件《长沙市社区全面提质提档三年行动计划（2016－2018年）》，主要目的在于解决许多社区生活环境较差、配套设施缺失或陈旧、公共服务缺失等问题，2017年发布的《中共中央国务院关于加强和完善城乡社区治理的意见》，更成为该计划的坚实后盾。三年间全市共投入各级财政资金110.37亿元，并筹得社会资金15亿元，使全市509个社区全面完成提质提档工作。2018年3月，长沙市在社区提质提档工作取得成果的基础上，开始推进"一圈两场三道"工作，所谓"一圈两场三道"，指的是15分钟生活圈，停车场、农贸市场，人行道、自行车道、历史文化步道。综合来看，"一圈两场三道"几乎包含了社区公共服务中的所有内容，明显体现了长沙市政府对于社区公共服务发展的重视。

但是实际工作的推进过程并不像想象中那样简单。事实上，不同的社区面临的具体情况完全不同，所拥有的资源也完全不同，在社区提质改造、社区生活圈完善、社区公共服务建设的过程中，许多社区靠着社区两委、社区书记、社区工作人员的不懈努力，集合自己所能使用的全部资源进行工作，才取得了不错的成果。长沙市的红花坡社区，就是其中的一个典型案例。

一 社区背景与基本信息

红花坡社区位于湖南省长沙市雨花区左家塘街道东南部，东接车站路，南接树木岭社区，北至红花坡路。成立于2001年10月28日，占地面积约0.62平方千米，有住户4400余户，实有人口16200余人，暂住人口1000多户。红花坡社区的一大特点在于其所涵盖的范围相较于其他社区而言更为广泛，在其辖区内，有长沙市第一批商品房名都花园，是由破旧厂房重建而来的安置小区，社区情况较为复杂。另外，红花坡社区的辖区是长沙市的老城区，20世纪80年代，这里曾经是众多长沙市老企业、老工厂的所在地。21世纪以来，由于体制改革以及企业化改造，绝大多数老企业、老工厂都倒闭或者搬迁至其他地方，留下破旧的厂房以及宿舍。

自2016年长沙市启动社区全面提质提档计划以来，红花坡社区就开始了对于社区改造的思考，并于2018年被纳入第三批改造名单。如前所述，红花坡社区由于情况复杂、占地较广，且老旧设施较多，在提质改造的过程中面临的困难相较于一般社区来说更加复杂、更加众多，占了53亩地的长沙市老阀门厂改造就是红花坡社区改造过程中一个让人头疼的问题。

长沙市阀门厂创建于1958年，是长沙市最早的一批工厂。改革开放后，受体制改革的影响，长沙市阀门厂也随大流开始了企业化改革，成立了中阀科技（长沙）阀门有限公司。随着公司的不断壮大，原本仅仅53亩的土地完全无法满足不断扩张的需求。再加上不断推进的城市化进程，其所在地附近大部分已成为社区住宅，不适合工厂工作的运行，于是，阀门厂的搬迁已成定局。2010年，中阀科技计划投资5000万元实施新厂区扩建计划，并正式开始搬离红花坡社区。

对于旧阀门厂而言，搬迁是新发展的篇章，但是对于红花坡社区来说，却是难题的开始。首先，搬迁留下了占地53亩极度萧条的工厂，里面留下的厂房残破不堪，是整个社区的伤疤。由于占地面积过于庞大，且设施过于陈旧，如果想要以提质提档为目标对其进行改造，所需要的资金不是一个小数目，完全靠上级政府分配的项目资金来进行改造无法实现。其次，老旧厂房的产权属于国资委，旧厂房今后的使用与租赁权都在国资委的管辖范围内，在本案例中，国资委于2018年初便开始了对外招租，有意承租的资方以各种类型的工厂老板为主，这为社区书记、社区工作人员造成了比较大的困扰，具体的困扰在之后的内容中将详细描述。最后，近年来，由于社区在基层治理中的地位不断攀升，其所承担的责任也不断增加，居民对于社区的要求越来越严苛。因此对于红花坡的社区居民来说，占地如此之大的荒芜土地有损社区观瞻，社区有不可推卸的责任去解决它。

现实是，经过了大半年时间，2018年底，红花坡社区不仅成功改造了老旧阀门厂，还将其变成为社区居民提供生活、娱乐、餐饮消费的社区商业；社区服务载体，一手操办此事的社区曾书记给其起名为"红花坡文体品质生活园"，以他的话来说，这代表着老旧厂房改造的初心，就是以提升社区居民生活水平、生活品质为目标而进行的。

从之前的描述中可以明显看出，红花坡社区中老旧阀门厂的改造面临的困境事实上十分复杂，因此，红花坡社区的成功改造实践完全可以成为我们不可多得的社区工作经验。

二　红花坡文体品质生活园建设过程

如上一小节中描述的那般，要想成功地将老旧阀门厂改造成令社区居民满意的形态，在实践中面临的困难着实不小。

虽然老旧阀门厂坐落于红花坡社区，但是其实际产权属于国务院国有资产监督管理委员会，属于国有资产。

> 社区曾书记："在 2018 年刚开始知道国资委在对外进行招租时，我就第一时间前往国资委进行相关事项的对接，其实对于他们来说，并不会过多考虑租出去进行什么样的项目，只要符合规定就好。"

由于老旧阀门厂地理位置很好，且相对而言占地面积广，价格较低，所以在很短的时间内，相关部门就已经决定将厂房及土地使用权租给一个开物流企业的老板，听国资委的工作人员说这个老板承租旧阀门厂是为了将这里改造成一个物流厂。也就是说，最开始租赁该老旧阀门厂的投资人是想将整个厂区改造成一个物流基地。

> 社区曾书记："虽然知道是个物流企业拿下了厂房，但是我内心中还是不希望阀门厂改建成一个物流厂房。首先因为在城市里面建物流厂还是不大方便，虽然厂房的占地面积还是蛮大的，但是我们社区入口的道路是一车道，本身就容易引发交通堵塞，若是建成物流园更加影响社区居民的出行。其次就是建成物流园后的消防隐患比较大，周边的民居较多，若是发生火灾，可能造成极为可怕的后果。最后还是为了周边居民考虑，物流企业可能造成的噪声、灰尘等方面的危害对居民来说是不可接受的。"

对于承租者来说，租赁老旧阀门厂进行改造主要考虑的是盈利与否，而为了整个社区考虑，社区曾书记的想法是能否将其改造成为周边居民服务的社区服务项目。为了改变投资者的想法，曾书记没少与他交流。

　　社区曾书记："租赁了厂房的老板，我在接触过后发现其实人还是挺好的，他选择建立物流企业只不过是因为他从前的投资以及进行的项目都是以物流为主，拿到厂房的使用权之后，就还是想要做自己比较熟悉的项目。就我来说，其实希望可以将厂区这么大的场地做成一个可以为社区居民提供服务的类似社区公园的一种形态。在和他交流之后我发现，他并没有一开始就抵触我的这个提议，而是觉得自己不了解这些个行业，不知道是否真正可行。"

为了有效地打消投资者的疑虑，曾书记首先查阅了大量资料，了解了相当多的信息后，带投资者看了许多成功的典型案例，并带其进行了相关调研。

　　社区曾书记："为了让那个老板支持我的想法，我查阅了很多资料，然后给他看了例如曙光电子厂的改造策略，还有北京 798 艺术区的改造，让他心里有底。我的想法是，是不是可以将厂房改造成以体育健身为主要项目的体育场馆，因为厂房的面积很大，很适合进行这种改造。于是我和他一起在社区里面进行了关于社区居民的意向调研，发现其实社区中绝大多数的居民都对我的提议很感兴趣，因为社区附近本身就缺乏相关的业态，然后近年来大家生活水平都提高了，对于娱乐、健身的需求也都增加了，所以总体来看我的提议还是有很强的可行性的。"

在调研结束之后，由于调研结果证明建设文体生活园的想法不错，投资者接受了曾书记的提议，开始着手建设以改造附近居民健康生活为目标的项目。

　　社区曾书记："在明确了方向之后，事情相对而言就简单了许多，在开始招商引资之后还是有很多商家对我们的提议很感兴趣的。最开始决定入驻的是一个健身房兼游泳馆，这个阀门厂房虽然说非常陈旧，但是面积很大，且层高很高，有非常大的改造空间，所以非常适合改造成健身游泳一体的健身房。在第一家决定入驻之后，接下来有越来越多的老板对我们这里感兴趣，就比如现在很火的网红项目蹦床公园、平衡车场馆等等。尤其是在第一个老板决定入驻建立的是健身房、游泳馆后，其他的运动项目如篮球馆、羽毛球馆也决定入驻，形成一个体育项目的集合体。"

接下来的工作便顺利很多，最终该老板一共投资了6000多万元对整个厂区进行修缮，然后开始对外招租，越来越多的商家开始入驻，包括咖啡馆、餐馆、酒店，在2018年底，红花坡社区的老旧阀门厂终于被改造成了能够为周边居民提供服务的综合性娱乐消费场地，社区方面开始在社区居民中广泛宣传，得到很好的反响，不只是本社区居民，周边多个社区居民也都被红花坡社区的文体品质生活园所吸引，前来消费。再后来，红花坡文体品质生活园因改造成果显著，市委副书记都来此考察、吸收经验，并成为长沙市社区改造过程中的优秀典型。

三 红花坡文体品质生活园的改造模式解析

在生活水平不断提高的今天，人们对于消费、服务的需求呈现不断提升的趋势。可以肯定的是，需求的提高是必然的，可利用的资源却是有限的，如何将现有的资源利用好，最大限度地为居民服务，是现今社区工作人员面临的一大难题。红花坡文体品质生活园的成功不是偶然，也不是必然，而是许多因素相互作用、相互影响形成的结果。

1. 制度环境的优与劣

在之前的内容中，本书已详细梳理了现阶段与我国社区商业服务相关的政策发展历程以及政策发展前景，总体来说，呈现相当程度的利好。红花坡文体品质生活园的实际建成过程中，各级政府都高度重视并提供了一定的支持。

问："请问区政府和街道方面在红花坡品质生活园的项目进行过程中提供了哪些方面的帮助？"

社区曾书记："街道一级主要是在我们已经决定将阀门厂改建成文体生活园后提供有关环境和城市管理方面的服务，还帮助营造良好的营商环境。区以及市一级的政府主要帮助宣传，现在市委宣传部有专设的对外推广处，对外宣传市里面相关项目的成功经验，我们作为社区提质提档以及老旧社区改造、老旧厂房改造的成功案例还上了市里出版的书，在宣传过后还有佛山市委宣传调查组、内蒙古呼和浩特市人居环境局的工作人员专门到这来学习经验。"

但不可否认的是，社区商业服务与许多其他有关社区的政策存在一定程度上的冲突，且整体来说上级政府给予社区的支持力度并不是非常充足，给予的大多是项目开始后的辅助性帮助，而真正重要的工作如与投资者沟通、推荐商户都是由社区层面完成，而事实上若是上级政府出面效果可能会更佳。另外值得一提的是，本案例中政府没有给予任何的资金支持，资金完全是由投资方自己和其他社会资本提供的。

　　社区曾书记："我们这个项目对于上级政府来说有一个比较大的优点，就是没有花政府的一分钱，完完全全由社会资本建成，这对于他们来说肯定是求之不得的。"

将社会资本入驻、政企合作作为手段的 PPP 模式将成为今后我国许多公共基础领域项目的主要发展方式。PPP 是指政府、营利性企业和非营利性组织基于某个项目而形成的相互合作关系的形式。通过这种合作形式，合作各方可达到比预期单独行动更有利的结果。就我国现阶段由老龄化、城镇化而产生的一系列问题，采用 PPP 模式解决能够更好地利用资源，减轻政府财政负担。本案例并不属于 PPP 模式，所以并没有 PPP 模式所拥有的政府与企业之间伙伴关系、利益共享和风险分担的特点，[①] 只是单纯的社会投资行为，但究其效果，红花坡文体品质生活园却实实在在存在很强的公共服务属性，是为了给周边居民带来服务而建立的。作为一个带有公共服务属性的社会项目，若是 PPP 模式得到政府的背书，在一开始的招租、招商等环节，阻力必然会更小，若是市一级政府给予更多的实际补助，投资者对于社区商业服务的意愿必然会更大。

现阶段，我国社区公共服务，尤其是社区商业服务的发展还处于野蛮生长的阶段，虽然已经有很多相关方面的政策支持，但总体来说依然没有

---

① 刘薇：《PPP 模式理论阐释及其现实例证》，《改革》2015 年第 1 期，第 78～89 页。

形成一个真正科学高效的发展体系。改革开放以来，由于国企改制等方面的原因，我国老旧城区中留存下来数量不少的老旧厂房、老旧建筑，虽然有很大一部分都已经成功拆除，但是在最近的政策中，除了某些确实存在缺陷、可能带来危险的棚户区外，国家倾向于保留其他很大一部分老旧厂房、老旧建筑的建筑主体，作为历史的见证。对于老旧建筑的保留并改造确实有着非常有利的一面，首先就是如上所述的历史见证功能，2018年，"全国老旧厂房保护利用与城市文化发展论坛"活动及主题展于北京举行，展会展示了全国典型的老旧厂房改造案例，并提出"老旧厂房是城市文化的'富矿'和'金山银山'"等理念，希望能借此将更多老旧厂房的文化价值重新挖掘出来。其次通过改造而不是重建能够节省资源，充分利用现有条件。最后，重建所耗费的时间更长，会造成更大的噪声、灰尘污染，会对周遭居民的日常生活造成长时间的负面影响，而适当的改造则能将拆除重建可能对周遭居民造成的影响降至最低。但对于社区商业服务来说，老旧建筑的保留将一定程度上提高其发展的难度，因为近年来社区商业的发展更加倾向于功能集合的社区商业中心模式，这对与建筑设施的设计、面积有着极高的要求，当老旧设施无法拆除而只能改造时，如何利用好有限的土地，并且给予社区商业投资者以信心是一个非常重要的工作（通常来说，老旧建筑对于大型社区商业的吸引力更小）。

在本案例中，红花坡文体品质生活园成功将本来可能会成为影响周围居民生活的物流公司改造成居民喜闻乐见的文化体育服务项目的过程中，同样面临了上述的问题。老旧厂房的产权属于国资委，国资委只是简单地将厂房以及场地进行了出租，并没有具体给出其他要求，出租时也没有具体的业态限制。虽然说社区商业服务已经有很好的政策前景，可对于一般的投资人来说，还是会选择投资自己熟悉的传统业务。所以说，建立以服务为目的的社区商业服务项目、社区文体项目如何得到投资人的认可，是绝大多数社区面临的第一大问题。第二，本案例中的项目虽然在实际推进过程中各级政府部门在一定程度上给予了支持，但总的来说力度很小，并无诸如资金、减税等方面的补助。

2. 社区工作人员的努力

现阶段而言，社区工作人员对于社区很多事项的权力依然不足。以本案例为例，虽然说老旧阀门厂位于红花坡社区之中，但是社区对于其没有任何处置的权力。虽然阀门厂产权属于国资委，社区确实没有也不应该有任何处置权力，但是在实际情况中，社区和社区工作人员才最了解本社区的基本情况。

问："也就是说，事实上如果不是您在旧阀门厂改造的事情上那么认真与坚持的话，是不是厂区现在已经变成了物流厂了？"

社区曾书记："是的，可以这么说，在我前几次接触这个投资老板的时候其实他还是很保守的，因为毕竟是那么大的一笔钱，投入不了解的行业中去是否有收益不得而知，而我们只能对他进行相关的建议，为此做了很多的工作。当然我也可以什么都不做，那样的话，现在这里就是一个物流厂了，对周围居民产生噪声、拥堵交通，到时候来找我们投诉的还是社区的居民，问题还是在我们这里，所以事实上这样做也是方便了我们的管理。"

也就是说，在我国现在的管理体制中，社区虽然拥有的权力正在不断增大，社区所要承担的责任也在不断增加，但在很多实际涉及民生的问题上，真正接触社区居民的社区两委与社区工作人员却没有更大的权力去做决定。红花坡文体品质生活园，是在其社区书记的强烈要求以及坚持劝说下才成功建成，换一个角度考虑，如果投资者的思想再陈旧一点、性格再顽固一点，社区书记对于老旧厂房的改造并不关心的话，这项惠及民生的改造就会流产。

3. 居民消费与需求的升级

在之前的很多内容中都曾经提到过，我国社区商业服务与社区公共服务之所以会成为我国政府近年来的重要发展任务，其中重要的一点就在于"人民对于美好生活的向往"与"发展的不平衡不充分"之间的矛盾。在本书中，日益增长的美好生活的需要，就是指对商业服务、公共服务的需要。发展的不平衡不充分，就是指现阶段我国社区商业服务、社区公共服务的发展不充分。

对于任何社区来说，现阶段如何满足本社区居民的服务需求是日常工作的重要内容之一。在本案例中，红花坡文体品质生活园的成功，很大一部分要归功于政策利好以及社区工作人员的努力，而究其目的，都是能更好地为社区居民服务，为了改善社区居民的日常生活环境。建造成为以健身房、羽毛球馆、篮球馆、特色餐厅等业态为主体的生活园，还是由于社区居民对于这些项目有着强烈的需求，这也是我国人民在解决温饱问题以后所产生的，对于享受的追求，对于生活质量提升的追求。若不是有需求升级的大环境做背景，红花坡的老旧阀门厂就算不改为物流厂，在很大程度上也不会成为以社区居民为服务对象的文体生活园。

四　红花坡文体品质生活园的经验总结

从结果上来看，红花坡文体品质生活园的成功对社区、社区居民、投资人来说可谓皆大欢喜，但事实上，整个项目的进程并不是一帆风顺，项目实施过程中所面临的困难以及社区采取的措施及经验非常值得我们分析与探究。

1. 社区商业服务项目的开展需要成熟的制度环境

在社区商业服务所包含的公共性、服务性被不断强调的今天，政策倾斜力度对于其发展的影响也越发增大。在本案例中，除了一直强调想要建设品质生活园的社区书记以外，其他上级部门对于项目的开展大多是不置可否的态度，都是在承租人已经决定改造成品质生活园的前提下，给予了一些简单的支持。当然，并非说诸如区政府、市政府进行的宣传与推广方面的辅助没有作用，只是拥有更大权力的上级政府仅仅做到这些还远远不够。因为如果不是社区曾书记的一再坚持，红花坡社区的老旧阀门厂很大概率就已经成为物流厂房，这种依靠个人努力与坚持所达成的结果，很少有复制的可能，而只有通过建立制度化的支持体系，才能真正解决今后可能出现的类似情况。

截至2020年底，只有北京于2017年制定了有关老旧厂房改造的具体政策《保护利用老旧厂房拓展文化空间项目管理办法（试行）》。该管理办法主要目的是希望借老旧厂房改造来保留并利用老旧厂房的主体建筑，以传承近半个世纪的工业文化，所以其主要内容在于将厂房改造成文化服务设施，发展文化创意产业，并没有明确提到通过改造老旧厂房发展社区商业服务。北京近年来改造完成的老旧厂房中发展的内容非常丰富，事实上如21世纪初就自发改造形成的"北京798艺术园区"，不只将社区改造成"办法"中所推荐的文化馆、图书馆、博物馆、美术馆等非营利性公共文化设施，更在其中兴办精品家居、时装、酒吧、餐饮、蛋糕等服务性行业，更加促进老旧厂房改造的多样性与丰富性。全国性的政策方面，并未出台专门针对老旧厂房改造的内容，只是在 2016 年发布的《关于进一步加强城市规划建设管理工作的若干意见》中有关保护历史文化风貌的要点中提到，"通过维护加固老建筑、改造利用旧厂房、完善基础设施等措施，恢复老城区功能和活力"。总的来说，我国有关老旧厂房改造的相关政策并不完善，有关如何通过改造老旧厂房发展社区商业服务的政策则完全处于缺失状态，最重要的是，已有政策在老旧厂房改造的方向方面过于狭隘，仅仅停留在文化发展方面，这更进一步限制了老旧厂房改造的可能性。

本案例中的厂房改造成功，有很大一部分来自社区领导的决断以及承租人的观念转变，但发展以服务社区居民为目的文体品质生活园的根基是满足社区居民的需求以及项目的盈利可能。事实上，正是由于具体的支持性政策欠缺，项目在 2020 年新冠肺炎疫情期间面临了不小的困难。

问："请问在红花坡文体品质生活园项目建成之后遇到过哪些方面的问题？"

社区曾书记："因为文体品质生活园从完工到现在也并没有很长时间，所以其实它仍然还处于一个发展的阶段，本来项目的进程例如招租、营收等方面都在不断向好的方面发展，唯一没想到的是 2020 年新冠肺炎疫情导致园区内的许多业态受到冲击，有大概半年时间入不敷出，像其中的羽毛球馆，就由于资金压力，在 2020 年 4 月减少了一半的承租场地。"

所以综合来说，现阶段我国需要在社区商业服务与老旧厂房、社区其他老旧设施的改造过程中提供更加坚实的政策支持。一方面，在北京市已经成功制定、实行《关于保护利用老旧厂房拓展文化空间的指导意见》，并取得了相当数量成就的基础上，老旧厂房改造以用作社区服务的相关政策制定需要更进一步。对老旧厂房改造的支持，首先要在充分吸收社会资本投资的基础上，加大对于改造的资金扶持，在其所投资业态为公共服务相关项目时，适当减免税收，并在其遇到困难时，提供一定的帮助，以避免诸如本案例中红花坡文体品质生活园在疫情期间许多承租者难以维系经营的情况。另外，由于许多老旧厂房的所在位置附近都为居民区，所以在政策的制定中，老旧厂房改造的业态选择可以不仅限于文化方面，而是充分发挥其面积大的特点，在保留其主体建筑的同时，在设计上发挥想象力，发展成为独具特色的社区服务项目。红花坡文体品质生活园就是一个很好的例子，它的建设目的更多是为周边居民提供丰富的社区商业服务内容，由它的成功可以看出，在政策方面支持老旧厂房改造为商业业态是完全可行的。

2. 社区领导与社区工作人员在社区商业服务的发展与引导中需要更大的权力

在之前的内容中曾经提到，红花坡文体品质生活园的成功有很大一部分需要归功于社区曾书记的坚持劝说。如他所述，虽然老旧阀门厂隶属于红花坡社区，但在承租人以及承租业态的选择过程中，社区方面没有任何的介入权力，社区方面只有改造完成后的管理权，且管理权仅限于红线的设置，即社区中的商业发展不能造成污染、不能占道等最低限度的限制权。由于旧厂房产权隶属于国资委，承租人的承租行为属于市场行为，所以承租人选择在其中进行何种业态，只要符合相关规定就可以继续，这使得邻近社区的老旧厂房改造成何种业态，完全由承租人的个人喜好、个人选择来决定。但事实上，社区中的改造关乎整个社区所有居民的生活，社区在其中应该起到更大的作用。

红花坡社区中的社区商业整体来说发展状况良好，其社区领导班子发挥了关键作用，在对社区书记的采访中我们明显看出了其对于社区管理方面的思考。

问："请问在社区管理与社区发展，尤其是社区商业发展中您有什么经验与见解？"

社区曾书记："就我个人这么多年的基层管理实践而言，所总结的经验主要有两点。首先，在2006年我刚刚升任社区书记时，为了更好地了解社区、了解居民需求，我每天上午专门与群众接触，了解问题，红花坡社区由好几个不同收入水平的小区共同构成，我每天都要和不同的人群接触，在这个过程中我更加了解他们的需求，同时由于和他们搞好了关系，在很多方面我们都会互相帮助。另外，就社区商业方面，我的经验就是要充分了解需求，居民需求、商户需求，并且我们社区会定期举行商户间的会议，大家有什么建议畅所欲言，各业态之间还能互相促进，像文体品质生活园中的台湾风格酒店，之前就施行过，你来我这里住我送你游泳馆两小时门票，然后他们觉得两个小时不过瘾了就会续费，这就是一种良性循环。但事实上，我们对于社区商业方面的管理权限并不大，各商铺的管理权更多在商务局那边，所以我们只能尽量做引导，使其更好地发展。

在见解方面，现在社区本来人手就不够，资金压力大，却要承接许多上级部门给予的与社区工作无关的绩效工作，比如我们每年就要完成《××晚报》的销售任务，还有'我的××'App的注册任务，都会很大程度分散我们的精力。"

能够看出，作为我国基层治理的最基本单位，社区最了解本社区居民的具体情况、了解社区居民需求，其所承担的工作以及所应有的权力大小，应以是否能更好服务社区居民为基准。而现阶段，我国社区却承接了许多不必要的工作，这些工作完全不属于社区工作，如采访中得知的报刊订阅、App下载，完全与社区应做的管理、服务工作不相干。另外，社区在社区商业服务的管理方面权力依然不足，这使得我国许多发展良好的社区其发展的经验都来自社区领导的"曲线救国"，或是靠社区工作人员、社区领导的个人魅力以及个人责任感。就拿本案例来说，若是换了一个不注重了解居民需求、只在乎完成日常工作的社区书记，一般来说，便不会在乎老旧阀门厂将改造成何种业态，因为该工作并不属于他的管辖范围，但一旦真正改造成了物流企业，对于整个社区的管理都是一个不小的问题，在物流厂房造成噪声、交通拥堵时，如何调节其与社区居民的关系，会是一个更加困难的问题。

所以说社区作为最了解本社区居民需求、了解社区周边情况的管理主体，需要被赋予更多的权力。首先，不只对于老旧厂房，对于本社区中的其他老旧建筑、老旧设施，或是因为其他原因需进行拆除、改造的建筑、设施，在主体的改造业态选择中，社区方面需要拥有一定的介入权，至少需要有建议权，有条件的社区可以通过居民委员会对本社区中的改造工作进行意见收集，并召集社区居民开办相关会议，了解本社区居民对于改造的看法，也可通过问卷调查的形式了解社区居民对于消费业态的需求。最重要的是，隶属于本社区的改造项目，社区要有一定的权力，并承担一定的责任。通过践行权责一致的原则，将社区两委对于社区公共服务与社区改造的联系与发展作为社区工作中的重点，并一定程度减少现在社区工作人员身上承担的不相干工作，让社区工作人员全心全意地对社区进行管理、对居民进行服务。

五　总结

总的来说，红花坡文体品质生活园的成功虽说有其自有的独特因素存在，但也为我国今后社区老旧厂房、老旧建筑改造提供了丰富的经验。在社会不断前进与发展的背景下，我国留存的大量老旧厂房已经成为城市化过程中遗留的伤疤。近年来，国家出台的各种文件中对于老旧居民社区中留存的老旧建筑提倡以改代拆，在保留原建筑特点的基础上，对其进行现代化改造，而老旧厂房的改造，则是社区老旧建筑、老旧设施改造中的一个独特方向。

事实上，世界各国，尤其是经历工业化的国家，在后工业化时代对于已经淘汰了的老旧厂房，都有自己的改造方案与改造实践，如荷兰的 DE HALLEN AMSTERDAM 项目，将老旧厂房改造成电影院；德国鲁尔工业区，将其中的老旧厂房改造成博物馆。1953 年以来，我国为了实现工业化、建设成为工业大国，开始了社会主义工业化道路，经过数十年的发展，全国各地都留存着当年建设的工业厂房。在今天，随着城市化的发展，城市的不断扩张，这些老旧厂房的所在位置已经逐渐成为城市的中心区、次中心区，且周围遍布的都是从前的单位分配居民区，或是新建的商品房小区。在 20 世纪 90 年代开始社区化运动后，我国绝大多数城市都已完成社区化改革，老旧厂房便在地域上归其所在位置的社区管理。如何在老旧厂房改造过程中更好地发挥社区两委的作用，将是未来一段时间内我国城市发展需要考虑的重要问题之一。虽然说现阶段在北京、上海等一线城市中，已经有许多成功的老旧厂房改造案例，不过大多改造都将老旧厂房改造成文化艺术区，且大多成功的改造都是投资者、承租人本身就意在将老旧厂房改造成为文化项目。不同于以往的改造，红花坡文体品质生活园从一开始投资者并没有计划改造为文化或是商业服务项目，而是在社区领导的推荐、劝说下才改变了想法，且改造项目是为了服务周边居民，而不是单纯地只利用厂房发展文化。红花坡文体品质生活园的成功说明，社会资本参与改造社区中的老旧厂房，使其成为为社区服务的社区商业项目是完全可行的，只不过需要更加完善的顶层支持，使得老旧厂房的改造更加多样化。

第三节　社区商业服务的不足与发展

自 2005 年商务部出台《关于加快我国社区商业发展指导意见》起，社会各界对于社区商业的重视与日俱增。尽管到今天，在社区商业蓬勃发展了 15 年之后，从各项数据中我们仍然能够看到我国社区商业的发展远远落后于我国整体经济的发展以及人民消费水平。通过找寻不足，找寻原因，得出解决方法，依然是促进我国社区商业发展满足人民需求的重要路径。

需要注意的是，由于社区商业服务存在商业性、公共性、公益性等多种特性，因此社区商业在发展过程中存在多种影响因素，综合来看可以划分为社区商业主体方的发展路径与社区商业服务的政府支持路径。本书以社区公共服务为主要内容，因此在本章节中，关于社区商业服务的内容主要从其公共属性出发，针对社区商业服务的不足与发展的分析也主要探讨社区商业服务作为公共服务的一种，政府存在哪些不足，如何通过各种方式促进其发展。

一　社区商业服务的不足

（一）社区商业服务整体发展不够充分，且业态结构不够合理，缺乏科学规划

依据发达国家的发展经验，当人均 GDP 超过 3000 美元后，人们的消费习惯将发生改变。除了购买特殊商品、都市级商业特有的消费级商品，绝大多数的便利用品购买、生活消费将发生在社区。我国人均 GDP 在 2008 年就已经达到 3000 美元，且已于 2019 年达到 10000 美元，随着生活水平的提升，人们对于自己所居住社区的消费要求也将提高。但实际上，经过十几年的发展，现今的社区商业发展水平相较于欧美发达国家同等人均 GDP 时期而言依然低下。截至 2018 年，我国社区商业消费的零售额占社会总零售额的比例依然不足 30%，远低于同时期发达国家的 60%。虽然说不同的国家其发展水平、发展平衡性、发展方式等方面的差距较大，相关数

据的参考性可能会出现一定的偏差，但总的来说，国外的社区商业发展经验与发展历程还是有一定的参考价值，而这就意味着当前我国社区商业的发展水平仍然落后于当前经济的发展水平，我们依然需要加大社区商业服务的发展力度。

除了发展的整体水平不足之外，当前我国社区商业服务的业态种类、业态分布、业态结构不够合理，缺乏科学的规划。具体表现在同类型社区商业业态扎堆，往往只能提供便利店、餐饮、理发店等基础性、必备性业态，而在我国经济发展、人民生活水平提高的大前提下衍生的特色休闲娱乐、社区照料中心等发展性社区商业业态寥寥无几。

另外，当前我国社区商业发展还面临着地区发展不平衡的问题，农村与城市之间的发展水平、不同城市之间的发展水平差距过大。事实上，在绝大多数农村地区，居民并没有步行15分钟就能到达的社区商业服务，绝大多数农村地区的日常生活用品购买依然不够方便，他们往往需要奔波数十里然后购买近一周的生活用品。对于广大农村居民而言，建立一个方便的购物服务体系能很大程度上解决其现阶段日常生活不便的问题。

（二）社区商业服务的服务性、公益性以及公共性不足

所谓社区商业服务的服务性、公益性、公共性在前述社区商业的特性中已经详细说明，在这里不做过多展开。简单来说，社区商业的服务性指的是社区商业服务在建设过程中应该考虑其主要功能在于服务其属地内居住的社区居民，公益性与公共性指的是社区商业服务具有最基础的保障性，其发展过程中应与其他社区服务一样作为公共物品来供给，由政府兜底。综合该三点，社区商业服务应以服务居民为主要目的，其发展需要政府兜底、需要政府支持。遗憾的是，现阶段我国政府还没有明确划定社区商业服务的公共产品属性，仅仅在2015年发布的《关于推进国内贸易流通现代化建设法治化营商环境的意见》中将社区商业的经营主体、经营设施划定为"微利经营的流通设施"。是否注重社区商业发展的服务性，是否将社区商业服务纳入公共产品，以及是否将社区商业服务设施定性为公益设施，关乎社区商业服务未来的发展方向，只有不断加强社区商业的服务性、公益性、公共性，才能更好地找准其作为居民日常生活最基本需求的定位，更好地建设一个以服务性为基准的社区商业服务体系。

（三）社区商业服务用地与用房不足

目前，我国绝大多数社区，尤其是老旧社区的商业用地与商业用房明显不足。虽然不同地区、不同学者对于老旧社区的定义不大一致，但总的来说，我国住宅小区的性质可以 1998 年《关于进一步深化城镇住房制度改革加快住房建设的通知》颁布为标志划分为住房实物分配时期与商品房交易时期。住房制度改革之前建设的住宅通常缺乏规划，配套设施简陋，且距今时间较长，相对老旧。住房制度改革之后，国家对于商品房的要求愈加严格，因此在该时期之后建立的小区相对而言设施丰富，规划更科学，且距今时间更短，相对更新。但事实上，现阶段不论是老旧社区还是新建社区，其社区商业的设施与用地都不够充足。老旧社区自然不用说，在建设时期社区居民的消费需求与今天相比十分简单，仅仅需要满足温饱，没有考虑到未来可能存在消费升级、需求增加等情况，并不会在建设住宅的同时为其提供配套服务。新建社区则是由于现阶段国家对于社区商业服务业态的基本要求较低，而社区商业又属于微利流通商业，开发商并没有足够的利益驱使建立更多的社区商业设施。因而相对于今天我国居民的消费需求，能够提供社区商业服务的社区商业设施也严重不足。

二　社区商业服务发展的制约因素

（一）政府对于社区商业服务各方面的支持力度不足

社区商业服务具有公共性与公益性，隶属于微利性流通领域，承担了与社区居民日常生活息息相关的生计保障功能，因而发展社区商业服务需要政府有所作为。当前我国政府对于社区商业服务的支持力度依然不够，具体包括以下几个问题。

首先，我国政府对于社区商业上层建筑建设方面的重视程度不够。自 2006 年《关于加快我国社区商业发展的指导意见》出台之后，商务部便再未出台类似的针对社区商业顶层设计方面的政策，最多也就是将与社区商业服务相关的政策内容与整个流通行业放在一起。除了顶层设计的缺失，有关如何更好促进社区商业服务发展的政策体系依然没有建立起来外，社区商业作为微利流通商业，对于风险的抵御能力相较于大型商业而言更低，更需要政策方面的支持。

其次，在社会主要矛盾发生改变的今天，我国发展各方面存在的不平衡不充分已经开始影响公民基本生活的方方面面，当然也同样包括社区商业服务，而社区商业的这种发展不平衡，主要表现在经济相对欠发达地区的社区商业发展明显不如经济发达地区，不同城市对于社区商业的重视程度不尽相同。相比较而言，北京、上海、武汉、长沙等一二线城市对于社区商业更加重视，并将社区商业服务的发展规划纳入了城市规划、城市商业规划中，有的城市甚至制定了专门的社区商业规划。而除此之外，很多二三线城市并没有专门的社区商业规划，绝大多数城市的社区商业依然处于野蛮生长的状态，更不用说广大农村地区。

最后，我国社区工作人员、社区领导在社区商业发展方面所拥有的各种权力不够，正如之前在案例中所描述的那样，社区两委、社区书记对于本社区中的商业业态只有基于"红线"的管理权，如本社区商铺不能污染环境等管理权，却缺少社区应该实施何种业态的管理权，这反而没有发挥最了解本社区基本情况、了解本社区居民实际需求的社区工作人员的最大优势。

（二）社区商业服务管理体制落后

不同于社区公共服务体系中的其他内容，社区商业服务由于其商业性与公益性并存，其所涉及的管理主体众多，包括且不仅限于商务、民政、食药监督、消防、卫生、环保、文化、邮政等诸多行政部门。

在现行体制下，社区居委会作为基层群众性自治组织，接受地方民政部门的工作指导，一般来说，社区中绝大部分的工作都由民政部门牵头完成，同时，社区居委会的很多工作还要接受所在地区街道办事处的管理。社区两委本身就受到政府不同等级的部门管理，社区商业服务的管理体制则更加复杂。现阶段，社区商业要接受商务、食品药监、消防、环保、卫生等多部门的条块管理，形成了社区商业多头管理与监管缺位并存的现象。①

此外，我国社区商业服务的标准化程度依然不高，尽管2008年公布了

---

① 路红艳：《城市社区商业供给模式及政策建议》，《商业经济研究》2017年第20期，第5~7页。

社区商业服务的行业设置标准《社区商业设施设置与功能要求》，但是该标准只规定了社区商业发展要求以及业态名称及定义，有关社区商业服务的评价考核体系、监督体系等依然不具体不完善，这种标准化的缺失导致我国社区商业的发展依然存在很大程度的无序。

（三）政府没有厘清社区商业服务的关键特性

经过改革开放后数十年的发展，我国社区商业服务体系的建设已初步成型，但无法忽视的是，我国依然缺乏对于社区商业服务的准确定性。我国社区商业服务的服务性、公共性、公益性不足，具体表现为关于社区商业服务定性的具体政策缺失，现实中社区商业服务建设的商业性与公益性、公共性之间的结合不足（通常来说，对于商业、盈利的考虑更加重视）。在此背景下，社区商业的发展非常不平衡，许多社区居民由于消费能力强，社区商业服务过于饱和，而许多社区商家在综合考量之后可能因为盈利不足、设施不健全等原因选择放弃入驻某些消费能力不足的社区，使得该社区居民许多对不同种类消费品的消费需求面临消费业态缺失的问题。事实上，该问题的出现主要在于国家没有将社区商业服务定性为公共性与公益性。政府的一大功能是有效解决市场所带来的弊端，化解市场失灵。在市场经济难以解决社区居民消费需求的情况下，政府部门需要更多措施来满足人们的基本需求，并随着人们需求的升级逐步促进社区中社区商业服务设施、业态的建设。

三　社区商业服务发展的路径

（一）政府需要加强对于社区商业服务的支持力度

在明确并强调社区商业服务的公共性之后，政府在其发展过程中需要发挥的作用也就尤为重要了。总的来说，政府需要从以下几个方面为社区商业服务的发展提供支持。

第一，政府需要加强社区商业服务的顶层设计。所谓加强社区商业服务的顶层设计，就是指以商务部为主体，与社区商业服务相关的多个政府部门单独发布或联合发布的指导性纲领。现阶段社区商业服务的"指导意见"还停留在 2006 年公布的《关于加快我国社区商业发展的指导意见》，而该意见由于年代久远，事实上很多内容已经难以适应现在的社区商业发展需求。例如，其中关于社区商业服务的发展展望部分的内容："争取利用3～5年时间，在全国人口过百万的166个城市中，初步完成社区商业建设和改造工作，形成满足基本生活消费需求的社区服务网络，基本实现社区居民购物、餐饮、维修、美容美发、洗衣、家庭服务和再生资源回收等基本生活需求，在社区内就能得到基本满足。在消费水平较高的社区，要在满足基本生活需求的基础上，形成商业布局较合理、服务功能较齐备、服务质量和管理水平较高的社区商业综合服务体系。"其中关于社区居民的基本生活需求就已经落后于时代的发展，如现在社区居民所必要的外卖、快递需求，2006年的"指导意见"就没有考虑到，而这只是现今需求发展与过去需求预测偏差中的冰山一角。因此，通过有效调研、更新"指导意见"，使其适应时代发展，是社区商业服务发展的重要手段。

第二，各地方政府应该更加注重对于社区商业的长期规划。如广大的三四线城市，因为经济发展水平较低，居民的社区商业服务需求并没有一二线城市来得强烈，但所谓规划，就是为了通过预测与科学的设计，为未来发展打下基础。从我国现在的发展水平与发展速度来看，在脱贫攻坚工作顺利进行的前提下，人们需求的升级是一个必然的过程，在解决温饱问题后，人们必然不会简单满足于现在无序的社区商业业态以及落后的社区商业发展水平。因此还没有进行有效社区商业服务规划的广大三四线城市、农村地区，都应该依据自身的发展水平做出相应的规划，为将来打下基础。

第三，从社区的角度来看，社区两委在社区商业方面需要更多的权力。这种权力并不是简单地将社区商业服务的许多事项一股脑儿丢给社区工作人员，而是应该让他们发挥更大的作用。就是要将社区两委、社区工作人员的优势发挥到最大的程度，在诸如社区商业服务的规划、社区老旧设施改造等方面发挥其对本社区了解的优势，让他们有至少参与到规划过程中的权力。

（二）政府需要改善现有社区商业服务管理体制

不同于城市中心城区发展起来的中心商务区商业，社区商业的发展更为复杂，涉及的利益主体也更多，因此有效协调各主体之间的关系，探索出一个合适的社区商业服务管理体制同样重要。为了有效地协调诸如商务部门、民政部门、邮政部门等各种与社区商业相关的政府部门之间的关系，可以通过建立部门之间的协调机制，给予社区两委更多的权力，让社区居民委员会参与并统筹本社区的社区商业服务建设过程；也可以通过建立专门的社区商业委员会来管理社区商业服务事务，通过产权的集合，对本社区的所有商铺进行统一的、科学的管理。当然，具体的操作应基于本社区的具体情况而定，但现存落后的社区商业服务管理体制一定要进行改善。

在建立一个科学合理的社区商业管理体系以外，社区商业服务还亟须建立一个标准化的体系。只有建立标准化的服务体系，设立标准化的要求，才能保证其作为一种公共服务拥有必不可少的公平性，才能满足居民既有差异又追求均等化的服务需求。①

（三）政府需要强化社区商业服务的公共性

从整体上看，现阶段我国社区商业服务存在的绝大多数问题，都是早期对于社区商业服务的定位存在偏差而造成的。由于早期的疏忽，将社区商业服务更多地放置到市场经济中，由看不见的手来调控其发展，疏忽了它作为公共服务所必要的公共性与公益性。因此，在今后的发展中，要更加注重社区商业服务的公共性方面，具体表现如下。第一，社区商业的业态配置应更加注重服务性，社区商业性业态与服务性业态的配置比例应该视社区的具体情况而定。既保证以便利店、理发店、餐饮店为主的商业性服务业态的比例，也要保证以公益性为目的的菜市场、社区健身中心、社区照料中心等公益性服务业态的数量。第二，可以通过具体的政策文本、顶层设计来体现与强调社区商业服务的公共性、公益性，并通过实施与社区公益相关的社区商业服务来提供更多的政策补贴与政策优惠，吸引社会资本参与社区商业服务中的公共服务类型商业的建设，同时做好社区商业服务公共性与商业性之间的平衡，建立一个业态种类丰富、服务性质充分的社区商业服务体系。

---

① 于显洋、彭定萍：《社区商业服务与化解社区矛盾关系之研究——社会管理面临新问题》，《兰州学刊》2012 年第 12 期，第 150～154 页。

第七章　社区服务保障的困境与消解

第一节　社区服务保障的困境

随着社区服务意识与服务水平的不断提高，我国在社区服务保障体系建设、社区人才专业化方面取得了明显的进步。但社区服务保障仍处于初级水平，在建设高水平的社区服务保障体系上还存在较多的不足，梳理相关材料并结合调研情况发现，要建设高水平的社区服务保障体系，实现基层治理能力与治理体系的现代化，既有难啃的"硬骨头"，亦有难以下手的"软骨头"。

一　社区服务保障的财政困境

社区作为我国治理的基础单元，扮演着传递社会福利的重要角色，然而社区的财政一直是我国国家公共财政的边缘角色。在社区调研过程中我们发现社区开展服务活动的最大阻碍是资金问题，普遍存在资金匮乏的现象。很多社区的办公条件以及人员经费和服务设施都得不到保障，更不必说供给高水平的社会服务。

我国社区作为居民自我服务、自我管理、自我教育的群众性自治组织，主要承载着管理与自治两大功能，一方面承接来自街道乡镇一级政府下派的各种任务，另一方面对本社区内的事务进行管理与服务。社区作为非营利性机构，大多数社区自身并不能获得维持机构正常运转的资金，很大程度上依赖于政府方面的公共财政拨款，"财权决定事权"导致了社区自治的功能弱化，行政功能渐趋强化。

随着社区功能的行政化越趋明显，社区的绝大多数工作成为政府工作的延伸，为了应对政府的工作考核，以便能够获取保障社区正常运转的基本财政资金，社区会满足政府偏好，而不是提供社区服务满足群众偏好。当社区还得为柴米油盐发愁时，高雅的精神生活便不会出现在社区当中。①

二　社区服务保障的基础设施困境

我国经济发展水平地域间差异明显，不同地区之间的经济发展规模与水平有着较大的差距，这也反映在社区基础设施建设上。经济条件较为发达的城市社区在基础设施上的投入较多，便有着较为完备的基础设施。而一些较为落后的欠发达地区，社区基本办公需求都难以得到保障，更何况供给基础设施。

社区基础设施供给是打造社区服务保障极为重要的一环，它是社区服务供给的重要载体，能够给社区居民带来最直接的服务体验，是社区居民幸福感的重要来源，因此不同城市、社区居民之间在基础设施服务享受上有着不同的体验，影响着其对社区服务的参与体验。

三　社区服务保障的人才困境

社工人才缺乏是我国社区治理当中一个极为普遍的问题。在西方国家的社区治理历程中，社区服务保障队伍专业化是一种极为明显的发展趋势；在我国现有社区治理中，社区服务人员文化素质总体偏低、职业技能较为落后、年龄结构不合理等问题突出。社区作为一个复杂的综合体，面临着多种多样的服务内容，面对着极为特殊的服务对象，因此需要社区服务人员掌握心理学、社会学、教育学等方面的专业知识，同时作为社区的管理者还应该具备一定的管理学知识和管理能力，以更好地利用组织现有资源来实现组织效益最大化，并提供令群众较为满意的社区服务。

我国就业市场上社会工作人才有一定稀缺度，但由于社会工作人才的薪资水平、社会地位、工作环境等难以达到目前待就业人员的期望水平，许多社会工作专业毕业生会选择跨专业就业，导致专业人才流失。并且在专业选择时，社会工作专业不被考生及家长看好，真正愿意投身于社会工作与社区服务方面的人才十分缺乏，社会观念亟待更新。

---

① 夏友仁：《社区卫生服务财政保障机制的国际经验借鉴》，《财政监督》2016 年第 3 期，第 65～68 页。

社区服务形式单一，项目数量有限。社区供给的社区服务项目数量主要取决于社区财政资金、社区规模以及社区自身服务能力。目前我国社区所提供的服务多种多样，基本上覆盖了居民多方面需求，但在服务形式上过于单一，并且不是每个社区都能够实现社区服务的多方面覆盖。在资金和自身能力的双重限制下，社区开展的活动往往只限于力所能及的常规活动，缺乏创新性与吸引力，社区居民参与率低，获得感差，极其容易陷入"社会服务供给不足—参与率低"的恶性循环当中，供给服务受多重限制而形式单一，导致社区居民参与获得感差，进而参与率低下，得不到理想的效果。由于效果不理想，项目就没有新资源，周而复始，停滞不前。

社区服务供给过程中容易出现以经济供给代替服务供给现象，部分社区重经济轻服务导向明显。如上文提到的有关研究人员在对甘肃省瓜州移民社区的社区服务调查过程中发现，政府建立的覆盖全体社区居民的社会保障服务，包含养老保障、康复服务、医疗保障服务、就业服务、生育保障服务等各方面。但是受传统"官本位"思想的影响，该地区形成了社会保障重经济保障、轻服务保障的保障理念，政府习惯性地以现金提供社会保障，忽视了对社会保障服务的提供。很多时候都是直接以货币形式对需要关照和服务的对象进行补助，这种形式导致了服务的参与感极低，社区与居民的互动少，同时被关照对象的精神关怀需求也无法得到满足。①

四 社区服务保障的制度困境

一是与社区服务保障有关的服务体系与相关制度不够完善。放眼国内外，社区服务的发展是与完备的制度机制和服务体系紧密相关的。基于社区服务发展的需求，各级政府已制定了一系列政策法规，但相关制度比较零散，可操作性不强，缺乏权威性，政策落地难问题较为普遍。社区服务是保障社区居民日常生活的基础设施，它应当具有一定的规范性。西方发达国家的社区多数具有较为完善的服务体系和健全的基础设施，集各种服务功能于一身，而我国的社区一般基础设施和设置比较单一。在具体的实

---

① 王春燕、王文棣等：《论甘肃省瓜州移民社区社会保障服务的发展和优化》，《云南农业大学学报》（社会科学版）2017年第4期，第33～37页。

践中，一些地区的社区基层组织建立的社区服务保障中心比较分散且规模很小，各自独立运营、缺少合作。社区服务体系的不完善，严重阻碍着社区社会保障服务的发展和整个社会福利水平的提高。

二是社区服务信息化水平还有待提高，虽然目前互联网和信息技术飞速发展，"互联网＋政务"逐渐成为各级政府改革发展的方向，智慧城市、电子政务被广泛应用于各类场景，但是真正惠及基层社区服务的数字福利较少，没有针对社区服务供给而设置的智能化系统。同时社区信息资源的整合程度低，社区服务机构没有充分地将公共信息资源数字化，没有构建完善且规范的大型社区服务数据库。基层治理主体没有充分运用信息技术对社区服务工作进行合理改进。大部分社区服务组织对于信息化技术的应用仅仅是将其作为简单的信息化工具，而社区社会保障服务的业务流程、信息发布、信息库建设等还处在初级阶段，办事效率低，易出现统计数字失真现象。

五　社会组织参与社区服务保障的困境

由社会组织构成的第三部门供给社区服务是弥补社区功能缺陷、推动社区服务专业化的重要一环。但是目前我国第三部门参与社区服务供给存在较大阻碍，一是难以理顺与政府部门之间的关系，我国支持社会组织发展的相关层面上的政策与法律保障不够健全，导致许多工作难以有效开展。二是大量社会组织过分依赖政府部门所提供的政策和资金支持，容易受到政府部门的干涉与影响，出现一定的行政化发展趋势，容易使社会组织定位出现模糊，产生官民二重性。

社会组织参与社区服务供给往往需要一种契机，或者说是需要政府部门打开政策之窗，开放社区服务供给之门让第三部门参与进来。放开社会服务市场需要政府部门放下偏见，改变传统观念大胆地尝试。如在甘肃瓜州移民社区服务保障过程中，政府一直牢牢把握住社会保障服务的供给权，政府不仅是社会保障服务的提供者，也是社会保障服务的组织领导者、制度建设者、资金保障者和运行监管者，而并没有给企业和第三部门等供给主体参与社区服务的机会，导致社区服务供给主体单一。

第三部门在发展上除了受到外部环境中政府部门的限制外，还受到社区社会组织公信力即社区居民认同的考验，社区成员的认可和接受程度很大程度上决定了社会组织的长期发展方向。为社区居民提供的社区服务需要不断与社区居民进行循环互动，需要社区居民在参与和享受社会服务过程中不断地增强对社区的归属感，一旦社会组织不能被社区居民所信任与接纳，或是社区居民采取"等、靠、要"的消极姿态，那么该组织的社会服务工作将难以展开。

六 居民参与社区服务保障的困境

社区服务保障供给只有完整地传递到社区居民手上，让社区居民在参与和享受社区服务过程中与服务供给者产生良性互动，才能称为一次较为成功的服务供给。居民参与是社区发展的主要力量，也是社区建设的目标和本质所在。社区居民对自己的现实需要最了解，也最关心自己的生活条件，因此潜意识中存在较强的参与社区发展、社区建设的积极性。同时社区建设的根本目的在于提高居民的生活水平，因此在政府实施的各项社区建设项目中，必须充分考虑居民的需求。社区居民的需求多种多样，政府不可能充分了解，也不可能同时满足每一个居民的愿望和需求。即使政府在推进项目实施中已经尽量考虑了居民的意愿，但也只能是共性化的。因而在政府实施的社区发展项目中，应尽可能留有适当的空间，使广大居民能充分展示自我，满足自我需求，这种空间即居民参与的空间。所以社区居民参与社区服务、社区建设的频率与意愿也体现着社区发展的文明程度，是衡量社区服务保障水平的重要标志，而我国社区服务居民参与还停留在较低水平。

社区居民参与社区服务意识淡薄，对社区的归属感、认同感较低。而社区居民参与社区服务、社区建设的频率、意愿体现着社区发展的水平，标志着社区服务保障的专业化程度。在我国社区建设中，社区居民参与社区服务较少，参与程度较浅，被动式参与、象征性参与、逐利化参与较为普遍，并不能较好地融入社区服务的内容当中去。一些居民对"大政府""包办一切"的固有认识深刻，将社区与政府等同起来，容易对社区供给的服务产生误解，对社区的认同感低。

社区居民构成复杂，社区服务供给针对性存在偏差。随着城市化的大力发展，我国区域、城乡间人口流动加剧。社区人口结构构成、来源、素质差异极大，因此社区供给社区服务时，很难把握，并针对差异性供给对应的服务产品。同时，城市社区因流动性而区别于农村社区的"熟人社会"，导致社区居民之间存在冷漠性，以及对社区活动的冷漠性。

第二节 社区服务保障困境的消解

一 强化社区管理与服务的财政保障机制

在社区调研过程中，我们发现社区开展系列活动的最大阻碍是资金问题，各社区普遍存在资金匮乏的现象。充足的资金保障是社区开展社区服务的重要前提，也是社区能够保障自身功能正常发挥的基础。

首先，各级部门应当落实社区服务专项资金政策。党的十六届六中全会发布的《中共中央关于构建社会主义和谐社会若干重大问题的决定》中提出了要实现"完善公共财政制度，逐步实现基本公共服务均等化"和"完善社区公共服务"的目标，各级政府应当贯彻落实相应政策，保障社区服务专项资金的专款专用，在实际使用过程中能够真正惠及民众。[1]

其次，继续加强对社区服务经费保障，不断巩固社区党组织统筹管理社区各类组织和各项工作的"核心地位"。社区居民委员会是自我管理、自我教育、自我服务的基层群众性自治组织。在国家的视角下，社区两委是党和政府在城市的执政基础，承担着联系群众、服务居民、凝聚人心的重任。不断加强各级政府对社区的工作支持和资源保障，统筹上级部门支持社区的政策，整合资金、资源、项目等，以社区党组织为主渠道落实到位，并对社区内有关重要事项、资金使用等做出决定，以便更好地发挥社区党组织的主导作用。

最后，创新社区财政保障，多元筹措社区服务资金。充足的财政资金是开展社区服务的重要保障，我国虽然已确定了社区服务专项资金政策，但总体上对社区服务的资金投入仍偏少，发达国家在这方面的投入一般比较高，我国政府应该加大社区社会保障服务的资金投入力度。社区服务和基础建设的经费来源应多元化。如果政府投入不足，鼓励社区通过社会募

---

① 肖林：《迈向"社区公共财政"？——城市社区服务专项资金政策分析》，《社会发展研究》2020年第4期，第81～104、239页。

集、社会组织和个人捐赠提高社区服务业的收入,争取银行和各种基金会的支持,走以服务养服务的道路。在政府部门加大财政投入的前提下,多给予社区服务业政策支持是必须的,比如利税返还、减免税收等。①

二 加强社区服务保障基础设施建设投入

社区基础设施供给对社区服务保障极为重要,它是社区服务供给的重要载体,也是社区服务供给能力的外显,能够给社区居民带来最为直观的服务体验,是社区居民幸福感的重要来源。在我国的大部分城市社区中,基础设施不完善问题十分突出,老旧社区居住环境脏乱差、缺乏文体活动设施、社区治安环境差等诸多问题频显。随着人民生活水平的逐渐提高,社区居民对于美好生活的追求、对居住环境的要求越来越高,建设基础设施、打造环境和谐的社区日益重要。在社区基础设施建设中,政府部门应该加大资金投入,进行统一的规划管理,使社区服务保障向新的需求方向发展。

在加快社区服务基础设施建设方面,应当加快制定社区服务基础设施建设标准,实施社区服务基础设施示范工程,建设社区服务中心、社区文化娱乐健身活动场所。建立社区服务基础设施建构财政投入增长保障机制,制定引进社会力量参与社区服务基础设施建设的政策,形成基础设施建设的多方合力。在加大社区基础设施建设投入、扩大社区社会保障服务项目的基础上,要积极组织各界力量开发新的社区居民所急需的服务内容和项目,充分运用社区和社会资源,全面提升社区社会保障服务的质量和效率。

三 推进社区服务保障人才队伍建设

首先,要大力提升社区工作者的综合素质。通过外引内培的模式,双措并举,推动社区工作队伍不断壮大。在内培上要建立合适的培训制度与培训形式,改变原有人才培养手段,推动人才培养系统化,提升人才培养的针对性、效能性以及创新性。将培养社区人才纳入社区服务体系建设当中,充分利用各种社会资源,开展多种多样的职业培训,提高工作人员的专业度。社区工作涉及经济文化、民政事务、劳动保障、卫生健康等诸多

---

① 夏友仁:《社区卫生服务财政保障机制的国际经验借鉴》,《财政监督》2016 年第 3 期,第 65~68 页。

方面。当前，社区服务保障招聘的社工所学专业各不相同，专业人员凤毛麟角。因此，加强专职社工的专业化学习培训尤为重要。加强思想政治教育，强化法治思维，不断提高社区工作人员的文化素养和专业技能、提高社区工作人员的工作效率和依法办事水平、提升其服务群众和发展社区服务事业的各项能力。①

其次，提高社区工作人员的薪资福利待遇。基层社区治理涉及社区居民生活的方方面面，内容多且杂，同时还面临着来自政府与社区居民的多层压力，工作负荷大而福利待遇低。想要为社区治理留住专业人才，建设一支技术过硬、服务优良、结构合理、扎实稳定的社区服务人才队伍，就必须要努力改善社区工作人员的薪资福利，使社区工作人员的付出与回报成正比，使社工人才感受到自己被政府和社会所重视。要进一步完善社工人才的薪酬体系，不断提升其福利待遇，加大持证津补贴力度，建立有效的评估机制，使社工薪酬与社工专业结构、服务质量、服务水平相匹配。各级政府要将其纳入政策规划和财政预算，改变工资福利待遇低下的状态，全面提高工作人员的福利待遇。为社区工作者提供良好的生活和工作条件，解除其工作的后顾之忧。

最后，要大力引进社工专业人才，健全人才选拔机制。稳定的社区服务工作人才供给需要创新人才选拔机制，改革过去单一陈旧的用人机制，合理优化社区服务工作人员的队伍结构。可以效仿驻村扶贫，从机关、事业单位下派一批综合能力较强的人才到基层社区指导工作，推动社区服务工作有序展开，也可以效仿选调生政策，从大中专院校和社会选聘一批有志于服务社区的青年人才，为社区人才队伍注入新鲜血液，有利于社区服务工作的持续发展。同时加大对队伍中优秀人才的选拔与任用力度，打通优秀人才晋升渠道，以他们丰富的工作经验来推动社区服务工作质量的有效提高，带动社区服务队伍的整体工作方式方法的完善和创新。

四　完善社区服务保障制度体系

首先，加快推进社区服务保障体系建设，推动有关社区服务供给的制

---

① 杨雪飞：《外引内培，如何推进社区人才队伍建设》，《人力资源》2021 年第 4 期，第 24 ~ 25 页。

度落地，制定一系列符合实际需要的社区服务标准。加强社区服务中心建设，巩固社区服务中心在推动社区服务保障建设中的基础地位，多元筹措社区服务中心的服务基金，节约服务中心运营成本，进行精细化管理。充分发挥社区居民和社区服务人员的工作积极性，实现社会效益的最大化。

其次，建立有效的社区服务保障监督体系，对社区服务项目进行项目制管理，制定一系列规范化标准，对项目进行全程监督管理。同时建立调查系统，对于社区居民申请的各项服务，应该由专门的机构一般是社区居委会来进行必要信息的采集和核实，以回应居民的现实需要。

最后，设立监督执行系统。社区服务项目执行过程中出现的一些基层组织无法解决的问题，应该有一个强有力的执行系统加以妥善解决，使社区服务的顺利实施有一套较为完善的保障机制。

五　大力支持社区社会组织发展

社区服务的主旨在于提供各种服务，以满足社区居民的日常生活需要。目前，我国社区服务中最薄弱的环节，是缺乏承担和实施大量具体社区服务项目和社区发展任务的社会服务组织，在国外，社区服务大多是由社会组织承担和实施的。据统计，美国仅纽约市就有19000多个社会组织。因此，应积极培育、大力发展社会服务组织，使之成为社区服务的主要承担者和实施者。

首先，要加快制定有关的法律法规，出台相关的政策，对社会服务组织的性质、地位、服务宗旨、设立程序、运作机制、项目开发的方式、资金和人员管理等方面做出明确规定，为社会服务组织的发展提供制度保障。我国对支持社会组织发展的政策与法律保障还不够健全，导致许多工作难以有效开展。

其次，要为社会服务组织的发展创造良好的环境。政府应按社会服务组织所提供的社区服务项目不同程度地给予其必要的支持与优惠政策。对于社区社会组织所提供的服务质量和运营状况，政府监管机构应该制定出一套科学合理的评估标准，以其衡量社区社会组织的运作状况、服务质量以及社区居民的服务满意度，根据具体的评估结果划分出不同的等级，根据等级的不同来划分财政的补贴标准，摒弃根据社区社会组织的权属和机构规模、人数等指标来发放补助的传统。

最后，社会成员的广泛参与和支持对于社区社会组织的发展和服务工作的实施具有非常重要的作用。在我国，社区居民对于社区社会组织的认识不够，缺乏社区居民的参与和支持，致使社区社会组织不能顺利开展社区服务工作。社区服务不是简单地提供服务，而应该动员社区居民参与到社区服务中去，以增强社区居民的归属感和凝聚力。社区社会组织是由社会成员、政府部门和一些热心于社会事业的企业自发创造出来的，它在性质上区别于政府部门的福利服务机构，而在组织结构和管理体制上也略显松散，加之其与社区居民接触的历史也不长，因此其被社区居民认可的程度还不高。只有通过广泛的宣传，使社区社会组织多与社区居民接触，多为社区居民提供更好更丰富的社会保障服务，才能推动社区社会组织与政府部门和其他组织合作，共同解决社区居民日益增长的服务需求，解决各种社区和社会问题，使更多的社会成员认识到社区社会组织的作用和性质，鼓励更多的有志之士参与到社区社会组织中来，提高整个社会对于社区社会组织的接纳程度。

为了实现上述目标，要努力建设专业化的社会工作者或社区工作者队伍。据统计，截至 2019 年，全国有 348 所高校开办了社会工作专业，这说明我国正在加快社会工作专业化的步伐。但专业化是一个过程，不能一蹴而就，在目前社区服务人员缺乏专业知识、正规社会工作人才一时难以到位的情境下，加强普及性的在职培训是迅速提升从业人员专业知识的有效途径。[1]

六　引导社会广泛而有序地参与社区服务

任何一个社区的健康发展都离不开社区成员的积极参与，社区服务保障供给只有完整地传递给社区居民，让社区居民在参与和享受社区服务过程中与服务供给者产生良性的互动，才能被称为一次较为成功的服务供给。居民参与是社区发展的主要力量，也是社区建设的目标和本质所在。社区居民参与社区服务、社区建设的频率、意愿体现着社区发展的水平，标志着社区服务保障的专业化程度。

一是引导社区居民积极参与社区事务，让社区成员感受到自身的主体

---

[1]　王志立：《基层社区治理的时代之困与创新路径》，《领导科学》2019 年第 20 期，第 51~53 页。

地位，明确其主人翁的权利，这种主体地位和权利只有居民在参与社区事务的决策和管理中才会有所体验。我国社区居民目前的社区参与热情高低不一，在这种情况下政府部门可以予以政策引导和支持，为社会成员参与社区社会保障事务提供必需的设施和资助，使社会成员可以根据自身的实际需要，选择不同的参与形式。通过引导途径和创新手段，可以更加积极地将社会成员引导到社区事务的参与中，促进社区和社区成员的双赢，推动社区的全面发展。

二是加强社区治理当中的党建引领，发挥基层党组织的战斗堡垒作用。充分发挥基层党组织的思想教育作用。认真开展"不忘初心、牢记使命"主题教育，注重对党员干部的思想教育，强化其为人民服务的宗旨意识，夯实其工作基础。同时充分发挥基层党组织的连接枢纽作用。基层党组织要发扬党的优良传统作风，坚持群众路线，在工作中始终坚持以人为本，及时解决群众所反映的问题，宣传党的政策方针，争取群众的认同和支持。积极发挥自身的先进示范作用，基层党组织必须重视自身建设，以身作则，讲政治、做表率。

三是通过社区内党组织将社区居民团结起来，共同号召发挥党员先锋模范作用。社区党员干部要积极参与社会公共服务，做好社区矛盾化解工作，充分发挥自身的先进示范作用，以自身的正能量带动社区群众积极参与社区治理，支持基层党建工作，高效开展社区治理工作。

与此同时，绝大部分社区内都存在一定数量的党政机关、社会团体、企事业单位的组织机构，尤其是经济发达的社区。社区基层服务组织能比社区内的企事业单位提供更好的社区服务，使这些机构认识到自身与社区是一个利益共同体，双方可以在一定程度上相互交换资源和信息以满足对方的各项需求，让这些组织机构增强对社区的归属感和认同感并积极参与社区建设，加大对社区的人力、物力和财力投入，在实现社区利益的同时也会让自身获得更多利益。①

---

① 王志立：《基层社区治理的时代之困与创新路径》，《领导科学》2019 年第 20 期，第 51~53 页。

第八章 国际国内社区服务保障的
经验与模式

第一节 英国的社区养老服务保障

英国的社区服务保障可谓是当代西方发达工业国家社区服务工作的一个成功范例。作为世界上最早实现工业化和现代化的老牌资本主义国家,英国的社区服务工作历史悠久、经验丰富,为英国社会在工业化和现代化的发展历程中保持稳定平衡提供了重要的保障。在英国,社区服务内容详尽完备,单就养老服务而言,其内容和形式就既全面又灵活。在机构设施上,有为社区内生活尚能自理但身边无人照顾的老年人提供服务的社区老年公寓,有主要用于集中收养生活不能自理又无家庭照顾的老年人的社区老人院,还有诸多灵活的如暂托处之类的短期护理机构等,提供包括居家养老照顾、上门服务、短暂托管等服务项目。服务内容包括送餐上门、洗衣、洗澡、打扫卫生、陪同购物、医院陪护等涵盖日常生活的方方面面,周到而全面。英国开展社区照顾的成功经验对许多国家和地区包括中国香港地区的社区服务工作都产生了一定影响。①

一 多种形式的社区养老

英国的社区养老形式多样,包括地方政府运营的养老院养老、社会组织运营的慈善护理院养老、私人运营的养老机构养老或居家家庭成员帮扶养老等。1990 年,英国政府将养老服务纳入社区,开启了社区养老

---

① 韩雅煌、朱庆文、王晓芳、贾瑞霞、有明妍、刘彩、王茹:《英国、日本社区养老服务经验对我国的启示》,《中国初级卫生保健》2016 年第 4 期,第 5~6 页。

模式。①

英国政府鼓励、提倡老年人在家或选择养老社区养老，以保证老年人能够在熟悉的环境里安度晚年，同时具备独立、隐私和尊严。因此，英国养老服务机构以满足老年人的需求为目标，针对不同个体精心制定相应的服务方案。一是居家式养老。对于拥有房产、想要在家安度晚年的老年人，政府采取不同帮扶措施。二是住院式照顾。住院式照顾社区由分散于社区各处的小型养老房屋组成，因此入住的老年人无须脱离熟悉的环境。房屋归政府或私人机构所有，申请居住的老年人必须年满 60 岁并符合机构规定的基本要求。该养老形式为老年人提供了充足的独立性、隐私性和个人空间。与居家养老不同，其住户没有房产权，但能和更多老年人居住在一起，即使是无子女的独居老人也不会有孤独感。三是老年公寓。老年公寓主要集中在规模较大的连锁养老院内，公寓内部生活设施齐全，提供 24 小时安保及医疗服务。社区内设餐厅、酒吧、图书馆、健身房、商店、美发沙龙等设施，并提供棋牌、出游、参观等娱乐活动。住户既享有私人空间和独立性，又与社会群体保持了联系。四是托老所。托老所一般负责老年人的日间照顾。当居家养老的老年人的护理人员因事外出，暂时无法提供照顾时，可以将他们安排在临时居住养老机构内，由养老机构安排服务人员代为照顾。五是退休村养老。退休村是近年兴起的养老方式，通常是较大型的项目，拥有商店、餐馆、健身房、游泳池、发廊和娱乐中心等，也提供个人护理服务项目。英国的养老服务形式多样，体系完善，除了上述社区服务机构外，还有大量以营利为目的的私营养老机构，价格昂贵。无论何种形式，政府都在其中发挥着主导作用，最大限度地为老年人提供帮助。②

二　多部门协调联动

在苏格兰地区，随着第三部门的充分发展，社区养老服务的原动力充足，实现了政府与社会力量的良好配合，充分激发了社会潜能，形成了类型多样、功能齐全、合作互通的第三部门社区养老格局。苏格兰地区的社

---

① 刘艳艳：《社区照顾视阈下城市居家养老服务模式构建：英国的经验与启示》，《洛阳理工学院学报》（社会科学版）2015 年第 5 期，第 66～70 页。
② 林芸、谭佳瑾：《英国社区养老服务对我国的启示》，《经营与管理》2019 年第 6 期，第 152～154 页。

区养老经验主要体现在与第三部门的合作上。苏格兰的社区养老服务组织类型多样且发育充分，组织间关系建构优化，互通合作模式成熟，形成了层次丰富、合作共赢、持续发展的第三部门养老服务格局。

苏格兰社区养老服务各类组织以老年人群体公益为基础，以满足老年人个性化需求为目标，以多组织协同合作为路径，形成了第三部门多组织联动效应，满足了老年人多样化、多层次的个性化需求，实现了老年群体权益的持续保障。通过多组织联动，第三部门内部形成了资源开放、互通互助、扁平灵活的合作模式，对社区养老服务政策的落实与跨部门合作战略的形成起到关键作用，为第三部门在社区养老服务事业中地位的巩固与提升奠定了基础。①

英国国家医疗服务体系在 2001 年颁布《国家老年人服务框架》（National Service Framework for Older People），提出老年人的健康和福祉应通过协同行动计划实现，由国家医疗服务体系领导、地方政府支持。随着年龄增长，老年人慢性退行性疾病、残障及其他健康问题逐渐显现，依赖性随之增强，关注、帮助和支持老年人继续健康和充实地生活，需要医疗体系与地方合作伙伴的协作。这要求医疗体系与第三部门服务机构合作，在预防或延迟疾病和残疾的发生以减少其对身心健康的影响、识别阻碍健康生活的因素、充实老年人的社区生活等方面共同工作。②

第二节　美国的社区图书馆服务

在美国，社区服务内容已非常完善，服务设施非常完备。仅以社区老年服务设施来说，就包括提供综合长期服务的养老院、托老所、荣誉公民社区中心，提供饮食服务的食品供应所、荣誉公民营养室、上门送饭服务所，为贫苦老人服务的收容所、暂住处、公营住所，专为体弱多病的老年人设立的服务性公寓、一般护理公寓、护士护理公寓，等等。在美国，大量的社区服务设施及相关服务活动一般都是由当地的民间组织来管理和提供。美国非政府组织发达而庞大，提供的社区服务全面细致且优质高效，深受美国普通民

---

① 曹鸣玉：《英国苏格兰第三部门社区养老服务多组织联动体系探析》，《中国行政管理》2020 年第 1 期，第 142～148 页。

② Department of Health，*UK. National Service Framework for Older People*，2001.

众欢迎，也极大地减轻了政府的公共服务负担。发达完善的美国非政府组织体系在社区服务中的积极作用，使美国的社区管理基本实现"自治"。在美国，政府的职能主要是宏观管理，很多公共服务，特别是社区公共服务主要由社会组织来提供。政府一般通过契约方式向民间组织购买这些服务，政府和民间组织之间是平等的合作伙伴关系，双方实现了良好的合作和运作。[①]

社区图书馆在西方国家也就是基层公共图书馆，但它不仅承载图书服务，还是社区活动的中心，内设会议室、兴趣小组、故事会、免费的电脑室、各类求职讲座等。社区图书馆重视培养居民的信息意识，鼓励大家积极利用图书馆提供的各种信息，包括求职、娱乐、法律、新闻等。社区图书馆为美国居民的生活提供了巨大便利，超2/3的美国人认为图书馆是非常重要的，因为它提高了社区的生活质量、提升了市民的文化素养，推动了全民阅读，并为许多人提供了成功的机会。

一 社区图书馆功能

社区教育中心。同其他发达国家一样，美国非常重视国民教育，重视社区的教育和学习，社区图书馆被视为一种教育机构，利用其资源优势、人才优势，以及图书馆本身具有的公共性、共享性，担负着教育支持功能。1991年4月，美国政府提出了教育发展的"四大战略"，第四项战略就是"把社区变成大课堂"，社区图书馆肩负着向所在社区不同层次、不同年龄居民提供所需知识和信息的教育职能。随着图书馆设施的改进，图书馆的利用率不断提高。社区图书馆为人们提供了可选择的自我教育场所，是居民享受终身教育的社会大课堂，成为社区教育中心。[②]

社区文化中心。除借阅功能外，社区图书馆还担负着社区文化工作，为社区居民提供公益活动场所，举办许多配套的社区文化活动，成为社区文化生活的纽带。活动不仅丰富了社区居民的业余生活，提高了社区居民的素质和生活质量，优化了社区人际关系，培育了社区团队凝聚力。社区图书馆在社区文化建设中发挥着龙头作用，正如美国图书馆协会前任主席

---

① 朱红权、王凤丽：《英美国家及中国香港地区成功社区服务经验启示》，《经济研究导刊》2011年第27期，第182~184页。

② 谭佳瑾、林芸：《美国社区居家养老服务研究及启示》，《老区建设》2019年第4期，第48~51页。

凯瑟琳·麦库克所指出的："绝大多数图书馆员的工作都以社区建设为目标。或许图书馆员的日常工作并未以社区建设之名自诩，但他们的工作对于社区发展实际上起到相当关键的作用。"

社区文献信息中心。社区图书馆不仅是多功能文化活动中心，还是社区信息集散中心。其文献信息传播形成了鲜明特色，文献资源载体形式多样，除书刊外，还有如音像唱片、计算机软件、缩微品等多种视听资料；文献传播方式多样化，能根据读者个体需求以不同方式、不同侧面提供资料和信息；文献信息传播速度极其简便快捷。同时，图书馆拥有大量反映社区生活、设施和事件的动态性资源，包括网上电子纳税指导、购物娱乐和气象旅游等，成为居民了解社区、融入社区生活的门户。①

二　社区图书馆的管理和保障

社区图书馆是按照美国法律规定的图书馆系统建立起来的，对其管理采用分馆制管理模式，即各个城市的公共图书馆作为中心馆帮助和支持本区的地方图书馆做好服务工作。中心馆在社区设立分馆，其人事、财务、后勤等行政管理及文献采购、分编加工等业务管理均由中心馆负责，分馆专门负责读者服务工作。分馆与总馆通过微机联网实现文献资源共享。这种管理模式加强了一个地区图书馆服务的统一管理协调，实现了资源的合理配置，强化了读者服务工作。如佛罗里达州迈阿密·达德公共图书馆负责人认为图书馆建设要随着人口增长具有灵活性、可移动性，建立小型社区图书馆既符合实际经济条件，又更能满足社区发展中的需要，他们注重与地方行政官保持密切联系，积极活动以争取更多的财政支持，总馆共设立了 34 个分馆为当地 30 个社区的 220 万人口服务。亚利桑那州佛里克斯公共图书馆系统设有 13 个分馆为当地 140 万人口服务。其中一分馆位于西班牙语地区，但馆内工作人员不懂西班牙语。总馆获悉后，马上派掌握西班牙语的馆员到该馆工作，并请人开设了西班牙语初级、中级辅导班，对所有工作人员进行语言培训。为推动社区图书馆之类的小型图书馆的建设和发展，由美国图书馆杂志与比尔和梅琳达·盖茨基金会提供赞助，美国从 2005 年起专门设立了最佳小型图书馆年度奖，用以鼓励和展示为 25000 人以下人口服务的模范图书馆。

① 石烈娟：《美国社区图书馆服务及其启示》，《图书馆》2009 年第 2 期，第 70 ~ 72 页。

多渠道的经费来源为美国社区图书馆稳定、持续发展提供了保障。1956 年，美国颁布了第一个国家级普通图书馆法《图书馆服务条例》，目的在于将公共图书馆服务工作推广到乡村地区。所谓"乡村地区"，指人口在 1 万人以下的城镇。这一法案在 1964 年发展成为《图书馆服务和建筑条例》，此条例批准拨出一笔远比 1956 年条例更多的资金以发展图书馆。在美国，地方政府的投入是公共图书馆经费的主要来源。除地方政府外，联邦政府、州政府的投入以及社会捐赠等收入也占有相当大的比例。美国政府鼓励企业、社会团体及个人向图书馆捐赠，美国税法规定企业和个人捐助社会公益事业可免同等数额税款。此外，社区图书馆自身也主动筹措资金以弥补经费不足。如弗吉尼亚州格林县图书馆，旧馆面积只有 1300 平方英尺，不到一般社区图书馆的 1/7。当地是个农业县，商业欠发达，图书馆认识到必须主动寻求政府、基金会和私人捐献才能谋求发展。很快他们找到杰弗逊地区老年人委员会，这一组织刚好需要在格林县建立一个较大空间的老年人活动中心。双方经过磋商决定共同筹措资金建立新馆。合作产生了积极的效果，弗吉尼亚州格林县终于修建了比旧馆大五倍的新图书馆。[①]

第三节 中国香港的社工队伍培养

比起英美等西方发达国家，中国香港的社区工作起步稍晚。20 世纪 70 年代一批接受西方教育和社会工作训练的社会工作学生毕业后回港，从事社区基层工作，开始把西方的社区理论应用于香港华人社会。经过几十年的摸索和实践，香港已成功将西方的社区管理方法和理念与本地的具体实际相结合，实现了起源于西方的社区工作本地化，在香港形成了一套西方理论和东方社会人情结合较为成功完善的社区服务模式。总的来说，中国香港的社区服务工作成功经验主要体现在三个方面。

一 政府和民间组织合作开展社区服务工作

中国香港是典型的"小政府、大社会"社会管理模式。在香港，政府

---

① 汪其英：《美国社区图书馆延伸服务及其启示》，《国家图书馆学刊》2016 年第 6 期，第 52 ~ 57 页。

服务社区的部门虽然很多，但具体的社区服务工作则主要由社会组织来承担。香港的民间组织机构框架完善、资源丰富，在组织形式、运作模式和服务内容等方面都非常规范专业。在社区工作中，政府非常注意发挥社会组织的作用和积极性，与社会组织建立合作伙伴关系，是香港政府的重要施政方针。在香港，政府在社区服务中主要扮演政策制定、财政支持和服务监管的角色，而具体社区服务工作多由社会组织来实施，充分发挥社会组织社会服务功能。两者一般通过购买服务方式合作，具体方式一般为政府根据居民对社区服务的需求信息确定相关服务项目，再"发包"给一些经资质认定的社会组织，并为其提供经费支持。社会组织承担服务项目后，按政府预定的要求开展工作，为居民提供社区服务，属于"政府出钱，社会组织办事"的社区服务合作模式。这样既充分发挥了社会组织社区公共服务的能力，又保障了社会组织的良性运转。中国香港社区公共服务的主要特征之一，就是社会组织在社区公共服务提供中是主要力量。"政府投资为主，社会团体参与运营管理，广泛倡导社会捐献"是社区服务资金筹集的总体思路。其中，政府投资是保障社区服务资金到位、各项工作顺利有效开展的坚强后盾；社会组织的市场化参与是活跃政府项目资金、充分开发社会资源的重要手段；社会捐献则是重要的有益补充。

二　社区服务讲究"以人为本"，按需定供，专业化程度较高

以人为本是中国香港社区服务工作的核心价值理念。中国香港曾作为英国殖民地，受西方人本主义价值观影响较深，香港社会工作基本理念都源自西方。以"服务社会、服务他人"为荣，在工作中坚持"以人为本"理念，是香港社会工作者的坚定信念。首先，香港的社区服务注重"以人为本"，体现在从服务设施兴建到服务内容提供的很多方面，基本是按照不同人群的不同需求来兴建服务设施、设置服务项目、选择服务方式，专业化程度很高。如针对老人的服务就包括综合性、医护性、生活性、娱乐性、学习性等不同服务内容，提供上门、居家等多样服务方式，有紧急性、长期性、白昼、夜间等服务选择，尽量使各个需求层面的老人都得到较好照顾。"基层组织建设"和"福利系统建设"构成了香港特区政府的社区政策。民政系统（区议会）负责组织基层力量巩固政权，维持政治秩序；政府福利机构和社会服务组织形成的福利服务系统专业工作人员负责推进

各种服务与活动。其次，社会工作深入人心，在社会上影响深刻。政府和非政府机构的服务理念、宗旨都很明确，工作的方法技巧到位。香港社会工作者坚持"以生命影响生命"，"服务社会、服务他人"，"以人为本"等理念，在社会上引起强烈反响。再次，福利服务体系很完善。一是政府对社区建设经费投入大，且每年递增。二是服务齐，服务对象广，从幼儿、青少年、成人到长者，从残疾人士、患病人士到孤寡老人、单亲家庭、新来港居住人士；服务领域大，涉及劳工、就业、教育、医疗、健康、家庭、房屋、市区重建、交通、扶贫、国际救援等；服务的类别齐全，家庭及儿童服务、青少年服务、康复服务、医务社会服务、安老服务、社区发展、违法者辅导、社会保障、临床心理服务等。三是政府服务社区的部门多，服务设施齐全。民政事务局、社会福利署、社区中心等部门，垂直管理，相互合作，各司其职。四是与非政府服务机构结成合作关系。政府拨款资助非政府机构推行福利政策，而非政府机构提供服务，实现政府的福利目标。最后，地方咨询监督机制完善。区议会、议员和互助委员构成了三级咨询机制。工作人员积极参与社区建设，承担当地社区与民政事务处之间的沟通责任。香港各类非政府民间团体不仅是社区服务的重要组成部分，而且是反映社情民意的主要载体。了解民情，反映民意，维护民意是他们工作的又一重责。

三　注重社会工作者队伍建设

一支人数充足、优质能干的社会工作者队伍是良好社区服务的基础和保证。中国香港社区工作经过短短几十年的发展就取得今天的成就，与它们拥有一支勤奋工作、无私奉献的专业社会工作者（简称社工）队伍密不可分。在香港，社工这一职业已发展到专业化和职业化的程度，从事社工的人员需经过专业训练，并经过注册认证才能上岗。香港民间组织开展社区服务专业性强，手段细致，效果良好，一个主要原因就是香港的民间组织拥有数量众多、专业技能突出的职业社会工作者。

香港社工是经过香港社会工作者注册局注册从事社会工作的人员。2022 年社会工作者总注册的社工人数为 26639 人，其中女性占 68.91%；40 岁以下占 52.5%；取得社会工作学位的 17985 人，占 67.51%。所有的社会工作者都是持证上岗，并接受定期培训。第一，积极调动社会力量广泛参与。据统计，全港志愿承办社会福利的团体有346个，雇员超过3万人，提供近九成的福利服务，受惠人数达200万人。如不计算社会保障和康复服务在内，受资助非政府机构所获得的津贴补助约占香港社会福利及康复服务方面总开支的79.2%。第二，拥有庞大、高素质的社区义工队伍，有活跃的义工组织做后盾。参加志愿工作的香港市民占香港总人口的20%，大约100万人，义工总服务时数为410178小时。对于提升义工队伍素质，义工组织具备一套健全的机制：登记义工的详细资料，根据其特长、意愿适当编排，仔细分类，并有系统地对义工进行技能、组织管理的培训，为义工队伍随时补充新鲜血液。第三，走产业化、专业化的发展道路。社区服务的产业化、专业化是我国社区服务发展的必然趋势。现实中经济、社会的快速发展，已要求我国内地社区服务尽快提高服务水平，更新服务质量，而产业化、专业化的发展模式为内地社区服务的发展提供了一种较为节省资源、效率较高的社区公共服务产业化的运营方式，为社区范围内的社会公共财产或社会福利资产提供了合理的管理方式，造就了一种新的社会公共财产的社会化管理机制。中国香港社区服务的成功经验给我们提供了巨大的参考价值，我国内地也正朝着这个方向做出努力尝试，上海罗山会馆的落成就是一个理论结合实践展开探索的鲜活例证。

第四节　中国成都市青羊区创新城市社区治理机制

一　中国成都市青羊区简介

近年来，全国各地纷纷围绕城市治理和服务创新积极探索，民政部先后分三批确定了83个"全国社区治理和服务创新实验区"，中国成都市青羊区于2015年7月成功获批全国第三批"全国社区治理和服务创新实验区"。其结合辖区经济、社会、人口结构等实际，以"微治理＋社区基金"为主题，不断探索和创新社区治理与服务，初步形成了"核心引领、资源整合、专业服务、协同共治"的"121"社区治理体系。在"党委领导、政府主导、社会协同、公众参与"的新要求下，充分发挥社区党组织的核心引领作用，以服务社区居民为根本，通过整合政府、企业和社会的资源，加强和提升社区治理和服务水平，鼓励和引导居民、社会组织共同参与社会治理，为青羊区整体推进全国社区治理和服务创新实验区提供示范和引领。

青羊区是成都市中心城区之一，面积67.78平方公里，辖14个街道办事处，79个社区，1845个院落，常住人口112万人，是中共四川省委、成都军区等党政军机关所在地，先后成功创建"全国和谐社区建设示范城区""全国社会工作服务示范地区""全国志愿服务记录试点区""全国养老服务示范单位"。因区内著名道观青羊宫而得名，是古蜀文明和诗歌文化的发源地之一。2020年9月10日，青羊区入选赛迪顾问城市经济研究中心编制的"2020年中国城区高质量发展水平百强榜"，排名第66位。

青羊区以基层民主协商、社区减负增效和社区信息化建设为目标，以提升社区服务功能为重点，以群众满意为宗旨，着力推动社区治理向多元化、多方式、多主体发展，不断激发内生动力，增强参与活力，在着力破解社区治理"政社失衡"、"参与不畅"和"后劲不足"的难题方面做了积极的实践探索。经过十多年工作，青羊区社区阵地得到极大拓展，大部分社区活动用房面积达到300平方米以上；社区专业社工数量大大提高，平均每个社区有持证社工3名左右；社区、院落"一核多元协作共治"自治架构基本形成。但阻碍社区治理的深层次问题，如政府与社区边界不清、居民参与度不高、社会组织发展严重不足、公共服务水平不高等问题仍然存在，为破解这些难题，为全国社区治理和服务创新贡献青羊实践经验，完善青羊区社区治理结构，提升青羊区社区治理现代化水平，青羊区积极申报并于2015年7月成功获批全国第三批"全国社区治理和服务创新实验区"。按照国家给予青羊区的实验主题，青羊区以"微治理＋社区基金"为主题，围绕"一核多元、共治共享"的理念，培育"微组织"、搭建"微平台"、实施"微项目"，实现群众"微心愿"，着力构建多元化、全覆盖、可持续的社区"微治理"体系，推动社区治理服务创新。①

二 青羊区城市社区治理机制创新的做法

首先，在理顺政府与社区关系、重新定位社区职能方面。一是颁布了

---

① 张倩：《成都市青羊区：公共文化"两项试点"成效显著》，《文化月刊》2015年第34期，第88页。

系列文件，将社区治理纳入国民经济和社会发展规划纲要，出台了《青羊区关于深化社区治理改革创新的实施意见》《青羊区关于推进社会工作专业人才队伍建设的实施意见》《青羊区区级部门下沉到社区公共服务事项》《青羊区基层群众自治组织依法履行职责事项》《青羊区基层群众自治组织协助政府工作事项》《青羊区政府购买社会组织服务实施办法》《青羊区社区居委会依法协助事项清单》《青羊区社区居委会依法履职事项清单》等系列文件制度。二是理顺和明确社区党组织、社区居委会和社区社会组织主体关系，明确职责边界，建立"一核多元、合作共治"的新型社区基层治理机制。三是清理和规范社区工作事项，按照两个事项清单，各部门单位各归其位、各司其职。四是设立社区服务站。在街道办事处下设社区服务站。社区服务站作为街道办事处在社区履行政府社会管理和公共服务职责的工作平台和窗口，负责承担政府延伸到社区的行政管理和公共服务事务。

其次，是搭建院落治理空间，完善院落治理体系。一是在院落建立"邻里空间"，并将其作为院落的自治平台、服务平台和公益平台，让院落发展成为具有情感联结和文化凝聚的生活共同体，构建"熟人社会"。二是健全院落党组织、自治组织、社区社会组织等各类"微组织"，不断推进社区参与式治理。按照"有党员就有党的基层组织"的要求，以院落（小区）、楼栋、单元为依托，院落建支部、楼栋建小组，采取单独建、联合建的方式，抓好院落党组织建设，实现党的组织和工作在院落全覆盖。[1]

三　社区养老保障机制创新

在社区养老保障方面，青羊区按照"老有所养、老有所医、老有所教、老有所学、老有所为、老有所乐"的要求，将社区居家养老作为老年人群体福祉体系建设的重要内容，加大政府投入力度，不断丰富和完善社区居家养老服务体系和服务内容，提高养老保障质量和水平，推动社区居家养老与社区建设的互促式发展。

1. 完善规划措施，保障社区居家养老有章可循

自 2006 年起，青羊区将社区居家养老服务列入国民经济和社会发展总

---

① 刘文杰：《成都试验区公共文化服务创新及其发展方向的政策思考——以青羊区公共文化服务创新为典型案例的实证研究》，《四川行政学院学报》2009 年第 5 期，第 98～101 页。

体规划纲要，计划用十年时间，建立起相对完善的社区居家养老服务保障体系。政府先后出台了《青羊区开展社区居家养老服务（试行）办法》《青羊区深化居家养老服务的实施意见》《坚持城乡统筹推进老龄事业发展的意见》等政策，进一步明确了部门、街道、社区在推进社区居家养老服务方面的责任，建立完善了条块结合的区、街、社区三级推进机制。同时，将社区居家养老服务作为政府为民办实事项目，纳入财政预算，并逐年加大财政投入，强化了社区居家养老服务的财政保障。

2. 夯实基础工作，保障社区居家养老有序推进

社区是养老服务的重要载体，青羊区不断加强完善社区功能，加大对社区软硬件打造的资金投入，夯实社区居家养老服务的基础。一是建立完善服务网络。在全区74个社区设立了"社区居家养老服务工作站"，建立完善了社区工作者、社区志愿者分片包干制度，为空巢老人提供"5＋X"服务（"5"指广泛告知、经常问候、热线咨询、安全检查、应急求助；"X"指按老年人需要提供助老服务）。同时，政府还投入80余万元，在54个社区为孤寡老人安装了呼叫救助"一键通"平台，搭建起社区养老服务保障的现代化信息平台。二是不断拓展服务项目。依托社区卫生服务中心或社区卫生服务站开展了治病项目，定期免费为辖区老年人开展体检、健康咨询等治病服务，为每位老人建立健康档案。每个社区根据自身不同情况，分别开展了送餐服务、住院护理、安全检查等社区服务项目，有效满足了老年人的日常需求。三是营造良好社区文化氛围。在社区文化建设中突出"尊老敬老"理念，在全区各个社区发起"结对帮扶"、"邻里互助"和"邻里守望"活动，将政府资助服务以外的空巢老人纳入关注、巡查、探视的范畴，构建起由政府主导，街道、社区、邻里相互衔接的关爱资助帮扶体系，成功打造了西御河街道"和谐邻里"、太升"邻里互助"等助老服务品牌。

3. 注重特色服务，保障社区居家养老有的放矢

青羊区根据老年人实际需求，结合自身优势资源，不断创新养老服务保障方式。政府投资80余万元，在全市率先推行老年人日托服务，在社区建立日间照料室或托老服务站，按每位老人10～20元的标准，由社区提供包括休闲、娱乐、保健、餐饮、住宿在内的全天候的照顾。目前，已建成的石人南路社区和青羊区社区服务中心托老服务站，在近两年时间里，先后接

待了 3 万余人次，受到社区老人和子女的高度赞誉。到 2012 年，青羊区在 14 个街道的 15~20 个社区建设不低于 200 平方米的托老服务站，并新建 11000 平方米的社区养老服务中心，以及 3 个面积为 700 平方米的街道养老服务分中心，逐步搭建起"区—街—社区"三级居家养老服务平台网络。同时，充分发挥文化、体育资源丰富的优势，由政府指导各个社区建立起了腰鼓、交响乐、小品表演、气排球等老年人文体队伍，区政府每年组织召开社区老年人文化体育比赛，并给予一定奖励，全区老年文体活动得到极大的丰富和发展。2009 年，青羊区老年气排球队还在全国大赛中夺得冠军。

4. 扶助困难群体，保障社区居家养老公平公正

相对于全省和全市的其他地区，青羊区老年人的平均收入一直处于较高水平，绝大部分老年人经济条件较好。为此，青羊区将高龄、贫困、独居、空巢、残疾、优抚、"三无"等困难老人作为政府提供社区居家养老服务的重点，政府每年安排 150 余万元财政预算为这部分老人提供补贴与服务，并通过建立完善的资助服务对象评估机制，采取社区公示、随机抽查等方式，确保每一位符合条件的老人均能享受到免费、补贴服务，扩大了保障和救助覆盖范围，较好地解决了困难老年人的基本生活保障问题。

5. 结合社区就业，提高社区居家养老综合效益

青羊区十分注重社区养老综合效益的实现，积极探索社区养老与社区就业相结合的方法与路径。在每个社区托老服务站、社区居家养老服务工作站都留出 1~3 个职位面向大学生、"4050"人员等群体组织公开招聘。同时，按照就近原则，在全区组织招聘了 43 名下岗失业人员作为居家养老服务队，通过加强培养、签订协议、挂牌上岗等方式，为 720 名空巢老人提供居家养老服务，对老人满意的服务人员将额外给予 100~150 元/月的实物补贴，实现了"一种岗位两种关爱"的目标。青羊区还采取购买服务的方式，鼓励和支持社会机构参与到社区居家养老服务中，为居家老人广泛提供健康咨询、家政服务等产品，并对招聘大学生、"4050"人员的社会机构给予政策倾斜。①

---

① 中共四川青羊区委党校课题组、徐毅：《社区居家养老服务保障体系的探索与实践——以成都市青羊区为例》，《四川行政学院学报》2011 年第 3 期，第 102~104 页。

第九章　中国对社区服务保障的支持战略

伴随着我国在社区服务保障理论方面的发展以及实践方面的积累，目前我国已初步形成了较为完整的社区服务保障政策体系，从而在后单位制下建立起一套符合我国国情的中国特色社区公共服务保障体系。总体来看，我国社区服务保障的政府支持主要分为以下几个内容。

国家、中央政府对于社区服务"注意力"的提升。所谓国家层面的"注意力"，指的是某一社会领域的问题由于经济发展，或是社会需要等各方面的原因，逐步发展成为国家迫切需要解决的重要问题，使得国家逐渐重视此方面问题，并开始着重解决此问题。就我国而言，社会问题的解决高度依赖中央政府的关注程度以及伴随于此的政策出台情况，当国家、中央政府"注意力"提升到一定程度时，通常代表着该领域有着较大程度的政策利好。

社区服务保障是指政府、社区以及社会组织等群体力量直接面向辖区社会成员提供物质、精神、文化等方面的服务保障，以满足其日益增长的美好生活需要。它以社区居民参与为基础，是一套有组织、有指导、有系统的服务保障体系。社会保障从层次上可分为物质（经济）保障、精神保障和服务保障。因此，社区服务保障是社区社会保障的基础与重要载体。社区服务保障依托基层党组织、街道、居委会，动员社区力量，充分整合和利用社区资源，为社区居民提供福利性服务、公益性服务和社会化商业性服务，以不断满足社区居民日益增长的物质文化需要，不断提高社区居民生活水平和生活质量。

自新中国成立到 20 世纪 80 年代，国家对城市的管理主要通过单位制和街居制组织来实现。但改革开放之后经济体制改革推动社会转型，大部分的社区社会保障服务和社会管理项目从单位组织中剥离出来，"面对发展社区社会保障服务的强烈诉求，负责任的政府必须为其选择一种成本最小、也最符合实际的制度形式。因而，依托于历史悠久、发育良好、扎根基层、运行卓有成效的城市基层组织，即社区作为社区服务保障的载体，就成为最合理的选择。"①1989年《全国城市社区服务工作经验交流会议纪要》（以下简称《纪要》）提出开展社区服务是社会福利工作的改革与发展方向；是转变政府职能，加强基层社会管理的有效形式；是促进基层政权和群众自治组织建设、密切党和政府同人民群众的联系的重要举措；是加强社会主义精神文明建设、弘扬全心全意为人民服务宗旨的良好形式；是调节各种关系、促进社会稳定的重要手段。②《纪要》对社区服务保障在国家治理中的重要地位进行了充分阐述，并指明社区服务保障要注重经济效益和社会效益，呼应了1984年民政部提出的"社会服务社会办"的指导思想。随着改革开放的不断深入、社会主义市场经济的发展和城镇化进程的加快，社区居民对社区服务保障的需求越来越大，要求越来越高，城市社区在社会经济发展中的地位也越来越重要。为更好地做好社区服务工作，2016年民政部、中央组织部、中央综治办等联合印发了《城乡社区服务体系建设规划（2016－2020）》，规划强调社区服务的均等化、智能化、多元化，提出要开展城乡社区服务信息化建设、城乡社区服务人才队伍建设、城乡社区社会组织培育发展等重点工程，标志着我国的社区服务体系进入了城乡统筹的新阶段，也体现出社区服务体系建设是满足人民对美好生活向往的需求、城乡居民共享全面建成小康社会发展成果的重要途径。

我国的社区服务保障事业发展了三十余年，实现了从无到有的突破，从服务设施小范围试点到2020年底，全国有各类社区服务机构和设施51.1万个，社区养老服务机构和设施29.1万个，城市社区综合服务设施覆盖率达100%，农村社区综合服务设施覆盖率65.7%。③由为传统民政救济对象

---

① 雷洁琼主编《转型中的城市基层社区组织——北京市基层社区组织与社区发展研究》，北京大学出版社，2001。

② 《民政部办公厅关于印发〈全国城市社区服务工作经验交流会议纪要〉的通知》，1989年12月4日。

③ 民政部：《2020年民政事业发展统计公报》，2021。

提供社区服务到如今面向社区全体成员提供社区服务，由依靠社区成员互助到如今"三社联动"共助社区服务，社区服务保障已经成为我国公共服务体系不可或缺的一部分。[①]

总的来看，我国的社区服务保障体系建设仍处于初级阶段，城乡社区服务现状与社会主义现代化的要求相比还有很大的差距，尚不能满足人民对美好生活的向往。随着新型工业化、信息化、城镇化加速推进，我国城乡社区服务保障体系建设面临一系列的机遇和挑战。一方面，我国经济持续健康发展，社会治理体系日益健全，各级党委、政府对社区建设高度重视，为城乡社区服务体系建设提供了有利条件。另一方面，实现农业转移人口市民化以及有效应对人口老龄化加速等一系列现实挑战，都对建设惠及十几亿人口的城乡社区服务体系提出了更新更高要求。

第一节　国外政府支持社区服务保障的主要做法

从 20 世纪 30 年代实施罗斯福新政以来，美国社区服务的主导力量一直是公共部门。20 世纪 50 年代，为推进社区建设，美国开始在部分城市成立社会发展部，并筹建了社区组织委员会。1963 年美国政府开始提出"反贫困战争"，随着相关政策的出台，大量政府部门提供的公共服务事项被转移到非政府组织。1973 年美国政府颁布了《国内志愿服务法案》以管理提供社区服务的基层组织。1990 年，布什政府签署了《社区服务法案》，以法律形式明确了学校开设社区服务课程的权利和义务。[②] 20 世纪 90 年代克林顿政府大力推广政府改革，成立了全国社区服务协会，这一举措标志美国国内所有的社区服务项目都被纳入一个统一的管理系统中。从社区服务保障的供给主体来看，美国的社区服务保障是由政府、社区、社会组织和社区居民共同参与的城市社区公共服务平台提供的。政府部门提供社区服务保障主要是通过自主管理，一些需要跨辖区的社区服务，政府通过设立特殊服务区、签订政府间协议的方式进行管理。社区通过设立社区委员

---

① 万正艺、陈辉、李文娟：《政策工具视角下我国城市社区服务政策变迁分析》，《城市发展研究》2020 年第 8 期，第 109～116 页。

② 韩央迪：《英美社区服务的发展模式及对我国的启示》，《理论与改革》2010 年第 3 期，第 24～29 页。

会制定社区发展计划、参与社区预算编制、组织社区居民听证会、提交年度工作报告等方式参与社区服务保障。社会组织通过承担社区公共福利工作的方式提供社区服务。

就美国的社区服务保障绩效评估而言，各地区制定不同的绩效评估标准，绩效评估主体主要包括专家、社区工作者和社区居民。不仅注重从多维度、全面的指标评估体系来评估社区服务保障的发展状况，而且重视与同时期全国平均水平，以及纵向上该社区的历史沿袭进行比较。

与美国的社区服务供给主体的多元化不同，新加坡的社区服务保障模式是政府主导型，主要体现在如下几个方面。第一，政府制定科学的、前瞻性的社区统一规划。政府负责制定社区发展计划和评估标准，负责宏观性和方向性的引导，而非政府组织在政府指导下自主活动，并及时向政府反馈民众呼声。第二，政府为有关部门和社区志愿者组织提供多样的人力、物力和财力的支持。社区服务中所需的人力、物力和财力大多靠政府提供，少部分通过社会组织开展募捐、动员志愿者和发动社会捐助的方式获得。第三，政府建立了完善的制度保障。新加坡自1965年独立以来就十分注重社区服务保障相关宪法的制定和修改，法律体系较完善，覆盖范围广，涉及人民生活的方方面面，为社区服务保障提供了法律保障。

澳大利亚政府从1983年开始，先后实施了"地方政府社区发展""家庭和社区护理""农村社区"等一系列项目。2000年由联邦家庭与社区发展部组织实施了"强化家庭和社区战略"，项目前四年投入2.2亿澳元。政府部门除了设立项目、安排资金外，还建立了完善的监测体系，对项目实施进行指导、评价和监管。德国通过直接投资、税收优惠、购买服务等多种措施来支持社区服务保障的发展，促进了社区服务保障的完善。加拿大多个省份的财政拨款与社区紧密结合，[①] 政府根据社区社会组织就社区内需要帮助的对象所提出的申请给予资金支持，并对社区服务进行监督检查，将社区和社会组织提供的服务质量等状况作为下一年度是否继续为其提供资金的判断依据。法国通过建立城市共同体、聚居区共同体、村镇共同体等不同等级的社区制度，调动社区居民参与和合作的积极性与主动性，

---

① 贾先文：《国外公共服务社区化研究综述》，《江苏农业科学》2011年第6期，第647~649页。

从而保证社区服务保障的覆盖范围和服务质量。①

第二节　我国政府支持社区服务保障的主要做法

在第三章中，本书已将我国的社区服务自 1987 年国家倡导开始，发展至今三十余年的主要政策做了一个较为完整的阐述，并将我国的社区服务发展历程划分为萌动期、推进期和发展期三大阶段。回望我国社区服务保障几十年来从无到有、再到逐渐焕发生机的发展之路，国家一直处于主导地位，但在不同的发展时期，政府对社区服务保障的支持各有侧重。

一　倡导探索阶段（1987～1991 年）

在这个阶段，社区服务保障由民政部门一直倡导引领和推动，处于萌动期。1987 年 8 月 5 日，我国社区服务的首倡者、时任民政部部长崔乃夫在大连召开的社区服务工作座谈会上，第一次提出并阐述了社区服务的概念，他提出社区服务就是在政府的倡导下，发动和组织社区内的成员开展互助活动，解决本地区的社会问题。在同年召开的"全国城市社区服务工作座谈会"上，再次进行概述，提出社区服务的目的在于调节人际关系，缓和社会矛盾，创造一个和谐良好的社会环境。② 此阶段政府对于社区服务保障的定义侧重于社会福利事业，对社区服务保障的支持策略主要为规划统筹，为推广和普及社区服务工作制定保障措施。

1989 年，民政部办公厅在《关于印发〈全国社区服务工作经验交流会议纪要〉的通知》中明确提出，"当前和今后一个时期发展社区服务的主要任务是：充分发挥民政部门的社会稳定机制作用，不失时机地在全国城市全面推广和普及社区服务工作，有条件的城市可逐步向集镇延伸。争取在三五年内，大中城市中有三分之一的城市由政府制定或批转民政部门制定的社区服务发展规划；有 50% 以上的街道实现以老年人、残疾人、烈军属等为主要对象的系列化服务，形成较完善的工作体系。中小城市和边远

---

① 侯岩、陈磊：《国外社区建设的做法与经验》，《新湘评论》2008 年第 8 期，第 59 页。
② 王时浩：《不忘初心 服务民生 社区服务发展 30 年述评》，《中国民政》2017 年第 18 期，第 40～43 页。

城市也要制定社区服务的中期发展规划，有30%以上的街道实现服务的系列化"。① 在《纪要》中，民政部从社区服务发展规划、基础设施、社区服务队伍建设以及社区服务领域和形式的拓展等方面提出要求。第一，各级民政部门根据各地的实际情况，通过试点和调查研究，在政府的领导下，制定切实可行的社区服务发展规划，将其纳入当地社会发展的目标体系中。要把开展社区服务工作的情况作为考核各级民政部门以及街道居委会工作的内容之一。第二，继续因地制宜地兴建各类社区服务保障设施。要以必要的福利服务设施为依托，结合传统的群众性的社会互助活动，开展广泛的服务，在社区服务设施较少的地区，要通过制定社区服务发展规划，争取城建、房管部门的支持，进一步广泛动员社会力量，多渠道、多形式解决场地、资金等问题，逐步兴建一批群众迫切需要的服务设施。第三，切实抓好社区服务保障的队伍建设，要以街道和居委会干部为核心，发动组织社会各方面力量和广大群众积极参与，形成一支专职、兼职、义务服务相结合的宏大的社区服务队伍。既要发扬群众性义务服务的优良传统，又要建立新型的社区服务志愿者队伍，积极推广"社区服务志愿者协会""志愿者小组"等自我服务组织形式。第四，抓好管理，逐步实现以服务养服务。要在不以营利为目的的前提下，针对不同的服务对象、服务项目，采取无偿、低偿和有偿服务相结合的方法，做到收支相抵，略有结余，保证开展服务的必要开支，促进社区服务的稳步发展。第五，积极探索新的服务领域、服务形式。要积极探索党的十九大提出的"逐步实现公共福利社会化"的途径，通过各种形式的连片共建，开展属地化服务；探索开展社区康复服务，提高老年人、残疾人的身心健康水平；探索开展对老年人、残疾人等对象的庇护服务，维护他们的合法权益；探索开展社区内丧失劳动能力的残疾人的养老保险服务，减轻国家负担，造福伤残者；探索开展心理咨询辅导服务，积极排除人们因各种原因在社会生活中产生的心理障碍和思想问题。②

　　《纪要》中，民政部不仅要求各级民政部门制定当地社区服务发展规

---

① 《民政部办公厅关于印发〈全国城市社区服务工作经验交流会议纪要〉的通知》，1989年12月4日。

② 《民政部办公厅关于印发〈全国城市社区服务工作经验交流会议纪要〉的通知》，1989年12月4日。

划，将其纳入当地的社会发展目标体系中，并作为民政部门和街道居委会的考核内容，以文件的形式确定了社区服务业的地位，还指出基础设施、人才队伍建设的发展形式和方向。要求"逐步实现以服务养服务"，亦体现了民政部门在 1984 年提出的"社会服务社会办"的指导思想。此外，积极探索新的社区服务领域和形式，与我国此时改革开放社会转型的大背景相适应。《纪要》还提出各地要进一步研究制定必要的政策法规，运用法律、经济、行政调节手段，为社区服务的巩固和发展提供保证。此后各地开始探索社区服务的发展之路。

1989 年 3 月 18 日在天津市和平区新兴街道诞生了第一个社区服务志愿者协会，1989 年出台了《中华人民共和国城市居民委员会组织法》，意味着社区互助服务开始发展，社区成员开始加入社区服务之中。在资金方面，1990 年中国社会福利有奖募捐委员会根据"社会福利社会办"的原则，直接资助各省、自治区、直辖市和计划单列市一个社区服务项目，资助额为两万元，作为发展社区服务事业经费的补充。

总的来说，此阶段国家关于社区服务保障事业发展的公共政策数量不多，着重倡导推广与实践探索。对于社区服务保障的公共政策支持，主要体现为制定宏观发展规划。此阶段对于社区服务保障的定义明确了政府在社区服务保障中的地位和作用，以及社区中社区服务的主体、对象、指导思想和方式。第一，社区服务的发动和组织主体为街道办事处和居委会。第二，明确政府在社区服务中的作用是指导和资助。第三，提出社区服务的指导思想是"自力更生，互帮互助"。第四，阐明社区服务的性质是福利性。第五，社区服务的对象是全体居民，重点是有困难的家庭和居民。第六，社区服务的方式为兴办各类小型福利设施。[①]

二　产业推进阶段（1992～2005 年）

1993 年，民政部、财政部、人事部、国家税务总局等 14 个相关部门联合下发了我国历史上第一个以社区服务业为主题的文件，标志着社区服务业走上了更广阔的发展舞台，也意味着社区服务业的范畴和内容更加丰

---

① 王时浩：《不忘初心 服务民生 社区服务发展 30 年述评》，《中国民政》2017 年第 18 期，第 40～43 页。

富。社区服务业开始发展成为一种新的业态。此后，社区服务业逐渐成为社区建设的核心工作，相关部门的工作也开始向社区下沉。

（一）社区服务保障产业化发展方向的确立

党的十四大报告正式确定了我国经济体制改革是建立社会主义市场经济体制的方向以后，1993年党的十四届三中全会便做出了《关于建立社会主义市场经济体制若干问题的决定》，设计了社会主义市场经济体制的基本框架，确立了社会主义市场经济体制改革的基本任务。而《关于加快发展社区服务业的意见》（以下简称《意见》）的出台正值党的十四大顺利召开之后、十四届三中全会召开前夕。在这样的背景之下，《意见》强调社区服务业的经济效益，注重强化社区服务产业属性。

《意见》提出了社区服务业的发展目标是"到本世纪末，基本建成多种经济成分并存、服务门类齐全、服务质量和管理水平较高的社区服务网络"[1]。基本任务是"充分发挥国家、集体、个人三者的积极性，依靠社会各方面力量兴办社区服务业"[2]。此外，《意见》明确指出，从1992年起，国家计委以社区服务站为立项指标，将社区服务业纳入国家计划。要求地方各级计划部门结合当地实际情况，将发展社区服务业的资金、劳动力、用地等列入当地计划，统筹安排。

相比于上一阶段对社区服务基础设施建设的倡导，《意见》中财政部门的加入使得政府对于社区服务保障的资金支持举措更加具体。《意见》明确指出，要大力扶持社区服务业，可将社区服务中心视为社会福利事业单位，并根据本地区的财政状况，在其开办期间给予适当补助。对于核定社会福利事业经费开支的社区服务单位，要按照有关政策在经费上继续给予支持。为便于地方执行，可在"社会福利事业单位经费"项的说明中，增加对社区服务业补助的内容。[3] 具体举措还包括：对养老托幼、医疗保健、婚姻介绍、殡葬服务、残疾人康复、伤残弱智儿童寄托所等项目实施税收优惠；对效益好、有偿还能力的社区服务企业所需资金，各地银行按

---

① 民政部等：《关于加快发展社区服务业的意见》，1993。
② 民政部等：《关于加快发展社区服务业的意见》，1993。
③ 民政部等：《关于加快发展社区服务业的意见》，1993。

照银行信贷原则给予适当支持；对提供社区服务保障的经营单位或经济实体依法办理营业执照或企业法人登记；加强对社区卫生保健、体育事业的支持等。除去政府本身对社区服务保障事业的资金支持外，《意见》还指出，要多方筹集发展资金，要广泛吸收社会资金、国外资金到社区服务保障事业中，鼓励国有企事业单位、城镇集体经济、民办企业及个人以资金、房产、设备、技术、信息、劳务等形式投入社区服务业；鼓励港澳台同胞、海外侨胞和国外人士、团体、企业在中国兴办社区服务设施。①

《意见》对于社区服务保障的管理也提出了要求，包括：第一，建立合理的社区服务业价格体系。依照社会主义市场经济的法则，根据社区服务业的不同服务对象和项目，采取无偿、低偿、有偿相结合，以有偿服务为主的方式，建立起标准有别的服务价格体系，改变社区服务业价格偏低、价值补偿不足的状况。第二，建立充满活力的社区服务业运行机制。要按照政事分开的原则，以产业化、社会化为方向，根据社区服务业具有社会福利性的特点，实行不同的经营管理方式；赋予社区服务单位经营、用工、分配自主权；社区服务单位可以根据市场的需要突破行业界限，确定经营、服务项目；实行企业化管理不需财政拨付经费的单位，享有相应的用人自主权和编制决定权；逐步建立辞退、辞职制度，实行用人单位与职工双向选择；社区服务业职工的收入与经营状况、服务质量挂钩浮动；社区服务业单位有权在提取的工资总额中自主决定职工的分配，在社区服务业从事专业技术岗位工作的专业技术人员，按照国家有关规定评定专业技术资格，其职务和待遇由社区服务业单位自主决定；要吸收离退休人员、离岗富余人员和待业青年参与社区服务业。第三，加强社区服务行业管理。各级民政部门要根据国家产业政策，制定发展社区服务业的规划和政策，实行行业宏观管理，进行业务指导和提供服务。为了保持社区服务业的正确方向和性质，各级民政部门要加强从业管理，实行"社区服务证书"制度。要建立社区服务统计指标体系，进行科学评估。要抓紧制定与产业政策相配套的各项法规，促进社区服务业走上法制化、产业化的道路。②

《意见》出台之后，各地方政府纷纷制定适合当地实际的扶持、保护

① 民政部等：《关于加快发展社区服务业的意见》，1993。
② 民政部等：《关于加快发展社区服务业的意见》，1993。

政策，推动社区服务业深入发展。如吉林省在 1994 年制定了一系列加快发展社区服务业的政策，包括明确民政部门是社区服务业的主管部门；各级工商行政管理部门对民政部门批准发证的社区服务业经营项目，要适当给予照顾；① 税务部门对指定的社区服务行业进行减税免税照顾等措施。

总的来说，《意见》在我国社会主义市场经济体制发端的关键时期，以多部门联合出台文件的权威形式明确了社区服务保障事业的产业属性，做出了将社区服务保障事业纳入国家统筹规划的战略安排，为此后我国社区服务业的发展提供了有利条件。在资金方面，《意见》对社区服务保障事业的资金来源、补贴优惠等做出了明确指示，而不再仅是宏观的倡导。在社区服务保障事业的管理方面，对其价格体系、行业、运行机制等提出了明确规定，以推动社区服务保障的产业化、规范化，引领社区服务保障的产业化发展。

（二）社区服务保障的社会化和多元化

1999 年，国家税务总局制定了社区服务税收优惠的相关政策，将家庭清洁卫生服务、初级卫生保健服务、婴幼儿看护和教育服务、残疾儿童教育训练和寄托服务、养老服务、病人看护和幼儿与学生接送服务等八项内容纳入社区居民服务业范畴，虽然该政策的执行只持续到 2003 年底，但其将社区服务业作为增加就业岗位、减少失业人口的着力点，有效扩大了社区服务业的种类和规模。

2000 年，中共中央办公厅、国务院办公厅转发了《民政部关于在全国推进城市社区建设的意见》中指出，要拓展社区服务。在大中城市，要重点抓好城区、街道办事处社区服务中心和社区居委会社区服务站的建设与管理。社区服务是社区建设重点发展的项目，具有广阔的前景，要坚持社会化、产业化的发展方向。各地区要继续贯彻落实国家对发展社区服务的各项扶持政策，统筹规划，规范行业管理。要不断提高社区服务质量和社区管理水平，使社区服务在改善居民生活、扩大就业机会、建立社会保障社会化服务体系、大力发展服务业等方面发挥更加积极的作用。② 文件明

---

① 吉林省民政厅：《吉林省关于加快发展社区服务业若干政策的规定》，1994。
② 《民政部关于在全国推进城市社区建设的意见》，2000。

确规定社区建设要以"资源共享，共驻共建"为重要原则，强调社区服务内容的社会化和主体的多元化。

2002年8月，公安部、民政部印发了《关于加强社区警务建设的意见》。此后，警务进社区工作开始起步，社区治安工作逐渐具备专业人员和专业力量，以社区警察和社区治安志愿者为主体的、专兼结合的社区治安队伍开始形成。

2004年，中共中央办公厅转发了《中共中央组织部关于进一步加强和改进街道社区党的建设工作的意见》，明确要求把服务群众作为街道、社区党组织的重要任务，不断扩大党在城市工作的覆盖面。建立健全社区服务体系。从社区群众和驻区单位的实际需要出发，充分发挥街道办事处和社区居委会的作用，搞好社区服务中心和社区服务站（点）的建设与管理。加强以共产党员、共青团员为骨干的社区志愿者队伍建设。针对不同社区、不同社会群体的特点，按照无偿服务和有偿服务相结合，以无偿、低偿服务为主的原则，不断提高社区服务的质量和水平。开展社区服务活动，街道、社区党组织要着眼于社区群众多层次、多样化的需求，特别是群众最关心、最急需解决，通过努力又能够解决的问题，开展面向社区群众的便民利民服务，尤其要会同有关部门，开展面向下岗失业人员的再就业服务，面向困难群众的社会救助和福利服务，面向流动人员的维权服务等，为社区群众排忧解难。① 自此，社区党的建设不断加强，党组织和党员在社区服务中的重要作用凸显。

2005年，民政部、全国总工会、共青团中央、全国妇联、中国残疾人联合会、中国红十字会总会、全国老龄工作委员会办公室、中国关心下一代工作委员会、中国社会工作协会联合下发了《关于进一步做好新形势下社区志愿服务工作的意见》，对社区志愿服务工作进行了规划、提出了要求，使得我国社区志愿服务工作有章可循，加速了社区志愿服务的规范发展。

（三）社区服务保障的规范化

1995年，民政部印发了《全国社区服务示范城区标准》，标志我国社

---

① 中共中央办公厅：《中共中央组织部关于进一步加强和改进街道社区党的建设工作的意见》，2004。

区服务的标准化、规范化建设的开始。标准中明确要求：第一，社区服务的组织管理，主体为政府领导、民政主管、各有关部门及辖区内企事业单位的代表参与，要建立社区服务指导中心，制定管理办法和实施细则。第二，关于政策扶持和资金筹集，社区服务的计划立项、财政补贴、设施建设规划、土地划拨、房屋租购、减免税费以及用工、分配制度等方面，必须全面落实与国家有关的扶持保护政策，结合本地实际制定具体的规范性措施，资金来源包括政府资助、福利资金参与，鼓励社会资金进入，并要求建立社区服务发展资金。第三，规定社区服务项目的设置从社区居民的需求出发，确保福利服务，首先满足老年人、残疾人、优抚对象、少年儿童等特殊困难群体的特殊需要，同时合理安排经营服务项目，服务社区全体居民。[①] 第四，关于社区服务中的基础设施建设，要求建立社区服务中心，且福利性、公益性项目数量不得低于 8 个。第五，社区服务中的队伍建设，专职人员、兼职人员比例不得低于一定标准，并对其管理提出了详细要求。第六，关于社区服务的效益，要求社区服务覆盖整个城区。社区居民对社区服务的参与率达到 10% 以上；社区单位对社区服务的参与率达到 80% 以上；经常接受服务的居民达到全体居民的 80% 以上；经常接受福利服务的特殊对象达到特殊困难对象的 95% 以上；社区服务设施的使用率达到95% 以上；设施完好率达到 90% 以上。区、街道、居委会社区服务业产值的年增长率达到 13.6% 以上；利润的年增长率达到 8% 以上。社区服务项目为特殊困难群体提供优先、优惠、优质服务。社区居民对社区服务的满意率达到 60% 以上，特殊困难对象对社区福利服务的满意率达到 90% 以上。

在社区服务保障的产业化发展阶段，我国的社区服务产业支持政策数量和类型剧增，强调社区服务的产业属性，支持其经济效益。支持策略包括制定产业化规划引导和规则制定、进行人才培养和资金投入。顺应市场经济体制发展的需要，强调居民对于社区服务的需求，这体现了社区服务社会化治理的大趋势，顺应了服务型政府建设，是政府从"包办型"政府，向"环境营造、支持引导型"政府转变的结果。从本阶段社区服务发展的成果来看，社区服务中心不断出现并持续增加，社会组织开始参与社区公共服务，政府和社会组织在社区公共服务领域开始合作，产业化、规

---

① 　民政部：《全国社区服务示范城区标准》，1995。

范化、多元化成为这一阶段政府支持社区服务政策和实践的特点。

三 均衡发展阶段 （2006 年至今）

2006 年，国务院发布《关于加强和改进社区服务工作的意见》，这是我国第一份以国务院名义下发的专门部署和推进社区服务工作的文件，是一篇指导社区服务的重要文献。文件重新明确了社区服务保障的福利性和公益性的本质属性。在文件中，国务院对提高社区服务保障能力提出了八个要求，这是我国最高规格的文件对社区服务的要求，体现了党中央、国务院对社区服务的重视。加强和改进社区服务工作的主要任务为"逐步建立与社会主义市场经济体制相适应，覆盖社区全体成员、服务主体多元、服务功能完善、服务质量和管理水平较高的社区服务体系，努力实现社区居民困有所助、难有所帮、需有所应"。① 在这里，国务院首次提出了社区服务体系的概念，自此，社区服务进入体系建设轨道。

2007 年，社区服务体系建设被纳入"十一五"国家发展规划，《"十一五"社区服务体系发展规划》（以下简称《规划》）从当前我国社区服务体系发展现状和面临的形势、指导思想和发展目标、重点任务、重点建设工程以及政策和保障措施等五个方面对我国社区服务体系建设进行了规划。《规划》中提到"到 2010 年基本实现全国每个街道拥有一个综合性的社区服务中心；每万名城镇居民拥有约 4 个社区服务设施，每百户居民拥有的服务设施面积不低于 20 平方米；70% 以上的城市社区具备一定现代信息技术服务手段，满足社区居民多样化的服务需求"，② 对社区服务体系的建设目标进行了清晰的刻画。在资金方面，将纳入"十一五"社区服务体系重点工程建设的项目总投资约 21.8 亿元，由中央和地方共同筹资解决，其中中央预算内投资 6 亿元，民政部本级福利彩票公益金 1.3 亿元，地方配套资金 14.5 亿元。中央预算内投资根据年度投资预算规模和具体项目情况逐年安排，地方配套资金原则上按西部不低于 40%、中部不低于 50% 和东部不低于 70% 的比例配套。中央还设立了专项补助资金，重点补助中、西部地区和东部部分贫困地区建设街道社区服务中心、社区服务站及城市社区

---

① 《国务院关于加强和改进社区服务工作的意见》，2006。
② 国家发改委、民政部：《"十一五"社区服务体系发展规划》，2007。

服务信息网络。在基础设施方面，《规划》要求社区、街道、市（区）层面分别建立起社区服务站、街道社区服务中心、市（区）社区服务中心。社区综合服务设施网络建设应与当地经济社会发展水平相适应。东部地区要重点建设和完善综合性服务设施，优化布局，全面开展社区服务；中部地区应根据当地情况，重点选择薄弱环节和群众急需的领域加强建设，改善设施条件，有针对性地开展社区服务；西部地区要立足资源整合，优先保证社区居委会的办公条件和必要的社区活动场所，为开展社区服务提供基本设施保障。《规划》还对社区社会组织的管理进行了规定，指出要加强引导和管理，根据社区民间组织的性质实行分类指导。对符合登记条件的社区民间组织，完善注册程序，将其纳入正常管理范围；对于尚未达到注册条件，但已正常开展活动且符合社区发展需要的社区民间组织，要加强备案管理，使其在政府和社区居委会的指导、监督下有序开展服务。在制度方面，《规划》除了要求积极推进《城市居民委员会组织法》的修订工作，还明确提出对社区公共服务设施建设用地，按照法律、法规和规章可以采用划拨方式供地的，地方政府要切实予以保证；对于一般性社区服务设施建设用地，应当采用有偿方式供地的，可以在地价上适当给予优惠。在人才方面，要求加强各类高等学校和科研机构社区服务研究和社区服务相关学科建设，为社区服务体系培养各类专业人才。制订各类社区服务工作者的评价标准，全面推行选聘制、任期目标制和绩效考核制。制定优惠政策，鼓励吸引更多社会优秀人才、大学生到社区工作，切实解决社区居委会成员及其聘用的服务人员的生活补贴、工资、保险等福利待遇问题，使其待遇水平随经济发展而适当提高，同时为他们开展好社区服务提供必要的工作条件，对优秀的社区服务工作者予以多种形式的表彰奖励。

2011 年，国务院办公厅转发了《社区服务体系建设规划（2011—2015年)》，2016 年，民政部等 16 个部门联合下发了《城乡社区服务体系建设规划（2016—2020 年)》，这个规划强调了城乡统筹发展社区服务。

此阶段，社区服务支持政策数量大幅增长，包括制定社区服务发展规划、评估考核、法律规制等，在前期发展的基础上，对社区服务的发展方向、具体规章、标准、评估考核更加关注，社区服务更具规范性与标准化。强调福利属性和经济效益的均衡，注重政府与社会支持力量的均衡，重视社区服务体系建设。社区服务体系的"十一五""十二五""十三五"规划逐渐增强社区服务的全面性、翔实性、清晰性、层次性与城乡均等化。经过近 20 年社区服务实践的积累，分散供给服务模式已发展为多层次、多领域、多元化的服务体系。现阶段，政府为社区服务提供了大量物质、人力等资源。社会组织、社会工作者则通过政府的赋权与居委会一起积极参与社区服务活动，政府和社会利用各自优势力量支持社区服务事业。[①]

第三节　社区服务的政府支持路径

伴随着国家几十年来在社区服务保障实践与理论方面的积累，我国已初步形成了一套较为完整的社区服务保障政策体系，从各项政策的内容以及其实施情况来看，我国社区服务保障的政策内容及其主要目的，就是通过政府在社区服务政策的完善等方面加大对社区服务保障体系的扶持，从而在后单位制下建立一套符合我国国情的中国特色社区公共服务保障体系。通过这套体系，我们能有效地保障与改善民生，提高社会治理水平，从而使得我国公民基本公共服务需求得到进一步的满足。综合来看，我国社区服务的政府支持路径主要分为以下几个内容。

一　财政支持路径

近年来，随着政府在社区服务中角色的转变，由服务的供给者转向服务的购买者，政府对社区服务的财政支持作用愈加突出，主要体现在财政政策与税收优惠政策两个方面。目前我国政府对社区服务的支持在财政制度上体现为直接的财政拨款、财政补贴、合同购买等；而税收优惠政策主要体现为对社会组织的税收优惠政策、对企业向社会组织进行捐赠的费用扣除政策和个人向社会组织捐赠的费用扣除政策三种。政府购买社区服务是目前较为常见的财政支持方式，主要包括形式性购买、委托性购买和契约性购买三类，除了形式性购买的政府相关色彩浓厚外，其余两种形式均具有较大的服务供给独立性。2012 年，广东省作为全国首创提出政府购买模式，广东省财政厅发布《2012 年省级政府向社会组织购买服务项目目

---

① 万正艺、陈辉等：《政策工具视角下我国城市社区服务政策变迁分析》，《城市发展研究》2020 年第 8 期，第 109 ~ 116 页。

录》，将 262 项服务项目纳入第一批政府购买服务的范围。随着 2013 年《国务院办公厅关于政府向社会力量购买服务的指导意见》出台，各地纷纷制定《政府向社会组织购买服务的暂行办法》，发布《政府向社会组织购买服务目录》，明确了政府向社会组织购买服务的范围、程序方式和拨款安排，设计政府购买服务的三级目录，逐步确立政府主导、社会参与、公办民办并举的新型公共服务供给模式。

财政支持社区服务主要体现在社区养老服务，2016 年民政部、财政部通过中央级彩票公益金以奖代补方式，连续五年投入共计 50 亿元，支持 5 批 203 个试点地区发展居家和社区养老服务，推动养老服务的试点与改革协同前进。政府的相应财政支持有利于解决社区服务的资金来源问题，形成较为充实的资金保障，推动社区服务能力相应提升。但是在财政支持上，我国还需建立完善的社区服务财政投入机制，设立相应的服务保障中央财政专项资金，确定相应的基本服务投入人均标准，稳定服务投入，优化转移支付结构，提高基层财政保障能力。

二　制度供给路径

社区服务保障的制度环境正朝着有利的方向发展，在政策利好的加持下，政府资金、人才方面的支持开始不断提升，这种提升使得社会看到投资社区服务保障的营利性与发展性。社区服务的制度保障主要体现在政府行政管理与社会组织管理两个层面。

在政府行政管理层面，政府部门越发重视社区服务，注重保障社区居民权益，自上而下推动社区服务发展，国家、中央政府对于社区服务的"注意力"提升。所谓国家层面的"注意力"，指的是某一社会领域的问题由于经济发展，或是社会需要等各方面的原因，逐步发展成为国家迫切需要解决的重要问题，使得国家、政府对此方面问题的重视程度不断增加，并开始着重于对此类问题的解决。就我国而言，社会问题的解决非常依赖中央政府对其的关注程度及伴随于此的政策出台情况，当国家、中央政府对于其"注意力"提升到一定程度时，通常代表着该领域有着较大程度的政策利好。这种来自国家、中央政府的"注意力"也是政策资源的一种，并且是最重要的一种，事实上社会议题的解决所需的稀缺资源，就是来自国家、中央政府的"注意力"。需要同时推动社区治理体系更新为社区

"减负"，切实开展社区去行政化工作。在现今绝大多数社区居民的认知当中，社区居委会仍然是政府部门。事实上，我国的社区居委会、社区公共服务中心、社区党委，在职能上确实更像政府部门的派出机构。现阶段，社区两委承接了数量庞大的行政性工作，《中国青年报》2016 年 12 月 8 日刊文报道，"有的地方社区承担的工作职责一度达到 270 多项，涉及 40 多个政府职能部门。不少地方将违章建筑拆除、消防、安全生产、黄标车治理、鞭炮禁放等一些本应由行政执法部门负责的工作交给社区"。有学者调查发现，有的地方"社区居委会承担了 286 项行政任务，需提供证明（盖章）事项为 106 项，形成的台账多达数十本甚至上百本"。不同地区通过实践逐步形成了各具特色的社区去行政化风格，总的来说大致分为"居站分设模式""撤街强社模式""三社联动模式""行政准入模式"，虽然从结果来说都存在很大程度的不足，但也切实地为社区减负做出了实践上的贡献。现阶段，学者们在社区去行政化方面存在共识，即社区去行政化，并非追求"纯洁自净"，而是要实现居委会行政性与社会性的有机平衡。去行政化并不是目的，而是手段，我们之所以追求为社区减负，是因为现在绝大多数的社区被街道、区政府层层下放的行政性任务压迫得喘不过气来，导致本应由社区提供的公共服务项目往往无法有效供应。在行政减负之后，社区方面能将更多的精力放在其本职工作上，诸如社区服务、社区管理、社区民主活动等。

在社会组织管理层面，各级民政部门正逐步根据国家相关要求，与有关部门制定有关社区服务发展的规划和相关政策，推动社会组织参与社区服务健康有序发展。推动宏观调控，使社区服务工作制度化、规范化、管理法制化，把相关政策引导、行政监督、目标管理等落到实处。在 2006 年国务院《关于加强和改进社区服务工作的意见》出台后，各级政府中关于社区服务保障的政策、规划，如雨后春笋般出现。制度作为一种约束性与规范化工具，体现的是博弈规则，包括正式规则与非正式规则。这些规则的供给能引导社会的发展，随着国家在社区服务相关方面的制度供给增多，2010～2019 年我国社区服务设施与机构数量持续增长，由 2010 年的 15.3 万个增长到 2019 年的 52.8 万个。制度创新带来的利益分配格局变化使得社区服务社会投资的参与积极性不断增强，政府在资金、人力资源等方面的供给也同样不断增长。

三　政策支持路径

如前文所述，在我国政府支持社区服务保障各阶段的现实做法中，政策向来都是先行者。它指引了社区服务保障的供给方向，对社区服务保障的发展起着决定性的作用。从社区服务的概念在 1987 年第一次提出起，以社区作为今后我国公共服务的一大提供载体，就开始成为政府的重点关注事项。随着国家"注意力"的不断提高，社区服务的政策体系、社区服务的具体内容变得更加完善翔实，通过社区来提供公共服务，也使得普通居民能更加切实地感受到国家在公共服务方面的投入与支出，打破长期以来民生问题的无感增长效应。[①] 在国家对社区服务"注意力"的提升中我们可以发现，社区服务保障已经不同于 30 年前那般仅仅由民政部提出并着手建设，而是在包括商务部、人力资源和社会保障部、各级政府共同协作下进行完善的。一套健康、完善的社区服务保障体系的建成，离不开全国人大、国务院以及最基层的社区的共同努力与重视。总体来说，现阶段我们能从各个方面看到国家政策对社区服务保障的支持，政策支持所带来的制度环境变化对于整个社区服务保障的影响是潜移默化的，更是至关重要的，只有形成一套真正健康完善的社区服务保障政策支持体系，我国的社区服务保障才能真正惠及广大社区居民。

四　人才培养路径

当前社区服务保障一个较大的问题便是专业化水平不高，因此国家不断大力推进社工队伍人才培养建设，提高社区服务保障的专业化水平。一方面，不断加强各类高等学校和科研机构关于社区服务保障的研究和社区服务相关学科建设，为社区服务保障体系建设培养各类专业人才。另一方面，制订各类社区服务工作者的评价标准，全面推行选聘制、任期目标制和绩效考核制。同时制定优惠政策，吸引更多社会优秀人才、大学生到社区工作，切实解决社区居委会成员及其聘用的服务人员的生活补贴、工资、保险等福利待遇问题，并使其待遇水平随经济发展而适当提高，为他们有

---

① 郑杭生、黄家亮：《当前我国社会管理和社区治理的新趋势》，《甘肃社会科学》2012 年第 6 期，第 1~8 页。

效开展好社区服务提供必要的工作条件，对优秀的社区服务工作者予以多种形式的表彰奖励。目前社区服务保障多由相关工作人员提供或者执行，在体制机制固定的情况下，执行人员的能力与素质很大程度上影响着社区服务保障供给的水平，当社区服务保障中的人才队伍强大了，社区服务保障的水平也迅速提升，社区居民的获得感与幸福感将显著增强。

综合梳理我国政府支持社区服务保障各阶段的主要做法，可以发现政府在软件与硬件两方面共同推动社区服务保障的发展，软件方面涉及宏观政策供给、制度供给；硬件方面主要包括人、财、物等方面的保障支持。应将软件与硬件相结合，共同构筑起我国政府支持社区服务保障的现实路径。需要注意的是，我们对其支持路径的单独分析并不意味着社区服务中的政府支持是各自独立推进，而是多措并举、协同推进。比如政府购买养老服务时，虽然是以购买者身份出现，体现着财政支持，但在整个公共养老服务中，其仍然承担着制度供给、政策支持的公共责任。同时三十多年来国家对社区服务保障的支持也表现出了以下特点。第一，从倡导和推动的主体看，开始只是由民政部门倡导和推动，随后发展为多部门协同，继而发展成为由政府发文，成为经济和社会建设的内容。第二，从社区服务的主体来看，开始只是关注社区成员的力量，随后发展为"动员社会各方面力量"，再发展为"多方共同参与"或"社会多元参与"。第三，从社区服务的对象来看，经历了由社区成员到居民，特别是有困难的家庭和居民，再到对困难群体的福利性服务、对一般居民的便民利民服务、对城市职工和离退休人员的社会保险管理服务和面向单位的双向服务。第四，从社区服务的方式来看，由开始倡导时的互助性，发展为有政府的公共服务、志愿服务组织的志愿服务、社会组织提供的专业化服务和企业提供的市场化服务。第五，从社区服务的目的来看，开始是为了就地解决本地区社会问题，随后发展为通过解决本地区社会问题调节人际关系，缓解社会矛盾，创造一个和谐、良好的社会环境。第六，从社区服务的格局来看，由单项和分散的服务开始向成体系的方向发展，再由城市社区服务体系向城乡社区服务体系发展。①

---

① 王时浩：《不忘初心 服务民生 社区服务发展 30 年述评》，《中国民政》2017 年第 18 期，第 40~43 页。

参考文献

一 著作

包亚明主编《文化资本与社会炼金术：布尔迪厄访谈录》，上海人民出版社，1997。

曹荣湘选编《走出囚徒困境——社会资本与制度分析》，上海三联书店，2003。

华尔德：《共产党社会的新传统主义——中国工业中的工作环境和权力结构》龚小夏译，牛津大学出版社，1996。

〔美〕尼尔·吉尔伯特、保罗·特雷尔：《社会福利政策引论》，沈黎译，华东理工大学出版社，2013。

李定珍：《中国社区商业概论》，中国市场出版社，2004。

李雪萍：《社区服务指南》，武汉出版社，2004。

〔美〕罗伯特·帕特南：《独自打保龄：美国社区的衰落与复兴》，刘波等译，北京大学出版社，2006。

马庆钰：《中国非政府组织发展与管理》，国家行政学院出版社，2007。

〔加〕R. 米什拉：《资本主义社会的福利国家》，郑秉文译，法律出版社，2003。

民政部编写组编著《中共中央 国务院关于加强和完善城乡社区治理的意见》（辅导读本），人民出版社，2017。

〔美〕尼尔·吉尔伯特、保罗·特雷尔：《社会福利政策导论》，黄晨熹等译，华东理工大学出版社，2003。

〔美〕道格拉斯·C. 诺思：《经济史中的结构与变迁》陈郁、罗华平等译，上海三联书店、上海人民出版社，1994。

秦晖：《政府与企业以外的现代化——中西公益事业史比较研究》，浙江人民出版社，1999。

孙炳耀、常宗虎：《中国社会福利概论》，中国社会出版社，2002。

孙光德、董克用主编《社会保障概论》（第五版），中国人民大学出版社，2016。

田毅鹏、吕方：《"单位共同体"的变迁与城市社区重建》，中央编译出版社，2014。

王健：《社区服务社会化体系建设研究》，巴蜀书社，2008。

王毅平：《城市社区服务发展研究》，学苑出版社，1999。

王振耀、白益华主编《街道工作与居民委员会建设》，中国社会出版社，1996。

徐永祥：《社区发展论》，华东理工大学出版社，2000。

杨宏山：《转型中的城市治理》，中国人民大学出版社，2017。

杨团：《社区公共服务论析》，华夏出版社，2002。

俞可平主编《全球化：全球治理》，社会科学文献出版社，2003。

L. E. Davis, Douglass C. North, *Institutional Change and American Economic Growth*, Cambridge University Press, 1971.

N. John, *The Welfare State in Transition：The Theory and Practice of Welfare Pluralism*, The University of Massachusetts Press, 1987.

Johnson, *The Welfare State East and West*, Oxsford University Press, 1986.

二　论文

白维军、童星：《论我国社会保障服务的理念更新与体系构建》，《中州学刊》2014 年第 5 期。

鲍观明：《构建我国现代社区商业网络的思考》，《商业经济与管理》2006 年第 1 期。

毕素华：《网络治理视野中公民的社区志愿服务参与》，《理论探讨》，2010 年第 6 期。

边燕杰：《城市居民社会资本的来源及作用：网络观点与调查发现》，《中国社会科学》2004 年第 3 期。

邴正、蔡禾、洪大用等：《"转型与发展：中国社会建设四十年"笔谈》，《社会》2018 年第 6 期。

卜万红：《论我国社区服务的转型》，《学术交流》2004年第1期。

曹鸣玉：《英国苏格兰第三部门社区养老服务多组织联动体系探析》，《中国行政管理》2020年第1期。

陈洪涛、王名：《社会组织在建设城市社区服务体系中的作用——基于居民参与型社区社会组织的视角》，《行政论坛》2009年第1期。

陈沛然、汪娟娟：《城乡融合发展背景下新型农村社区公共服务能力提升路径研究——基于南京市江宁区的案例分析》，《中州学刊》2020年第12期。

陈鹏：《社区去行政化：主要模式及其运作逻辑——基于全国的经验观察与分析》，《学习与实践》2018年第2期。

陈伟东、张文静：《合约理论视角下居委会的制度安排与实践逻辑》，《社会主义研究》2011年第2期。

陈晓春、钱炜：《城市社区志愿服务激励机制研究》，《福建行政学院学报》2010年第3期。

陈秀红：《城市社区治理的制度演进、实践困境及破解之道——"十四五"时期城市社区治理的重点任务》，《天津社会科学》2021年第2期。

陈雅丽：《城市社区服务供给体系及问题解析——以福利多元主义理论为视角》，《理论导刊》2010年第2期。

陈雅丽：《社区服务研究：理论争辩与经验探讨》，《理论与改革》2006年第6期。

陈友华、庞飞：《福利多元主义的主体构成及其职能关系研究》，《江海学刊》2020年第1期。

陈友华、庞飞：《专业社区服务：何以可能又如何可能?》，《山东社会科学》2017年第8期。

代明、袁沙沙：《国内外城市社区服务研究综述》，《城市问题》2010年第11期。

丁学娜、李凤琴：《福利多元主义的发展研究——基于理论范式视角》，《中南大学学报》（社会科学版）2013年第6期。

杜治洲：《为基层"减负"重在创新》，《人民论坛》2019年第19期。

丰志勇、何骏：《我国城市社区商业的现状、定位和发展模式》，《地域研究与开发》2008年第4期。

高红、杨秀勇：《西方国家非营利组织参与社区治理的理论与实践逻辑》，《天津行政学院学报》2018年第3期。

高乐：《当前我国街居体制改革实践中的两种路径及评析》，《中国行政管理》2016年第7期。

顾严：《"十四五"中度老龄化社会的挑战与对策》，《中国国情国力》2019年第2期。

韩央迪：《从福利多元主义到福利治理：福利改革的路径演化》，《国外社会科学》2012年第2期。

韩央迪：《英美社区服务的发展模式及对我国的启示》，《理论与改革》2010年第3期。

何海兵：《我国城市基层社会管理体制的变迁：从单位制、街居制到社区制》，《管理世界》2003年第6期。

侯琦、魏子扬：《合作治理——中国社会管理的发展方向》，《中共中央党校学报》2012年第1期。

胡建淼、邢益精：《公共利益概念透析》，《法学》2004年第10期。

欢佩君：《社区服务——新型的社会保障模式》，《求实》2004年第6期。

黄家亮、郑杭生：《社会资源配置模式变迁与社区服务发展新趋势——基于北京市社区服务实践探索的分析》，《社会主义研究》2012年第3期。

黄建：《城市社区治理体制的运行困境与创新之道——基于党建统合的分析视角》，《探索》2018年第6期。

贾先文：《国外公共服务社区化研究综述》，《江苏农业科学》2011年第6期。

江立华：《论我国城市社区福利的建设及运作机制》，《江汉论坛》2003年第10期。

姜芃：《社区在西方：历史、理论与现状》，《史学理论研究》2000年第1期。

姜玉贞：《社区居家养老服务多元供给主体治理困境及其应对》，《东岳论丛》2017年第10期。

金太军：《第三部门与公共管理》，《江苏社会科学》2002年第6期。

荆林波：《全球与我国零售业发展状况》，《商业经济研究》2020年第

7 期。

李春成：《公共利益的概念建构评析——行政伦理学的视角》，《复旦学报》（社会科学版）2003 年第 1 期。

李春：《我国城市社区公共服务模式的发展历程与启示》，《理论导刊》2013 年第 2 期。

李和中、廖澍华：《行政主导的"村改居"社区治理困境及其化解——基于深圳市宝安区 S 街道的个案分析》，《社会主义研究》2017 年第 2 期。

李慧凤、蔡旭昶：《"共同体"概念的演变、应用与公民社会》，《学术月刊》2010 年第 6 期。

李建伟、王伟进、黄金：《我国社区服务业的发展成效、问题与建议》，《经济纵横》2021 年第 5 期。

李劲、刘勇：《行动者间的割裂与内城社区福利治理困境——基于广州市 h 街区长者福利服务体系的考察》，《华南师范大学学报》（社会科学版），2021 年第 1 期。

李静、沈丽婷：《福利多元主义视角下大城市养老服务主体的角色重塑》，《河海大学学报》（哲学社会科学版）2020 年第 4 期。

李晓琳、刘轩：《加快完善社区服务体系的思路与举措》，《宏观经济管理》2020 年第 8 期。

李延均：《公共服务及其相近概念辨析——基于公共事务体系的视角》，《复旦学报》（社会科学版）2016 年第 4 期。

李迎生：《对中国城市社区服务发展方向的思考》，《河北学刊》2009 年第 1 期。

李友梅、肖瑛、黄晓春：《当代中国社会建设的公共性困境及其超越》，《中国社会科学》2012 年第 4 期。

刘波、方奕华、彭瑾：《"多元共治"社区治理中的网络结构、关系质量与治理效果——以深圳市龙岗区为例》，《管理评论》2019 年第 9 期。

刘继同：《国家话语与社区实践：中国城市社区建设目标解读》，《社会科学研究》2003 年第 3 期。

刘继同：《社会福利与社会保障界定的"国际惯例"及其中国版涵义》，《学术界》2003 年第 2 期。

刘继同、韦丽明：《中国特色现代社区福利制度框架与幸福和谐社区建设》,《浙江工商大学学报》2019年第2期。

刘建湖:《城市社区商业发展模式的定位思考》,《商业研究》2008年第12期。

刘杰:《从行政主导到福利治理:社区服务的范式演变及其未来走向》,《新视野》2016第5期。

刘薇:《PPP模式理论阐释及其现实例证》,《改革》2015年第1期。

刘岩:《社区福利服务新取向 2008年两岸社会福利学术研讨会综述》,《社会》2008年第6期。

路风:《单位:一种特殊的社会组织形式》,《中国社会科学》1989年第1期。

路红艳:《城市社区商业供给模式及政策建议》,《商业经济研究》2017年第20期。

吕方:《从街居制到社区制:变革过程及其深层意涵》,《福建论坛》(人文社会科学版)2010年第11期。

罗红霞、崔运武:《悖论、因果与对策:关于社区居委会职责的调查思考》,《理论月刊》2015年第7期。

罗锐、邓大松:《新加坡组屋政策探析及其对我国的借鉴》,《深圳大学学报》(人文社会科学版)2014年第4期。

罗学莉、朱媛媛:《社区资源整合策略案例分析——以F社区为例》,《人民论坛》2015年第36期。

马西恒:《社区公益服务的体系整合与机制创新》,《上海行政学院学报》2012年第4期。

彭华民、黄叶青:《福利多元主义:福利提供从国家到多元部门的转型》,《南开学报》2006年第6期。

彭惠青、仝斌:《社会工作在基层治理专业化中的角色与功能》,《中国行政管理》2018年第1期。

彭青云:《多元主体视角下社区居家养老服务路径探索》,《浙江工商大学学报》2019年第3期。

钱雪飞:《志愿服务何以持续:社团化运作的优势与路径分析》,《南通大学学报》(社会科学版)2015年第4期。

秦永超:《福祉、福利与社会福利的概念内涵及关系辨析》,《河南社会科学》2015年第9期。

沈萌萌：《社区商业的理论与模式》，《城市问题》2003年第2期。

石烈娟：《美国社区图书馆服务及其启示》，《图书馆》2009年第2期。

舒建华：《资本主义福利国家的必然性、局限性与面临的挑战——基于经济全球化视阈的历史唯物主义诠释和启示》，《西部论坛》2020年第3期。

宋洁：《我国社区零售发展现状、阻碍及未来——基于ALDI的探讨》，《商业经济研究》2019年第17期。

宋森：《基于品牌化、定制化视角的我国社区商业发展现状及趋势》，《商业经济研究》2018年第3期。

宋渊洋、刘繐：《中国各地区制度环境测量的最新进展与研究展望》，《管理评论》2015年第2期。

孙柏瑛：《城市社区居委会"去行政化"何以可能?》，《南京社会科学》2016年第7期。

孙双琴：《社区服务发展不平衡的制度原因》，《城市问题》2007年第2期。

唐钧：《关于城市社区服务的理论思考》，《中国社会科学》1992年第4期。

田毅鹏、董家臣：《找回社区服务的"社会性"》，《探索与争鸣》2015年第11期。

童星、赵夕荣：《"社区"及其相关概念辨析》，《南京大学学报（哲学·人文科学·社会科学版)》2006年第2期。

涂晓芳、汪双凤：《社会资本视域下的社区居民参与研究》，《政治学研究》2008年第3期。

万正艺、陈辉、李文娟：《政策工具视角下我国城市社区服务政策变迁分析》，《城市发展研究》2020年第8期。

万正艺：《城市社区公共服务的发展历程与变迁逻辑》，《城市问题》2020年第4期。

汪其英：《美国社区图书馆延伸服务及其启示》，《国家图书馆学刊》2016年第6期。

王佃利、展振华：《范式之争：新公共管理理论再思考》，《行政论坛》

2016 年第 5 期。

王栋、徐承英：《整合、协调、回馈：社会组织参与社区治理民主机制及其功能探究》，《天津行政学院学报》2012 年第 3 期。

王时浩：《不忘初心 服务民生 社区服务发展 30 年述评》，《中国民政》2017 年第 18 期。

王思斌：《我国城市社区福利服务的弱可获得性及其发展》，《吉林大学社会科学学报》2009 年第 1 期。

王阳、刘炳辉：《宗族的现代国家改造与村庄治理——以南部 G 市郊区"横村"社区治理经验为例》，《南京农业大学学报》（社会科学版）2017 年第 3 期。

王志立：《基层社区治理的时代之困与创新路径》，《领导科学》2019 年第 20 期。

韦克难：《我国城市社区福利服务弱可获得性的实证分析——以成都市为例》，《社会科学研究》2013 年第 1 期。

魏娜：《我国志愿服务发展：成就、问题与展望》，《中国行政管理》2013 年第 7 期。

吴限红：《英国的宗教社会服务发展脉络及启示》，《北京理工大学学报》（社会科学版）2016 年第 2 期。

吴祖鲲、王慧姝：《文化视域下宗族社会功能的反思》，《中国人民大学学报》2014 年第 3 期。

夏建中：《从社区服务到社区建设、再到社区治理——我国社区发展的三个阶段》，《甘肃社会科学》2019 年第 6 期。

夏志强、毕荣：《论公共服务多元化供给的协调机制》，《四川大学学报》（哲学社会科学版）2009 年第 4 期。

夏志强、王建军：《论社区公共服务的有效供给》，《社会科学研究》2012 年第 2 期。

项显生：《我国政府购买公共服务监督机制研究》，《福建论坛》（人文社会科学版）2014 年第 1 期。

肖林：《迈向"社区公共财政"？——城市社区服务专项资金政策分析》，《社会发展研究》2020 年第 4 期。

修宏方：《城市社区服务的现实困境及对策分析》，《学术交流》2010

年第 8 期。

徐道稳:《城市社区服务反思》,《城市问题》2001 年第 4 期。

徐其龙、陈涛:《发展性社会工作视角下社区服务、社区营造和社区发展的整合研究》,《华东理工大学学报》(社会科学版) 2020 年第 3 期。

徐向文、李迎生:《志愿服务助力城乡社区自治:主体协同的视角》,《河北学刊》2016 年第 1 期。

徐宇珊:《服务型治理:社区服务中心参与社区治理的角色与路径》,《社会科学》2016 年第 10 期。

徐增阳、张磊:《公共服务精准化:城市社区治理机制创新》,《华中师范大学学报》(人文社会科学版) 2019 年第 4 期。

鄢雪皎:《上海社区商业的发展思路》,《经济纵横》2003 年第 1 期。

阎革:《我国城市社区服务的起因、性质和发展趋势》,《广西大学学报》(哲学社会科学版) 1993 年第 2 期。

阎耀军、李佳佳:《英国政府社区治理政策与实践及对我国的启示》,《北京工业大学学报》(社会科学版) 2014 年第 4 期。

杨贵华:《社区共同体的资源整合及其能力建设——社区自组织能力建设路径研究》,《社会科学》2010 年第 1 期。

杨宏山:《城市社区服务的多中心供给机制》,《理论与改革》2009 年第 3 期。

杨君、徐选国、徐永祥:《迈向服务型社区治理:整体性治理与社会再组织化》,《中国农业大学学报 (社会科学版)》2015 年第 3 期。

杨敏、杨玉宏:《"服务—治理—管理"新型关系与社区治理新探索》,《思想战线》2013 年第 3 期。

姚进忠:《福利研究新视角:可行能力的理论起点、内涵与演进》,《国外社会科学》2018 年第 2 期。

叶继红:《农转居社区治理能力:维度、影响因素与提升路径》,《中州学刊》2021 年第 2 期。

尹浩:《城市社区建设:发展态势与转变方向》,《求实》2016 年第 7 期。

俞可平:《中国公民社会:概念、分类与制度环境》,《中国社会科学》2006 年第 1 期。

郁建兴、任杰:《中国基层社会治理中的自治、法治与德治》,《学术月刊》2018 年第 12 期。

岳经纶、郭英慧:《社会服务购买中政府与 NGO 关系研究——福利多元主义视角》,《东岳论丛》2013 年第 7 期。

张必春、黄诗凡:《社区公益何以持续》,《社会科学研究》2020 年第 5 期。

张大维:《公平与效率视角下的社区服务设施建设》,《现代城市研究》2011 年第 7 期。

张贵群:《社区服务精准化的实践困境与实现机制》,《探索》2018 年第 6 期。

张海东:《多维二元结构社会及其转型》,《江海学刊》2018 年第 4 期。

张海:《基层治理视域下城市社区服务发展的历史、矛盾及其消解——以上海市为例》,《江淮论坛》2018 年第 5 期。

张继元:《社区福利核心概念和发展路径的中日比较》,《社会保障评论》2018 年第 3 期。

张鹏:《智慧社区公共服务治理模式、发展阻碍及整体性治理策略》,《江淮论坛》2017 年第 4 期。

张勤、武志芳:《社会管理创新中社区志愿服务利益表达的有效性》,《理论探讨》2012 年第 6 期。

张荣齐、张寻:《平台战略下社区商业业态业种共生研究》,《商业研究》2015 年第 8 期。

张晓红、苏超莉:《大学生"被志愿":志愿服务的自愿性与义务化》,《中国青年社会科学》2017 年第 1 期。

张笑会:《福利多元主义视角下的社会服务供给主体探析》,《理论月刊》2013 年第 5 期。

赵定东、李冬梅:《中国社区福利的逻辑及实践问题》,《社会科学战线》2012 年第 12 期。

赵立波:《公益服务:政策演进与概念辨析》,《中国行政管理》2016 年第 1 期。

郑功成:《当代社会保障发展的历史观与全球视野》,《经济学动态》2011 年第 12 期。

郑功成:《中国社会保障 70 年发展(1949 – 2019):回顾与展望》,

《中国人民大学学报》2019 年第 5 期。

郑功成：《中国社会保障演进的历史逻辑》，《中国人民大学学报》2014 年第 1 期。

郑杭生、黄家亮：《当前我国社会管理和社区治理的新趋势》，《甘肃社会科学》2012 年第 6 期。

郑杭生、黄家亮：《论我国社区治理的双重困境与创新之维——基于北京市社区管理体制改革实践的分析》，《东岳论丛》2012 年第 1 期。

郑建君：《公共参与：社区治理与社会自治的制度化——基于深圳市南山区"一核多元"社区治理实践的分析》，《学习与探索》2015 年第 3 期。

周庆智：《基层社会自治与社会治理现代转型》，《政治学研究》2016 年第 4 期。

周少来：《让制度发力为基层干部减负松绑》，《人民论坛》2020 年第 34 期。

竺乾威：《新公共治理：新的治理模式?》，《中国行政管理》2016 年第 7 期。

三 报纸类

《国务院关于加强和改进社区服务工作的意见》，《光明日报》2006 年 5 月 8 日。

侯岩、陈磊：《国外社区建设的做法与经验》，《学习时报》2006 年 6 月 12 日。

李学举：《一篇指导社区服务的重要文献》，《中国社会报》2006 年 5 月 11 日。

《中共中央办公厅印发〈关于解决形式主义突出问题为基层减负的通知〉》，《人民日报》2019 年 3 月 12 日。

四 报告类

民政部：《2019 年民政事业发展统计公报》，2020 年 9 月 8 日。

民政部：《2020 年社会服务发展统计公报》，2021 年 9 月 10 日。

习近平：《决胜全面建成小康社会，夺取新时代中国特色社会主义伟大胜利——在中国共产党第十九次全国代表大会上的报告》，人民出版社，2017。

Department of Health，UK. National Service Framework for Older People，2001.

五　网络资料类

https：//wiki. mbalib. com/wiki/% E7% A4% BE% E4% BC% 9A% E8% B5% 84% E6% 9C% AC.

国家统计局：http：//www. stats. gov. cn/tjsj/zxfb/201908/t20190815_1691416. html，2019 年 8 月 15 日。

http：//www. stats. gov. cn/ztjc/zthd/lhfw/2021/lh_rkpc/202102/t20210219_1813616. html.

https：//wiki. mbalib. com/wiki/% E7% A4% BE% E5% 8C% BA% E8% B4% AD% E7% 89% A9% E4% B8% AD% E5% BF% 83.

六　其他

卿瑜：《关于社区服务体系建设的对策性思考》，载浙江省社会学学会《浙江省社会学学会第六届会员代表大会暨 2010 年学术年会论文集》，2010，第 209 ~ 213 页。

张德江：《在全国城市社区服务工作座谈会上的讲话》，载民政部政策研究室编《民政工作文件选编 1987 年》，华夏出版社，1988。

国务院办公厅：《社区服务体系建设规划（2011 - 2015 年）》，2011 年 12 月 20 日。

民政部办公厅：《全国城市社区服务工作经验交流会议纪要》，1989 年 12 月 4 日。

国家发展和改革委员会、民政部：《"十一五"社区服务体系发展规划》，2007。

民政部：《全国社区服务示范城区标准》，1995。

后　记

　　自 20 世纪 80 年代开始发展的社区服务，至今已经走过数十载的历程。经过多年的探索与发展，我国的社区服务保障体系已经逐步成型，社区服务已经深深嵌入居民的日常生活之中，成为密不可分的一部分。

　　《社区服务保障》是中南大学社区民生保障研究书系的一种，主要研究社区服务保障的特质、发展历程、发展类型，本书着重研究社区公益服务、社区福利服务以及社区商业服务。本书课题组经过广泛的调研，在长沙地区选取了具有典型性的社区，通过案例的呈现来凸显社区服务保障的重要性，并从中凝练出当前社区服务保障存在的现实问题。从个性中寻找共性，以便提供社区服务保障发展的方案与对策，更好地促进社区服务的发展、社区民生的建设，让社区服务落到实处，让社区居民切身享受到优质高效的社区服务。本书的意义在于较为完整地论述了社区服务保障问题，分析了当前社区服务保障的宏观政策，突出强调逻辑与系统的统一、理论与实践的结合。本书适用于高校劳动与社会保障专业的本科生、研究生以及社区服务保障相关从业者、实际工作者研习与探讨社区服务保障理论知识和实践策略。

　　本书从最初的想法成型到杀青付梓，历经两年有余。从资料收集、拟订调查提纲、选点调研到完成撰写，个中艰辛唯有自知。"文章千古事，得失寸心知"，本书虽远不成熟，但其是几年辛勤耕耘的结果，凝聚了研究团队的智慧和汗水、专家的指导与关怀、亲人的支持与理解。

　　由衷地感谢许源源教授、谷中原教授，他们给予了本书无私的指导和帮助；感谢中南大学公共管理学院的大力支持；感谢长沙市恒达社区、红花坡社区、王家垅社区以及和馨园社区对课题调研的支持，特别感谢曾铁钢书记、戴红霞主任，与他们的访谈对本书的成稿有很大的启发；感谢社会科学文献出版社陈颖、张超同志及其同人为编辑此书付出的努力；感谢本书研究团队热忱的付出和辛勤的劳动。在写作期间先后有八位研究生参与了调研、修改以及校对等工作，特别感谢江润洲、张浩文、刘凯韵、杨磊、李月琦等同学参与初稿的撰写与修改，感谢肖敏、廖玥、何千钰等同学参与本书的校对工作。

由于时间仓促、水平有限，书中不当之处在所难免，望读者在阅读与使用过程中多提宝贵意见。再次感谢在本书编写和出版过程中帮助与关心过我的人们，期望本书能够启发读者的思考，起到抛砖引玉的作用。

刘春湘

2022 年 4 月 17 日

图书在版编目（CIP）数据

社区服务保障 / 刘春湘著. -- 北京：社会科学文
献出版社，2022.5
（中南大学社区民生保障研究书系）
ISBN 978 - 7 - 5228 - 0083 - 7

Ⅰ.①社…　Ⅱ.①刘…　Ⅲ.①社区服务 - 研究 - 中国
Ⅳ.①D669.3

中国版本图书馆 CIP 数据核字（2022）第 078614 号

·中南大学社区民生保障研究书系·
社区服务保障

著　　者／刘春湘

出 版 人／王利民
组稿编辑／张　超
责任编辑／陈　颖
责任印制／王京美

出　　版／社会科学文献出版社·皮书出版分社（010）59367127
　　　　　地址：北京市北三环中路甲 29 号院华龙大厦　邮编：100029
　　　　　网址：www. ssap. com. cn
发　　行／社会科学文献出版社（010）59367028
印　　装／三河市龙林印务有限公司

规　　格／开　本：787mm × 1092mm　1/16
　　　　　印　张：21.75　字　数：354 千字
版　　次／2022 年 5 月第 1 版　2022 年 5 月第 1 次印刷
书　　号／ISBN 978 - 7 - 5228 - 0083 - 7
定　　价／98.00 元

读者服务电话：4008918866